普通高等教育"十一五"国家级规划教材
教育部全国普通高等学校优秀教材（一等奖）

新编21世纪法学系列教材
总主编　曾宪义　王利明

宪法

第九版

主编　许崇德　胡锦光

撰稿人（以姓氏笔画为序）
王理万　任　进　许崇德
李元起　林来梵　胡锦光
莫纪宏　韩大元

Constitutional Law

中国人民大学出版社
·北京·

内容简介

本书遵循《中华人民共和国宪法》的规定、原则和精神，与时俱进，融合吸收了党和国家的重要文件以及宪法学研究最新成果，是一部规范、简明、系统的宪法学教材。

全书共7章。第一章为“宪法总论”，介绍了宪法的概念、本质、分类、指导思想和基本原则、结构、制定、修改、解释，以及合宪性审查。第二章为“宪法的产生与发展”。第三章为“国家性质”。第四章为“国家形式”，介绍了政权组织形式、国家结构形式和国家象征。第五章为“公民的基本权利和义务”。第六章为“选举制度”。第七章为“国家机构”，包括国家机构概述、全国人大及其常委会、国家主席、国务院等内容。每一章均在章前设置了“教学目标”“教学要求”，在章后设置了“参考法规、文件”“参考文献”“问题与思考”，以方便教学。

作者简介

许崇德（1929.1—2014.3） 我国著名宪法学家、政治学家和教育家，港澳基本法的重要起草人、“一国两制”和基本法理论研究的重要奠基者与开拓者。1953年从中国人民大学国家法研究生毕业后留校任教，是中国人民大学宪法学与行政法学学科奠基人，是新中国宪法学奠基人之一，曾参与1954年宪法起草工作，全程参与了1982年宪法修改工作，并参与了1982年宪法在1988年、1993年、1999年、2004年的4次修改工作。2018年，在庆祝改革开放40周年大会上，被授予改革先锋称号，被誉为“中国特色社会主义法律体系建设的积极推动者”。

胡锦光 中国人民大学二级教授，博士研究生导师，中国人民大学杰出学者特聘教授，国家级重点学科点中国人民大学公法研究中心主任，享受国务院特殊津贴待遇。兼任中国法学会宪法学研究会副会长，中国法学会香港基本法澳门基本法研究会副会长，北京市监察法学研究会会长，全国人大常委会法制工作委员会备案审查专家委员会委员，最高人民检察院专家咨询委员，国家监察委员会特约监察员，北京市人大常委会法治建设顾问。主要研究领域为宪法、行政法、港澳基本法。曾获首届“全国十大杰出青年法学家”提名奖、中国人民大学先进工作者、北京市高等学校教学名师等荣誉。

总序

曾宪义

在人类文明与文化的发展中，中华民族曾作出过伟大的贡献，不仅最早开启了世界东方文明的大门，而且对人类法治、法学及法学教育的生成与发展进行了积极的探索与光辉的实践。

在我们祖先生存繁衍的土地上，自从摆脱动物生活、开始用双手去进行创造性的劳动、用人类特有的灵性去思考以后，我们人类在不断改造客观世界、创造辉煌的物质文明的同时，也在不断地探索人类的主观世界，逐渐形成了哲学思想、伦理道德、宗教信仰、风俗习惯等一系列维系道德人心、维持一定社会秩序的精神规范，更创造了博大精深、义理精微的法律制度。应该说，在人类所创造的诸种精神文化成果中，法律制度是一种极为奇特的社会现象。因为作为一项人类的精神成果，法律制度往往集中而突出地反映了人类在认识自身、调节社会、谋求发展的各个重要进程中的思想和行动。法律是现实社会的调节器，是人民权利的保障书，是通过国家的强制力来确认人的不同社会地位的有力杠杆，它来源于现实生活，而且真实地反映现实的要求。因而透过一个国家、一个民族、一个时代的法律制度，我们可以清楚地观察到当时人们关于人、社会、人与人的关系、社会组织以及哲学、宗教等诸多方面的思想与观点。同时，法律是一种具有国家强制力、约束力的社会规范，它以一种最明确的方式，对当时社会成员的言论或行动作出规范与要求，因而也清楚地反映了人类在各个历史发展阶段中对于不同的人所作出的种种具体要求和限制。因此，从法律制度的发展变迁中，同样可以看到人类自身不断发展、不断完善的历史轨迹。人类社会几千年的国家文明发展历史已经无可争辩地证明，法律制度乃是维系社会、调整各种社会关系、保持社会稳定的重要的工具。同时，法律制度的不断完善，也是人类社会文明进步的显著体现。

由于发展路径的不同、文化背景的差异，东方社会与西方世界对于法律的意义、底蕴的理解、阐释存有很大的差异，但是，在各自的发展过程中，都曾比较注重法律的制定与完善。中国古代虽然被看成是“礼治”的社会、“人治”的世界，被认为是“只有刑，没有法”的时代，但从《法经》到《唐律疏议》、《大清律例》等数十部优秀成文法典的存在，充分说明了成文制定法在中国古代社会中的突出地位，唯这些成文法制所体现出的精神旨趣与现代法律文明有较大不同而已。时至 20 世纪初叶，随着西风东渐、东西文化交流加快，中国社会开始由古代的、传统的社会体制向近现代文明过渡，建立健全的、符合现代理性精神的法律文明体系方成为现代社会的共识。正因为如此，近代以来的数百年间，在西方、东方各主要国家里，伴随着社会变革的潮起潮落，法律改革运动也一直呈方兴未艾之势。

从历史上看，法律的文明、进步，取决于诸多的社会因素。东西方法律发展的历史均充分证明，推动法律文明进步的动力，是现实的社会生活，是政治、经济和社会文化的变迁；同时，法律内容、法律技术的发展，往往依赖于一大批法律专家以及更多的受过法律教育的社会成员的研究和推动。从这个角度看，法学教育、法学研究的发展，对于法律文明的发展进步，也有着异常重要的意义。正因为如此，法学教育和法学研究在现代国家的国民教育体系和科学研究体系中，开始占有越来越重要的位置。

中国近代意义上的法学教育和法学研究，肇始于 19 世纪末的晚清时代。清光绪二十一年（公元 1895 年）开办的天津中西学堂，首次开设法科并招收学生，虽然规模较小，但仍可以视为中国最早的近代法学教育机构（天津中西学堂后改名为北洋大学，又发展为天津大学）。三年后，中国近代著名的思想家、有“维新骄子”之称的梁启超先生即在湖南《湘报》上发表题为《论中国宜讲求法律之学》的文章，用他惯有的富有感染力的激情文字，呼唤国人重视法学，发明法学，讲求法学。梁先生是清代末年一位开风气之先的思想巨子，在他的辉煌的学术生涯中，法学并非其专攻，但他仍以敏锐的眼光，预见到了新世纪中国法学研究和法学教育的发展。数年以后，清廷在内外压力之下，被迫宣布实施“新政”，推动变法修律。以修订法律大臣沈家本为代表的一批有识之士，在近十年的变法修律过程中，在大量翻译西方法学著作，引进西方法律观念，有限度地改造中国传统的法律体制的同时，也开始推动中国早期的法学教育和法学研究。20 世纪初，中国最早设立的三所大学——北洋大学、京师大学堂、山西大学堂均设有法科或法律学科目，以期“端正方向，培养通才”。1906 年，应修订法律大臣沈家本、伍廷芳等人的奏请，清政府在京师正式设立中国第一所专门的法政教育机构——京师法律学堂。次年，另一所法政学堂——直属清政府学部的京师法政学堂也正式招生。这些大学法科及法律、法政学堂的设立，应该是中国历史上近代意义上的正规专门法学教育的滥觞。

自清末以来，中国的法学教育作为法律事业的一个重要组成部分，随着中国社会的曲折发展，经历了极不平坦的发展历程。在 20 世纪的大部分时间里，中国社会一直充斥着各种矛盾和斗争。在外敌入侵、民族危亡的沉重压力之下，中国人民为寻找适合中国国情的发展道路而花费了无穷的心力，付出过沉重的代价。从客观上看，长期的社会骚动和频繁的政治变迁曾给中国的法治与法学带来过极大的消极影响。直至 70 年代末期，以“文化大革命”宣告结束为标志，中国社会开始用理性的目光重新审视中国的过去，规划国家和社会的未来，中国由此进入长期稳定、和平发展的大好时期，以这种大的社会环境为背景，中国的法学教育也获得了前所未有的发展机遇。

从宏观上看，实行改革开放以来，经过二十多年的努力，中国的法学教育事业所取得的成就是辉煌的。首先，经过“解放思想，实事求是”思想解放运动的洗礼，在中国法学界迅速清除了极左思潮及苏联法学模式的一些消极影响，根据本国国情建设社会主义法治国家已经成为国家民族的共识，这为中国法学教育和法学研究的发展奠定了稳固的思想基础。其次，随着法学禁区的不断被打破、法学研究的逐步深入，一个较为完善的法学学科体系已经建立起来。理论法学、部门法学各学科基本形成了比较系统和成熟的理论体系和学术框架，一些随着法学研究逐渐深入而出现的法学子学科、法学边缘学科也渐次成型。1997 年，国家教育主管部门和教育部高校法学学科教学指导委员会对原有专业目录进行了又一次大幅度调整，决定自 1999 年起法学类本科只设一个单一的法学专业，按照一个专业招生，从而使法学学科的布局更加科学和合理。同时，在充分论证的基础上，确定了法学专业本科教学的 14 门核心课程，加上其他必修、选修课程的配合，由此形成了一个传统与更新并重、能够适应国家和社会发展需要的教学体系。法学硕士和博士研究生及法律硕士专业学位研究生的专业设置、课程教学和培养体系也日臻完善。再次，法学教育的规模迅速扩大，层次日趋齐全，结构日臻合理。目前中国有六百余所普通高等院校设置了法律院系或法律本科专业，在校本科学生和研究生已达二十余万人。除本科生外，在一些全国知名的法律院校，法学硕士研究生、法律硕士专业学位研究生、法学博士研究生已经逐步成为培养的重点。

众所周知，法律的进步、法治的完善，是一项综合性的社会工程。一方面，现实社会关系的发展，国家政治、经济和社会生活的变化，为法律的进步、变迁提供动力，提供社会的土壤。另一方面，法学教育、法学研究的发展，直接推动法律进步的进程。同时，全民法律意识、法律素质的提高，则是实现法治国理想的关键的、决定性的因素。在社会发展、法学教育、法学研究等几个攸关法律进步的重要环节中，法学教育无疑处于核心的、基础的地位。中国法学教育过去二十多年所走过的历程令人激动，所取得的成就也足资我们自豪。随着国家的发展、社会的进步，在 21 世纪，我们面临着更严峻的挑战和更灿烂的前景。“建设世界一流法学教育”，任重道远。

首先，法律是建立在经济基础之上的上层建筑，以法治为研究对象的法学也就成为一门实践性很强的学科。社会生活的发展变化，势必要对法学教育、法学研究不断提出新的要求。经过二十多年的奋斗，中国改革开放的前期目标已顺利实现。但随着改革开放的逐步深入，国家和社会的一些深层次问题，比如说社会主义市场经济秩序的真正建立、国有企业制度的改革、政治体制的完善、全民道德价值的重建、环境保护和自然资源的合理利用等等，也已经开始浮现出来。这些复杂问题的解决，无疑最终都会归结到法律制度的完善上来。建立一套完善、合理的法律制度，构建理想的和谐社会，乃一项持久而庞大的社会工程，需要全民族的智慧和努力。其中的基础性工作，如理论的论证、框架的设计、具体规范的拟订、法律实施中的纠偏等等，则有赖于法学研究的不断深入，以及高素质人才特别是法律人才的养成，而培养法律人才的任务，则是法学教育的直接责任。

其次，21世纪是一个多元化的世纪。20世纪中叶发生的信息技术革命，正在极大地改变着我们的世界。现代科学技术，特别是计算机网络信息技术的发展，使传统的生活方式、思想观念发生了根本的改变，并由此引发许多人类从未面对过的问题。就法学教育而言，在21世纪所要面临的，不仅是教学内容、研究对象的多元化问题，而且还有培养对象、培养目标的多元化、教学方式的多元化等一系列问题，这些问题都需要法学界去思考、去探索。

中国人民大学法学院建立于1950年，是新中国诞生后创办的第一所正规高等法学教育机构。在半个多世纪的岁月中，中国人民大学法学院以其雄厚的学术力量、严谨求实的学风、高水平的教学质量以及丰硕的学术研究成果，在全国法学教育领域处于领先地位，并开始跻身于世界著名法学院之林。据初步统计，中国人民大学法学院已经为国家培养法学专业本科生、硕士生、博士生一万余人，培养各类成人法科学生三十余万人。经过多年的努力，中国人民大学法学院形成了较为明显的学术优势，在现职教师中，既有一批资深望重、在国内外享有盛誉的法学前辈，更有一大批在改革开放后成长起来的优秀中青年法学家。这些老中青法学专家多年来在勤奋研究法学理论的同时，也积极投身于国家的立法、司法实践，对国家法制建设贡献良多。

有鉴于此，中国人民大学法学院与中国人民大学出版社经过研究协商，决定结合中国人民大学法学院的学术优势和中国人民大学出版社的出版力量，出版一套“21世纪法学系列教材”。自1998年开始编写出版本科教材，包括按照教育部所确定的法学专业核心课程和其所颁布印发的《全国高等学校法学专业核心课程基本要求》而编写的14门核心课程教材，也包括法学各领域、各新兴学科教材及教学参考书和案例分析在内，到2000年12月3日在人民大会堂大礼堂召开举世瞩目的“21世纪世界百所著名大学法学院院长论坛暨中国人民大学法学院成立五十周年庆祝大会”之时，业已出版了50本作为50周年院庆献礼，到现在总共出版了80本。为了进一步适应高等法学教育发展的形势和教学改革的需要，最近中国人民大学法学院与中国人民大学出版社决定将这套教材扩大为四个系列，即：“本科生用书”“法学研究生用书”“法律硕士研究生用书”以及“司法考试用书”，总数将达二百多本。我们设想，本套教材的编写，将更加注意“高水准”与“适用性”的合理结合。首先，本套教材将由中国人民大学法学院具有全国影响的各学科的学术带头人领衔，约请全国高校优秀学者参加，形成学术实力强大的编写阵容。同时，在编写教材时，将注意吸收中国法学研究的最新的学术成果，注意国际学术发展的最新动向，力求使教材内容能够站在21世纪的学术前沿，反映各学科成熟的理论，体现中国法学的水平。其次，本套教材在编写时，将针对新时期学生特点，将思想性、学术性、新颖性、可读性有机结合起来，注意运用典型生动的案例、简明流畅的语言去阐释法律理论与法律制度。

我们期望并且相信，经过组织者、编写者、出版者的共同努力，这套法学教材将以其质量效应、规模效应，力求成为奉献给新世纪的精品教材，我们诚挚地祈望得到方家和广大读者的教正。

2006年7月1日

序言

法学教育是高等教育的重要组成部分，是建设社会主义法治国家、构建社会主义和谐社会的重要基础，并居于先导性的战略地位。在我国社会转型的新世纪、新阶段，法学教育不仅要为建设高素质的法律职业共同体服务，而且要面向全社会培养大批治理国家、管理社会、发展经济的高层次法律人才。近年来，法学教育取得了长足的进步，法科数量增长很快，教育质量稳步提高，培养层次日渐完善，目前已经形成了涵盖本科生、第二学士学位生、法学硕士研究生、法律硕士研究生、法学博士研究生的完整的法学人才培养体系，接受法科教育已经成为莘莘学子的优先选择之一。随着中国法治事业的迅速发展，我们有理由相信，中国法学教育的事业大有可为，中国法学教育的前途充满光明。

教育的基本功能在于育人，在于塑造德才兼备的高素质人才。法学教育的宗旨并非培养只会机械适用法律的“工匠”，而承载着培养追求正义、知法懂法、忠于法律、廉洁自律的法律人的任务。要完成法学教育的使命，首先必须认真抓好教材建设。我始终认为，教材是实现教育功能的重要工具和媒介，法学教材不仅仅是法学知识传承的载体，而且是规范教学内容、提高教学质量的关键，对法学教育的发展有着不可估量的作用。

第一，法学教材是传授法学基本知识的工具。初学法律，既要有好的老师，又要有好的教材。正如冯友兰先生所言：“学哲学的目的，是使人作为人能够成为人，而不是成为某种人。其他的学习（不是学哲学）是使人能够成为某种人，即有一定职业的人。”一套好的教材，能够高屋建瓴地展示法律的体系，能够准确简明地阐释法律的逻辑，能够深入浅出地叙述法律的精要，能够生动贴切地表达深奥的法理。所以，法学教材是学生学习法律的向导，是学生步入法律殿堂的阶梯。如果在入门之初教材就有偏颇之处，就可能误人子弟，学生日后还要花费大量时间与精力来修正已经形成的错误观念。

第二，法学教材是传播法律价值理念的载体。好的法学教材不仅要传授法学知识，更要传播法律的精神和法治的理念，例如对公平、正义的追求，尊重权利的观念。本科、研究生阶段的青年学子，正处在人生观、价值观形成的阶段，一套优秀的法学教材，对于他们价值观的塑造和健全人格的培养具有重要意义。

第三，法学教材是形成职业共同体的主要条件。建设社会主义法治国家，有赖于法律职业共同体的生成。一套好的法学教材，向法律研习者传授共同的知识，这对于培养一个接受共同的价值理念、共同的法律思维、共同的话语体系的法律共同体，具有重要的作用。

第四，法学教材是所有法律研习者的良师益友。没有好的教材，一个好的教师或可弥补教材的欠缺和不足，但对那些没有老师指导的自学者而言，教材就是老师，其重要作用是显而易见的。

长期以来，在我们的评价体系中，教材并没有获得应有的注重，对学术成果的形式优先考虑的往往是专著而非教材。在不少人的观念中，教材与创新、与学术精品甚至与学术无缘。其实，要真正写出一部好的教材，其难度之大、工作之艰辛、影响之深远，绝不低于一部优秀的专著，它甚至可以成为在几百年甚至更长的时间内发挥作用的传世之作。以查士丁尼的《法学阶梯》为例，所谓法学阶梯，即法学入门之义，就是一部教材。但它概括了罗马法的精髓，千百年来，一直是人们研习罗马法最基本的著述。日本著名学者我妻荣说过，大学教授有两大任务：一是写出自己熟悉的专业及学术领域的讲义乃至教科书；二是选择自己最有兴趣、最看重的题目，集中精力进行终生的研究。实际上，这两者是相辅相成的。写出一部好教材，必须要对相关领域形成一个完整的知识体系，还要能以深入浅出的语言将问题讲清楚、讲明白。没有编写教材的基本功，实际上也很难写出优秀的专著。当然，也只有对每一个专题都有一定研究，才能形成对这个学术领域的完整把握。

虽然近几年我国法学教育发展迅速，成绩显著，但是法学教育也面临许多挑战。各个学校的师资队伍和教学质量参差不齐，这就更需要推出更多的结构严谨、内容全面、角度各有侧重、能够适应不同需求的法学教材，为提高法学教学和人才培养质量、保障法学教育健康发展提供前提条件。

长期以来，中国人民大学法学院始终高度重视教材建设。作为新中国成立后建立的第一所正规的法学教育机构，中国人民大学法律系最早开设了社会主义法学教学课堂，编写了第一套社会主义法学讲义，培养了新中国第一批法学本科生和各学科的硕士生、博士生，产生了新中国最早的一批法学家和法律工作者。中国人民大学法律系因此被誉为“新中国法学教育的工作母机”。半个多世纪以来，中国人民大学法学院为社会主义法制建设培养了大批优秀的法律人才，并为法学事业的振兴和繁荣作出了卓越贡献，也因此成为引领中国法学教育的重镇、凝聚国内法律人才的平台和沟通中外法学交流的窗口，并在世界知名法学院行列中崭露头角。为了对中国法学教育事业作出更大的贡献，我们有义务也有责任出版一套体现我们最新研究成果的法学教材。

承蒙中国人民大学出版社的大力支持，我们组织编写了本套教材，其中包括本科生用书、法律硕士研究生用书、法学研究生用书和司法考试用书四大系列，分别面向不同层次法科教育需求。编写人员以中国人民大学法学院教师为主，反映了中国人民大学法学院整体的研究实力和学术视野。相信本套教材的出版，一定能够为新时期法学教育的繁荣发展发挥应有的作用。

是为序。

2006 年 7 月 10 日

第九版修订说明

本教材的第九版是在第八版的基础上修订而成的，保留了第八版的格式体例与核心内容。此次修订主要体现在以下几个方面：

1. 2024 年 7 月 15 日至 18 日，中国共产党第二十届中央委员会第三次全体会议召开，审议通过了《中共中央关于进一步全面深化改革 推进中国式现代化的决定》。该决定明确指出“法治是中国式现代化的重要保障”，强调“必须全面贯彻实施宪法，维护宪法权威”，要求“完善以宪法为核心的中国特色社会主义法律体系，健全保证宪法全面实施制度体系，建立宪法实施情况报告制度”。本教材此次修订吸收了该决定的相关重要表述，以体现宪法学和宪法实践的新发展、新要求。

2. 2023 年 12 月 4 日，在第十个“国家宪法日”到来之际，习近平总书记作出重要指示，指出，宪法是治国安邦的总章程，是我们党治国理政的根本法律依据，是国家政治和社会生活的最高法律规范。习近平总书记强调，“坚持宪法规定、宪法原则、宪法精神全面贯彻，坚持宪法实施、宪法解释、宪法监督系统推进，加快完善以宪法为核心的中国特色社会主义法律体系，不断提高宪法实施和监督水平”。本教材此次修订中，充分体现了习近平总书记相关指示的精神和要求。

3. 本教材第八版出版后，以宪法为核心的中国特色社会主义法律体系进一步完善，一些重要的立法和决定相继出台。2023 年 12 月 29 日，全国人大常委会通过了《全国人民代表大会常务委员会关于完善和加强备案审查制度的决定》。这是在 2019 年 12 月 16 日全国人大常委会委员长会议通过的《法规、司法解释备案审查工作办法》的基础上，进一步以立法决定的形式加强对宪法法律实施的监督，推进合宪性审查工作。此外，一些重要的宪法性法律也相继出台或者修改，比如制定了《农村集体经济组织法》《爱国主义教育法》等，修订了《国务院组织法》《突发事件应对法》。本教材此次修订，体现了最新的立法动向。

4. 借由本教材此次修订之机，一并对部分内容和表述进行了修订，以使相关表述更加精准、相关资料更加全面、相关文献更加权威。

此次修订具体分工如下（以修订章节先后为序）：

莫纪宏（中国社会科学院法学研究所研究员、法学博士、博士研究生导师）：第一章“宪法总论”。

李元起（中国人民大学法学院副教授、法学博士、硕士研究生导师）：第二章“宪法的产生与发展”。

胡锦光（中国人民大学法学院教授、法学博士、博士研究生导师）：第三章“国家性质”、第五章“公民的基本权利和义务”第八节。

王理万（中国政法大学人权研究院副教授、法学博士、硕士研究生导师）：第四章“国家形式”，第七章“国家机构”第一节、第二节、第三节。

林来梵（清华大学法学院教授、法学博士、博士研究生导师）：第五章“公民的基本权利和义务”（第八节除外）。

韩大元（中国人民大学法学院教授、法学博士、博士研究生导师）：第六章“选举制度”。

任　进［中共中央党校（国家行政学院）政法部教授、法学博士、博士研究生导师］：第七章“国家机构”第四节、第五节、第六节、第七节、第八节、第九节、第十节、第十一节。

再次衷心感谢各位老师和同学对本教材的厚爱，并真诚期盼各位老师和同学对本教材继续提出批评和建议。

本次修订由胡锦光（hujinguang@163.com）统稿。

胡锦光

2024 年 8 月 26 日

编写说明

我国现行宪法经过 1988 年、1993 年和 1999 年三次宪法修正案的修改，内容上更趋完善，规范性也更为增强。相应地，宪法法典的内容透过立法机关的立法活动，而被越来越具体化，对社会生活起到了越来越大的调整和规范作用，与社会实际保持着越来越紧密的联系。同时，随着我国社会改革开放的日益深入和展开，在“实行依法治国，建设社会主义法治国家”的总体方略下，为适应社会实际不断提出的各种宪法需求，我国宪法学近些年来有了显著的进步和提高。宪法学研究者更注重宪法的法律性和规范性、宪法规范与社会实际的关系、宪法权威和地位的保障、在法治环境下宪法的应有作用、宪法对社会存在和发展的独特价值，更注重宪法学的学术规范性、学说及制度。可以说，本教材就是上述背景的一个产物。各位作者虽竭尽所能，但其中仍难免有不足之处，敬希不吝批评指正。

本教材写作分工如下（按撰写章节先后顺序）。

许崇德（中国人民大学法学院教授、博士研究生导师）：绪论。

莫纪宏（中国社会科学院法学研究所研究员、法学博士）：第一章“宪法总论”。

李元起（中国人民大学法学院副教授、法学博士）：第二章“宪法的产生与发展”。

胡锦光（中国人民大学法学院教授、法学博士）：第三章“国家性质”（第一节之四除外）、第五章第八节。

任进［中共中央党校（国家行政学院）政法部教授、法学博士］：第三章“国家性质”第一节之四，第七章“国家机构”第四节、第五节、第六节、第七节、第八节及第九节。

陈高田（全国人大常委会办公厅研究室研究人员）：第四章“国家形式”。

林来梵（清华大学法学院教授、法学博士）：第五章“公民的基本权利和义务”（第八节除外）。

韩大元（中国人民大学法学院教授、法学博士、博士研究生导师）：第六章“选举制度”。

汪铁民（全国人大常委会办公厅）：第七章“国家机构”第一节、第二节、第三节。

全书由主编统一审校、修改定稿。

编著者

1999 年 8 月

目录

第一章

宪法总论

教学目标

● 了解：宪法的概念、本质、分类

● 熟悉：宪法的指导思想和基本原则、宪法结构、宪法规范及其特点、宪法渊源

● 掌握：宪法制定、宪法修改、宪法解释和合宪性审查

教学要求

知识要点	能力要求	法律职业资格考试或公务员录用考试相关知识
宪法的概念和本质	(1) 理解宪法的概念及法律地位； (2) 掌握宪法的本质特征	(1) 宪法的概念及法律地位； (2) 宪法的本质特征
宪法的分类	了解宪法的传统分类和实质分类	(1) 宪法的传统分类； (2) 宪法的实质分类
宪法的指导思想和基本原则	(1) 了解我国宪法的指导思想及其发展； (2) 掌握我国宪法的基本原则及其与西方国家宪法的基本原则的异同； (3) 了解我国宪法基本原则的发展	(1) 我国宪法的基本原则及其与西方国家宪法的基本原则的异同； (2) 我国宪法的基本原则的发展
宪法结构	(1) 了解宪法结构的构成部分； (2) 理解宪法序言的法律效力； (3) 了解宪法规范及其构成要素、基本特点； (4) 掌握宪法的主要渊源	(1) 宪法结构的构成部分； (2) 宪法序言的法律效力； (3) 宪法的主要渊源
宪法制定	(1) 了解宪法制定的含义以及其与宪法修改的区别； (2) 理解制宪机关的概念； (3) 掌握制宪的基本程序	(1) 宪法制定的含义以及其与宪法修改的区别； (2) 制宪机关的概念； (3) 制宪的基本程序
宪法修改	(1) 理解宪法修改的含义、必要性，宪法修改的限制； (2) 掌握宪法修改的主要方式； (3) 了解宪法修改的程序	(1) 宪法修改的主要方式； (2) 宪法修改的程序

续表

知识要点	能力要求	法律职业资格考试或公务员录用考试相关知识
宪法解释	(1) 理解宪法解释的概念； (2) 掌握宪法解释的机关和体制； (3) 了解宪法解释的分类和原则	(1) 宪法解释的概念； (2) 宪法解释的机关和体制
合宪性审查	(1) 掌握合宪性审查的概念，区分合宪性审查与相关概念； (2) 了解合宪性审查的起源和基本功能； (3) 掌握合宪性审查的体制； (4) 重点掌握我国合宪性审查制度的基本内容	(1) 合宪性审查的概念； (2) 合宪性审查的基本功能； (3) 合宪性审查的体制； (4) 我国合宪性审查制度的基本内容

第一节　宪法的概念和本质

一、宪法的概念

习近平总书记指出："制定和实施宪法，是人类文明进步的标志，是人类社会走向现代化的重要支撑"①。宪法是人类政治文明发展到一定阶段的产物。"宪法"一词在我国古已有之，但与近代以后"宪法"一词的含义是不同的，近代意义的宪法概念源自西方，并通过日本传到我国。实际上，近代以来，人们也是在不同意义上使用"宪法"这一概念的。

（一）宪法词源的演变

我国古代诸多文献典籍中早已有"宪""宪法""宪章"等词汇的记载，例如，《尚书·商书·说命下》载，"监于先王成宪，其永无愆"。《尚书·虞书·益稷》记"率作兴事，慎乃宪"。《国语·晋语·中行穆子师伐狄围鼓》载："赏善罚奸，国之宪法也。"《中庸》第三十章载"……祖述尧舜，宪章文武。"《管子·立政篇》中有"正月之朔，百吏在朝，君乃出令布宪于国……宪既布，有不行宪者，谓之不从令，罪死不赦。"《管子·七法篇》中有"有一体之治，故能出号令，明宪法矣。"《韩非子·定法》中有"法者，宪令著于官府，刑罚必于民心"。从这些记载可以看出，我国古之"宪法"有两重含义：一是泛指典章制度，二是指法令的公布。

西方的"宪法"一词起源于拉丁文。拉丁文"constitutio"的含义是组织、结构。古

① 习近平：《谱写新时代中国宪法实践新篇章——纪念现行宪法公布施行40周年》，载《人民日报》，2022-12-20。

代罗马帝国用它来表示皇帝的各种建制和皇帝所颁布的“诏令”“谕旨”之类的文件，以区别于市民会议通过的法律文件。相传在公元前624年至公元前404年之间，雅典就有过11部宪法。亚里士多德曾把古希腊许多城邦国家的宪法辑成一册，即《一百五十八国宪法》。在欧洲中世纪封建时代，人们有时用它来表示封建主的意志和各种特权，有时也用它来说明个别城市和团体的法律地位。在12世纪中叶英王亨利二世（1154—1189）时的规定国王和教士关系的著名制定法，就称为《克拉伦敦宪法》（The Constitutions of Clarendon）。在17世纪，英王颁发给维基尼亚（virginia）公司第二次和第三次特许状时，也采用这一词。据考证，最早谈论宪法的西方学者是古希腊的亚里士多德，他曾说：“政体（宪法）为城邦一切政治组织的依据，其中尤其着重于政治所由以决定的‘最高治权’组织。”他还说：“法律实际是，也应该是根据政体（宪法）来制定的，当然不能叫政体来适应法律。”

英国在近代资产阶级革命过程中，确立了以代议制为基础，限制王权、保障民权的民主制度，并用法律的形式加以肯定和确认。英国人借用拉丁文“constitutio”，以“constitution”来表示这种前所未有的新制度及规定这种新制度的法律。

日本自明治维新以后开始学习西方资产阶级政治理论和宪法制度，随之，“constitution”一词被传入日本。在它被传入日本之初，曾有过多种译名，如“律例”“根本律法”“国制”“政规”“朝纲”“建国法”“国宪”等，后来，逐渐被官方统一为“宪法”。日本也于1889年制定了《大日本帝国宪法》（又称《明治宪法》）。

在清朝末年，一批忧国忧民的仁人志士看到清廷的腐败无能与西方列强日益强大之间的强烈反差，踏上去西方寻求救国救民方法的道路。日本是我国的近邻，文字相近，而且西方的理论、学说此时在日本已很盛行，所以，留学日本的青年学生、资产阶级革命派人士最多，他们将日本的情况及变化，甚至西方的理论、学说、制度介绍回国内，其中包括议会、宪法、宪法学及宪法制度。如中国近代改良主义思想家郑观应，在其所著的《盛世危言》一书中，就要求清廷“立宪法”“开议院”，实行君主立宪。不过，正如习近平总书记指出的，“近代以来，中国人民苦苦寻找改变中华民族前途命运的道路。一些政治势力试图按照西方政治制度模式对我国封建专制制度进行改良，都宣告失败”①。然而也经由此，近代宪法概念开始在中国土地上播撒，并与富国强兵、救亡图存的命题紧紧地联结在一起。

综上所述，“宪法”一词，在西方国家和我国都古已有之，近代以后实际上是旧词新用。就我国而言，汉字的“宪法”一词，先在我国使用，后传入日本。日本学者及思想家用“宪法”一词来表述规定以代议制为基础和主要内容的民主制度的法律，后此词被传回我国。可见，近代意义的“宪法”对于我国而言，无疑是一种舶来品。

近代意义的宪法与古代意义的宪法有着本质上的区别。近代意义的宪法不仅是法的一种表现形式，而且在一国法律体系中居于最高的地位，成为“法律的法律”，即国家的根本法，且近代意义的宪法的核心价值是人权保障。而古代意义的宪法不过是法的一种

① 习近平：《谱写新时代中国宪法实践新篇章——纪念现行宪法公布施行40周年》，载《人民日报》，2022-12-20。

表现形式而已，与保障人权没有任何关系。

但是，“宪法”一词能够旧词新用，说明古代意义的宪法与近代意义的宪法之间存在一定的联系。近代以前称作“宪”或“宪法”的法律文件，含有组织法的含义。特别是在近代以前的西方国家，被称为“宪法”的法律文件主要用于表示城邦组织和教会组织的结构、法律地位。近代以后被称作“宪法”的法律主要规范和调整国家组织及国家机关之间的相互关系。这种功能上的一致性使“宪法”之词义的转变具有共通性基础。

（二）原始意义上的宪法

原始意义上的宪法是指国家组织法。国家是人类社会在特定历史阶段的产物，是一种特殊的社会组织。在人类社会产生国家以后至国家消亡以前，国家这种特殊的社会组织形态必须由法律进行调整，由法律规定国家机关的构成、职权及相互关系，包括中央与地方国家机关的职权分配和相互关系。这种意义上的宪法，仅仅作为一种调整国家组织的法而存在，它与国家同时产生、同时消亡。它不仅存在于奴隶制国家、封建制国家，也存在于资本主义国家和社会主义国家。

西方国家的一些学者在给宪法下定义时，就是在这一意义上进行的。例如，法国百科全书对宪法的定义是：宪法规定一个国家的一整套政治制度。按狭义来说，它是在一定的庄严隆重的形式条件下制定的一项分类，专门用来规定一个国家的政治制度及其职能。S. E. 芬纳在《比较政府》一书中也认为，宪法就是在各政府机构及其官员之间分配职能、权力和义务，规定其与公众关系的法典。

（三）立宪主义意义上的宪法

立宪主义的实质是通过制定宪法来限制国家权力，进而保障人权，因此，立宪主义意义上的宪法，又可以被称为实质意义上的宪法，是指在一个国家存在的通过限制国家权力来保障人权的法。习近平总书记指出，“没有监督的权力必然导致腐败，这是一条铁律”[①]。立宪意义上的宪法正是通过限制和监督国家权力，为公民权利的保障和实现奠定必不可少的基础。

世界上绝大多数国家的宪法属于立宪主义意义上的宪法。这种意义上的宪法可以是一部统一的成文法典，也可以是分散的一系列法律文件；在地位上可以是居于一切法律之上，也可以是与其他法律的地位相同。因此，只要在本质上是对国家权力予以限制的法，而且这部法或者这些法的核心价值是保障人权，那么，在这个国家就存在宪法。

近代以来，绝大多数国家制定了统一的成文法典，由这一统一的成文法典去完成限制国家权力、保障人权的功能。人们将这一成文法典称为“宪法”。也有极少数国家，采用分散的形式制定了一系列限制国家权力、保障人权的法律。在这样的国家也存在宪法。例如，在英国，在资产阶级革命过程中，伴随着革命的进程，国会制定了一系列限制王

---

① 习近平：《在全国组织工作会议上的讲话》（2013 年 6 月 28 日），载中共中央文献研究室编：《十八大以来重要文献选编》（上），342 页，北京，中央文献出版社，2014。

权、保障民权的法律，因此，在立宪主义意义上也可以说在英国是存在宪法的。立宪主义意义上的宪法既包括在一个国家的法的体系中居于最高地位、具有最高法律效力的宪法，也包括在一个国家的法的体系中并不居于最高地位、不具有最高法律效力的宪法性法律。

（四）部门法意义上的宪法

在学理上，通常以调整对象和调整方法为标准，将法律划分为不同的部门。法律都以社会关系为调整对象，宪法同样调整着社会关系：宪法所调整的主要是国家与公民之间的关系。这一社会关系与其他法律所调整的社会关系存在着巨大的差异。宪法在调整国家与公民之间的关系时，采用的基本方法是限制、确认并分配和保障国家权力的运行。因此，宪法又是一个特定的法律部门。就部门法意义上的宪法而言，它是所有调整国家与公民之间的关系的法律规范，以及调整国家机关之间的关系的规律规范的总和，既包括在一个国家的法的体系中居于最高地位、具有最高法律效力的宪法，也包括具有一般法律效力的法律，即宪法性法律（宪法相关法）。

习近平总书记指出，“坚持依法立法，最根本的是坚持依宪立法，坚决把宪法规定、宪法原则、宪法精神贯彻到立法中，体现到各项法律法规中”①。我国目前已经形成了与宪法相配套、直接保障宪法实施和国家政权运作等方面的法律规范，主要包括国家机构的产生、组织、职权和基本工作原则方面的法律，民族区域自治制度、特别行政区制度、基层群众自治制度方面的法律，维护国家主权、领土完整、国家安全、国家标志象征方面的法律，保障公民基本政治权利方面的法律。由此，在我国，部门法意义上的宪法包括 1982 年宪法及其修正案（1988 年、1993 年、1999 年、2004 年、2018 年），还包括《中华人民共和国全国人民代表大会和地方各级人民代表大会选举法》（以下简称《选举法》）、《中华人民共和国全国人民代表大会组织法》（以下简称《全国人大组织法》）、《中华人民共和国地方各级人民代表大会和地方各级人民政府组织法》（以下简称《地方组织法》）、《中华人民共和国全国人民代表大会和地方各级人民代表大会代表法》（以下简称《代表法》）、《中华人民共和国国务院组织法》（以下简称《国务院组织法》）、《中华人民共和国立法法》（以下简称《立法法》）、《中华人民共和国法官法》（以下简称《法官法》）、《中华人民共和国检察官法》（以下简称《检察官法》）、《中华人民共和国民族区域自治法》（以下简称《民族区域自治法》）、《中华人民共和国香港特别行政区基本法》（以下简称《香港基本法》）、《中华人民共和国澳门特别行政区基本法》（以下简称《澳门基本法》）、《中华人民共和国香港特别行政区维护国家安全法》（以下简称《香港维护国家安全法》）、《中华人民共和国国籍法》（以下简称《国籍法》）、《中华人民共和国集会游行示威法》（以下简称《集会游行示威法》）、《中华人民共和国国旗法》（以下简称《国旗法》）、《中华人民共和国国徽法》（以下简称《国徽法》）、《中华人民共和国国歌法》（以下简称《国歌法》）等。

---

① 习近平：《谱写新时代中国宪法实践新篇章——纪念现行宪法公布施行 40 周年》，载《人民日报》，2022－12－20。

（五）根本法意义上的宪法

所谓根本法意义上的宪法，是指不仅制定了成文宪法典，而且成文宪法典在一国的法的体系中居于最高地位、具有最高法律效力的宪法。近代以来，世界上绝大多数国家都制定了此类宪法。在成文宪法典中，一般都明确规定了宪法的地位。例如，1946 年的日本国宪法第 98 条规定："本宪法为国家的最高法规，与本宪法条款相违反的法律、命令、诏敕以及有关国务的其他行为的全部或一部，一律无效。"美国宪法第 6 条规定：本宪法和依本宪法所制定的合众国法律，以及根据合众国的权力已缔结或将缔结的一切条约，都是全国的最高法律；每个州的法官都应受其约束，尽管任何州的宪法和法律中有任何与此相反的规定。上述参议员和众议员，各州州议员，以及合众国和各州所有行政官员和司法官员，应宣誓或作代誓宣言拥护本宪法；但绝不得以宗教信仰的声明作为担任合众国属下任何官职或公共委托的必要资格。

我国现行宪法关于宪法地位的规定，在具体化程度和明确性方面可以说是中华人民共和国历部宪法中从未有过的，也可以说是世界宪法史上最为全面和明确的。现行宪法"序言"的最后一段明确规定："本宪法以法律的形式确认了中国各族人民奋斗的成果，规定了国家的根本制度和根本任务，是国家的根本法，具有最高的法律效力。"此外，《宪法》第 5 条还针对我国的实际情况，就宪法的最高法律效力的具体表现和要求作了规定："一切法律、行政法规和地方性法规都不得同宪法相抵触。"（第 3 款）"一切国家机关和武装力量、各政党和各社会团体、各企业事业组织都必须遵守宪法和法律。一切违反宪法和法律的行为，必须予以追究。"（第 4 款）"任何组织或者个人都不得有超越宪法和法律的特权。"（第 5 款）可见，根据我国现行宪法的这一规定，在我国，宪法作为国家根本法，不仅在法律规范范畴内居于最高地位并具有最高法律效力，而且在整个社会规范范畴内也居于最高地位并具有最高法律效力。

根本法意义上的宪法在我国经常被表述为根本法、总依据和总章程，习近平总书记强调，"宪法是国家根本法，是国家各种制度和法律法规的总依据"①，"宪法是国家的根本法，是治国安邦的总章程"②。由此，坚持依法治国首先要坚持依宪治国，要加强宪法实施和监督，落实宪法解释程序机制，推进合宪性审查工作。

因为绝大多数国家的宪法属于根本法意义上的宪法，所以，通常所说的"宪法"是指根本法意义上的宪法。这种意义上的宪法不仅体现了立宪主义的精神，而且在规范层面上明确、具体、全面，在法律效力上居于最高地位，便于判断法律的合宪性，有利于保证国家政令统一和法制统一。

二、宪法的法律地位

习近平总书记指出：必须坚持宪法的国家根本法地位。宪法集中体现了党和人民的

---

① 《更加注重发挥宪法重要作用 把实施宪法提高到新的水平》，载《人民日报》，2018－02－26。

② 习近平：《在首都各界纪念现行宪法公布施行 30 周年大会上的讲话》（2012 年 12 月 4 日），载《人民日报》，2012－12－05。

统一意志和共同愿望，是国家意志的最高表现形式，具有根本性、全局性、稳定性、长期性。宪法是国家一切法律法规的总依据、总源头，具有最高的法律地位、法律权威、法律效力。[①] 党的二十大报告指出，坚持依法治国首先要坚持依宪治国，坚持依法执政首先要坚持依宪执政。近代以来，一国的法的体系都是由宪法、法律、行政法规、地方性法规等诸多法的表现形式构成的，实际上，宪法是一个国家的法的表现形式之一。因而，一方面，法所具有的性质和特征，作为一个国家的法的体系的组成部分之一的宪法同样具有。宪法与法的其他表现形式具有共同性：它们都是国家制定或者认可的，被奉为法的形式的统治阶级意志的体现，并由国家强制力保障其实施的行为规范；都是通过规定社会关系参加者的权利、义务来确认、保护和发展对统治阶级有利的社会关系和社会秩序；都是统治阶级治理国家的重要工具。宪法规范的内容与其他法律规范的内容一样，都主要取决于社会的物质生活条件。另一方面，宪法是国家的根本法、高级法，是“法律的法律”。宪法是国家的根本法，并不是就一切有宪法的国家而言的，而仅仅是就有成文宪法即具有形式意义的宪法的国家而言的。在不成文宪法国家，其“宪法”是指实质意义上的宪法和部门法意义上的宪法，而非指形式意义上的宪法。在这类国家，没有宪法与法律在法律效力上的差异，而只有法律内容上的差异。成文宪法国家通常规定于宪法典中的内容，被这类国家规定为法律的内容，它仅仅把这类法律称为“宪法性法律”。宪法性法律与规定其他内容、调整其他社会关系的法律在制定和修改程序上是完全相同的，其效力亦完全相同：在这类国家，宪法的地位也就是法律的地位，宪法性法律与规定其他内容的法律的地位是完全相同的。议会通过一项宪法性法律，以后又通过了一项法律，若该项法律与此前通过的宪法性法律在内容或者精神上有所抵触，也只被看作是对宪法性法律的修改，而不被看作是违反了宪法性法律。因此，在这类国家并不需要建立旨在保障宪法地位和权威的合宪性审查制度。

习近平总书记强调，“我们讲依宪治国、依宪执政，同西方所谓‘宪政’有着本质区别，不能把二者混为一谈。坚持依宪治国、依宪执政，就包括坚持宪法确定的中国共产党领导地位不动摇，坚持宪法确定的人民民主专政的国体和人民代表大会制度的政体不动摇”[②]。我们实行依宪治国、依宪执政，是指中国共产党领导人民依据宪法长期执政、治理国家，而绝不是要否定和放弃中国共产党的领导。

宪法作为国家根本法，是将宪法与一个国家的法的体系的其他组成部分，特别是与法律，相比较而言的。与法律相比较，宪法具有以下三个特征，从而决定了宪法在一个国家的法的体系中的根本法地位。

（一）宪法规定了一个国家最根本的内容

宪法的内容涉及一个国家的政治、经济、文化、社会、对外交往等各方面的重大原则性问题，确认了社会的核心价值观，规定了一个国家的根本制度和基本制度以及国家

---

① 习近平：《谱写新时代中国宪法实践新篇章——纪念现行宪法公布施行 40 周年》，载《人民日报》，2022－12－20。

② 习近平：《坚定不移走中国特色社会主义法治道路 为全面建设社会主义现代化国家提供有力法治保障》，载《求是》，2021（5）。

的基本理念等。习近平总书记指出，“宪法集中体现了党和人民的统一意志和共同愿望，是国家意志的最高表现形式，具有根本性、全局性、稳定性、长期性。宪法规定的是国家的重大制度和重大事项，在国家和社会生活中具有总括性、原则性、纲领性、方向性。”① 如我国宪法规定了我国的社会制度和国家制度的基本原则、国家性质、政权组织形式、国家结构形式、公民的基本权利和义务、中央及地方国家机关的设置和各国家机关之间的相互关系，以及国家标志等。这些内容是我国国家生活和社会生活中最根本、最重要的问题。而普通法律所规定的内容，只涉及国家生活或者社会生活中某一方面的重要问题，例如，行政法主要调整行政主体与行政相对人之间的关系，刑法主要规定什么是犯罪及对犯罪行为如何追究刑事责任的问题。我国宪法“序言”明确规定：“本宪法以法律的形式确认了中国各族人民奋斗的成果，规定了国家的根本制度和根本任务，是国家的根本法，具有最高的法律效力。”宪法基于制宪的基本理念，从根本上体现着人民主权原则、国家权力制约原则、基本人权保障原则和法治原则，从宏观上总体性地规定了限制、确认并分配和保障国家权力运行的基本规则，以保障人权。而普通法律是依据宪法的基本原则、基本精神和基本规范，从所调整的具体的社会关系的特点出发，具体地规定了限制、分配和保障国家权力运行的规则，以保障人权，例如：立法法依据宪法的规定，针对立法权运行的特点，具体规定了限制、分配和保障立法权运行的规则；行政法依据宪法的规定，针对行政权运行的特点，具体规定了限制、分配和保障行政权运行的规则；即使是民商法这样的私法，同样是依据宪法的规定，具体规定了限制、分配和保障国家权力介入民事权利的范围和限度，以保障公民的民事权利。

（二）宪法有着更为严格的制定和修改程序

宪法所规定的内容是国家生活和社会生活中最根本性的问题，为了保证宪法的尊严和稳定性，并从形式上赋予其最高法律效力，在绝大多数国家制定宪法和修改宪法的程序比制定和修改普通法律的程序更为严格。

1. 在制定方面

与普通法律相比较，主要有两点不同：（1）宪法的制定一般要求成立一个专门的制宪机构，如制宪会议、制宪议会等，该专门机构的职责就是制定宪法，在完成制定宪法的任务以后，该专门机构即解散。如在美国为起草1787年宪法，由各州推选的代表在费城召集了“制宪会议”；在法国为制定1791年宪法，将原来三级会议中的第三等级组成了“制宪议会”。新中国第一部宪法即1954年宪法的制定机关是由选举产生的全国人大。一般情况下，普通法律的制定由常设的立法机关进行，无须成立专门的制定机构。（2）宪法草案的通过程序比普通法律的严格，一般要求最高立法机关的议员或者代表的特定多数，如2/3、3/4或者4/5以上同意；在有的国家还要求举行全民公决，由有选举权的半数以上的选民通过；在一些联邦制国家，还要求由组成联邦的各个或者多数成员国（州、邦、共和国）通过。在我国1954年宪法是由全国人大全体代表的2/3以上多数通过的。

① 习近平：《谱写新时代中国宪法实践新篇章——纪念现行宪法公布施行40周年》，载《人民日报》，2022-12-20。

而普通法律的通过只要求最高立法机关的议员或者代表过半数同意即可；在有的国家甚至经参加会议的议员或者代表的过半数同意即可通过法律。我国《宪法》第 64 条第 2 款规定："法律和其他议案由全国人民代表大会以全体代表的过半数通过。"

2. 在修改方面

与普通法律的修改相比较，宪法的修改通常要遵循三项严格要求：(1) 只有宪法规定的有限的特定主体才可提出修改宪法的有效议案。如美国宪法第 5 条规定："国会两院 2/3 议员认为必要时，应提出本宪法的修正案，或根据各州的 2/3 州议会的请求，召开制宪会议提出修正案。"我国《宪法》第 64 条第 1 款中规定，宪法的修改由全国人大常委会或者 1/5 以上的全国人大代表提议。而有权提议修改普通法律的主体更广泛一些，即凡是有权向立法机关提出法律草案的主体都有权提议修改法律。(2) 修改宪法的程序比普通法律的严格。如日本国宪法第 96 条规定："本宪法的修改必须经各议院全体议员 2/3 的赞成，由国会提议，向国民提出，并得其承认。此项承认，必须在特别国民投票或国会规定的选举时举行的投票中获得半数以上的赞成。""宪法的修改在经过前款承认后，天皇立即以国民的名义，作为本宪法的一个组成部分立即予以公布。"美国宪法规定，宪法修正案的通过必须有 3/4 的州议会或经 3/4 的州修宪会议批准才能生效。我国宪法规定，修改宪法由全国人大以全体代表的 2/3 以上的多数通过，而普通法律的修改由全国人大及其常委会以全体代表或委员的过半数通过即可。(3) 有些国家明确规定宪法的某些内容不得修改或者在宪法通过以后的一定时间内不得修改宪法。如意大利宪法第 139 条规定："共和政体不能成为修改的对象。"法国现行宪法第 89 条规定也作了类似的规定，并规定："任何有损于领土完整之修改程序，不得着手及进行。"尽管我国现行宪法没有明确规定不能修改的内容，但是普遍认为坚持社会主义道路、坚持人民民主专政、坚持中国共产党的领导等内容是不可以改变的。在符合宪法规定及法定的法律修改程序的前提下，普通法律的修改一般没有限制。

（三）宪法具有最高的法律效力

宪法的最高法律效力是指在一个国家之内，相对于所有社会主体的行为，宪法的效力是最高的。在法治国家，法律调整着基本的社会关系，即所有的社会主体都被纳入法律的调整范围。宪法调整的主要对象是国家与公民的关系，其中更侧重于限制、确认并分配和保障国家权力。而国家权力直接依据宪法运行的方式主要有两种，包括依据宪法制定法律等规范性文件和依据宪法作出具体的宪法行为。因此，宪法的最高法律效力是与法律等规范性文件和直接依据宪法作出的具体宪法行为的法律效力相比较而言的。最主要的宪法行为是制定法律等规范性文件，所以，通常情况下，宪法的最高法律效力是与普通法律的法律效力相比较而言的。宪法的最高法律效力主要表现在以下两个方面。

1. 宪法是普通法律的制定基础和依据

党的二十大报告要求，要以宪法为最高的法律规范，深入推进科学立法、民主立法、依法立法，加强重点领域、新兴领域、涉外领域立法，注重把社会主义核心价值观融入法治建设，完善以宪法为核心的中国特色社会主义法律体系。宪法的基本功能就是确定国家生活和社会生活中的根本制度、基本制度和基本原则，从宏观上和总体上确定限制、确认并分配和保障国家权力运行的规则，规定公民的基本权利和义务，再由立法机关依据宪法的规定通过制定普通法律进行具体化，使之成为社会实际生活的具体规范。党的二十届三中全会决定要求“完善以宪法为核心的中国特色社会主义法律体系”①，这意味着要以宪法的规范、原则和精神为指引，统筹立改废释纂，积极推动相关领域基础性、综合性、统领性法律的制定，发挥法律体系中不同层次立法的作用，增强立法的系统性、整体性、协同性、时效性。宪法与普通法律的关系是“母法”与“子法”的关系，普通法律是由宪法派生出来的，是宪法的具体化，因此，国家立法机关在制定普通法律时，必须依据宪法的规定，以宪法的规定为基础。无论普通法律是否明确规定其是依据宪法而制定的，事实上它们都是依据宪法的规定而制定的，包括依据宪法的理念、宪法的基本原则、宪法的立法授权、宪法规定的立法程序及宪法规范等。

2. 普通法律的规定与宪法相抵触的无效

任何普通法律都具有法律效力，但前提是与宪法相一致。这是保证一个国家具有统一宪法秩序的需要，也是从根本上保障人权的需要。如果普通法律的规定与宪法的规定、基本原则及精神相抵触，则相抵触的部分无效，或者全部无效，即违反宪法的法律不是法律，当然也就没有法律效力。实际上，除普通法律以外的法的其他表现形式，与普通法律一样，也必须以宪法为基础，依据宪法的规定而制定，并不得与宪法的规定相抵触。为了保证宪法的最高法律效力，各国根据本国的具体国情，都建立了合宪性审查制度，以审查、判断法律是否与宪法相抵触。合宪性审查机关在认为法律违反宪法的情况下，或者直接撤销违反宪法的法律，或者在具体案件中拒绝适用违反宪法的法律。习近平总书记对此强调：要完善宪法监督制度，积极稳妥推进合宪性审查工作，加强备案审查制度和能力建设。② 依法撤销和纠正违宪违法的规范性文件，维护宪法权威。③

宪法与条约的关系也涉及宪法的最高法律效力问题。宪法是国家的根本法，在一国之内具有最高的法律效力，而条约是国际法主体间所缔结的据以确定其相互权利、义务的协议。关于宪法与条约的关系，存在宪法优位说和条约优位说两种截然对立的学说。世界上只有极少数国家的宪法明确规定条约的效力低于宪法，将条约纳入合宪性审查的范围。例如，1973年的菲律宾宪法规定，一切涉及条约、政府协定或法律合宪性的案件，应由最高法院全庭审讯和判决。绝大多数国家的宪法中对宪法与条约的法律效力孰高孰低的问题未作明确的规定，合宪性审查机关在进行合宪性审查时也以条约具有“高度政治性”、属于“政治行为”为由回避对条约是否符合宪法作出判断。这实际上既是对本国政府签订国际条约及议会批准国际条约的行为表示尊重，也是向其他国家表示本国履行国际条约的诚意。《中华人民共和国对外关系法》（以下简称《对外关系法》）明确规定：“国家依照宪法和法律缔结或者参加条约和协定，善意履行有关条约和协定规定的义

① 《中共中央关于进一步全面深化改革 推进中国式现代化的决定》，载《人民日报》，2024-07-22。

② 《更加注重发挥宪法重要作用 把实施宪法提高到新的水平》，载《人民日报》，2018-02-26。

③ 参见习近平：《关于〈中共中央关于全面推进依法治国若干重大问题的决定〉的说明》，载《人民日报》，2014-10-29。

务。”“国家缔结或者参加的条约和协定不得同宪法相抵触。”这既确定了善意履行国际条约的原则，也明确了宪法和国际条约的位阶关系。

三、宪法的本质

人权观念的形成和普及过程，实际上解决的是人与国家的关系、人权与国家权力的关系的问题。在此基础上，必然地形成了人民主权的观念。在人民主权原则下，需要制定宪法、实施宪法，以保证人民主权的实现，保证人权的实现。人民主权原则在制度上的展开，即民主制度。宪法是民主制度的法律化，宪法通过创制民主制度的各种形式来保证人民主权的实现。

从人民主权原则出发，人民是宪法的制定权主体，而在人民之中，又包含着不同的阶级、阶层、集团和群体，这些不同的阶级、阶层、集团和群体又都具有特定的经济利益和政治利益，因此，宪法反映了一国当时的各种政治力量对比关系。由于宪法所规定的是国家生活和社会生活中最根本性的问题，因而它是一国各种政治力量对比关系的全面、集中表现。正如习近平总书记所指出的：宪法集中体现了党和人民的统一意志和共同愿望，是国家意志的最高表现形式。维护宪法权威，就是维护党和人民共同意志的权威；捍卫宪法尊严，就是捍卫党和人民共同意志的尊严；保证宪法实施，就是保证人民根本利益的实现。[①]

政治力量对比关系首要的是阶级力量对比关系，宪法反映阶级力量对比关系，表现在以下三个方面。

（1）宪法是阶级斗争的产物。宪法总是由在阶级斗争中取得胜利，从而掌握国家政权的阶级制定的，总是对阶级斗争胜利成果的总结。1791 年法国宪法是法国资产阶级对在 1789 年大革命中取得的胜利的最后总结；1918 年《俄罗斯社会主义联邦苏维埃共和国宪法》（以下简称《苏俄宪法》）是俄国工人阶级在取得十月革命胜利后制定的。刘少奇曾指出，我国的 1954 年宪法是中国人民一百多年以来英勇斗争的历史经验的总结，也是中国近代关于宪法问题和宪治运动的历史经验的总结。[②]

（2）宪法规定了社会各阶级在国家中的地位及相互关系。宪法是统治阶级制定的，因而统治阶级在制定宪法时，首要的任务就是把统治关系法律化，即将哪个阶级是统治阶级、哪个阶级是被统治阶级、哪个阶级是同盟者，用宪法的形式加以确认，使统治阶级的统治地位合法化，以得到宪法的保障。我国《宪法》第 1 条规定“中华人民共和国是工人阶级领导的、以工农联盟为基础的人民民主专政的社会主义国家”，就是以宪法形式明确了国家的统治阶级，明确了我国的国家性质。对此，习近平总书记强调，“……坚持宪法确定的中国共产党领导地位不动摇，坚持宪法确定的人民民主专政的国体和人民代表大会制度的政体不动摇，决不照抄照搬别国模式和做法”[③]。

---

① 习近平：《谱写新时代中国宪法实践新篇章——纪念现行宪法公布施行 40 周年》，载《人民日报》，2022-12-20。

② 参见刘少奇：《关于中华人民共和国宪法草案的报告》，载《中华人民共和国第一届全国人民代表大会第一次会议文件》，8 页，北京，人民出版社，1955。

③ 习近平：《谱写新时代中国宪法实践新篇章——纪念现行宪法公布施行 40 周年》，载《人民日报》，2022-12-20。

（3）宪法随着阶级力量对比关系的变化而变化。这种变化主要表现为两种形式：1）当阶级力量对比关系发生根本性的变化，即统治关系发生根本转变时，发生宪法阶级性质的转换，即由资本主义宪法转变为社会主义宪法或者由社会主义宪法转变为资本主义宪法。如中国人民在中国共产党领导下建立了社会主义中华人民共和国，这种阶级力量对比关系的变化，决定了中华人民共和国成立后制定的1954年宪法与1949年前的宪法在性质上截然不同。2）在阶级力量对比关系总体框架相同而具体的对比关系存在量的差异时，宪法的具体内容也有所不同。主要有两种情况：一是在同一个国家，当阶级力量对比关系没有发生质的变化而只是发生量的变化时，宪法虽然不发生阶级性质的转换，但在内容上要发生相应变化。如在我国1954年时的与1982年时的阶级力量对比关系有所不同，因而这两部宪法虽然在性质上是完全相同的，但在具体内容上有所不同。二是在同一性质的国家，由于阶级力量具体对比关系的不同，其宪法内容也有所不同。如同属资本主义宪法的美国宪法和英国宪法，在宪法表现形式和宪法内容上都有较大差异。由此也可以看出，宪法与阶级力量对比关系有直接联系。

除阶级力量对比关系外，政治力量对比关系还包含与阶级力量对比关系有直接联系的同一阶级内的各个阶层、各个派别、不同利益者之间的力量对比关系，以及与阶级力量对比关系既有若干联系又有重大区别的各种社会集团之间的力量对比关系。宪法在具体内容的规定上，都必须考虑到这些政治力量对比关系，考虑到不同政治力量的利益。

虽然普通法律也反映政治力量对比关系，但由于它的内容只涉及国家生活和社会生活的某一个方面，因而它只反映政治力量对比关系的某一个侧面，如我国的民族区域自治法只反映和表现了民族方面的政治力量对比关系。

第二节　宪法的分类

对宪法进行分类，并在此基础上展开宪法学研究，既有利于认清不同性质宪法的实质，也有利于对同一类型的宪法或者不同类型的宪法进行比较研究。自宪法产生以来，宪法学者就根据不同的标准对宪法进行了分类研究。近代以来出现的各种宪法分类，归纳起来，主要有两种，即形式分类和实质分类。

一、宪法的形式分类

（一）宪法的传统分类

近代资产阶级学者根据宪法的某些外部表现特征，对宪法作了多种分类，主要有以下三种。

1. 成文宪法与不成文宪法

这种分类的依据和标准是宪法是否具有统一的法典形式。

所谓成文宪法，是指由一个或者几个规定国家根本制度、基本制度和其他重大事项的宪法性文件所构成的宪法典。世界上最早的成文宪法是 1787 年的美国宪法和 1791 年的法国宪法。现代世界上绝大多数国家的宪法是成文宪法，我国的宪法也是成文宪法。成文宪法的优点在于，宪法的内容表现为书面形式的法典，比较明确、具体；其缺点在于，书面形式的法典修改起来比较困难，与社会实际的适应性差。

所谓不成文宪法，是指由书面形式的宪法性法律文件、宪法判例和非书面形式的宪法惯例等构成的宪法。英国宪法是典型的不成文宪法，主要由三部分构成：（1）在资产阶级革命过程中的不同历史时期制定的一系列宪法性文件，如 1628 年《权利请愿书》、1679 年《人身保护律》、1689 年《权利法案》、1701 年《王位继承法》、1911 年《国会法》、1918 年《国民参政法》、1928 年《男女选举平等法》、1969 年《人民代表法》等。（2）法院的宪法判例，如法院就人身自由、言论自由、正当法律程序、法官独立等宪法问题所作出的判决。（3）宪法惯例。英国是因为在政治实践中形成了大量的宪法惯例而被称为“宪法之母”的国家，如内阁由下院多数党组织，内阁对议会下院负责，两院制，国会每年至少集会一次，两党制等。不成文宪法的优点和缺点与成文宪法的正好相反。

2. 刚性宪法与柔性宪法

这种分类的依据和标准是宪法的法律效力，宪法的制定、修改程序，以及宪法与普通法律的关系。

所谓刚性宪法，是指制定和修改的程序比普通法律的严格，具有最高的法律效力的宪法。当今世界上绝大多数国家的宪法属于这种类别的宪法，我国的宪法也是刚性宪法。刚性宪法的优点在于：制定和修改宪法的程序比较复杂，相对而言，宪法的稳定性强；同时，宪法具有最高的法律效力，便于保证形成统一的宪法秩序。其缺点是：宪法修改程序较为复杂，不能及时适应社会实际的变化。

所谓柔性宪法，是指在制定和修改的程序、法律效力上与普通法律完全相同的宪法。作为英国宪法重要组成部分的宪法性法律文件，是在资产阶级革命的不同历史时期，由议会依一般立法程序制定的。其法律效力与其他法律的效力完全相同。英国是典型的柔性宪法国家。某些国家虽制定了成文宪法典，但宪法中未规定特别的宪法修改程序，因而在修改宪法时按照一般立法程序进行修改。这种宪法也属于柔性宪法，如 1848 年的意大利宪法。柔性宪法的优点和缺点与刚性宪法的正好相反。

3. 钦定宪法、民定宪法和协定宪法

这是以制定宪法的主体为标准而作的划分。

所谓钦定宪法，是指由君主自上而下地制定并颁布实施的宪法，如 1814 年法国国王路易十八颁布的宪章、1848 年意大利宪法、1889 年日本明治天皇颁布的《大日本帝国宪法》及 1908 年中国清末的《钦定宪法大纲》等。钦定宪法是封建君主迫于社会要求民主的压力而制定的，对民权作了点缀式规定，主要是以宪法的形式肯定了至高无上的君权。此类宪法与立宪主义意义上的宪法的本质是相违背的。

所谓民定宪法，是指由民选议会、制宪会议或公民投票表决制定的宪法。当今绝大多数国家的宪法属于这种类别。

所谓协定宪法，是指由君主与人民或民选议会进行协商共同制定的宪法，如英国

1689 年《权利法案》、法国 1830 年宪法等。也有学者认为，1215 年由英国国王与贵族们妥协签订的《自由大宪章》属于协定宪法。

（二）新的宪法分类

现代资本主义国家的宪法学者根据不同的标准，从形式上对宪法进行了新的分类，主要有以下几种。

（1）近代宪法和现代宪法。这是以宪法发展的不同历史阶段为标准进行的分类。所谓近代宪法，是指在近代自由资本主义时期实行的宪法。这一时期的宪法以英国宪法、美国宪法为代表，体现了自由主义的原理；因国家和政府的职能比较简单，宪法的内容主要为国家机构的组织及相互关系、公民的基本权利和义务、宪法的修改程序，公民的基本权利主要为自由权。所谓现代宪法，是指 20 世纪初以来资本主义国家的和社会主义国家的宪法，主要标志是 1918 年作为社会主义类型宪法的《苏俄宪法》和 1919 年作为资本主义类型宪法的《魏玛宪法》。这一时期的宪法规定的公民的基本权利由自由权扩大到社会权，相应地，国家和政府的职能增强了。

（2）平时宪法和战时宪法。这是根据宪法适用的时间所作的分类。所谓平时宪法，是指在正常时期或者和平时期适用的宪法。宪法一般适用于正常时期或者和平时期。所谓战时宪法，是指当国家处于非常时期或者战争时期时适用的宪法。各国在宪法中可能制定特别法，规定在非常时期或者战争时期宪法的适用情况，一般而言，在出现这类情况时，中止宪法的全部或者部分内容的适用，而适用特殊的规范。

（3）君主宪法和共和宪法。这是以国家政体为标准进行的分类。所谓君主宪法，是指规定由君主独揽国家统治权的宪法。钦定宪法一般为君主宪法。所谓共和宪法，是指规定由民选的国家机关掌握国家权力的宪法。近现代绝大多数国家的宪法是共和宪法。

（4）原始宪法和派生宪法。这是根据宪法是否具有创制性所作的分类。所谓原始宪法，又称创制性宪法，是指在宪法内容上具有创制性的宪法。如英国宪法、美国宪法、法国宪法及《苏俄宪法》在内容上都具有创制性，为后来其他国家的宪法所仿效。所谓派生宪法，又称模仿性宪法，是指模仿其他国家的宪法所规定的制度而制定的宪法。如一些国家的宪法模仿英国的宪政制度或者模仿美国的宪政制度。

（5）规范宪法、名义宪法和语义宪法。这是卡尔·罗文斯坦根据存在论的观点进行的分类。所谓规范宪法，是指宪法中的各种规范支配着政治过程，权力过程适应和服从宪法规范的宪法；所谓名义宪法，是指宪法规范只是作为法的形式起作用，政治过程不受宪法规范的制约即缺乏现实适应性的宪法；所谓语义宪法是指在政治生活中可能得到运用，但往往被作为掌握权力的一种宣言手段或点缀物的宪法。

此外，学者还根据各种标准从形式上对宪法进行分类，如根据宪法的长短把宪法分为长宪法和短宪法，根据宪法有无序言把宪法分为以序言开头的宪法和不以序言开头的宪法，根据宪法有无标题把宪法分为有标题的宪法和无标题的宪法，根据宪法的实际效力把宪法分为至上性的宪法和非至上性的宪法，根据宪法的意识形态内容把宪法分为意识形态上的纲领性的宪法和实用主义的宪法，根据国家结构形式将宪法分为单一制宪法和联邦制宪法等。

从形式上对宪法进行分类，有助于认清同一类型的宪法及不同类型宪法的特点，开展比较研究。这是比较宪法学的起点。但是，这种分类局限于宪法外在的形式上的特点，无法使人们认识宪法的本质及不同性质宪法的实质。

二、宪法的实质分类

马克思主义承认从形式上对宪法进行分类的意义，同时也看到其局限性。按照历史唯物主义的基本原理，马克思主义从实质上对宪法进行了分类。

（1）资本主义类型的宪法与社会主义类型的宪法。这是根据宪法所赖以产生和存在的经济基础的性质以及国家政权的性质所进行的分类。所谓资本主义类型的宪法，又称资产阶级类型的宪法，是指建立在资本主义私有制基础之上，确认资产阶级民主的宪法。资本主义类型的宪法建立在生产资料资本家私有制的基础之上，为资本主义经济制度服务，确认和保护资产阶级民主。所谓社会主义类型的宪法，又称无产阶级类型的宪法，是指建立在社会主义公有制基础之上，确认由人民当家作主的宪法。社会主义类型的宪法建立在生产资料社会主义公有制基础之上，为社会主义经济制度服务，并公开确认工人阶级在整个国家中的领导作用和广大人民群众的主人翁地位。

（2）法定的宪法与现实的宪法。这是列宁根据马克思主义关于经济基础与上层建筑之间的关系的基本原理进行的分类。所谓法定的宪法，是指统治阶级通过法定程序制成的书面形式的宪法。所谓现实的宪法，又称事实的宪法或真正的宪法，是指一个国家现实的社会经济和政治关系，以及现实的政治力量对比关系。列宁认为，现实的宪法决定法定的宪法的性质和内容，只有当法定的宪法真实地反映现实的经济、政治关系，与现实的宪法一致起来，才能符合社会发展要求和广大人民的愿望，法定的宪法才是真实的。按照这一标准，资本主义类型的宪法所规定的内容既有真实的一面又有虚假的一面，社会主义类型的宪法所规定的内容都是真实的。

从实质上对宪法进行分类，有助于揭示不同性质宪法的根本区别点及阶级本质，发现不同性质宪法的发展和变化规律。

第三节　宪法的指导思想和基本原则

一、我国宪法的指导思想

1. 宪法的指导思想的含义

宪法的指导思想是制定或者修改宪法时确定宪法的发展方向和基本原则的理论基础，是我国宪法的重要组成部分，是宪法的核心和灵魂。

我国宪法的指导思想是随着社会实践的发展而与时俱进的。1982 年修改宪法时总的指导思想是四项基本原则。

2. 我国宪法的指导思想的发展

1982 年宪法通过以后，作为宪法指导思想的四项基本原则在实践中不断丰富和发展。

1993 年宪法修正案第 3 条确认了建设有中国特色社会主义的理论和中国共产党的基本路线为宪法指导思想的重要内容。

1999 年宪法修正案第 12 条将邓小平理论写入宪法“序言”，从而确立了邓小平理论的宪法指导思想地位。

2004 年宪法修正案将“三个代表”重要思想写入宪法“序言”，标志着我国宪法指导思想的又一次与时俱进。

2018 年宪法修正案将科学发展观和习近平新时代中国特色社会主义思想写入宪法“序言”，特别是将习近平新时代中国特色社会主义思想的基本内涵，如新发展理念、国家发展目标、新型民族关系、新型国际关系处理原则、人类命运共同体等，载入宪法“序言”，进一步丰富和发展了我国宪法的指导思想。

2020 年 11 月，中央全面依法治国工作会议召开，确定了习近平法治思想为全面依法治国的根本遵循和行动指南。习近平总书记关于宪法的一系列重要论述，是构建新时代中国特色社会主义宪法学的重要指导。习近平总书记关于宪法的重要论述，提出了诸如依宪治国、依宪执政、依宪立法、加强宪法实施和监督、推进合宪性审查工作等一系列具有原创性、集成性、标志性的新理念新思想，丰富和发展了中国特色社会主义宪法理论，标志着我们党对宪法的认识和实践达到了一个新的高度，为发展中国特色的宪法知识体系指明了前进方向，提供了根本遵循。习近平总书记关于宪法的重要论述，构成了一整套科学完备的宪法理论体系：（1）深刻论述了我国宪法的根本政治原则，这就是坚持中国共产党的领导；（2）深刻论述了我国宪法至上的法治地位；（3）深刻论述了我国宪法的人民属性，这就是国家一切权力属于人民；（4）深刻论述了我国宪法的独特优势，这就是明确规定了国家的根本任务、发展道路、奋斗目标和国家各方面事业发展要求；（5）深刻论述了我国宪法在国家制度和国家治理体系中的作用；（6）深刻论述了我国宪法的实施监督机制；（7）深刻论述了我国宪法的实施保障措施。习近平法治思想与宪法在精神实质上是统一的、一致的。宪法是全面依法治国的根本大法，习近平法治思想是全面依法治国的总纲领和总遵循，产生于全面依法治国的实践，又对全面依法治国实践具有强有力的指导作用。2018 年十三届全国人大一次会议通过的宪法第五个修正案，把党和人民在实践中取得的重大理论创新、实践创新、制度创新成果上升为宪法规定，充分体现了习近平法治思想的主要精神。要把学习贯彻习近平法治思想和宪法结合起来、统一起来，用习近平法治思想推动宪法实施，保证依法治国、依宪治国正确方向，不断推动宪法理论和实践创新发展。要坚持以习近平法治思想为指导，坚定宪法自信，维护宪法权威，推动宪法全面有效实施，维护国家法治统一，加强宪法制度和实践宣传，讲好中国宪法故事、中国法治故事，让宪法法律走入日常生活、走入人民群众，推动依法治国、依宪治国提高到一个新水平。

二、宪法的基本原则

宪法的基本原则是指宪法所确认和包含的根本方针，是指导宪法制定、修改和宪法实施的基本准则。宪法的基本原则贯彻于宪法始终，并体现在宪法规定的具体制度中。

结合世界各国宪法理论与实践，宪法的基本原则主要包括以下几项。

（一）人民主权原则

人民主权，即国家的主权属于人民，归人民所有。西方的人民主权论是17、18世纪启蒙思想家倡导的，其主要代表人物为法国的卢梭，其理论基础是自然权利说和社会契约论。美国《独立宣言》在历史上第一次将人民主权确定为基本政治原则，它宣布：为了保障生命、自由和追求幸福的权利，“所以才在人们中间成立政府。而政府的正当权力，系得自被统治者的同意。如果遇有任何一种形式的政府变成是损害这些目的的，那么，人民就有权利来改变它或废除它，以建立新的政府”。法国《人权宣言》更加明确地肯定了这个原则，它宣布：“国民是一切主权之源；任何个人或任何集团都不具有任何不是明确地从国民方面取得的权力”。

当今世界各国的宪法，一般都以这种或那种形式规定了人民主权原则。如1958年《法兰西第五共和国宪法》第3条规定，“国家主权属于人民，由人民通过其代表和通过公民投票的方式行使国家主权”。

社会主义国家人民主权论的理论基础是马克思主义的暴力革命理论。我国《宪法》第2条也确认了人民主权原则，并规定了人民行使主权的形式：“中华人民共和国的一切权力属于人民。”“人民行使国家权力的机关是全国人民代表大会和地方各级人民代表大会。”“人民依照法律规定，通过各种途径和形式，管理国家事务，管理经济和文化事业，管理社会事务。”习近平总书记指出，我们要坚持国家一切权力属于人民的宪法理念，最广泛地动员和组织人民依照宪法和法律规定，通过各级人民代表大会行使国家权力，通过各种途径和形式管理国家和社会事务、管理经济和文化事业，共同建设，共同享有，共同发展，成为国家、社会和自己命运的主人。① 因此，我国宪法所确立的人民主权原则，与西方资本主义国家的人民主权原则，无论是在“人民”的内涵上，还是在性质和实现方式上，都存在本质上的差异。

习近平总书记提出的全过程人民民主理论是我国宪法之人民主权原则的新发展。2019年11月，习近平总书记在上海市长宁区虹桥街道考察时，来到了全国人大常委会法制工作委员会设在这里的基层立法联系点，同正在参加立法意见征询的社区居民代表亲切交流。他深刻指出：“我们走的是一条中国特色社会主义政治发展道路，人民民主是一种全过程的民主”②。在庆祝中国共产党成立100周年大会上，习近平总书记强调，“践行以人民为中心的发展思想，发展全过程人民民主”③。党的十九届六中全会通过的历史决议，把“发展全过程人民民主”作为习近平新时代中国特色社会主义思想的重要内容纳入“十个明确”之中。④ 党的二十大报告明确将“发展全过程人民民主”写入中国式现

---

① 参见《习近平在首都各界纪念现行宪法公布施行30周年大会上的讲话》（2012年12月4日），载《人民日报》，2012-12-05。

② 习近平：《论坚持人民当家作主》，303页，北京，中央文献出版社，2021。

③ 习近平：《在庆祝中国共产党成立100周年大会上的讲话》，12页，北京，人民出版社，2021。

④ 参见《中共中央关于党的百年奋斗重大成就和历史经验的决议》，24页，北京，人民出版社，2021。

代化的本质要求，并进一步提出，到2035年“全过程人民民主制度更加健全”①。全过程人民民主是全链条、全方位、全覆盖的民主，意味着民主选举、民主协商、民主决策、民主管理、民主监督等各个环节紧密结合，落实为我国宪法中的人民代表大会制度、中国共产党领导的多党合作和政治协商制度、民族区域自治制度、基层群众自治制度等具体制度形式，确保人民当家作主。

（二）基本人权原则

人权学说起源于17、18世纪的资产阶级启蒙思想家洛克、卢梭等人提出的天赋人权论。1776年美国《独立宣言》提出：“我们认为这些真理是不言而喻的：人人生而平等，他们都从他们的‘造物主’那里被赋予了某些不可转让的权利，其中包括生命权、自由权和追求幸福的权利。”1789年法国《人权宣言》宣告：“在权利方面，人生来是而且始终是自由平等的”；“一切政治结合的目的都在于保护人的自然的和不可侵犯的权利；这些权利是自由、财产、安全以及反抗压迫”。美国宪法、法国宪法都确认了这些基本权利。后继的其他西方国家的宪法也大都以不同的形式确认了这个原则。

七十多年前，在中国共产党的领导下，中国人民实现了翻身解放和当家作主。七十多年来，中华民族实现了从站起来、富起来到强起来。特别是党的十八大以来，“人权得到切实尊重和保障”成为全面建成小康社会的重要目标，“完善人权司法保障制度”和“加强人权司法保障”不断被强调。在习近平新时代中国特色社会主义思想指引下，中国不断总结人类社会发展经验，在建设中国特色社会主义的伟大实践中，成功地走出了一条符合国情的人权发展道路，丰富了人类文明的多样性。

我国1982年宪法未提及“人权”字样，但规定了一系列公民基本权利；2004年宪法修正案增加规定“国家尊重和保障人权”，从而确认了基本人权原则。我国坚持马克思主义人权观，这一人权观与西方资本主义国家的人权观存在着本质区别。2022年2月，习近平总书记在第十九届中共中央政治局第三十七次集体学习时发表重要讲话，强调，“党的百年奋斗史，贯穿着党团结带领人民为争取人权、尊重人权、保障人权、发展人权而进行的不懈努力”，并从理论高度概括出中国人权发展道路的六点特征：一是坚持中国共产党领导，二是坚持尊重人民主体地位，三是坚持从我国实际出发，四是坚持以生存权、发展权为首要的基本人权，五是坚持依法保障人权，六是坚持积极参与全球人权治理。② 习近平总书记关于尊重和保障人权的系列重要论述，为新时代中国人权事业发展指明了前进方向，为推动世界人权事业进步贡献了中国智慧和中国方案。党的二十届三中全会决定进一步明确要求，“坚持正确人权观，加强人权执法司法保障，完善事前审查、事中监督、事后纠正等工作机制，完善涉及公民人身权利强制措施以及查封、扣押、冻结等强制措施的制度，依法查处利用职权徇私枉法、非法拘禁、刑讯逼供等犯罪行为”③。这对于在新时代保障和规范公权力机关实施强制措施、强化人权执法司法保障和对产权

① 习近平：《高举中国特色社会主义伟大旗帜　为全面建设社会主义现代化国家而团结奋斗——在中国共产党第二十次全国代表大会上的报告》（2022年10月16日），24页，北京，人民出版社，2022。

② 参见习近平：《坚定不移走中国人权发展道路 更好推动我国人权事业发展》，载《求是》，2022（12）。

③ 《中共中央关于进一步全面深化改革 推进中国式现代化的决定》，载《人民日报》，2024-07-22。

依法保护具有重大意义。

（三）法治原则

法治即严格按照宪法和法律治理国家的主张和学说。在近代，法治首先是作为自由、平等、保障人权、反对特权的要求由欧洲启蒙时代的先进思想家提出来的。法国《人权宣言》较集中地反映了这种要求，它宣称，“法律是公共意志的表现。所有公民都有权亲自或者通过其代表参与制定法律；法律对一切人，无论是进行保护或者惩罚，都应当是一样的。一切公民在法律的眼中一律平等，都可以平等地按照其能力，并且除他们的品德与才能的差别外不应当有其他差别，担任一切高官、公共职位或者职务”。在当代，法治原则具体地体现在各国的宪法规范和实践中。

依法治国是中国共产党领导人民治理国家的基本方略，法治是治国理政的基本方式，要更加注重发挥法治在国家治理和社会管理中的重要作用，全面推进依法治国，加快建设社会主义法治国家。我国 1982 年宪法规定，“国家维护社会主义法制的统一和尊严”，“一切法律、行政法规和地方性法规都不得同宪法相抵触”，等等，体现了法制原则。但“法制”与“法治”的含义不完全相同：前者主要是指一国现有的各项法律及其制度；后者意即“法的统治”，主要是指一种与“人治”相对应的治理社会的理论、原则、理念和方法。一般认为，法治有两项最基本的要求：一是要有制定得良好的宪法和法律，二是这种宪法和法律得到普遍的服从。1999 年宪法修正案规定，“中华人民共和国实行依法治国，建设社会主义法治国家”。由此法治成为我国宪法的基本原则之一。2018 年宪法修正案将“健全社会主义法制”修改为“健全社会主义法治”，进一步确立了这一宪法基本原则。我国坚持社会主义法治原则，以中国共产党的领导、人民当家作主和依法治国有机统一为根本原则。

党的十八大以来，在习近平法治思想指引下，我国社会主义法治国家建设深入推进，全面依法治国总体格局基本形成，中国特色社会主义法治体系加快建设，司法体制改革取得重大进展，社会公平正义保障更为坚实，法治中国建设开创新局面。社会主义法治国家建设实现了从“依法治国”到“全面依法治国”，从“建设法治国家”到“建设法治中国”，从“形成中国特色社会主义法律体系”到“建设中国特色社会主义法治体系”，从“有法可依、有法必依、执法必严、违法必究”到“全面推进科学立法、严格执法、公正司法、全民守法”，从推进“国内法治”到“统筹推进国内法治和涉外法治”的历史性转变。党的二十大明确了到 2035 年“基本建成法治国家、法治政府、法治社会”的目标任务，对坚持全面依法治国、推进法治中国建设作出重要部署。2023 年 12 月，习近平总书记在第十个“国家宪法日”之际作出重要指示，强调：“新征程上，要坚定维护宪法权威和尊严，推动宪法完善和发展，更好发挥宪法在治国理政中的重要作用，为以中国式现代化全面推进强国建设、民族复兴伟业提供坚实保障”①。据此，应更加积极推动全面贯彻实施宪法，更好发挥法治固根本、稳预期、利长远的保障作用，使党和国家各项事业和各项工作在法治轨道上取得更加辉煌的成就。

---

① 《坚定维护宪法权威和尊严推动宪法完善和发展 更好发挥宪法在治国理政中的重要作用》，载《人民日报》，2023－12－25。

（四）权力制约原则或民主集中制原则

权力制约作为宪法的一项基本原则，来源于近代分权学说。近代分权学说由英国的洛克首先倡导，而系统阐述分权学说的是法国的孟德斯鸠。孟德斯鸠把国家权力分为立法权、行政权和司法权三个部分，认为三权彼此相对独立，分别由议会、政府和法院行使，才能互相钳制，并协调地前进。法国《人权宣言》宣布，凡分权未确立……的社会就没有宪法。

以权力制约权力，是资产阶级宪法的重要原则和核心内容之一。根据美国宪法，立法权属于国会，行政权属于总统，司法权属于法院，而且各机关之间互相保持制约和平衡的关系。在实行议会内阁制的国家，权力制约机制有着不同的表现。

社会主义宪法在理论上坚决反对“三权鼎立”，在宪法制度上并不是按照“三权鼎立”原则配置国家权力，而是普遍确认权力的统一和民主集中制原则。它在理论上确认国家权力的不可分割性，在实践中以人民的代表机关为统一行使国家权力的机关。民主集中制肯定行使国家权力的各国家机关之间的分工，也肯定各国家机关之间的监督制约机制，以及设立专门的监督机关来监督国家权力的运行。正如习近平总书记所指出的：要强化对公权力的监督制约，督促掌握公权力的部门、组织合理分解权力、科学配置权力、严格职责权限，完善权责清单制度，加快推进机构、职能、权限、程序、责任法定化。[①] 要加强对权力运行的制约和监督，让人民监督权力，让权力在阳光下运行，把权力关进制度的笼子。要强化自上而下的组织监督，改进自下而上的民主监督，发挥同级相互监督作用，加强对党员领导干部的日常管理监督。[②] 要加强对权力运行的制约和监督……形成不敢腐的惩戒机制、不能腐的防范机制、不易腐的保障机制。[③] 党的二十届三中全会决定提出，要“健全监察机关、公安机关、检察机关、审判机关、司法行政机关各司其职，监察权、侦查权、检察权、审判权、执行权相互配合、相互制约的体制机制，确保执法司法各环节全过程在有效制约监督下运行”[④]。这是我国权力制约原则在司法领域的具体应用。目前我国已经形成了一套由人大监督、民主党派监督、行政监督、监察监督、司法监督、审计监督、群众监督、舆论监督等构成的，有机贯通、相互协调的监督体系；形成了配置科学、权责协同、运行高效的监督网。

第四节　宪法结构

一、宪法结构体系

所谓宪法结构，是指由单一宪法性文件组成的成文宪法典在内容上的体系和安排。

---

① 习近平：《在新的起点上深化国家监察体制改革》，载《求是》，2019（5）。

② 习近平：《决胜全面建成小康社会 夺取新时代中国特色社会主义伟大胜利——在中国共产党第十九次全国代表大会上的报告》，载《求是》，2017（21）。

③ 参见习近平十届中央纪委二次全会上的讲话。

④ 《中共中央关于进一步全面深化改革 推进中国式现代化的决定》，载《人民日报》，2024-07-22。

不成文宪法是由成文的宪法性法律、法院的宪法判例及不成文的宪法惯例等组成的，因而，不存在内容的体系安排问题。至于由复合宪法性文件组成的成文宪法，这些在不同时期制定的宪法性文件在内容上也无法形成统一的体系。故宪法结构实际上是指成文宪法典之内容的相互关系及其外在的表现形式。宪法结构是用于表现宪法内容的，而由于各国在宪法的指导思想以及制宪的历史背景、政治理念、政治文化、民族习惯等方面的不同，宪法的内容也不尽相同，宪法结构也就不存在统一的模式。概括起来，宪法一般由以下几部分构成。

（一）宪法序言

绝大多数国家的宪法在正文之前，设一段叙述性文字，用以阐述制宪的宗旨、目的，制宪权的来源，制宪的经过，宪法的基本原则，宪法的地位，以及其他不便以条文的形式规定的国家基本政策等。对这一段文字，有的国家设标题，称“序言”或“前言”；有的国家则不设标题。宪法序言的长度不一，有的一万多字，如南斯拉夫 1974 年宪法；有的几十个字，如《魏玛宪法》、瑞士宪法、美国宪法、意大利宪法等。

在我国在 1949 年制定的起临时宪法作用的《中国人民政治协商会议共同纲领》（以下简称《共同纲领》）及历部宪法都有名为“序言”的部分。现行《宪法》的“序言”共有 13 个自然段，近 1 900 字，主要记载了国家的斗争历史和成就、建国宗旨和国家的奋斗目标、制宪目的、国家活动的指导原则等，主要有以下七项内容：一是简述国家的斗争历史，二是记载了 20 世纪以来在中国发生的四件大事，三是规定国家的指导思想和今后的根本任务，四是肯定四项基本原则，五是指明实现社会主义现代化建设的国内外条件（搞好国内的大团结，完成祖国的统一，团结各国人民，争取世界和平，反对霸权主义，构建人类命运共同体），六是确认中国共产党领导的正当性和合法性，七是确认宪法的地位和作用。

宪法序言是宪法的有机组成部分，对于理解宪法正文具有不可或缺的指导意义。其制定程序和修改程序与宪法正文的完全相同，同样具有最高的法律效力。宪法序言对宪法解释、合宪性审查与立法工作具有价值指引和规范约束作用，比如在《英雄烈士保护法》的起草和审议过程中，就根据人民英雄纪念碑碑文、宪法序言精神，阐释了英雄烈士的历史功勋，宣示国家和人民永远铭记、尊崇一切为国家和民族作出牺牲与贡献的英雄烈士，表明捍卫英雄烈士名誉的鲜明价值导向。

（二）宪法正文

宪法正文部分主要包括总纲、公民的基本权利和义务、国家机构等内容。

第一，总纲。也有的宪法称之为“基本原则”、“总则”或“国家和社会的基本制度”。这一部分主要规定了国家的根本制度和基本制度，如国家性质、国家的政治制度、国家结构形式、政党制度、选举制度、社会经济制度，以及作为国家象征的国旗、国徽、首都。资本主义宪法和社会主义宪法在总纲部分规定的内容及方式有所不同：（1）资本主义宪法一般不对国家性质作出明确的规定，只是一般性地规定“人民主权原则”或“国家的一切权力属于人民”；社会主义宪法明确规定了国家的性质即社会各阶级在国家中的地位。（2）资本主义宪法对所实行的政治制度及其基本原则的规定，主要是通过对国家机构及各国家机关之间的相互关系的规定来体现的；而社会主义宪法则明确规定了国家的政治制度及其基本原则，如我国宪法明确规定实行民主集中制的人民代表大会制度。（3）资本主义国家通常实行多党制，故资本主义宪法中一般只规定政党的宗旨及活动原则；社会主义宪法明确规定无产阶级政党是领导党，并规定了无产阶级政党与其他党派之间的关系。（4）资本主义宪法对社会经济制度的规定一般比较简单，早期规定“私有财产神圣不可侵犯”，进入 20 世纪以后一般只规定保护私有财产，以及基于公共利益的需要在正当补偿的前提下可以对私有财产进行征收或征用；社会主义宪法不仅规定了保护公共财产和私有财产，还规定了国家对不同经济形式的基本政策。

我国历部宪法都设有总纲部分。事实上，早在 1947 年谢觉哉在起草《宪法草案大纲》时就提出，宪法是其他法律所自出，即其他法律的总纲，宪法的总纲章则为总纲之总纲，写宪法，写宪法总纲，应有笼罩全宪法乃至整个新民主主义法律思想系统的积极观念。[①] 这意味着，早期的新民主主义宪法理论就把宪法总纲界定为具有根本性和总括性的思想与制度体系。我国现行宪法的“总纲”规定了社会主义制度是我国的根本制度、我国是人民民主专政的社会主义国家、中国共产党领导是中国特色社会主义制度最本质的特征、人民代表大会制度是我国的根本政治制度，以及我国社会主义的经济制度及分配制度、中央与地方的关系、社会主义精神文明、国家维护社会主义法制的统一和尊严等，涉及国家性质和政治、经济、精神文明、社会主义法治方面的基本制度的内容。

第二，公民的基本权利和义务。资本主义宪法大多称之为“人权”或“基本人权”。所有社会主义宪法和绝大多数资本主义宪法都设有此部分。在资本主义宪法中，美国宪法和法国宪法较为特殊一些：1787 年制定的美国宪法中没有关于公民基本权利的规定，后于 1789 年获得国会通过、1791 年获得足够数量州的批准的 10 条宪法修正案增加了这一方面的内容，由此该 10 条宪法修正案被统称为“权利法案”；法国现行宪法即 1958 年《法兰西第五共和国宪法》的正文中也没有关于公民基本权利的规定，而是在宪法“序言”中规定，1789 年通过的《人权宣言》及 1946 年宪法在《人权宣言》基础上新增加的规定为宪法的组成部分。资本主义宪法和社会主义宪法在公民基本权利和义务的内容上基本相同，但两者在基本理论和性质上完全不同。

习近平总书记指出，“公民的基本权利和义务是宪法的核心内容，宪法是每个公民享有权利、履行义务的根本保证”[②]。与前三部宪法相比较，我国现行宪法关于公民基本权利和义务的规定在宪法结构中的位置发生了比较大的变化。前三部宪法在“总纲”之后即为“国家机构”部分，然后才是“公民的基本权利和义务”部分。而现行宪法在“总纲”之后即为“公民的基本权利和义务”部分，体现了对公民基本权利的重视，以及对公民与国家机构之间关系的正确认识；同时，在内容上，不仅充实了前三部宪法的规定，而且根据需要和我国已具备的条件，增加了公民基本权利和自由的若干类型。

---

① 参见《谢觉哉日记》（下卷），1085～1086 页，北京，人民出版社，1984。

② 习近平：《在首都各界纪念现行宪法公布施行 30 周年大会上的讲话》（2012 年 12 月 4 日），载《人民日报》，2012－12－05。

第三，国家机构。这是各国宪法共同的最基本内容，也是宪法的主要内容。资本主义宪法基于“三权鼎立”原则，并根据本国的具体国情，一般规定了立法机关、行政机关、司法机关的地位、产生、组织、任期、职权、活动原则及相互关系。在有的国家还规定了咨询性机构的地位及职能。在实行专门机关监督宪法实施的国家，还规定了专门机关（宪法法院或宪法委员会）的地位、产生、组织、任期、职权、活动原则及与其他国家机关的关系。社会主义宪法基于民主集中制原则，规定了最高国家权力机关及地方国家权力机关，在此之下规定了国家行政机关、审判机关、检察机关及其他国家机关，以及这些国家机关的地位、产生、组织、任期、职权、活动原则及相互关系。此外，在联邦制国家，其宪法还规定了联邦与联邦组成部分之间的分权及相互关系。

我国现行宪法在“国家机构”部分依据民主集中制原则，规定了最高国家权力机关即全国人大及其常委会、国家主席、国务院、中央军事委员会，以及地方各级人民代表大会和各级人民政府、民族自治机关，监察机关、审判机关、检察机关的地位、产生、组织、任期、职权、活动原则及相互关系。

第四，宪法保障。在设有宪法法院的国家，其宪法通常在正文部分设“宪法保障”一章，具体规定宪法法院的性质、组织、职权、程序等。

第五，宪法修改。除少数被称为“永久宪法”“不灭大典”的宪法外，绝大多数国家的宪法还规定了宪法的修改程序。我国宪法的修改程序被规定在“国家机构”一章，即“宪法的修改，由全国人民代表大会常务委员会或者五分之一以上的全国人民代表大会代表提议，并由全国人民代表大会以全体代表的三分之二以上的多数通过”。

（三）附则

有的国家的宪法中还设有附则，规定了如一般规定、过渡规定、非常时期规定、最后规定、杂项规定、临时规定、特别规定、附则、补则、终则、一般事务等内容。我国宪法中没有附则。

二、宪法规范

（一）宪法规范的概念及构成要素

宪法规范是指调整宪法关系并具有最高法律效力的各种规范的总和。首先，宪法规范也是法规范的一种，法规范所具有的要素和特征，宪法规范同样具有。其次，宪法规范的调整对象是宪法关系。法律规范的调整对象是其他社会关系，宪法规范调整的对象是社会关系中一类比较特殊的关系，即宪法关系。宪法规范所调整的宪法关系主要包括国家与公民之间的关系，国家与国内各民族、团体、企业、事业单位和其他组织的关系，国家机关与国家机关之间的关系，同一体系国家机关内部的关系。最后，调整上述宪法关系的规范既有宪法中确定的规范，也有普通法律中确定的规范，如选举法、各类国家机关组织法等也调整宪法关系。实际上，有两种意义上的宪法规范：一是部门法意义上的宪法规范，即一切调整宪法关系的规范，包括宪法中确定的调整宪法关系的规范和普通法律中确定的调整宪法关系的规范；二是根本法意义上的宪法规范，即仅仅指作为国家根本法的宪法中确定的调整宪法关系的规范。宪法学上所说的宪法规范是指后一种意义上的宪法规范。

法律规范是由国家制定或者认可的，体现统治阶级意志的，以国家强制力保障实施的行为规则。法律规范通常由三要素构成：（1）假定，即指明法律规范适用的条件。每一个法律规范都是在一定条件出现的情况下才能适用，而适用这一法律规范的这种条件就被称为假定。（2）处理，即行为规范本身的基本要求。它规定人们应该做什么、禁止做什么、允许做什么。这是法律规范的中心部分，是法律规范的主要内容。（3）后果，即指明符合法律规范的积极后果和违反法律规范的消极后果。后果部分主要是指消极后果，即法律制裁，如民事制裁、行政制裁、刑事制裁等。不论制裁部分如何规定，法律规范一般都有制裁，它是保证法律规范实现的不可缺少的强制措施。任何法律规范都必须具备以上三个要素，否则就不成其为法律规范。但是，一个法律规范可以由几个条文来表述，甚至由几个不同的法律文件来表述；几个法律规范也可能由一个法律条文来表述。

宪法规范是法规范的一种，但对于宪法规范是否具备上述三要素，特别是是否具备制裁要素，存在否定说和肯定说两种观点。

否定说认为：宪法规范只是一般纲领性的和一般原则性的规定，只有通过普通法律才能实现；宪法的规定都是比较原则的规定，不便于执行，因而不具有规范性；宪法规范不具备普通法律规范的制裁要素，因而宪法规范不具有法律性质。相当一部分学者认为，无具体惩罚性或无制裁性，是宪法规范的特点之一。

肯定说认为：宪法规范作为法规范的一种，具备假定、处理、制裁三要素。作为法规范的一种，宪法规范具有完整的构成要素，不仅具有假定和处理要素，还具有制裁要素，而且宪法规范的制裁要素就存在于宪法规范之中：（1）宪法的规范性要求其具有制裁要素。宪法规范既然是法规范的一种，从理论上说，就应当也包括上述三要素，否则就不成其为宪法规范。（2）制裁要素是保证宪法规范有效实施的必不可少的措施。宪法规范是具有最高法律效力的法律规范，这种性质要求宪法规范具有某种适用性。宪法规范无论是通过司法途径还是通过其他途径进行适用，都需要强制力来保证它的最高法律效力，这种强制力的表现就是制裁要素。没有制裁要素的法规范（包括宪法规范）客观上是没有或不可能具有适用性的规范，而一个法规范（包括宪法规范）不具有适用性，也就失去了其存在的价值。宪法规范的制裁是指合宪性审查机关或者适用宪法的国家机关，对于违反宪法的行为所采取的维护宪法地位、保证宪法秩序和保障人权的措施。普通法律规范的制裁通常表现为对违法当事人追究刑事责任、行政责任、民事责任。宪法作为国家根本法，其作用的对象主要是国家权力，因而其制裁措施与普通法律所规定的有所不同。违反宪法的制裁并不是追究刑事责任、民事责任和行政责任，而是：撤销或改变不具有合宪性的法律等规范性文件或者宣布其无效；不予批准或废除与宪法相抵触的条约和协定；在具体案件中拒绝适用不具有合宪性的法律等规范性文件；罢免或弹劾不具有合宪性的国家领导人；等等。

（二）宪法规范的基本特点

宪法规范是法规范的一种，也就具有法规范所具有的一般属性。由宪法规范的地位及内容所决定，宪法规范又具有一般法律规范不具备的特性。宪法规范主要有以下特点。

1. 宪法规范的根本性和最高性

宪法规范规定的是国家生活和社会生活各方面的根本制度、基本制度和基本原则，具有创制性，是国家各种具体制度的最终根据及渊源。我国宪法除规定国家的根本制度即社会主义制度和根本任务即集中力量进行社会主义现代化建设以外，还根据这一根本制度，规定了国家在政治、经济、文化、教育等方面的基本制度和基本原则，规定了公民的基本权利和义务等。从国家治理和各项具体制度的建立看，除根本制度外，宪法所规定的基本制度也是最终根据和渊源。其他法律规范都是依据宪法规范、以宪法规范为基础建立起来的，其法律效力也源于宪法规范。

与宪法规范的根本性相联系，宪法规范具有最高性特点，即宪法规范与一般法律规范相比较，居于最高的地位，一般法律规范的法律效力低于宪法规范的法律效力。一般法律规范如果与宪法规范相抵触，则失去法律效力。此外，宪法规范的最高性还表现在，它在国家生活和社会生活中居于最高的地位，具有最高的权威性，一切组织或者个人都必须以宪法规范为根本的活动准则。对此习近平总书记强调，“维护宪法权威，就是维护党和人民共同意志的权威。捍卫宪法尊严，就是捍卫党和人民共同意志的尊严。保证宪法实施，就是保证人民根本利益的实现”①。

2. 宪法规范的广泛性

宪法是国家的根本大法，是治国安邦的总章程，因此，宪法规范所调整的社会关系的范围必然是非常广泛的，主要表现在两个方面：一是宪法规范的内容广泛。各国宪法的内容虽然不完全相同，但都规定了国家生活、社会生活中各个方面的重大问题，涉及政治、经济、文化、教育、科学、技术、体育、国防、外交等许多方面，具有总括性。而其他法律规范不过规定了国家生活中某一方面的内容，在广泛性方面显然不能与宪法规范相提并论。二是宪法规范调整的社会关系的主体广泛，包括各民族、各阶级、各政党和各社会团体、一切国家机关和武装力量、各企业事业组织和全体公民，甚至包括在本国境内的外国公民和外国经济组织。一般法律规范是关于国家生活某一方面的专门规定，其任务比较单一，调整的范围也比较窄。

社会主义宪法与资本主义宪法在广泛性上的差异在于，对于经济制度和经济政策的规定是否具体。通常情况下，资本主义宪法对于经济制度和经济政策，或者不作规定，或者规定得非常简单。而社会主义宪法对于经济制度，特别是国家的经济政策，规定得非常具体，比如，我国现行宪法规定，“国家在社会主义初级阶段，坚持公有制为主体、多种所有制经济共同发展的基本经济制度”。党的十八大以来，习近平总书记多次强调坚

① 习近平：《在首都各界纪念现行宪法公布施行30周年大会上的讲话》（2012年12月4日），载《人民日报》，2012-12-05。

持“两个毫不动摇”，即毫不动摇巩固和发展公有制经济，毫不动摇鼓励、支持、引导非公有制经济发展，保证各种所有制经济依法平等使用生产要素、公平参与市场竞争、同等受到法律保护。这就是对宪法中的经济制度的落实和具体化。①

宪法规范的广泛性与根本性之间存在密切的联系。根本性是宪法规范的本质属性，是推翻封建专制制度之后社会存在和发展的必然要求。由这种根本性所决定，宪法规范要调整国家生活、社会生活各个领域的社会关系，否则，起不到根本法的作用。同时，宪法规范仅规定国家生活、社会生活各个领域的根本性问题，即只确定根本制度、基本制度和基本原则。这就决定了宪法规范调整的内容的范围必然是非常广泛的。

3. 宪法规范的原则性

宪法对其所规定的内容往往采用较为原则的方法，如我国《宪法》第 12 条规定："社会主义的公共财产神圣不可侵犯。""国家保护社会主义的公共财产。禁止任何组织或者个人用任何手段侵占或者破坏国家的和集体的财产"。该规定对于哪些财产属于公共财产，国家如何保护公共财产，在侵占或者破坏公共财产的情况下对违法当事人可以采取哪些制裁措施等，都没有作出具体规定。宪法规范的原则性与其他法律规范的具体性形成鲜明的对照。宪法规范面对它所调整的广泛的社会关系，只能作出原则性的规定，既不可能也没有必要作出具体而详尽的规定。这一特点是由宪法规范的根本性特点所决定的，即宪法规范的根本性决定着宪法规范的广泛性，而广泛性又决定着宪法规范的原则性。

宪法规范的原则性程度如何，取决于制宪者对宪法作用的判断。宪法规范的原则性强，它就能够在更大范围内和更高程度上适应社会实际的变化；反之，如果宪法规范比较具体，它适应社会实际变化的能力就弱。但是，从另一个角度看，宪法规范的原则性越强，它对社会实际的调整功能就越差；宪法规范越具体，它对社会实际的调整功能就越强。这种矛盾的解决，需要制宪者根据宪法的特点、宪法的功能、宪法不同内容的变化规律及宪法在不同历史时期所要发挥的作用等多种因素来决定。通常情况下，各国宪法对国家机构部分规定得比较具体，而对其他部分规定得较为原则。

4. 宪法规范的适应性和稳定性

宪法规范的适应性是指宪法规范适应社会实际变化的能力。习近平总书记指出，“宪法只有不断适应新形势、吸纳新经验、确认新成果，才能具有持久生命力”②。宪法规范与其他法律规范一样，都必须与社会实际相适应，也只有与社会实际相适应，才能发挥应有的作用，否则，就会变成形式意义上的规范，阻碍社会的进步和发展，失去规范的价值。在这一点上，宪法规范与其他法律规范是相同的，只不过宪法规范能够在更大的幅度内适应社会实际的变化。

宪法规范的原则性，决定了它比其他法律规范有更强的适应性。只要客观形势的变化没有引起国家根本制度的质的改变，尚未达到完成国家根本任务的程度，宪法所作的

① 参见习近平：《在民营企业座谈会上的讲话》（2018 年 11 月 1 日），载《人民日报》，2018－11－02。

② 习近平：《在首都各界纪念现行宪法公布施行 30 周年大会上的讲话》（2012 年 12 月 4 日），载《人民日报》，2012－12－05。

原则性的、概括性的规定，就仍然能够适用。宪法规范的适应性的表现方式在各国呈现着不同的情况。美国宪法颁布至今已经有二百多年，没有作根本的修改，只是适应客观形势的变化，增加了一些修正案。从我国第一部社会主义类型的宪法于 1954 年颁布以来，虽然经过多次修改，但是其中的许多基本规范，如关于国家制度方面的许多规范，关于公民基本权利、义务方面的许多规范，关于国家机构方面的许多规范，关于国家标志方面的许多规范，并未根本改变。这也是宪法规范的适应性的表现。

与宪法规范的高度适应性相联系的是宪法规范具有相对稳定性。在一部宪法实施以后通常能够在较长时间内不作变动或者不作较大的变动。宪法规范的这种稳定性主要取决于以下因素：(1) 宪法规范的原则性和适应性。宪法规范适度的原则性，既能够保证宪法规范的调控能力，又能够使宪法规范具有较强的适应能力。宪法规范的适应能力越强，就越能够保持宪法规范的稳定性。如前所述，宪法规范的适应性取决于它的原则性，而原则性在一定意义上又受制于宪法规范应具有的调控能力。因此，虽然宪法规范比其他法律规范更具有稳定性，但这种稳定性不可能是绝对的。(2) 比普通法律更为严格的修改程序。各国宪法通常都用专门条款规定了严格的修改程序，以保持宪法规范的稳定性。从理论上说，宪法的修改程序越严格，宪法规范的稳定性就越强。(3) 宪法规范内容的科学性和合理性，以及制宪权主体的合法性地位。正确反映社会实际的宪法规范，客观上其适应能力必然较强；同时，具有合法性的制宪权主体所制定的宪法，从思想意识上和政治心理上易为人们所接受。这是宪法规范稳定性的基本前提。

宪法规范除具有上述主要特点外，还具有其他一些特点，如历史性、灵活性、妥协性、政治性。此外，社会主义国家的宪法规范通常还具有纲领性。

（三）宪法规范调整的社会关系的特点

任何法律都有其特定的调整对象，即一定的社会关系。作为法的重要组成部分的宪法也有自己特定的调整对象，即宪法关系。宪法关系与其他法律关系相比较，具有以下特点。

1. 宪法关系主体的一方主要是国家或者国家机关

宪法关系主要包括四个方面：一是国家与公民之间的关系。宪法规定了公民的基本权利和基本义务，以及公民在国家中的地位，因此国家负有保障公民实现其基本权利的义务，公民享有要求国家保障其宪法规定的基本权利的权利；公民有履行宪法规定的基本义务的义务，而国家拥有要求公民履行宪法规定的基本义务的权力。同时，公民以不同的身份和形式，在国家中处于不同的地位，享有不同的权利，履行不同的义务。二是国家与国内各民族，各社会团体、企业、事业组织和其他组织的关系。宪法规定了国内各民族的相互关系、少数民族的自治权，规定了社会团体、企业、事业组织及其他组织与国家的关系，因而国家负有保障它们享有的权利得到实现的义务，也拥有要求它们履行相应义务的权力。三是国家机关之间的关系，包括中央国家机关与地方国家机关之间的关系、上级国家机关与下级国家机关之间的关系、同级国家机关之间的关系。宪法规定了不同国家机关之间的领导、指导、监督及公务协作的关系。四是国家机关内部的关系，包括国家机关内部不同部门之间的关系、国家机关与其工作人员之间的关系等。在这些宪法关系中，国家或者国家机关始终是关系主体的一方。

在普通法律所调整的社会关系中，绝大多数情况下，国家或者国家机关并不是法律关系主体的一方。这些法律关系通常发生在个人与个人之间、法人与法人之间、个人与法人之间、个人或法人与非法人组织之间、非法人组织与非法人组织之间，其主体并不涉及国家或者国家机关，只有在少量情况下，国家机关才是法律关系的主体，如行政法律关系中的行政机关。

2. 宪法关系的内容具有广泛性和原则性

宪法关系的内容即宪法关系主体之间的权利、义务，与普通法律关系相比较，具有广泛性的特点。由于宪法关系的内容包括国家生活、社会生活中的主要方面，因而这种关系中的权利、义务也涉及各个方面。而一般法律关系的内容涉及某一方面的社会关系，其权利、义务也只涉及国家生活、社会生活的某一方面。

宪法关系内容广泛性的特点，决定了它对所应当涉及的内容即权利、义务只能作原则性的规定，而不可能也没有必要作非常具体的规定。一般法律对法律关系主体之间的权利、义务则规定得非常具体和明确。

三、宪法渊源

宪法渊源即宪法的表现形式。各国由本国的历史文化传统、法律传统、政治力量对比关系，以及政治需要等因素所决定，采取了适合本国的宪法表现形式。概括起来，宪法主要有以下渊源。

（一）宪法典

宪法的主要表现形式是宪法典，绝大多数国家以法典的形式规定了国家的根本制度、基本制度和基本原则等。世界上最早制定宪法典的国家是美国，美国于 1787 年在费城由制宪会议制定了《美利坚合众国宪法》，该宪法于 1789 年生效实施。这部宪法规定了美国的根本制度、国家机构、联邦与邦的分权及其他基本制度。其后，法国于 1791 年由制宪议会通过了法国宪法，这是欧洲大陆的第一部宪法典。以法典形式规定国家的根本制度、基本制度和基本原则，其优点是，宪法的内容明确、具体、全面，便于实施，同时一般规定了严格的修改程序，有利于保证宪法的稳定性；其缺点是，因宪法修改程序较为严格和复杂，宪法规范适应社会实际变化的能力不是很强。

为使宪法典能够及时适应社会实际的变化，又能够保持稳定和尊严，宪法修正案应运而生。宪法修正案是宪法修改机关不直接改动宪法文本的规定，而将对宪法进行修改的内容按照年代顺序排列，附在宪法典之后，另起序号，依“后法优于前法”的原则，用新修改的内容代替与之相抵触的原条文。美国于 1791 年通过了 10 条宪法修正案（“权利法案”）。宪法修正案是宪法典的组成部分之一。在我国，全国人大分别于 1988 年、1993 年、1999 年、2004 年和 2018 年通过了 5 个宪法修正案，共 52 条。

在宪法由两个或者两个以上宪法性文件组成的复合宪法国家，虽然没有统一的宪法典，但是其宪法的内容都表现为书面形式，不同宪法性文件规定着不同的宪法内容，相互之间存在内在的联系和分工。同时，这些宪法性文件的效力都居于普通法律之上。无疑，这些宪法性文件是这些国家的宪法的主要渊源。

（二）宪法性法律

宪法性法律一般是指有关调整宪法关系内容的法律，是从部门法意义上按其调整的对象所作的一种法律分类。宪法性法律有两种不同的含义：一是指不成文宪法国家的立法机关制定的成文宪法国家一般规定为宪法内容的法律。这些国家受本国的历史文化传统及阶级力量对比关系的影响，没有采用宪法典的形式规定宪法的内容，而是在不同的时期通过普通立法程序制定了一系列有关宪法内容的法律。宪法性法律与规定其他问题、调整其他社会关系的法律的效力是相同的。英国是不成文宪法国家的典型代表，其宪法包括在资产阶级革命过程中制定的一系列制定法、宪法惯例和宪法判例等；英国又是柔性宪法国家，其议会制定和修改宪法性法律的程序与普通法律的相同，宪法性法律只是法律的一个组成部分，即英国不存在根本法意义上的宪法，只存在部门法意义上的宪法。二是指在成文宪法国家有关调整宪法关系的普通法律。在成文宪法国家，宪法是国家的根本法，其地位高于一般法律，既存在根本法意义上的宪法，又存在部门法意义上的宪法。根本法意义上的宪法，仅为宪法典；部门法意义上的宪法除宪法典外，还包括普通法律中规定有关宪法内容的法律，如选举法、各类国家机关组织法等。

作为宪法的表现形式，宪法性法律应当是指不成文宪法国家规定宪法内容、调整宪法关系的一系列普通法律。

（三）宪法惯例

宪法惯例是指在长期的政治实践中形成，并被反复运用，为国家机关、政党及人民所普遍遵循的政治权力运行的习惯或传统。宪法惯例在不成文宪法国家和成文宪法国家都存在，只是在国家生活、社会生活中发挥的作用及在该国宪法中所占的地位有所不同。宪法惯例都是在政治实践中形成的。宪法惯例形成的前提是书面的宪法性文件对某些宪法事项没有作出规定，而政治实践中又需要一定的政治规则。在不成文宪法国家，一方面，书面的宪法性文件虽然不少，但由于比较分散和凌乱，对政治事项没有形成统一的系统规定，同时，对一些宪法事项没有及时作出规定，从而为宪法惯例的产生留下了空间，因而，在不成文宪法国家存在更多的宪法惯例。另一方面，这些国家一般比较务实，注重宪法实践，往往在宪法实践中先创造出某种做法，再由法律加以规定。这种思维也为宪法惯例的产生和发展提供了基础。在成文宪法国家，其成文宪法典也不可能对国家生活、社会生活中的任何问题都作出明确、具体的规定，通过修改宪法增加必要的规范既需要一定的时间，又有严格的程序，而国家生活、社会生活，特别是政治生活，又需要有一定的政治规则，这就为宪法惯例的产生和发挥作用提供了基础条件。

宪法惯例是一种不成文的政治行为规范，没有法律文书表现形式，因而不由国家制定或认可，也不具有司法上的适用性。违反宪法惯例并不构成违反宪法，也就不可能引起合宪性审查。宪法惯例的运行并不由国家的强制力来加以保障，宪法惯例的作用基础或者约束力来源主要是政治道德和思想伦理，违反宪法惯例的行为将受到人们的谴责并可能招致一定的政治后果。当然，任何宪法惯例的产生和运行也都存在一定的制度基础。例如，在议会内阁制国家，如果议会对内阁表示不信任，内阁必须集体辞职。这一宪法惯例的制度基础是，在议会内阁制国家，内阁的基本政策都必须通过立法的形式推行，内阁得不到议会的信任，也就意味着内阁的任何政府法案在议会都不可能获得通过，内阁实际上无法进行施政，也就不得不提出集体辞职。

英国是不成文宪法的典型国家，因而英国的宪法惯例也就最多。英国重要的宪法惯例有：英王为虚位元首，在政治上保持中立，超出党派，象征国家的统一，不参加内阁会议，王权实际由大臣行使；对大臣作出的决定和建议，英王总是接受；对议会通过的法案，英王总是同意。首相由下院多数党领袖而不由上院议员出任；下院大选后，英王必须提名下院多数党领袖为首相，组阁执政；内阁集体对下院负政治责任，共进共退；内阁成员在议会内外均不得表示不赞成内阁的决策，在议会内必须为内阁的政策辩护，并投票支持内阁；内阁成员在组阁时集体上台，倒阁时集体辞职。采行两党制，两党轮流执政。上院为上诉案的终审机关，审判时不具有法官资格的贵族不得出席。下院每年至少举行一次会议，会议采取“三读”程序。英王不得拒绝首相呈请解散任期届满前的下院而重新选举的要求等。

美国是成文宪法的典型国家，美国的重要宪法惯例有：关于总统选举，美国宪法第2条第1项规定，总统选举人由各州议会自定办法选出，后来演变为总统选举人由选民直接票选；各州所有总统选举人都投给同一政党提名的总统候选人，而无独立取舍、自由选投的余地。从程序上说，总统选举是间接选举，而实际上是直接选举。关于内阁，美国宪法并没有作出规定；第四位总统麦迪逊较早使用该词，以表示由行政部门的各部构成的总统幕僚咨询机构；1802年国会讨论时也使用了这个词；1803年联邦最高法院在“马伯里诉麦迪逊案”的判决中也提到了内阁一词；1892年总统在向国会提出的咨文中再次使用了内阁一词。关于总统任命联邦官员，总统任命派往各州的联邦官员，须事先征求该州本党两位参议员的同意，或经参议员推荐，再依宪法程序，由总统提名，请参议院批准等。

我国虽为成文宪法国家，在长期的宪法实践中也产生了大量宪法惯例，举其要者有：每次全国人民代表大会开会时，中国人民政治协商会议同时举行，并且政协全国委员会委员全体列席全国人民代表大会的全体会议；中华人民共和国中央军事委员会主席由中国共产党中央军事委员会主席兼任；宪法并没有规定中央国家机关必须设立在首都，但实际上它们一直都设立在首都；每次修宪前执政党中国共产党要与各民主党派进行协商，召开包括法律专家在内的专家座谈会；1988年之后均采用修正案的形式修改宪法；中国共产党往往就重大问题事先同各民主党派进行协商，形成统一意见后，再按法律程序将意见交由国家权力机关讨论通过；在修宪的程序方式上，实践中一般由中国共产党中央委员会首先以建议案的形式向具有宪法修改提议权的全国人民代表大会常务委员会或者全国人民代表大会1/5以上的代表提出，再由他们向全国人民代表大会提出正式的宪法修改提议；中国共产党在向全国人民代表大会推荐国家重要领导人之前征求各民主党派的意见；中华人民共和国国家主席由中国共产党中央委员会总书记作为候选人，经全国人民代表大会选举担任；由中国共产党中央委员会总书记兼任中国共产党中央军事委员会主席，并经全国人民代表大会选举担任国家主席和国家中央军事委员会主席。

宪法惯例在国家的政治生活中发挥着重要的作用，主要表现在三个方面：第一，宪法惯例可以使宪法条文成为具文，实际不具有法律效力。例如，在君主立宪制国家，君主依法有否决或者拒绝同意议会通过的法案之权，但在政治实践中的宪法惯例使君主的这一权力不能行使。第二，宪法惯例可以使宪法规定更易于实施。例如，前述美国总统的选举，宪法规定为间接选举，然而在政治实践中逐渐演变为直接选举。第三，宪法惯例可以弥补宪法规定的不足。绝大多数宪法惯例都能够起到这一作用。

修宪机关可以通过修宪程序将宪法惯例变为宪法的正式内容。美国在制宪时对于总统的连任问题没有规定，从宪法上说并无限制，第一任总统华盛顿实际形成了只能连任一次的惯例，而 1940 年罗斯福连续第三次担任总统，打破了由华盛顿形成的宪法惯例。1951 年美国通过宪法修正案明确规定，总统连续任职不得超过两届。英国的许多宪法惯例也被后来的立法所认可。可见，宪法惯例也可能因时代的发展而被废弃。

（四）宪法判例

在普通法系国家，根据“先例约束”原则，最高法院及上级法院的判决因是下级法院审理同类案件的依据而成为判例。同时，根据普通法的原理，法院在法律没有明确规定的情形下可以创造规则，即所谓的“造法”。在不成文宪法和柔性宪法的国家，没有根本法意义上的宪法，法院在宪法性法律没有明确规定的前提下，就有关宪法问题作出的判例也是宪法的表现形式之一。例如，在英国，关于公民的自由权利以及保护公民的权利不受国家公职人员和国家机关侵犯的司法程序的规定，都是由法院的判例确定的。在成文宪法的国家，由于存在根本法意义上的宪法，法院的判决必须符合宪法的规定，不能创造宪法规范。但是，在这些国家，法院有宪法解释权，法院在具体案件中基于对宪法的解释而作出的判决，对下级法院有约束力。例如，美国宪法对合宪性审查权的归属没有作出规定，美国联邦最高法院通过 1803 年的“马伯里诉麦迪逊案”确立了由联邦法院审查联邦议会制定的法律是否符合联邦宪法的宪法惯例。同时，法院在具体案件的判决中认为某项法律或行政命令不符合宪法而拒绝适用的，下级法院在以后审理类似案件时也不得适用被联邦最高法院认为不符合宪法的法律或行政命令。

宪法判例只存在于普通法系国家，它的形成需要具备两个基本条件：一是普通法院的宪法解释权，二是先例约束原则。宪法判例的形成与普通法院的宪法解释权是密不可分的：普通法院在审理具体案件时，在没有宪法依据或者没有充分、明确的宪法依据的情况下，根据宪法的精神和理念，从法理上阐述和解释审理的正当依据，从而形成判决，进而通过“先例约束”原则使判决成为宪法判例。

（五）宪法解释

宪法解释是有权机关对宪法的基本原则、基本精神和宪法规范的含义的说明，包括有权机关所作的独立的宪法解释决议和有权机关在合宪性审查过程中为了判断法律的合宪性而对宪法所作的解释。在采司法审查制的国家法院在审查法律的合宪性过程中所作的宪法解释通常表现在宪法判例之中。宪法解释与宪法具有同等的效力，也是宪法的组成部分。我国现行宪法明确规定，由全国人大常委会行使解释宪法的职权。

（六）国际条约

国际条约是国际法主体之间就某一事项中各自的权利、义务所缔结的书面协议。广义的国际条约包括国际公约。现代以来，各国在政治、经济、文化等各领域中的国际交往日益频繁。特别是经过两次世界大战之后，人们对国际组织和国际条约之作用的认识，比以往更为深刻：任何一个国家或者其统治者的任性、滥用国家权力，都可能祸及其他国家甚至国际社会。逐渐地，在人们的思想观念上和国家制度上，近代的绝对国家主权转变为现代的相对国家主权，国家主权要受到国际社会公认的基本规则的限制。为适应这一转变，各国在宪法中通常规定"诚实履行国际条约"原则。我国现行宪法对缔结条约的问题作了规定：全国人大常委会"决定同外国缔结的条约和重要协定的批准和废除"；国家主席根据全国人大常委会的决定，"批准和废除同外国缔结的条约和重要协定"；国务院"管理对外事务，同外国缔结条约和协定"。为了落实宪法的上述规定，我国规定了《缔结条约程序法》《对外关系法》等法律。

一个国家在与他国签订了国际条约或加入了国际公约以后，就承担了相应的国际义务，即要在本国内诚实履行国际条约或者国际公约规定的国际义务。即使在发生政府更迭的情况下，本着政府继承的原则，新政府仍然要履行前政府所签订或加入的国际条约或者国际公约。例如，美国宪法第 6 条规定，合众国已经缔结和即将缔结的一切条约，皆为合众国的最高法律，每个州的法官都应受其约束。德意志联邦共和国基本法第 25 条规定，国际公法的一般原则是联邦法律的组成部分，它们的地位优于法律的，并直接创制联邦境内居民的权利和义务。对于在宪法中没有作出如此明确规定的国家来说，遵守和履行已经签订或加入的国际条约或国际公约也是一项通行的国际法准则。

我国是成文宪法国家，同时又属于成文法国家，故在我国宪法的渊源主要有宪法典、宪法惯例、宪法解释、国际条约。

第五节　宪法制定

一、宪法制定概述

1. 宪法制定的含义

宪法制定，又称制宪或立宪，是指宪法制定主体依照一定的程序并通过制宪机关创制宪法的活动。宪法的制定仅指一个国家在社会形态发生变革时创制首部宪法的活动。

宪法制定不同于宪法修改，后者是在原有宪法的基础上对其中部分内容的变动。宪法制定也不同于法律制定，后者是指立法机关依照一定的程序创制法律的活动。二者的主要区别有：宪法制定依据的是制宪权，而法律制定依据的是宪法本身规定的立法权；宪法制定的具体主体是制宪机关，法律制定的主体是立法机关，虽然在有的国家此二者是重合的，但在行使不同权力时其身份和地位是不同的。

2. 制宪权的概念

制宪权，又称宪法制定权，是指创制宪法的权力，属于制定宪法的主体（人民），但具体行使制宪权的是制宪机关，如制宪议会等。

根据制宪权理论，(1) 制宪权属于全体人民；(2) 具体行使制宪权的是制宪机关；(3) 制宪权不需要任何实定法上的依据，具有原创性。制宪权理论是人民主权原则的具体体现。

二、制宪机关和制宪程序

1. 制宪机关

制宪机关，又称立宪机关，是接受宪法制定主体委托具体制定宪法的机关。制宪机关不是宪法制定权的主体，宪法制定权的主体是全体人民，而制宪机关通常是宪法的通过机关，如美国的制宪议会、我国的全国人民代表大会等。

2. 制宪程序

制宪程序一般有：(1) 设立制宪机关。为了制定宪法，首先要成立专门的制宪机关，制宪机关的代表通常具有广泛性，代表各方面的利益。制宪机关的产生是否民主以及制宪机关成员的素质，直接影响制宪的社会效果。(2) 提出宪法草案。草案的起草要遵循一定的指导思想或原则，以保证草案内容的合理。(3) 通过宪法草案。为保证宪法的权威和稳定，大多数国家对宪法的通过程序作了严格的规定。一般的规定是，制定宪法要经国家立法机关成员 2/3 以上或 3/4 以上的多数赞成才能通过。在有的国家要经过全体投票批准。(4) 公布。宪法草案经一定程序通过后，由国家元首或制宪机关公布。

三、我国宪法的制定

1. 1954 年宪法的制定过程

1952 年 12 月 24 日，周恩来代表中共中央在全国政协常委会上，提议由政协全国委员会向中央人民政府建议召开全国人民代表大会，制定宪法。1953 年 1 月 13 日，中央人民政府委员会举行第二十次会议，接受全国政协的建议，通过了《关于召开全国人民代表大会及地方各级人民代表大会的决定》。这次会议还决定成立以毛泽东为主席、由朱德等 33 人组成的宪法起草委员会。会后，我国即开始进行起草宪法草案等准备工作。

宪法起草工作在毛泽东直接主持下进行，至 1954 年 6 月，草案稿基本形成。从 1954 年 6 月 15 日至 9 月 10 日草案稿经历了 3 个月的全民讨论。在此基础上草案稿又经反复修改，于 1954 年 9 月 15 日提请一届全国人大一次会议审议。在这次会议上刘少奇作宪法草案报告。1954 年 9 月 20 日，一届全国人大一次会议庄严通过了《中华人民共和国宪法》。

2. 1954 年宪法的性质

1954 年宪法是中华人民共和国第一部宪法，也是中国第一部社会主义类型的宪法，在中国宪法史上具有崇高的历史地位。习近平总书记指出，中国共产党登上中国历史舞台后，经过艰辛探索和实践，成功在中华大地上制定和实施具有鲜明社会主义性质的宪法、真正意义上的人民宪法，在我国宪法发展史乃至世界宪法制度史上都具有开创性意义，为人类法治文明进步贡献了中国智慧、中国方案。

从 1954 年宪法的性质上看，它是中华人民共和国迄今为止唯一的一次制定宪法的活动的结果，以后都是对 1954 年宪法的修改。

第六节　宪法修改

一、宪法修改概述

（一）宪法修改的含义

宪法修改是指宪法修改机关认为宪法的部分内容不适应社会实际，而根据宪法规定的特定修改程序删除、增加、变更宪法部分内容的活动。在成文宪法国家，宪法的内容被规定于一个或者若干个宪法性文件之中，当宪法性文件的内容已经不适应社会实际时，就需要对宪法性文件的内容进行调整。而在不成文宪法国家，作为宪法组成部分的制定法即宪法性法律，如果不适应社会实际，由立法机关根据修改法律的程序进行调整，而这属于修改法律的范畴。因此，宪法修改是成文宪法国家宪法修改机关的特定活动。

宪法修改与宪法制定不同。制定宪法的权力（制宪权）与修改宪法的权力（修宪权）存在联系和差异。一般而言，制宪权决定于国家权力的性质，与国家政权的性质具有密不可分的联系，是近现代国家之国家权力的重要组成部分。在国家政权的性质没有发生变化的情况下，无论宪法怎么发生变化（修改、解释、变迁等），都不产生制宪权的变化问题，而只存在修宪权的行使问题。制宪权是一种原生性权力，它不依赖任何一种其他权力而产生、形成。近现代国家的国家权力在形式上来源于宪法，而制宪权是启动宪法形成，设定国家权力及其相互关系，并最终使国家权力合法化的一种权力，因此，从实质上说，制宪权源于不同性质的国家权力某种更迭（如革命、政变等）的事实。而修宪权是一种派生性权力，通常由宪法设定其主体、行使的程序。制宪权理论由法国大革命时期的思想家、政治家西耶士（Abbe Sieyes）在《第三等级是什么?》一书中首先提出并予以论述，后由德国魏玛共和国时期的法学家施密特（Carl Schmitt）予以发展。

中华人民共和国的制宪权根源于中国共产党领导人民进行斗争、推翻“三座大山”的胜利成果，中华人民共和国的宪法与国民党的宪法之间不存在任何渊源关系，中华人民共和国的制宪权并不是来源于国民党宪法的授权，而是宪法史上一种新的开端。国民党政权在行将灭亡之际与中国共产党进行和平谈判时提出的条件之一是“保持法统不变”，即要保持制宪权的延续。毛泽东代表中国共产党和中国人民断然拒绝蒋介石的谈判条件，在中华人民共和国成立前夕，宣布废除伪法统及国民党政府的一切法律、法令。在法统上，中华人民共和国与 1949 年以前的中国之间没有丝毫的联系。中华人民共和国成立以后，建立了由中国共产党领导的人民民主专政的新政权。这一政权在建立以后的几十年中，虽然在基本政策和治国理念上有一定的变化和发展，但在政权性质上没有发生任何变化，即制宪权在根源上没有发生变化。中华人民共和国的后几部宪法在性质上与第一部宪法是完全相同的，都是社会主义性质的宪法，都体现了中国共产党的领导和政权的人民性。因而，中华人民共和国成立以后，制宪权并没有发生变化，中华人民共和国成立以后的几部宪法都是对第一部宪法的修改。

前一部宪法规定了修改程序，而后一部宪法没有按照这一修改程序进行时，有时也被认为是修改宪法。这种情况如法国 1958 年宪法的修改：根据 1946 年宪法的规定，宪法修改权属于国民议会与共和国参议院，两院不能以绝大多数通过时应交公民投票复决。1958 年宪法没有根据 1946 年宪法规定的修改程序进行，而是直接由公民投票通过。从根本上说，法国 1958 年宪法仍然是对 1946 年宪法的修改而不能是制定，因为：第一，1958 年宪法和 1946 年宪法所规定的国家性质即资本主义及共和政体没有改变，两者可以说是一脉相承；第二，1958 年宪法草案由共和国总统直接交予公民进行投票而没有由国民议会首先进行讨论，是由国民议会授权共和国总统进行的。

（二）宪法修改的必要性

习近平总书记在谈到宪法修改的必要性时指出：宪法只有不断适应新形势、吸纳新经验、确认新成果，才能具有持久生命力。[①] 要在总体保持我国宪法连续性、稳定性、权威性的基础上推动宪法与时俱进、完善发展。[②] 强调我国宪法必须体现党和人民事业的历史进步，必须随着党领导人民建设中国特色社会主义实践的发展而不断完善发展，这是我国宪法发展的一个显著特点，也是一条基本规律。由宪法及时确认党和人民创造的伟大成就和宝贵经验，以更好地发挥宪法的规范、引领、推动、保障作用，是实践发展的必然要求。

绝大多数国家的宪法中规定了宪法修改的程序，说明制宪者已经意识到宪法修改的必要性。但是，也有少数国家的宪法没有规定宪法修改的程序，或者直接将宪法称为“永久宪法”，如阿拉伯也门民主共和国于 1970 年颁布了“永久宪法”，苏丹共和国也于 1973 年颁布了“永久宪法”，日本把于 1889 年制定的《明治宪法》称为“不没的大典”。在宪法理论上，对于能否对宪法进行修改也存在否定说和肯定说。否定说认为，宪法是国家成立的一种契约，而这种契约是人民之间的相互承诺，如果要修改宪法必须取得全体人民的同意；宪法就像对继承者继承遗产的委托，不能加以变更，否则就是亵渎神圣。18 世纪瑞士的法学家瓦特尔和法国的西耶士等人就持这一观点。如西耶士提出“制宪力”（pouvoir constituant）的主张，认为：宪法的制定是经过全民同意的，因而宪法的修改及制定新宪法均需获得全民的同意。而且，既然已经制定了宪法，那么就不能再予以修改。法国 1791 年宪法采纳了西耶士的观点。而绝大多数学者认为，宪法是可以修改

---

① 习近平：《在首都各界纪念现行宪法公布施行 30 周年大会上的讲话》（2012 年 12 月 4 日），载《人民日报》，2012-12-05。

② 参见《中共十九届二中全会在京举行》，载《人民日报》，2018-01-20。

的，随着社会的发展和变化，也是有必要修改的。实践也证明，宪法必须随着社会的发展和变化而进行修改，以与社会实际相适应。

从各国实践看，宪法修改最基本和最主要的原因是使宪法的规定适应社会实际的发展和变化。导致宪法的规定不适应社会实际的原因是多方面的，既有客观实际的发展变化，也有在当初制宪或者修宪时，制宪者或者修宪者对社会实际的认识和判断出现错误。宪法规范属于法律规范的一种，其基本功能是协调、规范社会关系，以维持正常、有序、公正的社会秩序；同时，法律规范属于社会规则范畴，其应当符合客观规律。可见，宪法规范应当与社会实际相适应，以发挥对社会关系的调整作用。法律规范是人们对客观规律认识的结果，而社会实际总是处于发展变化之中，由此就产生法律规范（包括宪法规范）如何与社会实际相适应的方法问题。

在宪法规范对社会实际具有最大的协调作用的情况下，如果宪法规范与社会实际之间产生矛盾和冲突，就需要通过某种方法来解决这种矛盾和冲突，以使宪法规范能够发挥自己的作用。如前所述，社会实际总是处于变化发展之中，这就决定了宪法规范与社会实际之间的矛盾和冲突是永恒的，而两者之间的相适应是暂时的。宪法规范具有适应性特点，能够在较大幅度内适应社会实际的变化和发展，但不能保证既定的宪法规范处于“永久”的不变状态。

宪法修改的另一个重要原因是弥补宪法规范在实施过程中出现的漏洞。制宪者受主观因素和客观条件的限制，在形成宪法规范过程中，考虑不周，致使宪法规范存在某些缺漏，需要通过修改的方式加以补充和完备。如我国 1954 年《宪法》第 24 条第 2 款规定：“……如果遇到不能进行选举的非常情况，全国人民代表大会可以延长任期到下届全国人民代表大会举行第一次会议为止。”但由什么机关来决定出现了“非常情况”，以及在“非常情况”消除以后的多长时间内必须举行选举工作，都没有明确规定。1966 年 7 月 7 日第三届全国人大常委会第三十三次会议通过了《关于第三届全国人民代表大会第二次会议改期召开的决定》，将三届全国人大二次会议延期召开。这一决定致使全国人大的会议延期至 10 年后的 1975 年召开。1975 年宪法和 1978 年宪法对这一问题的规定存在更大的缺漏。现行《宪法》第 60 条第 2 款则作了比较完备的规定：“……如果遇到不能进行选举的非常情况，由全国人民代表大会常务委员会以全体组成人员的三分之二以上的多数通过，可以推迟选举，延长本届全国人民代表大会的任期。在非常情况结束后一年内，必须完成下届全国人民代表大会代表的选举。”其他国家的宪法在实施过程中，也曾经出现宪法规范不完备的问题。

二、宪法修改的限制

（一）限制宪法修改的理论

关于宪法修改有无限制问题，历来存在无限制说和有限制说。无限制说认为，只要依据宪法规定的修改程序修改，宪法的任何规定都是可以被修改的。其主要理由有三：一是国家的权力属于人民，人民的主权是绝对的，宪法是人民根本意志的表现和反映，而修改宪法也是人民行使主权的表现和反映，对此，不应当有所限制；二是宪法上的任何条文之效力是相等的，不应有高低之别，即有的可以修改，而有的不允许修改；三是在事实上宪法哪些可以修改、哪些不得修改，没有标准可以遵循。同时，无限制说还认为，虽然一些国家的宪法中有不得修改的规定，但是这些不得修改的规定与宪法的其他规定具有同等的法律效力，其效力并不高于宪法其他规定的效力，对宪法修改机关并不构成特殊的限制，因此，这些规定本身仍然是可以修改的。无限制说在 19 世纪较为流行。

有限制说认为，宪法修改应当存在界限，宪法修改机关并不能依据宪法上所规定的修改程序对宪法的任何内容都进行修改，而是要受到一定的限制。德国魏玛共和国时期的著名学者施密特改良了法国西耶士关于宪法不得修改的学说，区分“制宪力”和“修宪力”（pouvior constitue），认为：宪法并不是不得修改，而是在不触及宪法的基本精神时才可以修改。这种学说的主要理由有三：一是任何一部宪法都有其根本精神，而宪法条文应以根本精神为基础，根本精神在宪法条文之上，这种根本精神不能成为宪法修改之对象。二是宪法是制宪权的产物，而制宪权是居于宪法之外的用以制定宪法的权力，它并不是实定法上的权力，修宪权是制宪权派生的，修宪权要变更作为其存在基础的制宪权根源（人民主权），实际上是一种“自杀”行为，在理论上是说不通的。三是一些国家的宪法规定人权与人民主权是“人类普遍的原理”。这不仅仅是一种政治希望的表示，而且包含了确认修改宪法有法的界限的理论。如德意志联邦共和国基本法第 79 条第 3 款规定，对本基本法的修正不得影响联邦划分为州，以及各州按原则参与立法，或第 1 条和第 20 条规定的基本原则。1958 年《法兰西第五共和国宪法》第 95 条规定，共和政体不得修改。有限制说是 20 世纪以后较为流行的学说。

（二）限制宪法修改的主要表现

从各国宪法的规定看，宪法修改的限制主要有宪法修改内容的限制和宪法修改时间的限制两个方面。

1. 宪法修改内容的限制

一些国家的宪法明确规定或者暗含着规定，宪法的某些内容不得成为宪法修改的对象。概而言之，主要有以下三方面的内容不得成为宪法修改的对象：一是宪法的根本原则和基本精神。首先，宪法所确立的国家的根本制度、基本精神和根本原则不得成为宪法修改的对象。如挪威宪法第 112 条规定，宪法“修正案绝不能同本宪法所包含的原则相抵触，只能在不改变宪法精神的前提下对某些具体条款进行修改”。其次，宪法的一些基本原则不得成为宪法修改的对象。如德意志联邦共和国基本法第 79 条第 3 款规定：“对本基本法的修正不得影响联邦划分为州，以及各州按原则参与立法，或第 1 条和第 20 条规定的基本原则。”四项基本原则是我国现行宪法的根本原则，也是我国的立国之本，虽然宪法没有明确规定不得修改，但很显然，四项基本原则是现行宪法存在的基础，四项基本原则发生变化，国家的性质也将发生变化，宪法的性质也同时发生变化，因此，在我国宪法修改机关进行宪法修改时，四项基本原则不在修改之列。二是国家的领土范围。如法国宪法第 89 条第 4 款规定：“如果有损于领土完整，任何修改程序均不开始或者继续进行。”三是共和政体。意大利宪法第139条规定：“共和政体不得成为宪法修改之对象。”法国宪法第89条第5款也作了类似的规定。

2. 宪法修改时间的限制

为了保证宪法的稳定性，历史上一些国家的宪法根据具体情况对宪法修改的时间作了限制性规定，主要有以下两种情况。

（1）消极限制，即不得修改宪法的时间限制。这又分为两种情形：一是规定在宪法颁布实施或者修改以后的若干年内不得修改宪法。如法国1791年宪法曾规定，宪法任何部分于该宪法成立后第一个议会及第二个议会的任期内，概不得由议会提议修改。希腊1975年宪法第110条第6款曾规定，在上次修改完成后未满5年不得对宪法进行修改。二是在特定时间或者时期内不得修改宪法。如比利时宪法第84条、卢森堡宪法第115条以及日本《明治宪法》第75条都明确规定，在摄政时期不得修改宪法。法国1946年宪法第94条曾规定，法国本土领土之全部或一部为外国军队占领时不得修改宪法。西班牙宪法第169条规定，在战时或第116条规定之某一种状态（紧急状态、特别状态和戒严状态）期间不得提议修改宪法。

（2）积极限制，即明确规定宪法应当定期修改。如葡萄牙1919年宪法第82条曾规定，宪法每隔10年修改一次。波兰1921年宪法第125条曾规定，宪法每隔25年至少修改一次。

此外，一些国家还对宪法修改的形式作了明确的规定，作为一种形式上的要件，也对宪法修改构成形式上的限制，如必须以“宪法修正案”“法案”“法律案”等形式进行修改。

三、宪法修改的方式

从总体上说，宪法修改有以下三种方式。

（一）全面修改

宪法的全面修改，又称整体修改，是指在国家政权的性质及制宪权的根源没有发生变化的前提下，宪法修改机关对宪法的大部分内容（包括宪法的结构）进行调整、变动，通过或批准整部宪法并重新予以颁布的活动。全面修改有以下两个基本特征：一是宪法修改活动依据原宪法所规定的修改程序进行。这是宪法全面修改与制定宪法的主要区别。二是宪法修改机关通过或者批准整部宪法并重新予以颁布。这是宪法全面修改与部分修改中的修正案方式的主要区别。

在我国从于1954年制定第一部宪法以来至今，全面修改宪法共进行了三次：1975年宪法、1978年宪法及1982年宪法都是对其前一部宪法进行的整体修改。1975年宪法与1954年宪法比较，在宪法的指导思想、宪法规范、基本内容等方面作了修改；1978年宪法与1975年宪法比较，在宪法内容上稍微有些变化（主要涉及国家机构和公民权利方面）；1982年宪法与1978年宪法比较，在指导思想、宪法规范、宪法结构、基本内容等方面作了修改。1982年宪法对1978年宪法的修改幅度最大，1978年宪法只有60条，而 1982 年宪法则达到 138 条之多。

宪法全面修改的基本原因是，修宪者认为原宪法的基本指导思想或者大部分内容已经不适应社会实际，无法调整社会现实。从各国全面修改宪法的实践看，一般都是在国家出现极为特殊的情况或者国家生活（特别是国家的政治生活）发生某些重大变化的情况下，才进行这种活动。从我国作整体修改的这三部宪法看，这几次修改都是处于社会发展不同阶段转折的时期。

全面修改方式的优点在于：当社会实际发生了较大变化，宪法规范的大部分内容已经无法适应已变化了的社会实际时，如果仍不作修改，宪法规范就可能形同虚设。全面修改的弊病在于：宪法的权威和尊严在一定程度上取决于宪法的稳定，如果宪法的修改频率过高、宪法内容变化过大，在政治心理上不能起到稳定作用，在法律角度有朝令夕改之嫌，会降低宪法的严肃性。

（二）部分修改

宪法的部分修改是指宪法修改机关根据宪法修改程序，以决议或者宪法修正案等方式对整部宪法中的部分内容进行调整或变动的活动。2018 年 3 月，王晨在关于《中华人民共和国宪法修正案（草案）》的说明中明确提出，此次宪法修改“坚持对宪法作部分修改、不作大改。我国现行宪法是一部好宪法。对各方面普遍要求修改、实践证明成熟、具有广泛共识、需要在宪法上予以体现和规范、非改不可的，进行必要的、适当的修改；对不成熟、有争议、有待进一步研究的，不作修改；对可改可不改、可以通过有关法律或者宪法解释予以明确的，原则上不作修改，保持宪法的连续性、稳定性、权威性”[①]。由此可见，我国现阶段的宪法修改以部分修改为主要方式，以保证宪法的连续性、稳定性和权威性。

部分修改有两个基本特征：一是宪法修改机关的修改活动是依据宪法修改程序进行的，这是部分修改与制定宪法的主要区别；二是宪法修改机关在以修正案方式修改宪法时并不重新通过或者批准整部宪法，而只是在以决议的形式修改宪法时，才通过依据决议修改后的新的宪法文本。

宪法部分修改的原因是，宪法在总体上仍然适应社会实际，只是其中的部分内容已落后于社会实际。

宪法的部分修改主要有以下三种具体方式。

第一，以决议的方式直接在宪法条文中以新内容代替旧内容，修改之后，重新公布宪法。这种修改宪法方式的优点是修改的内容非常明确，哪些有效、哪些已经无效，一目了然；缺点是因为需要重新公布宪法，增加了宪法修改的频率。在我国 1979 年 7 月 1 日五届全国人大二次会议通过了《关于修正〈中华人民共和国宪法〉若干规定的决议》，对 1978 年宪法进行了修改，修改的主要内容是：同意县和县以上的地方各级人民代表大

---

① 王晨：《关于〈中华人民共和国宪法修正案（草案）〉的说明——2018 年 3 月 5 日在第十三届全国人民代表大会第一次会议上》，载《中华人民共和国第十三届全国人民代表大会第一次会议文件汇编》，183 页，北京，人民出版社，2018。

会设立常务委员会；将地方各级革命委员会改为地方各级人民政府；将县的人民代表大会代表改为由选民直接选举；将上级人民检察院同下级人民检察院的关系由监督改为领导。这次修改是以决议的方式使上述内容代替原来的内容。

第二，以决议的方式直接废除宪法条文中的某些规定，修改之后，也需要重新公布宪法。这种修改方式的优点和缺点与上一种修改方式的优、缺点是相同的。在我国 1980 年 9 月 10 日五届全国人大三次会议通过了《关于修改〈中华人民共和国宪法〉第四十五条的决议》，决定：将 1978 年《宪法》第 45 条“公民有言论、通信、出版、集会、结社、游行、示威、罢工的自由，有运用‘大鸣、大放、大辩论、大字报’的权利”，修改为“公民有言论、通信、出版、集会、结社、游行、示威、罢工的自由”，取消原第 45 条规定的“有运用‘大鸣、大放、大辩论、大字报’的权利”。

第三，以修正案的方式增删宪法的内容。修正案方式的优点在于，由于其不需要重新通过宪法或者重新公布宪法，能够保持宪法的稳定性和完整性，进而强化宪法在人们心目中的权威、信仰和尊严。其缺点在于，需要将后面的新条文与前面的旧条文相对照之后，才能确定实际有效的宪法规定。这在法律意识不是很强的国度或者没有法律意识的公民确定宪法实际有效的内容时，可能造成一定的困难。这种宪法修改方式起源于美国。我国在认为对宪法进行整体修改和直接在宪法条文中进行增删有损宪法的权威、信仰和尊严的情况下，分别于 1988 年、1993 年、1999 年、2004 年和 2018 年运用修正案方式修改 1982 年宪法。

修正案主要有以下三种功能：一是废除宪法原来的条款或者内容。如美国宪法第 21 条修正案规定，废止宪法第 18 条修正案（宪法原第 18 条修正案规定：自本条批准 1 年后，凡在合众国及其管辖土地境内，酒类饮料的制造、售卖或转运，均应禁止；其输入或输出于合众国及受其管辖的领地，亦应予禁止）。二是变动宪法中的规定。绝大多数修正案是起到这一作用的。如我国 1993 年宪法修正案第 7 条规定：“宪法第十五条：‘国家在社会主义公有制基础上实行计划经济。国家通过经济计划的综合平衡和市场调节的辅助作用，保证国民经济按比例地协调发展。’‘禁止任何组织或者个人扰乱社会经济秩序，破坏国家经济计划。’修改为：‘国家实行社会主义市场经济。’‘国家加强经济立法，完善宏观调控。’‘国家依法禁止任何组织或者个人扰乱社会经济秩序。’”三是增补宪法的条款或者内容。我国 2018 年宪法修正案中关于监察委员会的条款是最为典型的实例。

（三）无形修改

宪法的无形修改，又称宪法变迁，是指在宪法条文未作变动（包括修改、解释或者由宪法惯例加以补充）的情况下，由于宪法实施的社会背景变化、国家权力的运作等，宪法规范本来的含义发生了变化。宪法的无形修改不是宪法修改机关依据宪法规定的宪法修改程序进行的一种有意识的活动，所以不包含在上述宪法修改的含义之中。但是，它可以使宪法规范的本来含义事实上发生一定的变化，达到与修改宪法基本相同的效果，因而它属于广义的宪法修改。

无形修改使宪法现实客观上出现违反宪法规范的情形。对于这种事实上的不符合宪法的效力，学说上存在两种对立的观点：第一种观点认为，当达到一定的要件（如继续、反复以及国民同意等）时，不符合宪法的宪法现实就具有法的性质，有改废宪法规范的效力；第二种观点认为，不符合宪法的宪法现实毕竟是事实，不具有法的性质。从理论上看，一方面，无形修改是社会现实发展、变化的产物，具有其存在的基础；另一方面，无形修改使原有宪法条文的含义无形中发生了演变，而这种演变表面上是在宪法原有规范的框架内的。

宪法无形修改最典型的实例是美国总统的选举方式。依照美国宪法的规定，总统的选举方式为间接选举制，即先由选民投票选举总统选举人，再由选举人团投票选举总统和副总统。宪法规定的实际含义是由选举人团选举总统和副总统，但以后的发展使这种间接选举成为一种形式，实际上演变为直接选举。因为选举人是由政党推举的，选民在选举选举人时，实际上是投票给他所属政党的总统候选人，而按照惯例和政党的纪律，在以后选举总统的投票中不能改变以前的表态，所以选民选举选举人的投票揭晓后，哪个总统候选人当选为总统便成定局。我国现行宪法在 1993 年修改之前于第 15 条规定："国家在社会主义公有制基础上实行计划经济。"然而在 1987 年以后，中共中央提出在社会主义公有制的基础上实行有计划的商品经济。"有计划的商品经济"显然是对传统的本来含义上的"计划经济"的演变和发展，但仍然被认为是在计划经济的框架内，即将"有计划的商品经济"简称为"计划经济"。1993 年全国人大才通过宪法修正案将第 15 条修改为"国家实行社会主义市场经济"。

四、宪法修改的程序

各国宪法所规定的修改程序极不一致，通常包括提议、先决投票、公告、议决、公布五个阶段。

（一）提议

各国宪法对有权提出修改宪法动议的主体都作了非常严格的规定，有的还对这些主体行使这一权力规定了一定的条件。从各国宪法的规定看，宪法修正案的提议主体分为以下三种。

（1）代表机关。一些国家规定由代表机关（议会、国会、人民代表大会等）或者国会议员提出修改宪法的议案。如美国宪法第 5 条规定，国会在两院 2/3 议员认为必要时应提出本宪法的修正案，或者根据各州 2/3 的州议会的请求，召开制宪会议提出修正案。我国现行《宪法》第 64 条第 1 款规定，全国人大常委会或者 1/5 以上的全国人大代表有权提议修改宪法。在我国修改宪法的实践中，通常由中国共产党中央委员会首先提出修改宪法的建议案，然后由全国人大常委会或者 1/5 以上的全国人大代表接受，再向全国人大提出正式的宪法修改草案。

（2）行政机关。极少数国家的宪法规定行政机关有权提议修改宪法。如《法兰西第五共和国宪法》第 89 条规定，宪法修改的倡议权属于共和国总统和议会议员，总统依据总理的建议行使倡议权。多哥宪法第 52 条规定，本宪法可以根据总统和议会的提议进行修改。

（3）混合主体。绝大多数国家规定宪法修改由国会、修宪大会和一定数量的公民提出，如菲律宾；有的国家规定由联邦议会和一定数量的公民提出，如瑞士；有的国家规定由大公、政府、议会、一定数量的公民和一定数量的行政区提出，如列支敦士登；有的国家规定由政府和议员提出，如泰国、缅甸；有的国家规定由总统和议会提出，在提出时还要列举需要修改的条款及理由，如叙利亚。在混合主体中，由立法机关和行政机关共同提出的情形居多。

（二）先决投票

一些国家规定在提议之后、送交议决机关议决之前，要就宪法修改草案进行先决投票。实行先决投票程序的国家有三十余个，如叙利亚、黎巴嫩、希腊、巴拿马等。这一程序的目的在于使宪法修改的条文和内容明确、具体。关于行使先决投票权的机关，瑞士宪法规定在必要时进行公民先决投票，委内瑞拉宪法规定部分提案由州议会先决投票。此外，凡是规定实行先决投票程序的国家均规定由立法机关进行先决投票，如埃及宪法第165条规定，在任何情况下，议会均应对修改原则予以讨论，并应依议员的多数发布决定。希腊宪法第108条规定，宪法修正案应特别指明拟修改的条文；并规定，有关修改的决定，应经相距至少1个月的两次投票表决，通过后始正式提交下届国会审议。

在不实行先决投票程序的国家，提议机关在提出修改宪法的动议时，一般同时提出宪法修改草案，以使须进行修改的内容明确、具体。

（三）公告

一些国家还规定，在提议之后、议决机关议决前，要将宪法修改草案予以公告。有二十余个国家的宪法明确规定了公告程序，如比利时、荷兰、卢森堡等。在有的国家是由立法机关进行公告，在有的国家是由行政机关进行公告。

在有些国家虽然其宪法没有规定宪法修改草案的公告程序，但在修宪实践中，通常将草案予以公告，以使社会成员知晓，并有希望社会成员参与讨论的意思。如在我国虽然宪法没有规定公告程序，但就1954年宪法、1982年宪法及其历次宪法修改，我国均公布了宪法草案或宪法修正案草案，就1954年宪法及1982年宪法在草案阶段还进行了全民讨论。

（四）议决

从各国宪法的规定看，宪法修改草案的议决机关主要有四种：（1）立法机关。有三十余个国家的宪法规定由立法机关议决宪法修改草案。（2）行政机关。极少数国家的宪法规定由行政机关作为宪法修改草案的议决机关。（3）特设机关。少数国家的宪法设立专门的宪法修改机关作为宪法修改草案的议决机关。（4）混合机关。有七十余个国家的宪法规定由若干国家机关共同作为宪法修改草案的议决机关。混合机关中有立法机关与行政机关作为议决机关，立法机关与特设机关作为议决机关，立法机关与选民团体作为议决机关，立法机关与联邦成员（如州、邦议会）作为议决机关，立法机关与行政机关、选民团体、特设机关、联邦成员及其他国家机关共同作为议决机关等各种不同情况。如瑞士宪法第121条规定，联邦议会所通过的宪法修正案，应提交人民及各邦复决；智利宪法第108条、第109条规定，国会通过的宪法修正案，总统可以提议变更或者修正，如国会经出席议员的2/3多数票维持原修正案时，总统得于30日内将其与国会的分歧，交付全民公决。

对于宪法修改草案通常要求议决机关以高于通过其他普通议案的出席及同意人数，才能予以通过。如比利时宪法第131条第5款规定，修改宪法，如两院任何一院的出席人数未达到全体议员的2/3，不得进行表决；未获得2/3多数赞成票，不得通过任何修正案。卢森堡宪法第114条规定，宪法修正案的通过，须经议会议员总额3/4出席，2/3以上同意而通过。我国1954年《宪法》第29条第1款规定："宪法的修改由全国人民代表大会以全体代表的三分之二的多数通过。"而1975年《宪法》和1978年《宪法》对宪法修改程序未作规定。1982年《宪法》第64条恢复了1954年《宪法》的规定。

美国是联邦制国家，其修改宪法的程序较为特殊一些。根据美国宪法第5条的规定，宪法修正案的通过有以下三种程序：(1) 宪法修正案须由国会两院各以2/3以上的议员（出席议会的议员总数）通过，并交3/4州议会批准。美国宪法26条修正案中的25条是按照这一程序通过的。(2) 宪法修正案须由国会两院各以占出席议会的议员总数2/3以上的议员通过，并交3/4的州制宪会议批准。美国宪法第21条修正案是按照这一程序通过的。(3) 2/3的州议会提出修正案，国会应即召集修宪大会讨论该修正案，通过后提交3/4的州议会批准。

除上述一般性的规定外，一些国家还作了特殊规定：第一，议会在审议宪法修改草案时必须两次审核通过，而且两次之间必须间隔一定的时间，如意大利；第二，议会通过宪法修改草案后，须经国家元首批准才能生效，如约旦、荷兰等；第三，议会通过宪法修改草案后，须经全民公决，半数以上具有选举权的选民通过始得生效，如日本、丹麦、冰岛、意大利等；第四，在有的国家宪法全面修改和部分修改的程序不同，修改程序和补充程序不同，前者如西班牙，后者如委内瑞拉。

（五）公布

宪法修改草案经有权机关依据法定程序通过以后，还需由法定机关以一定的方式予以公布，才能产生相应的法律效力。由各国的政治体制、历史传统等因素所决定，各国宪法修改草案的公布机关各不相同，主要有三种情况：一是由国家元首公布。绝大多数国家采用这种公布方式，并在宪法中有明确规定；一些国家的宪法虽然没有明确规定由国家元首公布，但在修宪实践中实际上由国家元首行使宪法修改草案的公布权。如爱尔兰宪法第46条规定，宪法修正案经人民复决赞同后，总统应即签署，并应依照规定的方式公布为法律。二是由代表机关公布。少数国家采用这种公布方式，如巴西宪法第217条规定，宪法修正案应由众议院及参议院执行委员会全体委员签署公布。乌拉圭宪法第331条规定，参众两院得于同届任期内，各以其全体议员的2/3多数通过制定的修正宪法的法律，修正宪法，依该法律规定的日期交付选民，以绝大多数复决通过后，由国民会议主席公布。在我国宪法没有规定宪法及其修正案的公布机关，在实践中，一般由全国人大主席团以全国人大公告的方式公布。《全国人民代表大会议事规则》规定，"全国人民代表大会通过的宪法修正案，以全国人民代表大会公告予以公布”。三是由行政机关公布。这种公布方式主要为美国所采用。美国宪法中并未明确规定由哪个机关公布宪法修正案，实践中，联邦国会通过宪法修正案后将其交国务卿，再由国务卿转交各州州长，由州长提交州议会，各州将投票结果通知国务卿，由国务卿宣告已经获得 3/4 州的批准，该宪法修正案即正式成立。

第七节　宪法解释

一、宪法解释的概念

宪法解释是指宪法解释机关根据宪法的基本精神和基本原则，对宪法规范的含义、界限及相互关系所作的具有法律效力的说明。宪法规范作为法律规范的一种，应当与社会实际相适应，才能发挥应有的功能；同时，当宪法规范的含义引发分歧时，对其应有含义及时作出说明，有利于宪法规范的实施。因此，宪法解释既是使宪法规范适应社会实际的一种方法，也是保障宪法实施的一种手段和措施。习近平总书记提出，必须“坚持宪法实施、宪法解释、宪法监督系统推进”，“要完善宪法监督制度，推进宪法监督的规范化、程序化建设，提高合宪性审查、备案审查能力和质量，推进合宪性审查工作，落实宪法解释程序机制，积极回应社会各方面对涉宪问题的关切”①。

宪法解释机关与合宪性审查机关在各国通常是同一的，但宪法解释与合宪性审查有着不同的含义。合宪性审查是对法律等规范性文件是否符合宪法进行审查，在建立宪法法院的国家，宪法法院还要对国家机关之间的权限争议等进行裁决，因而，合宪性审查的前提是对宪法的含义进行解释，在此基础上，合宪性审查机关才能作出判断。在合宪性审查意义上，宪法解释只是其中的一个环节。宪法解释具有独立的意义，在多数情况下，宪法解释机关可以脱离具体案件和在宪法上有争议的问题，对宪法规范的含义进行说明。

宪法解释机关通过宪法解释，明确宪法规范的确切含义，弥补宪法规定的遗漏，可以起到使宪法规范适应社会发展、保障宪法权威并维持统一的宪法秩序，以及为判断宪法行为是否合宪提供标准等作用。

宪法解释和宪法修改都是使原有的宪法规范与社会实际保持一致，并能够调整社会生活的方法。它们之间的界限是：当宪法规范与社会实际相一致，宪法规范仍然能够作为调整社会生活的规则，当适用宪法规范调整社会生活引发了不同理解或者歧义时，采用宪法解释的方法，能够使宪法规范准确地、全面地调整社会生活；当宪法规范与社会实际不相一致，通过解释宪法规范仍然无法调整社会生活时，采用宪法修改的方法，能够使宪法规范准确、全面地调整社会生活。换言之，宪法解释是在宪法规范与社会实际

---

① 习近平：《谱写新时代中国宪法实践新篇章——纪念现行宪法公布施行 40 周年》，载《人民日报》，2022-12-20。

没有发生冲突的情况下进行的，而宪法修改是在宪法规范与社会实际发生冲突并表现为宪法规范落后于社会实际的情况下进行的。因宪法解释所引起的社会震动要远远小于宪法修改所引起的，故“宪法解释优先适用，只在不得已的情况下才使用宪法修改的方式”是各国在采用宪法解释与宪法修改方法时的基本原则。

二、宪法解释机关和宪法解释体制

各国根据本国的政治体制、法律传统及政治理念，确立了不同的宪法解释机关、宪法解释体制。概而言之，世界上主要有以下三类宪法解释机关和宪法解释体制。

（1）由最高国家权力机关或立法机关解释宪法。社会主义国家根据民主集中制原则建立了国家机构体系，其中设立了最高国家权力机关。由最高国家权力机关的性质和地位所决定，在社会主义国家均由最高国家权力机关解释宪法。在实行议会内阁制的资本主义国家中，议会的地位较高，权力较大，早期均由作为立法机关的议会解释宪法，目前在少数实行议会内阁制的国家仍由立法机关解释宪法。如 1946 年厄瓜多尔宪法第 189 条规定，只有国会有权对宪法作出有普遍约束力的解释，并对宪法规定发生疑义的任何令状的意义有解释之权。这类国家一般没有对解释宪法的程序作出专门的规定，而是遵循立法程序解释宪法。

（2）由普通法院解释宪法。在英美法系国家，传统上由普通法院在审理具体案件过程中解释宪法。在英美法系国家，宪法也被认为是法律，而法律只能是普通法院审理案件的依据，因此，解释宪法被认为是司法权的固有权能。这种做法由美国首创，也以美国为代表。在这类国家，解释宪法是与合宪性审查结合起来的。普通法院在审理具体案件时，要对作为该案件审理依据的法律等规范性文件是否合宪进行审查，在进行这种审查时，首先就需要对宪法规范的具体含义进行解释。普通法院必须结合具体案件对宪法规范的含义进行解释，而无权抽象地对宪法规范进行解释。根据普通法中的“遵循先例”原则，最高法院或者上级法院在判例中对宪法所作的解释对下级法院具有约束力。

（3）由宪法法院或宪法委员会解释宪法。宪法法院或宪法委员会通常在解决宪法争议过程中解释宪法。由宪法法院或宪法委员会解决的宪法争议主要是法律的合宪性、弹劾案审判、选举诉讼、权限争议、政党的合宪性等。

可见，在社会主义国家，从维护最高国家权力机关的地位和更符合宪法原意的原则出发，通常由制定、修改宪法的最高国家权力机关掌握宪法解释权；而在资本主义国家，本着以国家权力制约国家权力的原则，根据各国具体的政治制度、政治理念及法律传统的特点，由第三者即普通法院或者宪法法院、宪法委员会等专门机关解释宪法，而不是由有权提出宪法修改草案的立法机关行使宪法解释权。同时，在社会主义国家，由于由最高国家权力机关行使宪法解释权，所以由最高国家权力机关的工作方式决定，最高国家权力机关解释宪法并不以发生具体案件为前提条件，既可以在具体案件中解释宪法，也可以抽象地解释宪法。而在由普通法院、宪法法院或者宪法委员会行使宪法解释权的国家，由活动方式所决定，通常必须是在发生具体的宪法争议后，这些主体为解决具体的宪法争议而解释宪法。

三、宪法解释的分类

根据不同的标准，可以对宪法解释作以下几种分类。

（1）依宪法解释的效力，分为有权解释和无权解释。有权解释，又称法定解释和正式解释，是指宪法规定的解释机关对宪法所作的解释。这种解释与宪法具有同等的法律效力。宪法解释通常仅指这种解释。无权解释，又称学理解释和非正式解释，是指宪法规定的解释机关以外的组织和个人对宪法所作的解释。这种解释是这些组织或者个人对宪法规定的理解，不具有法律效力，但它反映了一国的宪法意识，对宪法的实施具有重要的意义。

（2）依宪法解释的目的，分为合宪性解释、违宪解释和补充解释。合宪性解释是指在对法律文件既可以解释为合宪也可以解释为违宪时，宪法解释机关采用符合宪法的解释。如 1990 年 4 月 4 日全国人大在关于香港特别行政区基本法的决定中指出，香港特别行政区基本法是根据宪法按照香港的具体情况制定的，是符合宪法的。违宪解释是指宪法解释机关解释宪法用以判断法律等规范性文件违反宪法。补充解释是指宪法解释机关在宪法规定存在缺漏的情况下，对宪法作补充性说明，以使宪法更适应社会实际的需要。

（3）依宪法解释的方法，分为语法解释、逻辑解释、系统解释和历史解释。语法解释是指根据语法规则分析宪法条文的句子结构、文字排列和标点符号等，对宪法的内容、含义进行解释。逻辑解释是指运用形式逻辑的方法分析宪法的结构、内容、概念之间的联系以说明宪法规定的要求和目的。系统解释是指通过分析此一宪法规范与其他宪法规范的相互关系，说明其特有的内容和含义。历史解释是指通过分析宪法制定的特定历史背景及该国的发展历史，来确定宪法规定的具体内容和特定含义。

（4）依宪法解释的尺度，分为字面解释、限制解释、扩充解释。字面解释是指根据宪法的文字规定说明宪法的含义；限制解释，又称从严解释，是指当对宪法规定有广义的和狭义的理解时作狭义的理解；扩充解释是指当对宪法规定有广义的和狭义的理解时作广义的理解。

四、宪法解释的原则

各国的宪法解释机关在解释宪法时，通常遵循以下原则。

（1）符合宪法的基本原则和基本精神。任何一部宪法都有其基本原则和基本精神，这些基本原则和基本精神或者被规定在宪法序言中，或者体现在宪法条文之中。资本主义国家的宪法通常以“人民主权”“三权鼎立”“法治”“基本人权”等为基本原则和基本精神；社会主义国家的宪法则以“国家的一切权力属于人民”“社会主义”“无产阶级专政”“社会主义公共财产神圣不可侵犯”“保障公民基本权利和自由”等为宪法的基本原则和基本精神。有的国家还有特定的宪法原则和精神，如日本宪法的基本原则之一为和平主义，美国宪法的基本原则之一为联邦主义。宪法解释机关在解释宪法时，应当符合宪法的基本原则和基本精神。这是宪法解释具有正当性和法律效力的前提。对此，习近平总书记强调，“健全保证宪法全面实施的制度体系，必须坚持宪法规定、宪法原则、宪法精神全面贯彻”①。

（2）符合制宪的根本目的。宪法序言中通常都规定了制定宪法的目的，如我国的制宪目的是发展社会主义民主，健全社会主义法治，贯彻新发展理念，自力更生，艰苦奋斗，逐步实现工业、农业、国防和科学技术的现代化，推动物质文明、政治文明、精神文明、社会文明、生态文明协调发展，把我国建设成为富强民主文明和谐美丽的社会主义现代化强国，实现中华民族伟大复兴。美国的制宪目的是建立更完善的联邦，树立正义，保障国内安宁，提供共同防务，促进公共福利，并使美国人民和后代得到自由幸福。宪法解释的根本目的是更好地实现制宪的目的，因此，宪法解释应当服从于国家的制宪目的。

（3）与宪法的整体内容相协调。基于宪法的基本原则和基本精神，宪法的不同内容之间是相互协调统一的关系，因此，不仅需要综合认识宪法不同基本原则和基本精神之间的关系，还要分析宪法不同内容之间的相互关系。宪法解释机关在此基础上，把握宪法的实际内涵，作出适当的解释。

（4）与社会实际相适应，并代表社会发展的方向。在多数情况下，社会实际的变化导致宪法规定在表面上不适应社会实际，甚至与社会实际相矛盾。通过解释，宪法不仅与社会实际相适应，而且更符合社会发展的方向。

五、我国的宪法解释

1954年宪法和1975年宪法对宪法解释权的归属没有作出规定。1978年宪法和1982年宪法对宪法解释权作出了明确的规定，这两部宪法都规定，宪法的解释权属于全国人大常委会。对于全国人大有无宪法解释权的问题，宪法学界存在争议，分为肯定说和否定说。肯定说认为，既然全国人大为最高国家权力机关，其应当享有宪法解释权。而否定说认为，宪法已经明确规定只有全国人大常委会才有宪法解释权，也就排除了全国人大及其他国家机关拥有宪法解释权。实际上，全国人大拥有宪法解释权是毫无疑义的：（1）我国的政权组织形式是民主集中制的人民代表大会制度，这一制度决定了全国人大的性质是最高国家权力机关，而不仅仅是立法机关。这与“三权鼎立”制度下议会的地位有着本质的区别。（2）正因为全国人大是我国的最高国家权力机关，所以其不仅具有最高性，还具有全权性。《宪法》第62条最后一项规定，全国人大行使“应当由最高国家权力机关行使的其他职权”。至于哪些是“应当由最高国家权力机关行使的其他职权”，其决定权和判断权由全国人大掌握。解释宪法的权力就包含在“应当由最高国家权力机关行使的其他职权”之中。（3）从各国建立的合宪性审查制度看，凡是行使合宪性审查权的机关（包括普通法院、宪法法院及立法机关）都同时拥有宪法解释权。这是因为，如果合宪性审查机关没有宪法解释权，实际上就无法判断法律等规范性文件是否符合宪法。根据我国现行宪法的规定，全国人大拥有合宪性审查权，而且拥有的是最高的合宪性审查权，故其当然同时拥有宪法解释权。（4）《宪法》第62条第12项规定，全国人大

① 习近平：《谱写新时代中国宪法实践新篇章——纪念现行宪法公布施行40周年》，载《人民日报》，2022-12-20。

有权“改变或者撤销全国人民代表大会常务委员会不适当的决定”，其中当然包括全国人大常委会对宪法进行的不适当的解释。如果全国人大要改变或者撤销全国人大常委会对宪法进行的不适当的解释，那么全国人大必然同时有自己对宪法规定的解释。

宪法明确规定全国人大常委会行使宪法解释权，是因为全国人大常委会是全国人大的常设机关，是经常性地行使最高国家权力的机关。而全国人大通常每年召开一次会议，主要由它解释宪法，会造成不必要的困难。因此，在我国，解释宪法的权力主要是由全国人大常委会行使的。全国人大在必要时也可以解释宪法，并对全国人大常委会对宪法的解释进行监督。

通说认为，1983 年 9 月 2 日全国人大常委会通过的《关于国家安全机关行使公安机关的侦查、拘留、预审和执行逮捕的职权的决定》属于宪法解释。全国人大常委会的这一决定，既涉及宪法的规定，也涉及刑事诉讼法的规定，但从宪法的根本性特点来说，应主要和首先解释宪法，宪法含义明确之后，一般法律的含义也就随之明确。此外，1979 年 9 月 13 日全国人大常委会通过的《关于省、自治区、直辖市可以在一九七九年设立人民代表大会常务委员会和将革命委员会改为人民政府的决议》，1980 年 9 月 10 日第五届全国人大第三次会议通过的《关于修改宪法和成立宪法修改委员会的决议》，1981 年 6 月 10 日第五届全国人大常委会第十九次会议通过的《关于加强法律解释工作的决议》，1982 年 12 月 4 日五届全国人大五次会议在通过新宪法的同时通过的《关于本届全国人民代表大会常务委员会职权的决议》，1990 年 4 月 4 日全国人大在通过香港特别行政区基本法的同时通过的《关于〈中华人民共和国香港特别行政区基本法〉的决定》等，都含有对宪法的解释。

党的十八届四中全会要求，“完善全国人大及其常委会宪法监督制度，健全宪法解释程序机制”。在我国，因宪法解释主体与立法权主体的合一性，哪些属于宪法解释、哪些属于立法行为，难以判断；因宪法解释主体与法律解释主体的合一性，哪些属于宪法解释、哪些属于法律解释，也难以判断。在我国现行宪法解释制度下，需要进一步完善宪法解释程序机制。这主要涉及以下两个方面：一是全国人大应当制定专门的法律，确定宪法解释的基本程序和名称等。二是重视宪法解释的必要性。宪法解释对于保障宪法实施的重要性是不言而喻的。当社会实际发生变化和发展，对于宪法规范是否适应社会实际存有疑义，而又没有必要或者暂时不便对宪法进行修改时，应当及时对宪法规范的含义进行解释，排除疑义，应尽可能多地使用宪法解释的方法而尽可能少地采用宪法修改的方法，以保证宪法规范的适应性和适用性。

第八节　合宪性审查

一、合宪性审查概述

（一）违宪与合宪性审查

1. 违宪的概念

违宪是指违反宪法，包括违反宪法的规定、原则和精神；就宪法文本而言，包括违反宪法的序言、正文和附则。习近平总书记在党的十九届二中全会上指出，“全国人大常委会的备案审查工作，当然就包括审查有关规范性文件是否存在不符合宪法规定、不符合宪法精神的内容，要加强和改进这方面的工作”[①]。由此可见，在我国违宪概念是广义的，不仅包括违反宪法规定，也包括违反宪法精神。一般而言，违宪只存在于具有根本法意义上的宪法的国家；在具有柔性宪法的国家，宪法不具有高于法律的效力，因此，并不存在违宪问题。

违宪与违法既有联系，又有区别：违宪与违法是一对相对的概念、范畴和制度。违宪与合宪中的“宪”是指宪法，判断违宪与合宪的基准是一个国家的具有最高法律效力的宪法。违法与合法中的“法”是指法律，判断违法与合法的基准是一个国家的法律。这里的“法”并不包括宪法。法律是立法机关依据宪法以宪法为基础制定的，假定法律是符合宪法的，那么，违反法律当然也就违反了宪法，即间接地违反了宪法；符合法律当然也就符合宪法，即间接地符合宪法。宪法学并不研究这种意义上的“违宪”和“合宪”，宪法学所研究的违宪是指直接违反宪法的情形。

违宪与违法的主要区别是：（1）性质不同。违宪是违反宪法，违法是违反法律。（2）主体不同。受宪法调整对象的限定，违宪的主体是公权力的行使者，主要是国家机关和政党组织；违法的主体既包括国家机关和政党组织，也包括所有的企业、事业组织、社会团体和个人。（3）审查主体不同。进行合宪性审查的是特定的合宪性审查机关，在有的国家是普通法院，在有的国家是专门机关，在有的国家是代表机关，而进行违法判断的机关通常是普通法院。（4）制裁不同。违反宪法的制裁是针对行使国家权力的特定形态作出的规定，而违反法律的制裁包括民事制裁、行政制裁和刑事制裁，它们与宪法制裁的形态存在巨大的区别。

宪法调整的基本社会关系是国家与公民之间的关系，其调整的基本方法是限制、保障和规范国家权力的运行，以保障公民的基本权利与自由。因此，违反宪法的行为只能是国家机关直接依据宪法而行使国家权力的行为。国家机关行使国家权力的行为包括依据宪法形成法律规范的行为和直接依据宪法实施的具体行为；违反宪法的主体主要是有权行使国家权力的国家机关，有时也包括有权行使公共权力的社会、政治组织，如政党组织。立法机关的主要任务是依据宪法制定法律，行政机关的主要任务是依据法律进行行政管理，司法机关的主要任务是依据法律裁判纠纷，因此，违反宪法的主体主要是立法机关，这也是有的学者将合宪性审查称为“违宪立法审查”的原因。

依据不同的标准可以对违宪作不同的分类，例如：依据国家机关行使权力的形式违宪的情形，可以分为规范行为违宪和具体行为违宪；依据违宪的主体，可以分为立法机关违宪、行政机关违宪、司法机关违宪和政党组织违宪；依据违宪的阶段，可以分为制定规范行为违宪和实施规范行为违宪；依据违宪的形态，可以分为程序违宪与实体违宪、作为违宪与不作为违宪；等等。

违宪的存在是合宪性审查制度建立的前提。在宣布宪法是国家根本法、具有最高法律效力，其他一切规范性文件均居于宪法之下的国家，需要建立保证宪法地位和权威、

---

① 习近平：《论坚持全面依法治国》，206～207页，北京，中央文献出版社，2020。

保证统一宪法秩序的合宪性审查制度；而在不存在根本法意义上的宪法的国家，不可能存在违宪，也就没有必要建立合宪性审查制度；在虽然存在根本法意义上的宪法，但作为民意代表机关的议会处于较为优越的地位，甚至其地位高于其他国家机关的国家，宪法由议会制定、由议会修改、由议会解释，议会所制定的法律被认为不可能或者说实际上不可能违反宪法，故虽然有建立合宪性审查制度的必要，但法律并不是合宪性审查的对象。

2. 合宪性审查的概念

党的十九大报告率先提出："加强宪法实施和监督，推进合宪性审查工作，维护宪法权威"①。党的二十大报告要求：健全保证宪法全面实施的制度体系，更好发挥宪法在治国理政中的重要作用，维护宪法权威；全面加强宪法实施和监督，切实维护宪法的尊严和权威。习近平总书记在《谱写新时代中国宪法实践新篇章——纪念现行宪法公布施行40周年》的署名文章中强调，"要完善宪法监督制度，推进宪法监督的规范化、程序化建设，提高合宪性审查、备案审查能力和质量，推进合宪性审查工作，落实宪法解释程序机制，积极回应社会各方面对涉宪问题的关切"②。党的二十届三中全会决定要求，"健全保证宪法全面实施制度体系，建立宪法实施情况报告制度"③。可见，"合宪性审查"这一概念已在我国确立起来，与合宪性审查相匹配的宪法实施制度体系也逐步建立和完善起来。合宪性审查是指由特定国家机关依据特定的程序和方式对法律、其他一切规范性文件是否符合宪法进行审查并作出处理的制度。从理论上说，合宪性审查制度是与具有根本法意义的宪法同时产生的，但在实践中，这一制度的形成要晚于宪法的出现。这一制度的基本内涵包括以下内容。

第一，合宪性审查通常只能由宪法明确规定的特定国家机关进行。在承认法律等规范性文件可能违反宪法的前提下，需要确定进行合宪性审查的主体。而具有合宪性审查权的国家机关通常是由宪法明确规定的，只有美国例外：美国宪法中并没有明确规定由哪个国家机关实施合宪性审查，美国联邦最高法院通过1803年的"马伯里诉麦迪逊案"开创了由联邦法院依据联邦宪法对联邦法律进行合宪性审查的先例。各国宪法在确定合宪性审查的主体时，通常考虑了本国的政治理念、政治体制、法律传统、法系、历史传统等因素，因此，各国合宪性审查的主体并不是单一的，而是呈现多样化的局面。

第二，合宪性审查具有特定的程序与方式。基于合宪性审查的特殊性，合宪性审查具有不同于立法、行政和司法的特定审查程序与审查方式。当然，在实行不同的合宪性审查体制的国家，其合宪性审查的程序和方式又存在不同。在实行代表机关审查制的国家，既可以进行事先审查，也可以进行事后审查；既可以进行抽象的原则审查，也可以进行救济性的审查。在实行普通法院审查制的国家，只可以进行事后的救济性的附带性审查。在实行宪法法院审查制和宪法委员会审查制的国家，既可以进行抽象的原则审查，

---

① 习近平：《决胜全面建成小康社会 夺取新时代中国特色社会主义伟大胜利——在中国共产党第十九次全国代表大会上的报告》（2017年10月18日），38页，北京，人民出版社，2017。

② 习近平：《谱写新时代中国宪法实践新篇章——纪念现行宪法公布施行40周年》，载《人民日报》，2022-12-20。

③ 《中共中央关于进一步全面深化改革 推进中国式现代化的决定》，载《人民日报》，2024-07-22。

也可以进行事后的救济性的案件审查。

第三，合宪性审查的对象是立法行为。立法行为是指国家机关和政党组织直接依据宪法创制法律规范的行为。合宪性审查机关即使进行事后审查也并不审理因法律行为而发生的法律案件。在实行普通法院审查制的国家，由同一个法院进行司法审查和法律诉讼，既依据宪法进行合宪性审查，又依据合宪性审查的结果进行法律诉讼。在这类国家，所谓合宪性审查仅指法院依据宪法对法院审理案件时所适用的法律进行合宪性审查的活动，并不包括法院对案件的审理活动。

第四，合宪性审查机关作违宪判断或者合宪判断。不论在实行何种合宪性审查体制的国家，其合宪性审查机关只依据宪法作违宪或者合宪判断，而不作违法或者合法判断。因宪法的实施而引起的问题属于宪法问题，所引起的纠纷属于宪法纠纷，由合宪性审查机关作违宪或者合宪判断。因法律的实施而引起的问题是法律问题，所引起的纠纷是法律纠纷，由普通法院通过法律诉讼作违法或者合法判断。通常情况下，在社会生活中发生一个具体的纠纷以后，先将它作为一个法律问题和法律纠纷，由普通法院进行违法或者合法判断，在法律范畴内无法获得解决时，才由合宪性审查机关进行违宪或者合宪判断。

第五，合宪性审查机关如果认为构成违宪则进行处理，即进行宪法制裁。在实行不同的合宪性审查体制的国家，宪法制裁的形式也不同：在实行代表机关审查制的国家，代表机关地位较高，其有权将违反宪法的法律等规范性文件直接撤销或者加以改变；在实行普通法院审查制的国家，普通法院只能审理具体案件过程中拒绝适用被认为违反宪法的法律等规范性文件；在实行宪法法院审查制或宪法委员会审查制的国家，宪法法院或宪法委员会有权撤销违反宪法的法律等规范性文件。

合宪性审查与其他一些为保障宪法地位而实施的制度存在联系，同时也存在区别。

（1）合宪性审查与宪法保障。宪法保障制度即保障宪法实施的制度，是与宪法实施相联系的，在含义上范围最为广泛的一个概念。它在内容上包括了一切保障宪法实施的措施，主要有：1）政治制度方面的保障措施，如国家的政治制度、政党制度、国家性质，以及社会团体、各国家机关的具体作用等。2）经济制度方面的保障措施。宪法为上层建筑的组成部分，其建立的基础是经济制度，因此，经济制度如何，就关系到宪法的实施状况。与宪法相适应的经济制度，对于宪法的贯彻实施具有决定性的意义。资本主义国家的宪法所确立的资本家所有制对于资产阶级宪法的实施具有决定性的意义；同样，社会主义公有制对于社会主义宪法的实施也具有决定性的意义。3）思想意识方面的保障措施。宪法实施的基础是社会成员具有强烈的宪法意识。所谓宪法意识，即把宪法作为社会最高规则和最高规范的意识及权利意识。社会及社会成员内在地形成对宪法的需求，认同宪法作为社会最高规则和最高规范的作用，并以宪法为根据维护自己的宪法权利，宪法的实施就有了可靠的保证。4）法律制度方面的保障措施，如宪法中关于宪法最高地位和最高法律效力的明确规定，严格的宪法制定和修改程序，宪法解释制度，立法机关将宪法的原则性规定通过法律具体化，合宪性审查制度等。有的国家，如法国，甚至将总统作为宪法保证人加以规定。而合宪性审查制度只是宪法保障制度的一个方面。

（2）合宪性审查与宪法监督。我国宪法学上使用了“宪法监督”的概念。我国宪法规定，全国人大和全国人大常委会监督宪法的实施。宪法监督即监督宪法的实施，而宪法实施的方式和途径有好多种，其中依据宪法制定法律等规范文件是宪法实施的重要方式。合宪性审查就是依据宪法对法律等规范性文件的合宪性进行审查的机制。2023 年 12 月，习近平在第十个“国家宪法日”之际作出重要指示，强调，“坚持宪法规定、宪法原则、宪法精神全面贯彻，坚持宪法实施、宪法解释、宪法监督系统推进，加快完善以宪法为核心的中国特色社会主义法律体系，不断提高宪法实施和监督水平”[①]。

（3）合宪性审查与司法审查。司法审查是指由普通法院对公权力的行使进行的审查，包括对公权力的合宪性审查和合法性审查。由于行使公权力的主体包括立法机关和行政机关，所以，司法审查包括对立法机关行使公权力行为的合宪性审查和合法性审查，以及对行政机关行使公权力行为的合宪性审查和合法性审查。“司法审查”这一概念和制度在本来意义上只存在于英美法系国家，因为只有在英美法系国家，普通法院才有资格和条件对行使公权力的行为进行审查。在大陆法系国家，对行使公权力行为的审查并不能由普通法院进行，而是由特设的宪法法院或行政法院进行。宪法学意义上的司法审查，是指对立法机关和行政机关行使公权力行为的合宪性审查。

由于每个国家的政治体制、历史传统、政治理念及法律制度等具体国情的不同，合宪性审查制度在不同的国家表现为不同的体制。某些国家（如美国），由本国国情所决定，采用由普通司法机关通过司法程序审查法律、法规及行政命令等规范性文件是否符合宪法的司法机关审查体制，即司法审查制。可见，司法审查制度仅为合宪性审查制度的一种类型。司法审查制度与合宪性审查制度或者西方国家所说的“违宪立法审查制度”并不是同一个层次的概念。在实行司法审查制度的国家，在宪法学意义上可以说其司法审查制度就是合宪性审查制度，其合宪性审查制度就是司法审查制度。美国的宪法学和政治学著作经常将两者混同使用，就美国实行的制度而言，这是完全可以的。但是，如果推而广之，就世界范围阐述这一制度，则不能认为两者是完全相同的概念。宪法法院并不是纯粹的司法机关，由宪法法院监督宪法实施并不属于司法审查制度的范畴。在社会主义国家由代表机关监督宪法的实施，也不属于司法审查制度的范畴。

（4）合宪性审查与宪法诉讼。两者之间存在两个方面的联系与区别：1）在大陆法系国家，在宪法法院进行的宪法诉讼，其功能之一是进行合宪性审查，除此之外，宪法诉讼还解决其他宪法争议。2）在合宪性审查中，在有些国家由普通法院（如美国）或者特设机关（如德国的联邦宪法法院）通过诉讼的方式审查法律、法规或者行政命令等是否违反宪法。通常把这种方式称为“宪法诉讼”。可见，在这一意义上，宪法诉讼是合宪性审查的一种具体的审查方式，其与合宪性审查并不是相等同的概念，因为在有些国家并不通过诉讼的方式进行合宪性审查。

（二）合宪性审查的起源

近代早期的宪法对合宪性审查制度的规定并不十分规范，例如：1787 年的美国宪法

① 《坚定维护宪法权威和尊严推动宪法完善和发展 更好发挥宪法在治国理政中的重要作用》，载《人民日报》，2023-12-25。

只规定了宪法的效力高于法律的，而未规定合宪性审查的主体；1791 年的法国宪法甚至没有规定合宪性审查制度。由此产生了合宪性审查制度的起源问题。关于这一问题，主要有以下三种看法。

1. 起源于英国

有学者认为，合宪性审查制度起源于英国。其主要根据有二：（1）英国 16、17 世纪的法学家、王座法院首席法官爱德华・科克（Edward Coke）提出“普通法是至高无上的”。1608 年在白金汉宫举行的国王和众法官的联席会议上，詹姆斯一世宣称：他可以随心所欲地把法官那里的任何案件接过来，然后由他本人作出决定。科克当即毫不含糊地拒绝了这种主张，并引用亨利・德・布雷克顿的话宣称：“国王不应在任何人之下，但应在上帝和法律之下。”（2）英国作为宗主国对殖民地立法的审查制度。在殖民地时代，英国枢密院有对殖民地立法进行审查的做法。这种审查又分为政治审查和司法审查：前者是指英国枢密院根据所拥有的承认权对殖民地议会的制定法进行的审查；后者是指英国枢密院根据所拥有的对殖民地法院判决的上诉管辖权，通过对上诉案件的审理来审查殖民地的制定法是否违反英国法及对该殖民地的特许诉状。

英国是不成文宪法和柔性宪法国家，同时奉行议会主权和议会至上原则，因而不存在根本法意义上的宪法，只存在部门法意义上的宪法，也就没有为维护国家根本法的地位而建立合宪性审查制度的必要。但是，英国人基于普通法而形成的高级法理念和普通法院在审理案件过程中对殖民地立法进行司法审查的做法，对美国式司法审查制的影响是巨大的。

2. 起源于法国

有学者认为，合宪性审查制度起源于法国。法国 1799 年宪法和 1852 年宪法曾规定，议会由四院组成，分别为参政院、评议院、立法院、元老院，其中，元老院的职权为审查其他三院表决通过的法案是否合宪，最后由元老院将经审查合宪的法案呈送第一执政公布，故元老院又有“护宪元老院”之称。在法国 1799 年宪法设立元老院制度时，世界上还没有一个国家在宪法上规定合宪性审查制度。

法国元老院制度对法国合宪性审查体制的发展有着很大的影响，从《法兰西第三共和国宪法》与《法兰西第四共和国宪法》所设立的“宪法委员会”，就可以看到元老院制度的影子。但元老院制度对后世其他国家的合宪性审查制度的形成可以说影响甚微，其原因主要有两点：（1）元老院制度在存续期间没有发挥任何实际作用。在 1799 年宪法实施期间，虽然拿破仑屡屡作出不符合宪法的行为，导致宪法形同虚设，但是元老院没有作过一次宪法判断。1852 年宪法所规定的合宪性审查体制与 1799 年宪法所规定的相同，也没有发挥应有的作用，实际上沦为皇帝的御用工具。虽然 1852 年宪法增加规定市民可以向元老院请愿，但是该宪法第 25 条及第 26 条规定，对法律的审查只能在该法律公布之前进行，因而，事实上市民对法律的合宪性问题没有请愿的权利。（2）元老院审查制度的特点是由议会内部此一机构监督彼一机构，仍然是立法机关的一部分去监督另一部分的内部审查机制，元老院也不具有行使合宪性审查权的独立性，其与现代合宪性审查制度所具有的外部审查内涵相去甚远。

3. 起源于美国

绝大多数学者认为，近现代的合宪性审查制度起源于美国。美国宪法制定于1787年，制宪时，在对宪法的效力高于法律的效力达成共识的前提下，制宪者曾就合宪性审查权归属问题进行过激烈的辩论。由于种种原因，美国宪法就此问题没有作出明确的规定。1803年“马伯里诉麦迪逊案”，开创了由美国联邦最高法院审查联邦法律的先例，以判例的形式对此悬而未决的宪法问题作出了解答，开创了美国式司法审查制。

1803年“马伯里诉麦迪逊案”

1800年美国大选揭晓，联邦党人总统候选人落选，民主党人托马斯·杰斐逊当选新总统。即将卸任总统职务的联邦党人约翰·亚当斯为使联邦党人能够继续控制联邦政府，于1801年3月4日杰斐逊正式就任总统前采取了一系列紧急措施：先是任命他的国务卿马歇尔为联邦最高法院首席法官，之后又借国会通过巡回法院法案之机，成倍增加联邦法院法官人数，还通过《构成法》(Organic Act) 授权在哥伦比亚地区任命42名治安法官。以上这些新增加和增设的法官人选，全由亚当斯总统提名，都是联邦党人。对这些人选，于3月3日深夜之前完成了提交参议院批准任命、总统签署、国务卿加盖国玺等法官任命的法律程序，但因时间仓促，有些委任状还未及送出新总统就任日期即3月4日便到了。新总统杰斐逊上任后，即命令其国务卿麦迪逊扣发尚未发出的委任状。马伯里是被任命为联邦治安法院法官而未领到委任状的人之一。在等待了数月之后，马伯里依据1789年国会制定的《司法条例》第13条关于“联邦司法机关有权责成行政部门颁发执行命令”的规定，诉至联邦最高法院。联邦最高法院根据马伯里的申请，命令国务卿麦迪逊说明为什么不颁发委任状，以考虑如何处理该案。但杰斐逊和麦迪逊对联邦党控制下的法院极为轻视，认为在理论上民选的代表即使不具有绝对的最高性，也具有相对的独立性，从而否认司法机关有权向行政机关发布司法命令。加上经过改选，国会已控制在民主党手中，并且正在对上届国会通过的巡回法院法案展开激烈辩论。在这种形势下，关于如何判决马伯里案的问题，以属于联邦派的马歇尔首席法官为首的联邦最高法院面临着两难境地：如果判决马伯里胜诉，向行政机关发出执行命令，行政机关不可能执行这一命令，联邦最高法院处于尴尬境地；如果判决马伯里败诉，不向行政机关发出执行命令，则联邦派颜面丢失殆尽。[①] 联邦最高法院于1803年对此案作出了判决。由首席法官马歇尔起草并为联邦最高法院全体法官一致同意的判决书主要对以下三个问题进行了分析和判断：一是马伯里是否应该得到委任状。判决书认为，马伯里被任命为法官已经履行了必要的法律手续，其有权得到委任状，而总统和国务卿不颁发委任状是没有理由的。二是在马伯里的正当法律权利由此遭到侵犯时法律是否为他提供了法律救济手段。判决书认为法律已经为马伯里提供了法律上的救济手段。三是是否通过由联邦最高法院向行政机关颁发执行命令的方式为马伯里提供法律上的救济手段。答案是否定的，因为它超越了联邦宪法第3条关于联邦最高法院初审案件管辖权的规定。联邦宪法第3条关于联邦最高法院初审案件管辖权的规定是：“关于大使、公使、领事以及以一州为当

---

① 转引自龚祥瑞：《比较宪法与行政法》，119页，北京，法律出版社，1985。

事人的案件，最高法院有初审权。”而《司法条例》第13条超越宪法规定赋予联邦最高法院向行政机关颁发执行命令的权力，是与宪法的规定相违背的，因此，《司法条例》第13条是无效的。

马歇尔在判决书中还提出了两个关键性的论点：第一，宪法是最高法，高于国会通过的任何法律，因此，法院不能执行国会通过的任何不符合宪法的法律（此即所谓“违宪”）。第二，法院享有解释宪法的最高权威，国会和总统当然也可以解释。当国会通过一项法律时，国会大概会根据它对宪法的解释来说明该项法律是否符合宪法。当总统签署一项法律并予以执行时，也会这样做。那么，为什么联邦最高法院的裁决是最后的和权威的解释而且宣布国会和总统的解释无效呢？马歇尔引用亚历山大·汉密尔顿在《联邦党人文集》（第七十八篇）中的论点来回答这个问题：宪法是法律，法官的职责就是执法，因此，法官在解释法律和宪法方面有最后发言权。

美国的合宪性审查制度与在此前存在的法国元老院制度相比较，其最突出的特点是由具有独立地位的第三者对法律、行政命令等进行合宪性审查。这一做法对后世其他国家的合宪性审查制度影响巨大，具体表现为：一方面，一些国家模仿美国的做法，建立了由普通法院行使合宪性审查权的司法审查制度；另一方面，一些国家虽然没有建立美国式司法审查制度，但放弃了原来的立法机关自我监督模式或者法律可以豁免审查，转而建立了由具有独立地位的宪法法院行使合宪性审查权的宪法法院审查制。法国在《法兰西第四共和国宪法》与《法兰西第五共和国宪法》中也建立了具有相对独立地位的宪法委员会制度。因此，认为合宪性审查制度起源于美国的观点是恰当的。

（三）合宪性审查的基本功能

从世界范围来看，不仅有着不同政治体制、政治理念及历史背景的国家建立了合宪性审查制度，而且即使是国家性质不同的资本主义国家和社会主义国家也都建立了合宪性审查制度。这一制度的基本功能主要有以下几项。

1. 保证宪法的根本法地位

在制定了成文宪法的国家，一般在宪法中规定了宪法的根本法地位。例如，我国现行宪法规定，“本宪法以法律的形式确认了中国各族人民奋斗的成果，规定了国家的根本制度和根本任务，是国家的根本法，具有最高的法律效力”，“一切法律、行政法规和地方性法规都不得同宪法相抵触”。1946年日本宪法第98条规定：“本宪法为国家的最高法规，与本宪法条款相违反的法律、命令、诏敕以及有关国务的其他行为的全部或一部，一律无效。”美国宪法第6条规定：“本宪法和依本宪法所制定的合众国法律，以及根据合众国的权力已缔结或将缔结的一切条约，都是全国的最高法律；每个州的法官都应受其约束，尽管任何州的宪法和法律中有任何与此相反的规定。上述参议员和众议员，各州州议员，以及合众国和各州所有行政和司法官员，应宣誓或作代誓宣言拥护本宪法；但绝不得以宗教信仰的声明作为担任合众国属下任何官职或公共委托的必要资格。”宪法既然是国家根本法，在地位和效力上就与普通法律及其他规范性文件存在差异，普通法律等就有可能与宪法的规定、基本原则或者精神发生抵触和矛盾，而为了保证宪法的权威和最高法律效力，就需要建立相应的合宪性审查制度。

2. 保证统一的宪法秩序

宪法秩序与宪法地位是一个问题的两个方面：保证了宪法的根本法地位即在一国之内形成了统一的宪法秩序，而一国之内宪法秩序的形成即意味着宪法在该国具有作为根本法的地位。法治国家的外在表现形式应当包括两个方面：一是在成文宪法国家，宪法在一国具有最高的法律地位。二是在一国之内依据宪法形成了统一的宪法秩序。无论是宪法最高法律地位的确立，还是统一宪法秩序的形成，都依赖合宪性审查制度的有效运作。对此，习近平总书记指出，“只有坚持宪法的国家根本法地位，坚决维护和贯彻宪法规定、原则、精神，才能保证国家统一、法制统一、政令统一”①。

对宪法秩序的破坏，以法律为首。维护宪法秩序，首要的是对法律的合宪性进行审查。从合宪性审查制度建立的理念看，宪法法院审查制的基本出发点就是保证宪法秩序。这一点，从宪法法院的审查方法就可以明显地看出。其典型的审查方法是抽象的原则审查或者预防性审查，一般是在法律颁布以后、正式实施以前进行审查，即还未根据这一法律形成一定的法律关系或者秩序之时，就保证法律与宪法规定、基本原则或者精神的一致。法国甚至规定某些法律在通过以后应当自动地接受宪法委员会的审查，而有些法律在颁布以前由一定范围的主体提交宪法委员会审查。其用意很明显，是为了保证宪法秩序的统一。因此，设立宪法法院或者宪法委员会进行合宪性审查的制度又有“宪法秩序保障型”之称。美国式司法审查制度的基本出发点不是保证宪法秩序，但是其客观效果保证了宪法秩序的统一：普通法院在审理具体案件过程中，对该案件所涉及的作为该案件审理依据的法律等规范性文件的合宪性进行审查。从直接目的看，其是在具体的案件中保护当事人的合法权益，然而在客观上因拒绝适用违反宪法的法律等规范性文件，即违反宪法的法律等规范性文件在司法活动中不具有适用性，而实际排除了其法律效力。而其衡量的标准是作为国家根本法的宪法，所以，普通法院在个案中的这种审查活动，实际上也能起到保证宪法秩序的作用和效果。在社会主义国家，都实行最高国家权力机关审查制度：最高国家权力机关并不审理具体案件，虽然宪法中并没有明确规定审查方式，但根据最高国家权力机关的工作方式可以推论，其也是根据宪法的规定、基本原则或者精神进行抽象的审查。其目的也是保证统一的宪法秩序。

3. 保障公民的基本权利和自由

宪法被称作“人权保障书”，无论是资本主义国家的宪法还是社会主义国家的宪法，公民的基本权利和自由都成为其重要的和基本的内容。宪法关于其他问题的规定，也都是为了更好地保证公民基本权利和自由的实现。习近平总书记强调，“如果宪法受到漠视、削弱甚至破坏，人民权利和自由就无法保证，党和国家事业就会遭受挫折”②。

一方面，公民的基本权利和自由是由宪法确认的，法律等规范性文件应当依据宪法的规定，对公民的基本权利和自由作具体化的规定，以保证公民基本权利和自由的实现。

---

① 习近平：《谱写新时代中国宪法实践新篇章——纪念现行宪法公布施行40周年》，载《人民日报》，2022-12-20。

② 习近平：《在首都各界纪念现行宪法公布施行30周年大会上的讲话》（2012年12月4日），载《人民日报》，2012-12-05。

如果法律等规范性文件的规定违背了宪法的规定或者基本原则、精神，必然损害宪法所确认的公民的基本权利和自由。合宪性审查制度的建立，保证了法律等规范性文件与宪法规定的一致，当然也就保障了公民的基本权利和自由。美国式的司法审查制度下由普通法院在具体案件中对法律、行政命令等进行合宪性审查，这种审查的直接目的是保证在具体纠纷的裁决依据上适用与宪法相一致的法律或者行政命令等，以保障当事人的宪法权利和自由。因此，美国式司法审查制度又有“私权保障型”之称。宪法法院审查制的直接目的是保障宪法秩序，但客观效果是保障了公民的宪法权利和自由。社会主义国家的合宪性审查制度的建立同样是为了保障公民的基本权利和自由。

另一方面，合宪性审查也是保护少数人的宪法权利和自由的重要机制。法律是作为民意代表机关的议会的意志的体现，而由于现代社会所实行的“多数决定、少数服从”的表决机制，实质上，法律是议会内多数人的意志的表达和体现，而多数人可能利用自己处于多数的地位和优势，侵犯少数人的宪法权利。合宪性审查制度的一个基本功能也是保护少数人的宪法权利免受多数人的侵害，避免多数人的任性，防止“多数暴政”，在保障“多数决定、少数服从”表决机制的前提下，起到“尊重少数”的效果。

二、现代合宪性审查体制

各国因所奉行的政治理念和所实行的政治体制、法律传统和历史传统不同，在能够承担合宪性审查职责的主体选择上有所不同，相应地，各国所建立的合宪性审查体制各不相同。

（一）最高代表机关审查制

最高代表机关审查制是指由作为民意代表机关的立法机关审查宪法行为是否符合宪法的制度。最高代表机关审查制，在资本主义国家表现为最高立法机关审查制，在社会主义国家表现为最高国家权力机关审查制。

最高代表机关审查制在历史上最早由奉行议会至上原则的资本主义国家实行。一些大陆法系国家，受其政治理念、历史传统、资产阶级革命的方式等因素的影响，在革命以后建立了议会居于优越地位的政治体制，即议会内阁制。在这一政治体制下，议会是民意代表机关，由其产生行政机关即内阁，并对内阁实施监督。这些国家的资产阶级在观念上认为，议会是它们的代表，是值得信任的，应赋予议会“国民代表”的地位；只有议会才能形成国民的意志，其他国家机关不仅不能形成这种意志，而且法律明文禁止干涉这种意志。如法国在1789年8月资产阶级革命中制定的一项法律规定：法院不得以任何方式直接或间接地参与立法权的行使，不得妨碍或停止法律的执行；法院不得制定规范，若有解释法律及制定新法的必要，须向议会提出请求。因此，在一部分国家，议会制定的法律具有豁免权，不受任何国家机关的合宪性审查。而另一部分国家则建立了由最高代表机关自我审查的合宪性审查体制。这些国家在20世纪初，特别是第二次世界大战以后，转而实行宪法法院审查制。目前，在资本主义国家中，仅有少数国家仍然实行最高代表机关审查制，如荷兰宪法规定，议会通过的法律是否具有合宪性，法院无权过问和决定，但与自动生效的条约规定相抵触的法规，法院不应援用。瑞士宪法规定，联邦议会有权采取旨在执行联邦宪法、保障各州宪法以及履行联邦义务的措施。

自1918年《苏俄宪法》确立由最高国家权力机关监督宪法实施的制度以来，所有的社会主义国家宪法都明确规定由最高国家权力机关监督宪法实施。在社会主义国家代表机关的性质是国家权力机关，最高代表机关即为最高国家权力机关。这一机关是人民行使国家权力的机关，人民将国家权力委托给这一机关，这一机关代表人民行使国家权力、决定国家事务。除代表机关以外的其他国家机关都不是代表人民行使国家权力的机关，而是由代表机关产生、行使某一方面职权的国家机关。也正因为代表机关具有这一性质，制定和修改宪法及法律的权力都由这一机关行使。

社会主义国家最高国家权力机关的这种地位意味着：第一，其最有资格和能力去审查、监督其他国家机关所制定的法律等规范性文件是否符合宪法的规定、基本原则和精神。人民代表机关是绝对的民意代表机关，因而其又是制宪机关、修宪机关和立法机关，其对民意的把握和了解，对宪法规定、基本原则和精神的认识，是其他任何国家机关都不可比拟的。第二，其拥有合宪性审查权也是保证最高国家权力机关地位的需要。按照民主集中制原则，人民代表机关是最高国家权力机关，其他一切国家机关均由其产生、受其监督，处于其之下。对这种地位在宪法中以各种方式加以保证，其中，由其行使宪法监督权是一种重要的保证方式和措施。如果其他国家机关所制定的法律等规范性文件与人民代表机关所制定的宪法和法律相抵触，而其无权予以纠正，则最高国家权力机关的地位和权威也就无从保证。第三，其他国家机关基于与最高国家权力机关在地位上的差异，不可能行使合宪性审查权。如果其他国家机关如法院或者宪法法院行使合宪性审查权，则根据民主集中制原则，它们在地位上低于人民代表机关，在性质上属于非民意代表机关，其监督人民代表机关所制定的法律或者其他规范性文件的理论根据和基础将难以建立。同时，由于其他国家机关在地位上低于人民代表机关，由其行使合宪性审查权，将形同监督和制约人民代表机关，这显然是与民主集中制原则相违背的。

在实行最高代表机关审查制的国家，其宪法中都明确规定由作为最高人民代表机关的议会、全国人民代表大会、最高苏维埃等行使宪法监督权。一些社会主义国家在最高国家权力机关内或者最高国家权力机关之外设立了专门机构，如宪法和法律委员会、宪法法院等，这些专门机构都是协助最高人民代表机关行使合宪性审查权的，它们并不具有对最高人民代表机关制定的法律实施宪法监督的权力。

在实行最高代表机关审查制的国家，其宪法仅规定最高人民代表机关有监督宪法实施的权力，而没有对宪法监督的方式和程序作出具体规定，也没有制定具体的有关合宪性审查的法律。可以推论，最高人民代表机关行使合宪性审查权是按照其议事程序进行的，包括：进行抽象的原则审查；有权提出议案的主体即有权提出法律或者其他规范性文件是否合宪异议的主体；最高人民代表机关的审查程序按照议事程序进行。最高人民代表机关进行合宪性审查时，可以不受时间和条件的限制。在实行最高代表机关审查制的国家，其最高人民代表机关在该国所有国家机关中居于最高地位，虽然宪法没有规定对不符合宪法的法律或者其他规范性文件可以采用何种措施，但由其地位所决定，应当说其可以采取任何措施，包括撤销或者改变不符合宪法的法律或者其他规范性文件。

在其他合宪性审查体制下，合宪性审查的对象主要是最高立法机关制定的法律。而在最高代表机关审查制下，合宪性审查的对象主要不是最高国家权力机关所制定的法律，而是法律以下的其他规范性文件。无论是从理论还是从实证的角度来看，法律都是存在与宪法相抵触的可能的。当人民代表机关出现不符合宪法的行为时，只能由其自身进行纠正。根据人民代表机关的性质和地位，一般情况下其不可能出现不符合宪法的行为，即使出现了不符合宪法的行为，其也是完全有能力自我纠正的，无须其他国家机关纠正。

在实施这类体制的国家，最高国家权力机关或者最高立法机关的地位高于其他国家机关的，从理论上说，其合宪性审查在力度上大于实行其他体制的国家的合宪性审查，但是，在实践中，由于这类体制下缺乏日常的专门审查机构及具体的操作程序，加之最高立法机关任务繁重且多为自我监督，故合宪性审查的实际效果不太理想。

（二）司法审查制

司法审查制是指由普通法院在审理具体案件过程中附带地就适用于该案件的法律的合宪性进行审查的制度。司法审查制度由美国 1803 年“马伯里诉麦迪逊案”创立，也以美国为代表。据统计，目前世界上有六十多个国家采用这一制度，主要的有美国、日本、菲律宾、阿根廷、巴西、印度、澳大利亚、加拿大、挪威、丹麦、瑞典、智利、洪都拉斯、玻利维亚、哥伦比亚等。除日本外，其余实行司法审查制的国家均为英美法系国家。

在实行司法审查制的国家绝大多数是由宪法作出明确的规定。例如，日本宪法第 81 条规定：“最高法院为有权决定一切法律、命令、规则以及处分是否符合宪法的终审法院。”1947 年菲律宾宪法曾规定，一切涉及条约、政府协定或者法律合宪性的案件，应由最高法院全庭审讯和判决。美国是一个例外，其宪法并没有对合宪性审查权作出明确的规定，而是由联邦最高法院在具体案件中从宪法的规定及司法机关的性质推导出来合宪性审查权的，即认为司法机关行使合宪性审查权是宪法默示的。

在实行司法审查制的国家，由普通法院行使合宪性审查权的主要根据是：(1) 对立法机关不抱绝对信任的政治理念。虽然立法机关是民意代表机关，但是，实行司法审查制的国家对立法机关不抱绝对的信任，在政治理念上认为，国家没有立法机关就不能很好地行使国家立法权，但同时，立法机关也可能任性而滥用权力。(2) 在多数决定原则下保护少数人的政治理念。(3)“三权鼎立”与制衡原则下法院制约其他国家机关的需要。为了与强大的立法机关、行政机关相抗衡，保持司法独立和“三权鼎立”，司法机关必须掌握合宪性审查权作为对抗的武器。(4)“司法权优越”的政治理念。在英美法系国家，根据传统，法院有法律解释权，在产生作为国家根本法的宪法以后，法院又获得了宪法解释权。(5) 司法机关的特性。司法机关的活动规则决定了当两个效力不等的规范性文件之间内容相抵触时，适用效力高的规范性文件；当两个效力相等的规范性文件的内容相抵触时，适用与效力更高的规范性文件内容相符的规范性文件。依此推论，适用与具有最高效力和作为最高规则的宪法相符的规范性文件，属当然之事。在此过程中，司法机关适用宪法去审查判断规范性文件的有效性，实际上属于必经程序。(6) 自由放任主义原理。在这一原理支配下，所谓人权即为个人权利，而保护人权又主要是通过司法途径，于是通过审理具体案件来保护当事人为宪法所承认的权利，便成为法院的职责。

美国式司法审查制具有以下基本特色：（1）附带的案件审查。普通法院对法律、行政命令等进行合宪性审查，是在审理具体民事案件、刑事案件、行政案件时就作为该案件审理依据的法律、行政命令等是否符合宪法进行审查。（2）适用司法审级制度。在司法审查制下，普通法院是伴随着审理具体案件审查适用于该案件的法律、行政命令等的合宪性，因而该国对具体案件实行的审级制度，也就决定了对法律、行政命令等的合宪性审查的审级制度。少数国家考虑到最高法院在司法机关中的最高地位及权威，明确规定只有最高法院才拥有合宪性审查权，但大多数国家并未明确规定只有最高法院才有合宪性审查权，可以推论下级法院也享有合宪性审查权。（3）判决实际上具有一般效力。普通法院是在审理具体案件过程中对作为该案件审理依据的法律、行政命令等的合宪性进行审查，同时，法院如果认为某项法律、行政命令等不具有合宪性，只能绝将它适用于所审理的案件而无权改变或者撤销。因此，判决只对该案件的当事人有效。也就是说，从直接的角度看，法院认为某项法律、行政命令等违反宪法的判断只对案件的当事人有效，即只具有个别效力。实行司法审查制的国家除日本外，均为英美法系国家，在这些国家，审查结果的个别效力与"先例约束"原则相结合，使法院的判决和对法律、行政命令等的判断事实上具有一般效力，被法院认为违反宪法的法律、行政命令等自终局判决以后，不可能继续发挥任何实际作用。（4）在判决理由部分对法律、行政命令等的合宪性作出判断。在司法审查制下，普通法院的管辖范围是具体的民事案件、刑事案件、行政案件，诉讼是围绕着解决因这些法律关系发生的法律争议而展开的，通常包括查明事实和适用法律（含行政命令等，余同）两个阶段。在适用法律的过程中，涉及适用哪个法律时，根据当事人的异议，审查该法律的合宪性。因此，判决的主文部分是当事人之间发生的具体的民事、刑事及行政纠纷，宣布某项法律不具有合宪性而在该案件中拒绝适用只出现在判决理由部分，即对当事人之间的实体权利、义务纠纷是依据何项法律裁决的，以及为何依据该项法律作出裁决。（5）普通法院奉行自律原则。由司法机关的性质、工作方式及与其他国家机关的关系所决定，司法机关在行使合宪性审查权时，都奉行若干自律原则，如案件性，当事人资格，回避对政治问题进行审查和判断，只对构成"先决问题"的法律作出宪法判断原则，合宪性推定原则，不干涉立法机关的自律权与裁量权，以及行政机关的裁量权原则、合宪性解释原则等。

（三）宪法法院审查制

宪法法院审查制是指在国家机构中设立专门保障宪法秩序的宪法法院，以特定的程序审查法律等是否符合宪法的制度。在宪法中率先设立宪法法院的是1920年的奥地利宪法。此后，这类合宪性审查体制在欧洲大陆法系国家迅速发展起来。这一合宪性审查体制以德国为代表。除原来的一批欧洲国家如联邦德国、意大利、奥地利、西班牙、土耳其等比较早地实行这类宪法监督体制外，苏联的一些加盟共和国在苏联解体而独立后也设立了宪法法院。东欧和南欧原来的一些社会主义国家，如南斯拉夫、捷克斯洛伐克等，为配合最高国家权力机关行使合宪性审查权，也曾经设立了宪法法院。亚洲国家如韩国、蒙古国和泰国等，也设立了宪法法院。目前实行这类合宪性审查体制的国家有四十余个。

实行宪法法院审查制的国家在宪法中除设立立法机关、行政机关、司法机关外，还设立专门的保障宪法地位的宪法法院，并明确规定了宪法法院的组织、职权，宪法法院法官的任命、任期、待遇等。宪法法院居于宪法之下、高于其他国家机关。欧洲大陆法系国家在建立合宪性审查制度方面经历了两个历史阶段，即排斥对法律进行合宪性审查阶段和承认对法律进行合宪性审查阶段。若以宪法明确规定近代意义上的合宪性审查制度的时间为标准进行划分，两个阶段的大体界限是：(1) 从早期开始制定宪法至 1920 年奥地利宪法制定以前，议会制定的法律具有豁免权，不受合宪性审查；(2) 自 1920 年奥地利宪法设立宪法法院开始，大陆法系国家一般在宪法中明确承认法律应当接受合宪性审查，并由宪法法院或者宪法委员会进行审查，而非由普通法院进行审查。

设立专门的宪法法院，由宪法法院行使合宪性审查权的基本原因是：(1) 在“议会万能”神话破灭以后，议会制定的法律必须接受合宪性审查的情况下，由其自我审查已成为不可能；(2) 传统上对司法权不信任的政治理念和政治心理；(3) 任何国家机关不得干预立法权的行使的政治心理；(4) 大陆法系国家成文法的法律传统。某些大陆法系国家如意大利，在历史上曾模仿美国式司法审查制，但因司法审查制与大陆法系国家的政治理念和制度不合，其最终采用了宪法法院审查制。

宪法法院并不属于普通的司法系统，不行使司法权。宪法法院的法官在产生方式、任期等方面与普通法院法官不同。宪法法院的基本权能包括合宪性审查权、宪法解释权、权限争议裁决权、弹劾案审判权、政党违宪案裁判权、选举诉讼权等。

宪法法院审查制的基本特色主要有如下几点：

(1) 以抽象的原则审查为主，以附带的案件审查为辅。在实行宪法法院审查制的国家，除宪法法院外，还有受理和审理普通民事案件、行政案件、刑事案件等案件的法院，宪法法院并不受理和审理这些具体案件。换言之，宪法法院并不是通过审理这些具体案件来审查法律是否符合宪法，其审查的主要方式是抽象地审查法律的合宪性，即宪法法院的审查活动不以发生具体的诉讼事件为要件，也不以侵害自身利益为前提，在宪法规定的特定机关和人员的申请下，宪法法院可以抽象地对法律的合宪性进行审查。

宪法法院的审查通常包括三种形式：1) 特定机关和人员在法律公布之前或者之后的法定时间内，就该法律的合宪性向宪法法院提出异议。这是各国最通行和主要的审查形式。2) 在普通法院审理具体案件过程中，当事人及法院对适用于该案件的法律的合宪性持有异议，向宪法法院提出审查请求。宪法法院在作出判断时，并不审理具体案件，只是对存有疑问的法律的合宪性作出判断，具体案件仍然由普通法院进行审理。3) 公民在穷尽了法律规定的救济手段之后仍认为公共权力侵犯其合法权益时，向宪法法院提出审查请求。此即所谓的“宪法控诉”或者“宪法诉愿”。这是德国、韩国等国家的做法。

(2) 适用一审终审制。在宪法法院审查制下，宪法法院通常只拥有合宪性审查权、宪法争议裁决权及弹劾案审判权等，而不拥有一般司法权；在设置上，单一制国家只设一个宪法法院，联邦制国家除在联邦设一个宪法法院外，在各邦还各设一个宪法法院，但联邦宪法法院与邦宪法法院各自管辖范围分明，互不隶属。因而，宪法法院独立于一般司法审级制度，实行一审终审制。

(3) 宪法法院的判决具有一般效力。实行宪法法院审查制的国家一般为大陆法系国家，不承认判决是法的渊源之一，不存在“先例约束”原则。同时，宪法法院审查法律的合宪性可以与审理具体案件无关，法律是宪法法院的直接审查对象。因而，实行宪法法院审查制国家的宪法均赋予宪法法院的判决以一般效力，即有权撤销不具有合宪性的法律，使其失去法律效力。从理论上说，不具有合宪性的法律应当自始无效，即宪法法院的判决具有溯及力。但是，实行宪法法院审查制的国家考虑到现存的法律秩序和法律关系的稳定，限制宪法法院的判决的溯及力，不具有合宪性的法律通常自宪法法院的判决宣告之后失效。具体做法有两种：1）不具有合宪性的法律自宪法法院的判决公布之日起失效。如奥地利宪法规定，不具有合宪性的行政命令自判决公布之日起失效。意大利宪法规定，当法庭宣布法律或者具有法律效力的法令之某项规定不具有合宪性时，该项规定在判决公布之次日起失去法律效力。2）前一种做法仍有不利之处，即法律失效后并没有以新的法律予以代替，使这类社会关系处于无“法”调整的空白状态。为弥补这一缺陷，一些国家采取了另外的灵活做法。如奥地利宪法规定，宪法法院在判决中可以载明法律延至何时失效，但延迟的期限最长不得超过1年。

（4）在判决主文部分判断法律的合宪性。在宪法法院审查制下，诉讼的标的为法律是否符合宪法，而非具体民事案件、行政案件、刑事案件中当事人的具体权利义务纠纷，因而宪法法院确认法律是否符合宪法是作为判决的主文出现的。

（四）宪法委员会审查制

法国在政治、文化及思想背景方面与欧洲大陆的其他国家大体相当，但是法国并没有设立宪法法院，而是设立宪法委员会（conseil constitutionnel），由宪法委员会监督和保障宪法实施。实际上，除在机构名称上有所不同之外，该宪法委员会在组织、职权范围及审查法律是否具有合宪性的方式上，与宪法法院也存在较大差异。宪法委员会居于宪法之下而高于其他国家机关。世界上除法国采用这一体制外，原属法国殖民地的十余个国家也效仿法国采用这一体制。

法国合宪性审查体制的产生和发展经历了曲折的过程，大体上可以分为以下三个阶段：（1）排除对法律的合宪性审查。这一阶段从1789年法国大革命胜利至1946年《法兰西第四共和国宪法》制定。在这一阶段中，原则上排除对法律的合宪性审查，即法律具有豁免权。作为例外，这一阶段中颁布的1799年宪法和1852年宪法设立了“护宪元老院”，由其负责审查法律是否与宪法相抵触。（2）第四共和国的合宪性审查体制。这一阶段从1946年《法兰西第四共和国宪法》制定到1958年《法兰西第五共和国宪法》制定。这部宪法借鉴了1799年宪法和1852年宪法设立“护宪元老院”的经验，并在原来的基础上作了一定的改进，设立了专门的宪法评议会（comité constitutionnel），由在形式上独立于立法、行政、司法三机关之外的宪法委员会行使合宪性审查权，监督和保障宪法的实施。（3）第五共和国的合宪性审查体制。这一阶段从1958年《法兰西第五共和国宪法》制定开始。1958年宪法设专章规定监督和保障宪法实施的宪法委员会。该宪法委员会有时被译为“宪法评议会”或者“宪法院”。该委员会在许多方面与根据1946年宪法设立的宪法委员会有很大的不同。根据1946年宪法设立的宪法委员会的基本出发点是维护议会的优越地位，而根据1958年宪法设立的宪法委员会的基本出发点则是维护总统和行政机关的权力，因而它是对着议会的“一门大炮”，因对总统和行政机关构成侵犯的国家机关主要是议会。在后来的实践中，其又进一步演化为平衡议会与行政机关的机关以及保障公民权利和自由的机关。

根据法国现行宪法第 56 条的规定，宪法委员会的成员为 9 人，任期 9 年，不得连任；宪法委员会每 3 年改选 1/3，3 人由共和国总统任命，3 人由国民议会议长任命，3 人由参议院议长任命。除上述规定的成员外，历届前任共和国总统为宪法委员会终身当然成员。宪法委员会主席由共和国总统任命；在裁决时，如双方票数相等，主席有最后决定权。法国现行宪法第 57 条规定，凡担任宪法委员会成员职务者不得兼任部长或议员，不得兼任的其他职务由一项组织法规定。

宪法委员会不仅是合宪性审查机关，还具有与之相联系的职权。

（1）合宪性审查权。宪法委员会有权审查组织法、议会规则、法律及国际协定的合宪性。根据法国现行宪法第 61 条的规定，各项组织法在颁布以前，依议会两院的内部规则，均应提交宪法委员会审查，以裁决其是否符合宪法。根据法国现行宪法第 61 条的规定，各项法律在颁布以前，应由共和国总统、内阁总理或者议会两院中任何一院的议长提交宪法委员会审查。对法律的审查必须有特定的主体向宪法委员会提出审查请求，宪法委员会才可以进行。1958 年宪法制定的当时，宪法只限定共和国总统、内阁总理、国民议会议长和参议院议长 4 人有权向宪法委员会提出审查请求。由于提出主体的数量较少，宪法委员会的作用得不到应有的发挥。1974 年 10 月 21 日议会两院对 1958 年宪法第 61 条的相应条款作出修改，增加规定了 60 名国民议会议员和 60 名参议院议员也有权向宪法委员会提出审查请求。2008 年宪法通过修改，增加规定：普通法院在审理案件过程中可以请求宪法委员会就作为案件审理依据的法律是否符合宪法进行审查。法国现行宪法第 54 条规定，如宪法委员会经共和国总统、内阁总理或者两院中任何一院的议长将一项国际协定提交审议后，宣布该项国际协定含有违反宪法的条款时，必须在修改宪法之后，才可以授权批准或者通过该项协定。

（2）立法事项与命令事项的确定权。1958 年宪法第 37 条规定：不属法律范围以内的事项具有条例的性质；以立法形式出现的有关这些事项的文件，经征询行政法院的意见后，得以命令予以改变。在 1958 年宪法生效以后所制定的此类文件，除宪法委员会宣布其依上款规定具有条例性质者外，不得以命令予以修改。因此，如果政府要以条例的形式修改立法内容，内阁总理必须向宪法委员会请求判断这些事项是否具有命令的性质。基于政府的请求，宪法委员会应在 1 个月之内作出判断；情况紧急时，判断的期限减为 8 日。

（3）有关选举事项的裁决权。此时，宪法委员会实际上具有选举法院的职能。法国现行宪法第 58 条规定，宪法委员会监督共和国总统选举的合法性，宪法委员会审查争议事项并公布投票结果。第 59 条规定，在发生争议的情况下，宪法委员会就国民议员和参议员选举的合法性作出裁决。第 60 条规定，宪法委员会监督公民投票的合法性，并公布其结果。宪法委员会行使此项职权的合法性与其监督总统选举的合法性是相同的。

（4）接受有关总统的重要问题的咨询的权力。主要有以下两个方面：1）确认总统能否行使职权；2）在总统采取重大行动时，接受总统的咨询。

此外，英国还采用一种被称为“柔性合宪性审查”的体制。英国并不存在根本法意义上的宪法，因此，英国并不需要建立维护宪法地位和权威的合宪性审查制度。但英国加入了《欧洲人权公约》，英国议会承认该公约的效力高于自己制定的法律的效力。这样，议会的法律就可能违反《欧洲人权公约》。英国的法院在审理案件过程中，如果认为议会的法律与《欧洲人权公约》相抵触，无权在判决中拒绝适用该法律或者宣布该法律无效，而只能对法律表示“谴责”，由议会自行修改或者废除。迄今为止，议会对被法院谴责的法律均按照法院的意愿进行了处理。

三、我国的合宪性审查体制

2012 年 12 月 4 日，习近平总书记在首都各界纪念现行宪法公布施行 30 周年大会上强调：“任何组织或者个人，都不得有超越宪法和法律的特权。一切违反宪法和法律的行为，都必须予以追究。”[①] 2018 年 12 月 4 日，习近平总书记在第五个“国家宪法日”之际作出重要指示：“要用科学有效、系统完备的制度体系保证宪法实施，加强宪法监督，维护宪法尊严，把实施宪法提高到新水平。要在全党全社会深入开展尊崇宪法、学习宪法、遵守宪法、维护宪法、运用宪法的宣传教育活动，弘扬宪法精神，树立宪法权威，使全体人民都成为社会主义法治的忠实崇尚者、自觉遵守者、坚定捍卫者。”[②] 党的十九届四中全会决定要求：健全保证宪法全面实施的体制机制。依法治国首先要坚持依宪治国，依法执政首先要坚持依宪执政。加强宪法实施和监督，落实宪法解释程序机制，推进合宪性审查工作，加强备案审查制度和能力建设，依法撤销和纠正违宪违法的规范性文件。坚持宪法法律至上，健全法律面前人人平等保障机制，维护国家法制统一、尊严、权威，对一切违反宪法法律的行为都必须予以追究。

（一）我国合宪性审查体制沿革

中华人民共和国成立后制定的第一部宪法即 1954 年《宪法》第 27 条第 3 项规定，全国人民代表大会有权监督宪法的实施；第 31 条第 6、7 项规定，全国人民代表大会常务委员会有权撤销国务院的同宪法、法律和法令相抵触的决议和命令，改变或者撤销省、自治区、直辖市国家权力机关的不适当的决议。1975 年宪法基于当时的历史情况，对宪法监督制度未作任何规定。1978 年宪法恢复了 1954 年宪法的规定，于第 22 条第 3 项规定，全国人民代表大会有权监督宪法和法律的实施；于第 25 条第 5 项规定，全国人民代表大会常务委员会有权改变或者撤销省、自治区、直辖市国家权力机关的不适当的决议。

现行宪法沿袭 1954 年宪法和 1978 年宪法的规定，仍然采用最高代表机关监督宪法实施的体制。现行宪法在原有规定的基础上，总结我国的实践经验，借鉴其他国家的有益做法，进一步发展了我国的合宪性审查制度，形成了现行的富有特色的最高代表机关审查制。

---

① 习近平：《在首都各界纪念现行宪法公布施行 30 周年大会上的讲话》（2012 年 12 月 4 日），载《人民日报》，2012－12－05。

② 《弘扬宪法精神 树立宪法权威 使全体人民都成为社会主义法治的忠实崇尚者自觉遵守者坚定捍卫者》，载《人民日报》，2018－12－05。

（二）我国合宪性审查制度的基本内容

宪法及全国人大组织法、地方组织法、监督法、全国人大议事规则、全国人大常委会议事规则、立法法等法律，以及《法规、司法解释备案审查工作办法》和《全国人民代表大会常务委员会关于完善和加强备案审查制度的决定》等规范性文件，规定了我国合宪性审查体制的具体内容，概括起来，主要包括以下基本内容。

（1）宪法“序言”确认了宪法的最高地位和最高法律效力。现行宪法“序言”最后一段第一句规定：“本宪法以法律的形式确认了中国各族人民奋斗的成果，规定了国家的根本制度和根本任务，是国家的根本法，具有最高的法律效力。”该规定为我国建立并完善合宪性审查制度提供了依据。

（2）现行《宪法》第5条规定了合宪性审查的目标，即“中华人民共和国实行依法治国，建设社会主义法治国家”（第1款），“国家维护社会主义法制的统一和尊严”（第2款）。

（3）现行《宪法》第5条规定了合宪性审查的对象，即“一切法律、行政法规和地方性法规都不得同宪法相抵触”（第3款），“一切国家机关和武装力量、各政党和各社会团体、各企业事业组织都必须遵守宪法和法律。一切违反宪法和法律的行为，必须予以追究”（第4款）。“任何组织或者个人都不得有超越宪法和法律的特权”（第5款）。

（4）现行宪法规定了我国合宪性审查的主体。在1954年宪法和1978年宪法规定全国人民代表大会有权“监督宪法实施”的基础上，1982年《宪法》第67条增加规定，全国人大常委会也有权监督宪法的实施。增加此规定是为了弥补全国人大因为是会议机关，无法进行日常的宪法监督活动的缺陷。根据《立法法》第110条的规定，在我国进行合宪性审查的主要机关是全国人大常委会。

（5）现行宪法规定了协助全国人大及其常委会进行合宪性审查的机构。根据现行《宪法》第70条、《全国人大组织法》第37条第8项的规定，各专门委员会审议全国人大常委会交付的被认为同宪法、法律相抵触的国务院的行政法规、决定和命令，国务院各部门的命令、指示和规章，国家监察委员会的监察法规，省、自治区、直辖市和设区的市、自治州的人民代表大会及其常委会的地方性法规和决定、决议，省、自治区、直辖市和设区的市、自治州的人民政府的决定、命令和规章，民族自治地方的自治条例和单行条例，经济特区法规，以及最高人民法院、最高人民检察院具体应用法律问题的解释，并提出意见。《全国人大组织法》第39条规定，全国人大宪法和法律委员会承担推动宪法实施、开展宪法解释、推进合宪性审查、加强宪法监督、配合宪法宣传等工作职责。

（6）全国人大及其常委会组织关于特定问题的调查委员会。根据现行宪法的规定，全国人大及其常委会认为必要时，可以组织关于特定问题的调查委员会。全国人大及其常委会当然也可以成立对合宪性问题进行调查和处理的调查委员会。

（7）全国人大及其常委会通过批准法律等规范性文件进行合宪性审查。现行《宪法》第116条规定，自治区的自治条例和单行条例，报全国人大常委会批准后生效。

（8）全国人大及其常委会通过对备案法律等规范性文件进行合宪性审查。行政法规、地方性法规、授权法规、司法解释应当在公布后的30日内报全国人大常委会备案；自治州、自治县的人大制定的自治条例和单行条例，应当在公布后的30日内，由省、自治区、直辖市的人大常委会报全国人大常委会和国务院备案。

（9）全国人大常委会基于“六大主体”的要求进行合宪性审查。国务院、中央军事委员会、国家监察委员会、最高人民法院、最高人民检察院，以及各省、自治区、直辖市的人大常委会，认为法规、司法解释同宪法相抵触的，可以向全国人大常委会书面提出进行审查的要求，由全国人大常委会办公厅有关部门接收、登记后，报秘书长批转有关的全国人大专门委员会同全国人大常委会法制工作委员会进行审查、提出意见。

（10）全国人大常委会基于公民或者组织的建议进行合宪性审查。上述“六大主体”以外的其他国家机关和社会团体、企业事业组织以及公民，认为法规、司法解释同宪法相抵触的，可以向全国人大常委会书面提出进行审查的建议，由全国人大常委会法制工作委员会负责接收、登记，并进行研究；必要时，报秘书长批准后，送有关的全国人大专门委员会进行审查、提出意见。

（11）全国人大专门委员会、全国人大常委会工作机构开展专项审查、移送审查和联合审查。全国人大专门委员会、全国人大常委会工作机构根据需要对法规、司法解释进行专项审查，集中解决某一领域或者某一类别法规、司法解释等规范性文件中普遍存在的合宪性问题。

全国人大常委会工作机构收到应当由其他机关处理的合宪性审查建议，或者发现应当由其他机关审查处理的合宪性问题后，应及时移送有关机关处理；移送时，可以提出研究处理的意见和建议。其他机关在备案审查工作中发现法规、司法解释存在合宪性问题，移送全国人大常委会工作机构审查处理或者提出有关工作建议的，全国人大常委会工作机构应当进行审查。

全国人大常委会工作机构发现法规、规章、司法解释等规范性文件存在涉及其他机关备案审查工作职责范围内的共性问题的，可以与其他机关备案审查工作机构开展联合调研或者联合审查，共同研究，提出审查意见和建议。

（12）全国人大常委会的审查程序。全国人大专门委员会在审查中认为，行政法规、地方性法规、自治条例和单行条例同宪法或者法律相抵触的，可以向制定机关提出书面审查意见；也可以由全国人大宪法和法律委员会与有关的专门委员会召开联合会议，要求制定机关到会说明情况，再向制定机关提出书面审查意见。制定机关应当在两个月内研究提出是否修改的意见，并向全国人大宪法和法律委员会以及有关的专门委员会反馈。全国人大宪法和法律委员会以及有关的专门委员会经审查，认为行政法规、地方性法规、自治条例和单行条例同宪法或者法律相抵触而制定机关不予修改的，可以向全国人大常委会委员长会议提出书面审查意见和予以撤销的议案，由委员长会议决定是否提请全国人大常委会会议审议决定。

根据宪法、立法法及其他法律的规定，以及基于全国人大常委会的地位，可以推论，全国人大常委会进行合宪性审查，既可以进行事前的预防性审查，也可以进行事后的合宪性审查；既可以在没有发生案件的情况下进行抽象的原则审查，也可以在国家机关在行使权力过程中发现法律等规范性文件可能违反宪法而向全国人大常委会提出审查请求后进行审查。如人民法院在审理案件适用法律等规范性文件的过程中，认为某项行政法规、地方性法规、自治条例和单行条例可能违反宪法，而向全国人大常委会提出合宪性审查请求，基于请求，全国人大常委会对存在合宪性疑问的上述法律等规范性文件的合宪性进行审查。

(13) 审查处理。基于全国人大及其常委会的性质和地位，全国人大及其常委会对于其认为违反宪法的法律等规范性文件有权予以撤销或者改变。可见，对违反宪法的法律、法规、司法解释，我国采用以制定机关自我纠正为主、以审查机关撤销为辅的原则。

在我国的国家生活和社会生活中，出现了一些涉及法律等规范性文件是否违反宪法的事件，全国人大常委会依据宪法、立法法、监督法等法律的规定进行了合宪性审查的实践。自2017年始，全国人大常委会每年度听取全国人大常委会法制工作委员会所作的备案审查工作情况报告，形成了若干典型宪法案例。我国的合宪性审查制度还需要在提出合宪性审查请求的主体条件和原则、合宪性审查的程序、合宪性审查的原则、合宪性审查的方式、合宪性审查的措施、合宪性审查的效力、合宪性审查与合法性审查的关系等方面，作进一步具体化的规定，以保证我国的合宪性审查制度更具有操作性和实效性。

参考法规、文件

1.《中华人民共和国宪法》(1954年)
2.《中华人民共和国宪法》(1975年)
3.《中华人民共和国宪法》(1978年)
4.《中华人民共和国宪法》(1982年)
5.《中华人民共和国立法法》(2000年)
6.《法规、司法解释备案审查工作办法》(2019年)
7.《全国人民代表大会常务委员会关于完善和加强备案审查制度的决定》(2023年)
8.《法兰西第五共和国宪法》(1958年)
9.《宪法委员会组织法》(1959年)
10.《德意志联邦共和国基本法》(1949年)
11.《德意志联邦共和国宪法法院法》(1951年)
12.《日本国宪法》(1946年)
13.《俄罗斯联邦宪法》(1993年)
14.《俄罗斯联邦宪法法院法》(1994年)
15.《美利坚合众国宪法》(1787年)
16. 美国《独立宣言》(1776年)
17. 法国《人权宣言》(1789年)

参考文献

(一) 著作

1. 许崇德主编. 中国宪法. 修订本. 北京：中国人民大学出版社，1996.

2. 韩大元，胡锦光主编．宪法教学参考书．北京：中国人民大学出版社，2003.
3. 胡锦光．中国宪法问题研究．北京：新华出版社，1998.
4. 王锴．宪法学方法论．北京：中国政法大学出版社，2013.
5.《宪法学》编写组．宪法学．2版．北京：高等教育出版社，人民出版社，2020.
6. 胡锦光．合宪性审查原理五论．北京：中国民主法制出版社，2022.
7. 林来梵．宪法学讲义．4版．北京：清华大学出版社，2023.
8. 王理万．合宪性审查的中国图景．北京：中国民主法制出版社，2024.

（二）文章、报告

1. 列宁．社会革命党人怎样总结革命，革命又怎样给社会革命党人作了总结//列宁全集：第17卷．2版增订版．北京：人民出版社，2017.
2. 斯大林．论苏联宪法草案的报告．北京：人民出版社，1954.
3. 毛泽东．关于中华人民共和国宪法草案//毛泽东文集：第6卷．北京：人民出版社，1999.
4. 刘少奇．关于中华人民共和国宪法草案的报告//刘少奇选集：下卷．北京：人民出版社，1985.
5. 彭真．关于中华人民共和国宪法修改草案的报告//彭真文选（1940—1990）．北京：人民出版社，1991.
6.《中国共产党中央委员会关于修改宪法个别条款的建议》（1988年2月28日）.
7.《中国共产党中央委员会关于修改宪法部分内容的建议》（1993年2月14日）.
8.《中国共产党中央委员会关于修改宪法部分内容的补充建议》（1993年3月14日）.
9. 田纪云．关于中华人民共和国宪法修正案（草案）的说明（1999年3月9日在第九届全国人民代表大会第二次会议上）.
10. 王兆国．关于中华人民共和国宪法修正案（草案）的说明（2004年3月8日在第十届全国人民代表大会第二次会议上）.
11. 王晨．关于中华人民共和国宪法修正案（草案）的说明（2018年3月5日在第十三届全国人民代表大会第一次会议上）.
12. 习近平．论坚持全面依法治国．北京：中央文献出版社，2020.

问题与思考

一、单项选择题（每题只有一个正确答案）

1. 宪法是国家根本法，具有最高法律效力。下列有关宪法法律效力的哪一项表述是正确的？（　　）

A. 在不成文宪法的国家中，宪法的法律效力高于其他法律的

B. 在我国，任何法律法规都不得与宪法规范、宪法基本原则和宪法精神相抵触

C. 宪法的法律效力主要表现为对公民的行为约束

D. 宪法的法律效力不具有任何强制性

2. 根据宪法制定的机关不同，可以把宪法分为民定宪法、钦定宪法和协定宪法。下

列哪一部宪法是协定宪法？（　　）

A. 1830年法国宪法　　B. 1779年美国邦联条例

C. 1889年日本宪法　　D. 1919年德国魏玛宪法

3. 一般认为，近代意义的宪法作为国家的根本法，其核心价值是（　　）。

A. 规定国家的根本任务　　B. 规定国家的根本制度

C. 尊重和保障人权　　D. 确认国家的经济制度

4. 系统阐述“分权学说”的学者是（　　）。

A. 英国的洛克　　B. 法国的卢梭

C. 法国的孟德斯鸠　　D. 中国的康有为

5. “凡分权未确立、权利未保障的地方，就没有宪法。”此语出自（　　）。

A. 美国《独立宣言》　　B. 法国《人权宣言》

C. 联合国《世界人权宣言》　　D. 各国的民族精神

6. 关于宪法规范，下列哪一说法是不正确的？（　　）

A. 具有最高法律效力

B. 在我国的表现形式主要有宪法典、宪法性法律、宪法惯例和宪法判例

C. 是国家制定或认可的、宪法主体参与国家生活和社会生活最基本社会关系的行为规范

D. 权利性规范与义务性规范结合为一体，是我国宪法规范的鲜明特色

7. “宪法就是一张写着人民权利的纸。”此语出自（　　）。

A. 马克思　　B. 恩格斯　　C. 列宁　　D. 斯大林

8. 根据宪法原理，宪法制定权属于（　　）。

A. 制宪议会　　B. 宪法起草委员会

C. 全体人民　　D. 立宪机关

9. 我国宪法明确规定的宪法解释机关是（　　）。

A. 全国人大　　B. 全国人大及其常委会

C. 全国人大常委会　　D. 全国人大宪法和法律委员会

10. 总结宪法产生和发展的历程，我国宪法发展最主要的方式是（　　）。

A. 宪法解释　　B. 宪法惯例

C. 宪法适用　　D. 宪法修改

11. 按照宪法的理论，制宪主体不同于制宪机关。下列关于我国宪法的制宪主体或制宪机关的哪一表述是正确的？（　　）

A. 全国人民代表大会和地方各级人民代表大会是我国的制宪主体

B. 全国人民代表大会是我国的制宪主体，全国人民代表大会常务委员会是我国的制宪机关

C. 全国人民代表大会是我国的制宪机关，宪法起草委员会是它的具体工作机关

D. 第一届全国人民代表大会第一次会议是我国的制宪机关

二、多项选择题（每题有两个以上正确答案）

1. 宪法具有最高法律效力。宪法的最高法律效力主要包括以下哪些方面的含义？（　　）

A. 宪法是制定普通法律的依据，任何普通法律、法规都不得与宪法相抵触
B. 宪法是一切国家机关、社会团体和全体公民的最高行为准则
C. 在制定和修改程序上，宪法的要求比其他法律的要求更加严格
D. 在内容上，宪法规定国家最根本、最重要的问题
2. 根据我国宪法的规定，下列关于宪法监督制度的表述，哪些是正确的？（　　）
A. 全国人民代表大会常务委员会对省人大制定的地方性法规的撤销属于事后监督
B. 我国的宪法监督体制以附带性审查为主
C. 全国人民代表大会常务委员会有权撤销国务院制定的同宪法、法律相抵触的行政法规
D. 全国人民代表大会常务委员会批准自治区的自治条例属于事先监督
3. 宪法在一个国家的法的体系中具有根本法的地位，表现在宪法具有的以下哪些特征？（　　）
A. 在内容上宪法规定了一个国家最根本性的制度
B. 宪法修改程序更为严格
C. 宪法具有最高法律效力
D. 宪法与一般法律的结构不同
4. 我国宪法的基本原则有（　　）。
A. 人民主权　　B. 基本人权
C. 法治　　D. “三权鼎立”
5. 我国体现人民主权原则的宪法规定，主要有（　　）。
A. 规定公民享有选举权和被选举权
B. 规定人民代表大会代表人民行使国家权力
C. 规定人民依法通过各种民主形式管理国家事务和社会事务
D. 规定公民享有全民投票权、创制权和复决权
6. 美国宪法学家罗文斯坦根据宪法的实施效果，将宪法分为（　　）。
A. 规范宪法　　B. 名义宪法
C. 确认性宪法　　D. 语义宪法
7. 设立宪法法院或宪法委员会等专门机关进行合宪性审查的国家，包括下列的（　　）。
A. 法国　　B. 德国　　C. 日本　　D. 韩国
8. 在设立宪法法院进行合宪性审查的国家，其合宪性审查的范围包括但不限于（　　）。
A. 法律等的合宪性　　B. 国家机关权限争议
C. 选举争议　　D. 政党违宪案
9. 根据宪法列举性的明文规定，我国有权监督宪法实施的机关有（　　）。
A. 全国人大　　B. 全国人大常委会
C. 最高人民法院　　D. 最高人民检察院

三、简答题（回答要点，不需论述）

1. 为什么说宪法是国家根本法？
2. 我国宪法的结构是怎样的？

3. 我国宪法性法律（或宪法相关法）主要包括哪些内容？
4. 我国宪法基本原则有哪些？
5. 宪法修改的方式有哪些？
6. 美国宪法的修改程序是怎样的？
7. 宪法解释的方法有哪些？
8. 合宪性审查与相关概念之间是什么关系？

四、论述题（概述有关原理，联系实际）

1. 如何理解宪法是各种政治力量对比关系的集中反映？
2. 试述我国宪法修正案对宪法指导思想和宪法基本原则的发展。
3. 论宪法解释与宪法修改的界限。
4. 试述世界主要国家合宪性审查体制的基本模式。
5. 我国合宪性审查工作应如何进一步推进？

五、案例分析题

20××年3月7日，某妇女法律研究与服务中心（事业单位）就国务院关于女职工退休年龄的规定，向全国人大常委会提出合宪性审查建议。

现行的国务院关于女职工退休年龄的规定，包括《国务院关于安置老弱病残干部的暂行办法》和《国务院关于工人退休、退职的暂行办法》，其中《国务院关于安置老弱病残干部的暂行办法》第4条规定，男年满60周岁、女年满55周岁的干部可以退休；《国务院关于工人退休、退职的暂行办法》第1条则规定男年满60周岁、女年满50周岁的工人应该退休。

该妇女法律研究与服务中心在合宪性审查建议书中指出，以上规定违反了《中华人民共和国宪法》第33条第2款“中华人民共和国公民在法律面前一律平等”以及第48条第1款“中华人民共和国妇女在政治的、经济的、文化的、社会的和家庭的生活等各方面享有同男子平等的权利”的规定（以上根据有关报道整理，仅用于教学目的）。

试根据宪法和立法法，分析下列问题：

1.《国务院关于安置老弱病残干部的暂行办法》和《国务院关于工人退休、退职的暂行办法》，属于（　　）。

A. 基本法律　　B. 基本法律以外的其他法律
C. 行政法规　　D. 其他规范性文件

2. 该妇女法律研究与服务中心向全国人大常委会提出合宪性审查建议，在立法法中的依据是（　　）。

A. 法定的国家机关对合宪性审查的要求权
B. 法定的国家机关以外的其他国家机关对合宪性审查的建议权
C. 社会团体、企业事业组织对合宪性审查的建议权
D. 公民对合宪性审查的建议权

3. 根据立法法等法律的规定，可以被提请合宪性审查的对象的有（　　）。

A. 法律　　B. 行政法规
C. 地方性法规或自治条例和单行条例　　D. 规章

4. 对该妇女法律研究与服务中心提出的合宪性审查建议，可能的处理结果有（　　）。

A. 全国人大常委会法制工作委员会进行研究，认为没有必要送有关的专门委员会进行审议和提出意见

B. 国务院根据有关的专门委员会的书面审查意见修改上述规定并反馈

C. 全国人大常委会委员长会议决定不必提请全国人大常委会会议审议决定

D. 全国人大常委会决定撤销上述规定

第二章

宪法的产生与发展

教学目标

- 了解：近代宪法的产生、发展及条件和旧中国宪法史
- 熟悉：《中华人民共和国宪法》的产生和发展
- 掌握：1982 年宪法的背景、基本精神、历史意义及修改

教学要求

知识要点	能力要求	法律职业资格考试或公务员录用考试相关知识
近代宪法的产生和发展	(1) 了解近代宪法的产生条件和过程； (2) 了解近代宪法的发展历程和当代宪法的发展趋势	—
旧中国宪法的产生和发展	(1) 了解旧中国宪法产生的历史背景； (2) 了解旧中国产生的不同类型的宪法的主要内容和特点	—
中华人民共和国宪法的产生和发展	(1) 了解《共同纲领》的制定背景、主要内容和历史意义； (2) 了解 1954 年宪法的制定背景、主要内容和历史意义； (3) 了解 1975 年修改宪法、1978 年修改宪法的背景和主要内容； (4) 掌握 1982 年宪法的背景、基本精神、主要内容和历史意义； (5) 掌握对 1982 年宪法五次部分修改的主要内容	(1) 1954 年宪法的制定背景和历史意义； (2) 1982 年宪法的主要内容； (3) 对 1982 年宪法五次部分修改的主要内容

第一节　近代宪法的产生和发展

一、近代宪法的产生条件

自人类社会进入阶级社会后，法就随着私有制、阶级和国家的出现而产生了。但是，作为国家根本法的宪法，最早产生于近代的资本主义社会，是资产阶级革命的产物。在奴隶制社会和封建制社会没有国家根本法意义上的宪法。宪法产生于资本主义社会，是社会发展的历史必然。宪法产生的条件主要包括以下几个方面。

（一）经济条件

资本主义生产关系的确立是宪法产生的经济条件。

在奴隶制社会和封建制社会，其生产关系的特点决定了经济权利必然高度集中，土地和其他财产普遍地聚集于以君主为代表的奴隶主或封建主手中，奴隶或农民几乎一无所有，并且与奴隶主或封建主有很强的人身依附关系。在这种生产资料占有上的高度集中和不平等以及人身关系上的不平等的基础上，是不可能产生以民主、自由、平等为主要内容的近代宪法的。

在封建社会末期，资本主义生产关系开始萌芽。以商品生产为特征的资本主义生产关系的发展，要求人们能够成为具有独立人格的平等权利主体，可以自由地占有财产，自由地出卖劳动力，自由地进行生产、交换和竞争。这种要求与封建生产关系之间存在着尖锐的矛盾。产业革命的结果是大机器工业取代了手工业，扩大了对原料、市场和劳动力的需求，进一步激化了这种矛盾，从而导致了资产阶级革命。革命胜利后，资产阶级在摧毁封建生产关系的基础上，实行以私有制为基础的市场经济，确立了可以“自由”地出卖劳动力、“平等”地占有财产的资本主义生产关系，从而为近代宪法的产生奠定了经济基础。

（二）政治条件

资产阶级掌握国家政权，实现对社会的统治，确立资产阶级民主制度，是宪法产生的政治条件。毛泽东曾指出，“世界上历来的宪政，不论是英国、法国、美国，或者是苏联，都是在革命成功有了民主事实之后，颁布一个根本大法，去承认它，这就是宪法”[①]。由此可见，往往先有资产阶级民主制度和民主事实，其后才会产生旨在确认和巩固此项制度的宪法。

国家根本法意义上的宪法，作为凌驾于一切权力之上、一切社会成员都必须遵守的最高行为准则，只能由国家制定并反映一定的民主制度。任何阶级若没有掌握国家政权、实现对社会的统治，任何国家若没有至少在形式上承认人人平等和取消形式意义上的特

① 《毛泽东选集》，第2卷，735页，北京，人民出版社，1991。

权的普遍意义上的民主制度，就不可能制定出这种意义上的宪法。

在奴隶制社会和封建制社会，经济上的高度集中和不平等反映在政治上，就是各国普遍地实行君主专制制度和与之相配套的等级特权制度，法律公开地规定人与人之间的不平等，维护奴隶主和封建主的特权。在这种不平等的状态下，根本就没有什么民主可言。在这一时期偶尔可见的所谓"民主"，实质上只是少数奴隶主或封建主之间的民主，完全不具有普遍意义。没有民主的事实，自然也就不会有以民主制度为基础的宪法产生。

资本主义生产关系的产生和发展，为资产阶级民主制度的产生和发展创造了条件。在17、18世纪，英、美、法等国的资产阶级通过革命，相继建立了资产阶级政权，实现了对社会的统治，进一步巩固和发展了资产阶级民主制度，从而为近代宪法的产生奠定了政治基础。

（三）思想条件

资产阶级民主、自由、平等与人权等思想观念的提出和深入人心，是宪法产生的思想条件。

在奴隶制社会和封建制社会，经济上对生产资料占有的高度集中和不平等，政治上统治方式的专制化和等级制等特点，决定了在这一时期不可能产生以民主、自由、平等与人权等观念为主要内容的宪政思想，更不能产生宪法。在反对封建专制制度的斗争中，以洛克、卢梭、孟德斯鸠为代表的资产阶级启蒙思想家提出了"天赋人权""主权在民""社会契约""权力鼎立"等一系列民主、自由与人权的宪政观念。习近平总书记指出，"在西方资产阶级革命时期，启蒙思想家提出'天赋人权'等观点，强调人人生而平等，有不可剥夺的权利，推动了英国、美国、法国等国的资产阶级革命"①。这些思想观念经过广泛的宣传和在革命中的实际应用，得到了进一步的发展和完善，并为人们所普遍接受，成为资产阶级民主制度的基本内容，也成为资本主义宪法产生的思想基础。

（四）法律条件

法律部门划分的出现、法律部门的增多和法律体系的完善，是宪法产生的法律条件。

国家根本法意义上的宪法，作为法的一个独立部门和普通法律的制定依据，其产生不仅有赖于政治、经济和思想条件的成熟，也有赖于法自身的发展和完善。只有当法律体系自身的发展达到一种需要有一个凌驾于各法律部门之上的特殊法律部门为各法律部门规定所应遵循的共同基本原则的程度时，宪法才会产生。

在奴隶制社会和封建制社会，各国生产力水平普遍低下，人口数量较少，活动范围狭窄，社会生活简陋。这一切都使其社会关系相对简单。社会关系简单，自然也就不需要由大量复杂的法律规范和众多的法律部门来调整。从总体上看，这两种性质的社会所制定的法律规范无论是在数量上还是在复杂程度上，都不能与现代社会的相比较。与此相适应，"诸法不分"或者法律部门划分不细，法律体系不发达，构成了奴隶制法和封建制法的重要特点。法律自身的发展尚没有达到需要由具有"母法"功能的法律部门来统

① 习近平：《坚定不移走中国人权发展道路 更好推动我国人权事业发展》，载《求是》，2022（12）。

率各类法律规范或法律部门的程度，自然也就不会产生宪法。

在资产阶级革命时期，随着工业革命的飞速发展，社会生产力得到了极大提高，各国人口不断增长，人们的交流日益增多，活动范围日益扩大。这一切都使社会生活极为复杂。为了调整复杂的社会关系，各国的立法活动越来越频繁，法律规范的数量急剧增加，法律部门的划分越来越细。至此，法律自身已经发展到了必须有一部“母法”凌驾于众法之上以起到统一法制作用的程度，宪法的产生已成必然。

二、近代宪法的产生过程

毛泽东曾经说过：讲到宪法，资产阶级是先行的。英国也好，法国也好，美国也好，资产阶级都有过革命时期，宪法就是他们在那个时候开始搞起的。[①] 在 17、18 世纪，英、美、法等国先后爆发了资产阶级革命。革命胜利后，取得了政权的各国资产阶级为了防止封建势力的复辟，阻止劳动群众把革命继续向前推进，协调资产阶级内部不同集团的关系，把刚刚形成的资产阶级民主制度巩固并发展下去，先后制定了各自的宪法。由于各国的国情不同，英、美、法等国的宪法的产生过程各有不同的表现形式。

（一）英国宪法的产生

英国是资产阶级革命发生最早的国家，也是最早实行资本主义宪政的国家。英国资产阶级革命从 1640 年开始，经历了约半个世纪的发展，直到 1688 年的“光荣革命”，资产阶级才取得了比较稳固的统治地位。英国当时的具体国情是，资产阶级在经济上还不够强大，在政治上也不太成熟，而封建贵族保持着相当大的势力，因此，在革命中，资产阶级不得不同一部分新贵族结成同盟来反对封建势力。阶级力量的这种实际对比状况和组合方式，决定了英国资产阶级革命的不彻底。资产阶级从封建贵族手中逐步夺取政权，资产阶级与封建贵族屡屡妥协，发展过程比较漫长，是英国资产阶级革命的突出特点。在革命过程中逐步形成的英国宪法充分反映了这些特点：在内容上，它确立了君主立宪制的政治体制，把国王也纳入了受法律约束的范围，但同时又保留了以国王为代表的封建贵族的部分特权；在形式上，它没有形成统一、完整的宪法典，而是由在不同时期形成的反映资产阶级与封建贵族相互妥协的事实、记载资产阶级一步步胜利成果的宪法性法律、宪法惯例和宪法判例构成，成为典型的不成文宪法。在产生之初，英国宪法无论是在形式上还是在内容上都还不太成熟。尽管如此，它依然揭开了资本主义宪政运动的序幕，成为近代宪法的先驱。

（二）美国宪法的产生

美国宪法是继英国宪法之后，于美洲大陆产生的一部宪法，是世界上产生最早的一部成文宪法。北美原是英国的殖民地，1775 年北美 13 个殖民地的资产阶级为了摆脱英国的殖民统治，发动了独立战争。1776 年，北美殖民地宣布独立并发表了著名的《独立

---

① 参见《毛泽东著作选读》，下册，708 页，北京，人民出版社，1986。

宣言》，第一次以政治宣言的形式宣布了建立资产阶级民主共和国的主张，极大地鼓舞了为独立和自由而战的殖民地人民。经过艰苦卓绝的斗争，殖民地人民终于在 1783 年迫使英国统治者承认了美国的独立。为了把独立战争的胜利成果确认下来，并为资本主义的进一步发展开辟道路，1787 年美国 13 个州的代表在费城召开制宪会议，制定了美国宪法。由于美国的资产阶级革命比较彻底，并且在殖民地时期和独立战争时期就有过制定诸如《五月花号公约》《康涅狄格州宪法》《独立宣言》《邦联条例》等成文的根本法性质的法律文件的先例，所以，美国宪法形成了与英国宪法不同的特点：美国宪法在形式上表现为统一、完整的法典，成为世界上第一部成文宪法；在内容上，确立了“三权鼎立”的资产阶级民主共和政体。它的内容和形式，为后来许多国家的宪法所仿效，对资本主义宪政运动的发展发挥了较大的推动作用。但是，由于受当时政治斗争形势的影响，美国宪法在制定之初，在内容上尚有很大的缺陷，即没有关于公民的基本权利和自由的规定。因而它一经公布，便遭到了包括资产阶级民主派在内的广大人民的强烈反对。在人民群众的压力下，统治集团不得不在 1791 年以修正案的形式增加了 10 条关于公民的基本权利和自由的规定，即《权利法案》。

（三）法国宪法的产生

美国资产阶级革命的胜利，极大地支持和推动了同时期欧洲反封建革命斗争的发展。在美国革命的影响下，1789 年 7 月法国爆发了资产阶级革命，8 月国民议会通过了著名的《人权宣言》，明确宣告了“主权在民”“天赋人权”“权力鼎立”“法律面前人人平等”等资产阶级民主法治原则，宣告了私有财产的神圣不可侵犯。1791 年在推翻了封建统治、建立了资产阶级政权的基础上，制宪会议制定了法国第一部宪法。由于法国的制宪运动是在美国宪政运动的直接影响下展开的，所以，法国 1791 年宪法虽然具有其不可避免的历史局限性和阶级局限性，但仍反映了时代的进步，具有鲜明的特色。在内容上，它以《人权宣言》为序言，确立了君主立宪制政体，宣告废除封建等级特权和贵族爵位、称号，赋予公民迁徙、集会、请愿和宗教信仰等项自由，民主气息更为浓厚；在形式上，它采用了美国式宪法统一、完整的法典形式，成为欧洲大陆第一部成文宪法。

总之，如果说在 17 世纪出现的英国宪法在内容和形式上都还不太成熟，那么美国宪法和法国宪法的诞生，则使宪法无论是在形式上还是在内容上都已与普通法律有了明显的区别，它们所确立的内容和形式为日后宪法在世界范围内的发展奠定了基本框架，标志着宪法作为法的一个独立部门已经形成。

三、宪法的发展

根据马克思主义宪法理论，以赖以产生的经济基础和反映的阶级本质为标准，可以把宪法划分为资本主义宪法和社会主义宪法两大不同的历史类型。综观宪法在世界范围内的发展，两大不同历史类型的宪法经历了不同的发展历程，各有不同的发展特点。

（一）资本主义宪法的发展

英、美、法资本主义宪法的产生，不仅反映了历史的发展和社会的进步，具有明显的政治意义，而且为资产阶级维护其统治地位提供了一件极为重要的保障工具，具有明显的实用价值。因此，其后建立起来的资本主义各国都纷纷仿效，以它们为榜样先后制定了各自的宪法。从整体上看，资本主义宪法的发展经历了资本主义上升时期和帝国主义时期两个发展时期。

自17世纪英国资产阶级革命至19世纪末，是资本主义上升时期。在这一时期，许多国家推翻了封建专制政权，建立了资本主义制度。为了巩固和发展这一制度，资本主义各国纷纷仿效英、美、法等国的模式制定了宪法。据统计，仅从1800年至1880年的80年间，各国先后制定和修改的宪法就不下300部。[①] 在这一时期资本主义各国的宪法，一般说来，为了反映资产阶级反对封建专制制度的斗争需要和在自由竞争状态下发展资本主义的要求，都普遍地确认了“人民主权”“天赋人权”“权力鼎立”“法律面前人人平等”“私有财产神圣不可侵犯”等资产阶级民主制度的基本原则，并在资产阶级根本利益所能允许的范围内规定了公民相应的权利和自由，表现出一定的进步性和民主性。但也有个别封建势力仍很强大的国家的宪法，仍旧坚持主权在君的原则和反民主倾向，表现出资产阶级民主制度与封建专制制度相混合的特点。

在19世纪末20世纪初，资本主义国家先后进入了帝国主义阶段。在这一阶段，资本主义国家制度的发展存在两种不同的发展方向：其一，适应垄断资产阶级的反动要求，强化国家集权，扩大行政权力，限制民主发展，甚至实行法西斯统治；其二，在总体上强化国家集权、扩大行政权力的同时，迫于无产阶级革命运动和殖民地人民民族解放运动的压力，根据政治、经济形式的实际需要，及时调整政策，向民主势力作出某些让步，继续实行资产阶级民主制度。第二次世界大战结束以来，随着法西斯国家的覆灭和资本主义国家社会矛盾的逐渐缓和，资产阶级民主制度得到了进一步发展，第二种发展方向成为资本主义国家制度的发展主流。与此相适应，在帝国主义时期资本主义国家宪法的发展，在总体上必然反映垄断资产阶级的要求，维护国家集权，扩大行政权力，削弱议会的作用。但是，这一特点在不同时期、不同国家的宪法中又有不同的具体表现。第二次世界大战以来，尤其是“冷战”结束以来，随着社会矛盾的缓和和各国统治政策的变化，各资本主义国家对宪法的内容也作出了相应调整，如：普遍扩大公民民主权利的范围，增加公民政治、经济、文化和社会保障方面的权利；适当调整立法、司法、行政三机关之间的关系，强化宪法监督制约机制；调整中央与地方的关系，给予或扩大地方的自治权等。

（二）社会主义宪法的产生与发展

1917年俄国十月革命后苏俄政权的建立，标志着社会主义国家开始走上历史舞台。社会主义国家为了维护人民当家作主的地位，巩固和发展社会主义民主制度，也需要制定自己的宪法。正如列宁在俄共（布）第九次代表大会上《关于经济建设话题的发言》中所说：工人阶级夺取政权之后，像任何阶级一样，要通过改变同所有制的关系和实行新宪法来掌握和保持政权，巩固政权。[②]

① 转引自魏定仁主编：《宪法学》，2版，48页，北京，北京大学出版社，1994。

② 参见《列宁全集》，2版增订版，第38卷，307页，北京，人民出版社，2017。

在十月革命胜利后的最初时期，苏维埃政权颁布了《和平法令》《土地法令》《被剥削劳动人民权利宣言》等宪法性法令，以捍卫十月革命的胜利成果。在此基础上，第五次全俄苏维埃代表大会于1918年7月制定了《苏俄宪法》，宣布国家政权属于劳动人民，实行无产阶级与贫农的专政。这是世界上第一部社会主义性质的宪法，它对苏俄社会主义过渡时期的革命和建设发挥了重要的作用。1922年12月，在原沙俄境内成立的各苏维埃共和国于莫斯科召开了全联盟苏维埃第一次代表大会，宣告了苏联的成立。为了把这一成果巩固下来，并继续进行社会主义过渡时期的革命和建设，于1924年1月召开的全联盟苏维埃第二次代表大会通过了第一部苏联宪法。1936年，经过近二十年的建设，随着社会主义过渡时期的完成，苏联已经进入完全的社会主义社会。为了巩固这一成果，全联盟苏维埃第八次代表大会通过了1936年苏联宪法。该宪法用根本法的形式确认了社会主义制度在苏联建成的事实；确认了生产资料的社会主义公有制，剥削制度、剥削阶级的消灭；确认了工人阶级对国家的领导权，工农两大阶级的联合在苏联社会中的阶级基础地位，符合劳动者愿望、利益的社会秩序；确认了一切民族、种族和公民在社会生活方面的平等地位；确认了公民广泛的、有法律和物质保障的权利与自由。它是一部完全的社会主义宪法，标志着社会主义宪法已经巩固并发展到了较为成熟的高度，对后来成立的社会主义国家的宪法的制定和发展产生了很大的影响。

1924年，蒙古人民共和国在苏联的影响下制定了其第一部宪法。第二次世界大战后出现的包括中国在内的一系列社会主义国家，也都以苏联为榜样先后颁布了各自的宪法。这些宪法虽然因各国具体国情的不同而各有自己的特点，但都是对无产阶级和广大人民胜利成果的总结，都确认生产资料的社会主义公有制，确认工人阶级领导的、以工农联盟为基础的人民民主专政或无产阶级专政，确认民族平等和公民广泛的权利与自由，体现工人阶级和广大人民的利益与意志。20世纪80年代以来，国际共产主义运动陷入低潮，苏联和许多东欧国家先后放弃了社会主义制度，也放弃了其社会主义宪法，使社会主义宪法的发展陷于空前的困境。但以中国为代表的一些社会主义国家依然高举社会主义旗帜，不断发展和完善社会主义宪法制度，社会主义宪法制度仍然显示出勃勃生机。

（三）当代宪法的发展趋势

1. 宪法类型上的发展趋势

如前所述，根据宪法赖以产生、发展的经济基础和其所反映的阶级本质，可以把宪法划分为资本主义宪法和社会主义宪法。按照马克思主义的观点，社会主义社会必然取代资本主义社会，社会主义宪法也必然取代资本主义宪法而成为最后一种类型的宪法。这是社会发展的必然规律。然而我们必须清醒地认识到，这一社会发展规律反映的是宪法发展的总趋势。宪法在某一发展阶段的具体发展趋势虽然必然反映总的发展趋势，却不会与之完全等同，它要有与其时代特点相适应的具体表现。与当代社会发展的基本特点相适应，当代两大类型宪法的发展呈现出以下趋势：资本主义宪法在短时期内不会灭亡，还会表现出较强的生命力；社会主义宪法必将摆脱目前所面临的挫折和困境，并不断发展与完善；两种类型的宪法还将长期共存，既相互斗争又相互借鉴。

2. 宪法形式上的发展趋势

当代宪法在形式上可分为成文宪法与不成文宪法两大种类。前者以统一的法典为表现形式，后者则散见于与普通法律相同的单行宪法性法律、宪法惯例和宪法判例等形式之中。大多数国家的宪法都采用了成文宪法的形式，只有英国等极少数国家的宪法采用了不成文宪法的形式。长期以来，在英国人的心目中，不成文宪法比成文宪法有优越性：对宪法性法律可以按照普通法律修改程序进行修改，而宪法惯例和宪法判例不必经过立法程序就可以改变。这种变动上的灵活性使宪法规范很容易适应社会条件和思想观念的变化，从而推动社会不断发展。然而，随着法治原则的推行和人权思潮的高涨，不成文宪法的灵活性所体现的优越之处越来越受到质疑。20 世纪中期以来，尤其是随着欧洲一体化进程加快，越来越多的英国人认为不成文宪法的灵活性不再是一个优点，而是一种危险，不利于充分保障人权和实行法治。因此，在英国，制定成文宪法的呼声此起彼伏、遍及朝野，工党和保守党两大政党分别成立了制定成文宪法的研究机构，实行不成文宪法的传统已发生了动摇。可见，从不成文宪法走向成文宪法，已成为英国宪法的发展方向。这也表明当代宪法在形式上以成文宪法逐步取代不成文宪法已是大势所趋。

3. 宪法内容上的发展趋势

随着社会政治、经济、文化事业的飞速发展和科学技术的不断进步，人们的思想认识和实践范围也发生了很大变化。这一切都必然引起宪法内容的发展。当代宪法在内容上的发展，主要反映出以下几个方面的趋势。

（1）重视人权保障，扩大公民权利。人权问题是在国际范围内引起人们普遍重视的一个政治、法律问题。在资产阶级反对封建地主阶级的斗争胜利后，人权就作为自然人的一种包括生存、自由和追求幸福在内的天赋权利为资产阶级宪法所确认。随着资本主义社会的发展，人权的内容不断得到发展。社会主义宪法产生以后，也以不同形式和内容确认了基本人权，并使之不断得到充实和发展。第二次世界大战以来，尤其是 20 世纪晚期以来，人权范围不断扩大：在主体范围上，人权不再仅指自然人的权利和自由，也包括了民族、国家与人民的权利和自由，出现了集体人权的概念。在地域范围上，人权问题也超越了国内法的界限，成为国际法的基本内容。在内容范围上，人权不仅包含生存、自由和追求幸福等传统的“天赋权利”，还包含大量社会、经济权利和政治权利。因此，为了保障公民的权利和自由，适应国际政治斗争形势的需要，各国宪法普遍强化了人权保障措施，扩大了公民权利和自由的范围。这种对人权保障机制的完善，必将在越来越多的国家的宪法中得到体现。

（2）重视宪法实施保障，维护宪法权威。宪法作为国家根本法在现代国家生活和社会生活中的地位与作用日益受到人们的关注，宪法的贯彻与实施对于调整日益复杂的社会关系、发展国家法治，发挥着举足轻重的作用。因此，各国都十分重视宪法的实施保障机制，努力维护宪法的权威。规定宪法的最高法律地位，构筑自上而下的法律规范审查监督体系，严格设定宪法的修改程序，明确社会组织和公民在维护、遵守宪法中的责任等保障手段，为各国宪法所广泛采用。设立专门监督保障机构来保障宪法实施，把违宪（合宪性）问题纳入司法审查或诉讼范畴的保障方式，自 20 世纪晚期以来越来越引起各国的重视并为许多国家所采纳。宪法委员会或宪法法院等专门机构在保障宪法贯彻实施、维护宪法尊严与权威方面的作用，为越来越多的国家所认识和肯定。这代表了宪法实施保障制度建设的一股新潮流。

（3）重视国际协作，维护世界和平。第二次世界大战，特别是“冷战”的结束，标志着世界局势由对抗逐步转入了对话与合作，进入了相对稳定发展的时期。与此相适应，许多国家的宪法都规定了关于加强国际协作、维护世界和平的内容。有的国家的宪法规定遵守国际公约，承认国际法具有高于国内法的效力。有的国家的宪法规定，为了实现和平与协作，可对其主权作出必要的限制或转让。有的国家的宪法规定，放弃用战争作为解决国际争端的手段或不参与侵略战争。这些规定反映了国际形势的新发展与各国人民要求和平、友谊和合作的共同愿望。随着国际形势的进一步缓和及国际协作关系的进一步发展，加强合作与维护和平的要求在各国宪法中必将得到更广泛的体现。

第二节　旧中国宪法的产生和发展

一、宪法问题在中国历史上的提出

（一）历史背景

清朝末年，各种社会矛盾空前尖锐：封建统治阶级竭力维持封建专制统治，残酷剥削和镇压广大劳动人民，激起了人民的激烈反抗；在封建专制势力强大统治的缝隙之中，国内的资本主义生产关系有了发展，至 19 世纪 60 年代我国已开始出现了近代资本主义工业；延续了两千多年的中国封建社会已面临崩溃。1840 年鸦片战争以后，帝国主义的炮舰打开了我国的大门，迫使清政府签订了一系列不平等条约，中国演变为半封建半殖民地社会。中国面临着亡国的危险，清政府与帝国主义、中国人民与帝国主义的矛盾也日益尖锐起来；帝国主义的入侵，逐步瓦解了中国原有的自给自足经济，客观上刺激了中国民族资本主义的发展，民族资产阶级成为中国历史舞台上的一股重要政治力量，但由于受帝国主义和封建主义的压迫，民族资本主义发展缓慢。国难当头的危机和资本主义发展的需要，迫使国内各阶级、阶层不得不为前途着想，探求富国强兵的方式和途径。经过反复的理论争辩和屡次的实践体验，人们最终达成了应当向西方学习，不仅要学习其先进技术，更要学习其先进的社会制度的共识。

早在 19 世纪 40 年代，林则徐、魏源等人已在其编撰的著作中开始向国人介绍西方的议会制等宪法制度，但限于当时的历史条件，他们只是把宪法制度作为知识信息加以宣传，并未将它与救亡图存明确结合起来。到了 19 世纪 60 年代，随着“洋务运动”的兴起，人们开始把向西方学习与救亡图存结合起来，虽然大多数人尚仅主张“师夷长技以制夷”，但郭嵩焘、张树声等少数改良主义者已开始主张把议会制等部分宪法制度移植于中国。1894 年中日甲午战争之后，急剧变化的形势使大多数改良主义者认识到，要救亡图存就必须学习西方优良的社会制度。于是王韬、郑观应、薛福成、黄遵宪等一大批改良主义者纷纷著书立说，全面介绍西方宪法制度，并提出了要在中国实行君主立宪制度的初步主张。改良主义的集大成者康有为、梁启超等，继承、总结了以往改良主义的宪法思想，进一步予以发展并具体化，提出了一套比较完整的以“伸民权，争民主，开议院，立宪法”为纲领的君主立宪主张，将它上达最高统治者，在“戊戌变法”中力图变理论为行动，从而揭开了中国宪法运动的实践之幕。“戊戌变法”运动虽然是在对帝国主义抱有不切实际的幻想、缺乏群众广泛支持的情况下进行的一场不根本改变封建专制制度的改良运动，但它触动了以慈禧为首的封建顽固势力的利益，因此不久便遭到了残酷镇压。正如《中共中央关于党的百年奋斗重大成就和历史经验的决议》所强调的，“为了拯救民族危亡，中国人民奋起反抗，仁人志士奔走呐喊，进行了可歌可泣的斗争。太平天国运动、洋务运动、戊戌变法、义和团运动接连而起，各种救国方案轮番出台，但都以失败告终”①。

“戊戌变法”运动被镇压下去以后，以孙中山为代表的民族资产阶级革命派充分认识到“不革命绝不能立宪”，并于1905年联合各反清团体组成了中国同盟会，提出了“驱除鞑虏，恢复中华，建立民国，平均地权”的革命纲领。中国同盟会从成立起一直到辛亥革命的数年间，陆续组织了多次武装起义，对清政府的专制统治构成了严重威胁。在革命形势迅速发展的情况下，原来顽固坚持“祖宗之法不可变”的清政府再也不能按照旧的方式继续统治下去了，不得不下诏宣布变法。1905年清政府派五位大臣出国考察各国宪制。五大臣经考察后认为实行宪制会“外患渐轻”“内乱可弭”，使“皇位永固”。于是1906年清政府下令预备立宪，并于1908年9月颁布了《钦定宪法大纲》，规定以9年为期进行立宪预备。1911年10月10日辛亥革命爆发后，清政府又于11月3日颁布《重大信条》（又称《十九信条》）。

（二）《钦定宪法大纲》与《十九信条》的主要内容

《钦定宪法大纲》共23条，分为君上大权和臣民权利义务两部分，其重心在于维护君上大权。大纲（1）确立了皇帝至高无上的尊严和地位，规定“大清皇帝统治大清帝国万世一系，永永尊戴”，“君上神圣尊严不可侵犯”。（2）确立了皇帝实际上不受约束的绝对权力，规定：皇帝有权批准颁行法律；有权召集、开闭、停展及解散议院，在议院闭会期间遇有紧急情况时有权发布代替法律的诏令；有权设官制禄，黜陟百司；有权统率陆、海军，调遣军队，编定军制；有权宣战、媾和、订约、宣布戒严、派遣及接受使者；有权爵赏恩赦、委任审判官员等。大纲赋予了臣民最低限度的权利和自由，规定：合乎法律和命令规定资格的臣民有担任文武官员的权利，臣民在法律范围内有言论、著作、出版、集会、结社的自由，臣民非按法律规定不得被逮捕、监禁和处罚，臣民的财产及住所无故不得被侵扰等。大纲同时还规定，臣民有纳税、当兵和守法的义务。可见，《钦定宪法大纲》是一个封建性质浓厚、没有实现价值，而统治者也根本没有打算让它实现的宪法性文件。

《十九信条》是在武昌起义爆发，全国群起响应，清政府面临覆亡的紧急关头制定

① 《中共中央关于党的百年奋斗重大成就和历史经验的决议》，3页，北京，人民出版社，2021。

的，因此它在维护皇帝的尊严和地位神圣不可侵犯的同时，又不得不对皇帝的权力作出某些限制。它规定“大清帝国皇帝万世不易”，“皇帝神圣不可侵犯”，但“皇帝之权，以宪法规定者为限”，“宪法由资政院起草议决，皇帝颁布之”，“宪法改正提案之权属于国会”，“总理大臣由国会公选，由皇帝任命之”，“官制官规以法律定之”。至于公民的权利和自由，它只字未提。可见，《十九信条》不过是“假立宪之名，行抵制革命之实”的宪法性文件而已。由于清政府很快便被推翻，它也根本未发生什么作用。

二、中国资产阶级民主共和国的宪法

（一）历史背景

1911 年辛亥革命爆发，推翻了中国历史上最后一个封建王朝。1912 年 1 月 1 日南京临时政府成立，孙中山就任临时大总统，中华民国宣告诞生。在辛亥革命期间，北洋军阀首领袁世凯利用出任清廷内阁总理大臣之机掌握了清政府的军政大权。他一方面逼迫清帝退位；另一方面又与帝国主义列强勾结，不断向革命党人反扑，企图篡夺革命果实。钻进革命阵营的立宪派和旧军阀官僚也伺机向革命党人施加压力，要求实现“南北议和”，向北洋军阀妥协。在各方面的压力下，孙中山被迫退位，大总统职位落入袁世凯之手。在交权之际，以孙中山为代表的革命派为了维护辛亥革命的胜利成果，保卫民国的基础不受侵犯，于 1912 年 3 月颁布了《中华民国临时约法》（以下简称《临时约法》）。

（二）主要内容

《临时约法》共 7 章、56 条，其主要内容包括以下两个方面：（1）确立了资产阶级民主共和国的国家制度。它规定中华民国由中华人民组织，中华民国的主权属于国民全体，中华民国人民一律平等，无种族、阶级区别，从而否定了“主权在君”的封建君主专制制度和等级特权制度。它还规定了“三权分立”式的政权组织形式，即“中华民国以参议院，临时大总统，国务员，法院，行使其统治权”：参议院是最高立法机关，临时大总统和国务员（国务总理和各部总长的总称）是最高行政机关，法院为司法机关。根据规定，法官独立审判，不受上级官厅的干涉。在参议院、临时大总统、国务员三者的关系中，参议院拥有广泛的权力，国务员也负有实际的责任，临时大总统则要受到很大的牵制，几乎不能独立行使其权力。这充分反映了资产阶级革命派力图通过“议会斗争”和“责任内阁”这两个法宝，限制袁世凯的权力，维护民国基础。（2）赋予了人民较为广泛的权利和自由。它规定人民享有人身、住宅、财产及营业权，有言论、著作、游行、集会、结社、通信、信仰、居住迁徙等自由。它还规定只有在为了“增进公益，维持治安，或非常紧急必要时”，才能依法对人民的权利和自由加以限制。这些规定反映了资产阶级革命派要求发展资产阶级民主制度、反对封建专制制度的倾向。

（三）历史地位

《临时约法》是中国资产阶级革命的产物，是中国历史上唯一的一个资产阶级性质的宪法性文件。它以根本法的形式宣告了在中国延续了两千多年的封建制度的终结，肯定了辛亥革命的胜利成果，建立了中国历史上第一个民主共和国，确认了资产阶级民主共和国的基本国家制度，赋予了人民较为广泛的权利和自由，标志着中国历史进入了一个新的发展阶段，体现了一定的民主性和革命性，对于民主共和观念的确立、传播以及中国民主革命进程的继续发展，具有重要的推动作用和历史意义。但由于中国民族资产阶级的软弱性和阶级局限性，它未能提出彻底的反帝反封建纲领，反映了资产阶级革命派与帝国主义、立宪派和旧军阀的妥协。由于没有政权保障，袁世凯上台以后，《临时约法》很快便被束之高阁，成为几张废纸。

三、北洋军阀和国民党政府的宪法

（一）历史背景

辛亥革命的成果被袁世凯篡夺以后，中国历史进入了以“中华民国”为招牌的北洋军阀统治时期。北洋军阀是于清朝末年由袁世凯建立起来的反动武装集团，是帝国主义列强支持下的封建买办阶级的政治代表。1912 年 2 月，袁世凯利用资产阶级革命派的软弱性和妥协性，在帝国主义的支持下，窃取了辛亥革命的胜利果实，在北京建立了第一个北洋军阀政权。1916 年袁世凯死后，北洋军阀分裂为三个派系：以段祺瑞为首的皖系军阀，以冯国璋、曹锟、吴佩孚为首的直系军阀，以张作霖为首的奉系军阀。这三派军阀各有帝国主义国家在背后支持。在北洋军阀统治中国的十几年间，争权夺势的混战连年不断，北京中央政权也随着各派军阀势力的此消彼长而不断更迭，从 1912 年到 1928 年间，共更换了 47 届内阁。

北洋军阀的反动统治激起了人民的强烈反对，护法运动、护国运动、五四运动等一系列革命运动逐步削弱了北洋军阀的反动统治，1924 年开始的北伐战争则使北洋军阀集团彻底瓦解。1928 年 6 月，奉系军阀首领张学良在东北易帜，接受国民党政府的领导。自此国民党政府统一了中国。早在 1927 年国共两党合作进行北伐战争期间，以蒋介石为代表的国民党反动派就背叛革命，发动了“四一二”反革命政变，篡夺了北伐战争的胜利成果，因此它所建立的国民党政府仍然是反映大地主、大买办资产阶级利益的政府。

北洋军阀和国民党政府都是反民主的、以赤裸裸的武力为后盾的反动军事政权。但辛亥革命以后，民主共和观念已深入人心，穷兵黩武、实行独裁统治的北洋军阀和国民党政府也不得不打起制宪的旗号，制定宪法以为其反动统治提供合法依据，并借此作为其进行军事镇压的补充，抵制革命力量的冲击。因此，北洋军阀和国民党政府在统治中国期间，都分别制定了宪法性文件。

（二）主要宪法性文件及其性质

北洋军阀制定的宪法性文件主要有 1914 年的《中华民国约法》、1923 年的《中华民国宪法》和 1925 年的《中华民国宪法草案》，国民党政府制定的宪法性文件主要有 1931 年的《中华民国训政时期约法》和 1946 年的《中华民国宪法》。

《中华民国约法》是袁世凯于北京就任中华民国临时大总统之后，为了摆脱《临时约法》的束缚，以登上正式大总统宝座并复辟帝制，而于 1914 年 5 月 1 日正式抛出的。它取消了《临时约法》规定的近似于责任内阁制的政权体制和对总统权力的限制性条款，规定大总统为国家元首，总揽统治权，对外代表国家；有权统率海、陆军，制定官制官规，任免文武官员；有权宣战、媾和、宣布戒严；有权召集、解散立法院，否决立法院议决的法律案，进行财政紧急处分；有权发布与法律有同等效力的教令，从而确认了大总统至高无上的权力，为袁世凯以后登基称帝奠定了基础。它虽然也规定人民有一定的权利和自由，但同时又规定要将其严格限制在"法律范围内"，使其成为空文。

1923 年的《中华民国宪法》是直系军阀曹锟掌握政权以后于 1923 年 10 月 10 日颁布的，因其是通过贿赂国会议员而制定的，所以又被称为"贿选宪法"，是旧中国颁布的第一部正式宪法。该宪法规定，"中华民国永远为一统一的民主国"，"中华民国主权，属于国民全体"；同时又规定，"中华民国之行政权，由大总统以国务员之赞襄行之"，"大总统为民国陆海军大元帅，统率陆海军"，"大总统得停止众议院或参议院之会议"，大总统还有权解散众议院等，从而赋予了大总统绝对的统治权。可见，该宪法是一部形式上以资产阶级议会民主制作为招牌，实际上确认反动军阀专制独裁统治的宪法。

1925 年的《中华民国宪法草案》是皖系军阀段祺瑞执政时于 1925 年 12 月起草的。该草案规定大总统有权发布与法律有同等效力的教令，副总统兼任参议院议长，从而确认了大总统高度集中的权力和对议会的控制权，反映了段祺瑞执政府渴望加强自己的专制独裁统治、向实力派夺权的企图。该草案删除了"贿选宪法"中关于"统一的民主国"的内容，而代之以各省区有权制定本省区的宪法，由各县选出的选举人间接选举总统等规定，反映了段祺瑞政权与各派军阀之间的妥协和让步。该草案还规定"学校教育不得为党派主义之宣传"，企图阻止马克思主义在中国的传播。该草案由于受到各方面的强烈反对，未能成为正式宪法。

1931 年的《中华民国训政时期约法》是由国民党政府于 1931 年 6 月颁布的，是国民党统治时期的一个重要法律文件，其效力一直延续到 1946 年《中华民国宪法》的颁布实施。该约法规定："训政时期由中国国民党全国代表大会代表国民大会行使中央统治权"；"国民政府总揽中华民国之治权"；"国民政府设主席一人，委员若干人，由中国国民党中央委员会选任"；"国民政府主席对内对外代表国民政府"，国民政府下设立法、行政、司法、考试、监察五院及各部会，各院及各部会首长由国民政府主席提请国民政府任免。在中国国民党全国代表大会闭会期间，统治权由蒋介石担任委员长的中国国民党中央执行委员会行使，该执行委员会享有对约法的解释权。由此可见，该约法实际上确认了国民党一党专制的政治体制，确认了国民政府对国民党的隶属关系，确认了蒋介石的最高独裁者地位。该约法在规定公民享有某些权利和自由的同时，又规定"选举、罢免、创制、复决四种政权之行使由国民政府训导之"，从而使权利和自由的行使受到很大的限制。可见，它是一个反民主的宪法性文件。

1946 年的《中华民国宪法》是国民党政府在撕毁 1946 年政治协商会议决议，准备全面发动内战的情况下，通过没有中国共产党和其他民主党派参加的伪国民大会于 1946 年年底制定并于 1947 年 1 月 1 日公布的。该宪法共 14 章、175 条，确立了高度专制的政治体制，赋予了总统很大的权力，规定：总统为国家元首，对外代表中华民国，统率全国陆、海、空军；有权依法公布法律，发布命令，缔结条约，宣战媾和；有权宣布戒严、大赦、特赦、减刑及复权；有权任免文武官员，授予荣典；有权发布紧急命令。它还规定，政府由立法、行政、司法、考试、监察五院组成，总统可提名或任命各部会首长、委员及大法官；有权协调院与院之间的争执；有权召集临时国民大会；等等。它确立了以“四大家族”为代表的官僚垄断资本在“国家所有”“以公营为原则”“国家管理”等招牌下，对国民经济和自然资源进行掠夺与垄断的合法性，规定：“附着于土地之矿产及经济上可供公众利用之天然力，属于国家所有”；“公用事业及其他有独占性之企业，以公营为原则”；“国家对于私人财富及私营事业，认为有妨害国计民生之平衡发展者，应以法律限制之”；“金融机构，应依法受国家管理”；等等。同时，该宪法还在形式上确立了人民的某些权利和自由，并且规定，“除为防止妨碍他人自由，避免紧急危难，维持社会秩序，或增进公共利益所必要者外，不得以法律限制之”。但在实际上，国民党政府无视宪法的规定，经常以法律限制和剥夺人民的权利与自由。总之，1946 年《中华民国宪法》是一部确认国民党专制独裁统治的宪法。

从清政府、北洋军阀到蒋介石国民党政府，其在本质上都是反人民、反民主的，它们本来都不需要什么宪法，但它们迫于迅猛发展的革命形势，也不得不欺世盗名，打出制宪的招牌，陆续抛出一部部宪法。这些宪法代表了地主、买办阶级的利益和要求，是确认地主、买办阶级专制统治的政治制度，维护半封建半殖民地社会的经济、政治秩序，以民主的招牌欺骗人民的反动政治法律文件。

四、人民革命根据地的宪法性文件

（一）历史背景

1927 年大革命失败以后，中国共产党领导工农群众开展武装斗争，建立农村革命根据地。为了加强对革命根据地的统一领导，各革命根据地于 1931 年 11 月在江西瑞金召开了第一次全国苏维埃代表大会，宣告了中华苏维埃共和国的成立，并颁布了《中华苏维埃共和国宪法大纲》。

为了团结一切可以团结的阶级、阶层、党派和个人一致抗日，中国共产党提出了停止内战，组织千百万人民群众建立抗日民族统一战线，彻底打败日本侵略者的方针。为了贯彻这一方针，1941 年 11 月，陕甘宁边区第二届参议会制定了《陕甘宁边区施政纲领》。

在解放战争时期，革命政权的性质乃是无产阶级领导的，以工农联盟为基础的，人民大众的，反对帝国主义、封建主义和官僚资本主义的人民民主专政。在政权组织形式上，革命政权也开始由参议会向人民代表会议转化。为了反映这些变化，陕甘宁边区第三届参议会第一次会议制定了《陕甘宁边区宪法原则》。

（二）宪法性文件的主要内容及性质

《中华苏维埃共和国宪法大纲》除前言外，由 17 条组成。其主要内容是：（1）确认了中华苏维埃共和国的性质，规定中华苏维埃共和国是工人和农民民主专政的国家，其目的是消灭一切封建残余，赶走在华帝国主义势力，逐步转变为无产阶级专政国家。（2）确立了中华苏维埃共和国的政权组织形式，规定中华苏维埃共和国的最高政权机关为全国工农兵代表大会及在其闭会期间的中央执行委员会，由它们处理日常政务，发布一切法令和决议案。（3）赋予了劳动者广泛的权利和自由，规定16岁以上的共和国公民均享有选举权和被选举权，工农劳苦民众享有言论、出版、集会、结社的自由和受教育的权利，实行妇女解放，承认婚姻自由等。此外，该大纲还规定了中华苏维埃共和国在经济、民族和对外等方面的基本政策。虽然该大纲还不是在全中国范围内实施的完备的宪法，但它肯定了中国人民通过武装斗争取得的民主成果，因而对中国革命产生了极其深远的影响。习近平总书记指出，"新民主主义革命时期，我们党制定了《中华苏维埃共和国宪法大纲》和大量法律法令，创造了'马锡五审判方式'，为建立新型法律制度积累了实践经验"①。

《陕甘宁边区施政纲领》共21条，其主要内容是：（1）规定要团结边区各社会阶级、各抗日党派，发挥一切人力、物力、财力、智力，为保卫边区、保卫中国、驱逐日本帝国主义而战。（2）规定要在抗日政权的组成上实行"三三制"原则，即中国共产党党员、其他抗日党派和无党派民主人士各占1/3。（3）规定要保证一切抗日人民的人权、政权、财权，以及言论、出版、集会、结社、信仰、居住、迁徙等自由。（4）规定了关于司法制度、工业、农业、商业、文化、卫生、教育、民族等各方面工作的基本政策。这一纲领对于团结边区各界人民、动员社会各方面的力量为驱逐日本帝国主义而战发挥了重要作用。

《陕甘宁边区宪法原则》共24条，其主要内容是：（1）规定边区、县、乡人民代表会议为人民管理政权机关；人民按普遍、直接、平等、无记名的原则选举各级人民代表会议的代表，各级人民代表会议选举政府；各级政府对各级人民代表会议负责，各级人民代表会议代表对各级选举人负责。（2）规定人民享有政治、经济、文化等方面的广泛的权利和自由，并规定了实现这些权利和自由的物质保障。（3）确认了民族平等、男女平等的原则，规定在各民族聚居区可以组织民族自治政权。（4）规定了人民司法的原则和边区经济、文化等方面工作的基本政策。这一宪法原则总结了解放区政权建设和民主运动的经验，对于解放区民主建政运动和国统区人民争取民主运动的发展，发挥了重要作用。

总之，人民革命根据地的宪法性文件是人民民主主义性质的宪法性文件，体现了我国劳动人民的意志和利益，代表了中国人民在中国共产党的领导下为争取国家独立、民族解放而斗争的总方向。它们是对人民革命根据地和解放区建设经验的总结，不仅促进了人民革命根据地和解放区的民主运动，而且对中华人民共和国成立以后的制宪活动也有重要的历史意义。

第三节　中华人民共和国宪法的产生和发展

习近平总书记指出：近代以来，中国人民苦苦寻找改变中华民族前途命运的道路。

---

① 习近平：《坚持走中国特色社会主义法治道路 更好推进中国特色社会主义法治体系建设》，载《求是》，2022（4）。

一些政治势力试图按照西方政治制度模式对我国封建专制制度进行改良，都宣告失败。中国共产党登上中国历史舞台后，经过艰辛探索和实践，成功在中华大地上制定和实施具有鲜明社会主义性质的宪法、真正意义上的人民宪法，在我国宪法发展史乃至世界宪法制度史上都具有开创性意义，为人类法治文明进步贡献了中国智慧、中国方案。我们党领导人民制定的宪法，集中了人民智慧，体现了全体人民共同意志，实现了党的主张和人民意志高度统一，克服了一切旧宪法只代表少数人意志、为少数人利益服务的弊端，因而得到最广大人民拥护和遵行，具有显著优势、坚实基础、强大生命力。[①] 这意味着，新中国宪法的产生和发展，有力坚持了中国共产党领导，有力保障了人民当家作主，有力促进了社会主义革命、建设和改革开放，积累了弥足珍贵的中国经验。

一、《共同纲领》

（一）制定背景

习近平总书记指出，“我国现行宪法可以追溯到 1949 年具有临时宪法作用的《中国人民政治协商会议共同纲领》和 1954 年一届全国人大一次会议通过的《中华人民共和国宪法》。这些文献都以国家根本法的形式，确认了近代 100 多年来中国人民为反对内外敌人、争取民族独立和人民自由幸福进行的英勇斗争，确认了中国共产党领导中国人民夺取新民主主义革命胜利、中国人民掌握国家权力的历史变革”[②]。

1949 年中国人民在中国共产党的领导下取得反对帝国主义、封建主义和官僚资本主义的人民革命的决定性胜利。由于当时解放战争尚在进行，反革命势力还很猖獗，各项社会改革尚未开展，社会秩序还不够安定，遭受长期战争破坏的国民经济尚未恢复，人民群众的组织程度和觉悟程度尚未达到应有的水平，所以，还不能立即召开由普选产生的全国人民代表大会来制定一部正式宪法。在这种情况下，中国共产党邀请各民主党派、人民团体、中国人民解放军、各地区、各民族以及国外华侨等各方面的代表 662 人，组成了中国人民政治协商会议，在普选的全国人民代表大会召开以前代表全国人民行使全国人民代表大会的职权。1949 年 9 月 29 日，中国人民政治协商会议第一届全体会议通过了《共同纲领》，并于 10 月 1 日宣布中华人民共和国成立。

（二）主要内容及历史意义

《共同纲领》除序言外，分为总纲、政权机关、军事制度、经济政策、文化教育政策和外交政策等共 7 章、60 条。它肯定了中国人民革命的胜利成果，宣告了帝国主义、封建主义、官僚资本主义在中国统治的结束和中华人民共和国的成立；它确认我国为新民

---

① 参见习近平：《谱写新时代中国宪法实践新篇章——纪念现行宪法公布施行 40 周年》，载《人民日报》，2022-12-20。

② 习近平：《在首都各界纪念现行宪法公布施行 30 周年大会上的讲话》（2012 年 12 月 4 日），载《人民日报》，2012-12-05。

主主义即人民民主主义的国家，实行人民民主专政——“中国人民民主专政是中国工人阶级、农民阶级、小资产阶级、民族资产阶级及其他爱国民主分子的人民民主统一战线的政权，而以工农联盟为基础，以工人阶级为领导”；确认人民代表大会制度为我国的政权组织形式，规定我国的国家政权属于人民，人民行使国家政权的机关为各级人民代表大会和各级人民政府；宣布取消帝国主义在华的一切特权，没收官僚资本，进行土地改革；规定了新中国将要实行的政治、经济、军事、文化教育、民族和外交等各项基本政策；规定了公民享有的各项基本权利和自由。《共同纲领》所规定内容的根本性和中国人民政治协商会议所代表社会利益的广泛性，使《共同纲领》能够反映全国各族人民的共同愿望，在中华人民共和国成立之初发挥临时宪法的作用。它是中华人民共和国成立初期动员人民起来迅速完成民主革命的遗留任务，朝着社会主义方向共同前进的政治基础和战斗纲领；它对于巩固人民民主专政的政权、加强民主法制建设、维护公民权利和自由、恢复和发展国民经济有重要的指导意义和保障作用，也为我国正式宪法的制定和实施积累了经验、创造了条件。

二、1954 年宪法

（一）制定背景

《共同纲领》实施后的几年内，我国的革命和建设事业取得了飞速发展，至 1954 年已经完成了民主革命遗留下来的任务。第一，土地改革在全国绝大部分地区已经完成，封建剥削制度已经被基本消灭；第二，抗美援朝运动已经取得了最后胜利，巩固了新生的中华人民共和国；第三，通过镇压反革命和“三反”、“五反”运动，极大地提高了人民群众的觉悟，加强了人民民主专政的政权；第四，普选工作已经在全国范围内展开，除个别地区外，各地已普遍召开了普选的地方各级人民代表大会，实现了地方基层政权的民主化；第五，遭受战争破坏的国民经济已经得到恢复，根据过渡时期的总路线，对农业、手工业和资本主义工商业的社会主义改造又取得了很大的成就，全国进入了有计划的经济建设时期。这一切都表明，制定宪法的时机成熟了。1953 年 1 月，中央人民政府委员会第二十次会议决定成立以毛泽东为首的宪法起草委员会。1954 年 3 月，毛泽东向宪法起草委员会提交了中共中央拟定的宪法草案初稿作为起草宪法的基础。经征求各方面的意见和反复修改，1954 年 9 月中央人民政府委员会第三十四次会议决定，将宪法起草委员会拟定的宪法草案提交全国人民代表大会进行审议。一届全国人大一次会议于 1954 年 9 月 20 日通过了 1954 年《宪法》，这是我国第一部社会主义类型的宪法。毛泽东关于 1954 年宪法指出，“一个团体要有一个章程，一个国家也要有一个章程，宪法就是一个总章程，是根本大法。用宪法这样一个根本大法的形式，把人民民主和社会主义原则固定下来，使全国人民有一条清楚的轨道，使全国人民感到有一条清楚的明确的和正确的道路可走，就可以提高全国人民的积极性”①。

---

①《毛泽东文集》，第 6 卷，328 页，北京，人民出版社，1999。

（二）主要内容及历史意义

1954年宪法除序言外，分为总纲，国家机构，公民的基本权利和义务，国旗、国徽、首都，共4章、106条。

1954年宪法在内容上充分反映了社会主义原则和人民民主原则：(1) 它确认了中华人民共和国的国家制度，规定我国是工人阶级领导的、以工农联盟为基础的人民民主国家，规定我国实行民主集中制的人民代表大会制度，规定在我国实行单一制结构形式下的民族区域自治制度等；(2) 它确认了我国社会主义过渡时期的经济制度，规定我国的生产资料所有制包括全民所有制、劳动群众集体所有制、个体劳动者所有制和资本家所有制，规定国营经济在国民经济中占领导地位，国家保证优先发展国营经济；(3) 它确认了过渡到社会主义的方法和步骤，规定要依靠国家机关和社会力量，通过社会主义工业化和社会主义改造，逐步消灭剥削制度，建立社会主义社会；(4) 它确认了公民在法律上的一律平等，赋予了公民广泛的权利和自由。

1954年宪法具有鲜明的特点：(1) 它既确认了社会主义原则和人民民主原则，又从中国的现实出发，在规定实现社会主义制度和人民民主制度的方法、步骤上，不拘泥于某种固定的模式，反映了原则性与灵活性的有机结合；(2) 它既以《共同纲领》为基础而产生，记载了中国人民一百多年来英勇奋斗的胜利成果，又总结了中华人民共和国成立5年来革命和建设的经验，丰富和发展了《共同纲领》，体现了历史与现实的有机结合；(3) 它既确认了生产资料的社会主义公有制、实行社会主义建设和改造的基本路线，保证消灭剥削制度和建立社会主义社会，又规定要依法保护资本家的生产资料所有权和其他资本所有权，反映出社会主义过渡时期的特点。

习近平总书记强调："夺取全国政权后，我们党团结带领人民制定《共同纲领》、1954年宪法，确定了国体、政体、国家结构形式，建立了国家政权组织体系。我们党进而团结带领人民进行社会主义改造，确立了社会主义基本制度，成功实现了中国历史上最深刻最伟大的社会变革，为当代中国一切发展进步奠定了根本政治前提和制度基础。"①1954年宪法无论是它的指导思想、基本原则、主要内容还是结构形式，都受到了人们的普遍称赞。其制定和实施对于巩固人民民主专政的政权，促进社会主义经济发展，团结全国各族人民进行社会主义革命和建设，都发挥了积极的推动和保障作用，并为我国以后几部宪法的修改确立了基本模式。但由于极左路线的影响，从20世纪50年代末起，这部宪法的实施便遭到了破坏，甚至被束之高阁，难以发挥作用。

三、1975年宪法

（一）修改背景

1954年宪法实施以后，我国社会主义革命和建设事业取得了飞速发展。到1956年，

① 习近平：《坚持和完善中国特色社会主义制度 推进国家治理体系和治理能力现代化》，载《求是》，2020(1)。

我国已基本完成了对农业、手工业和资本主义工商业的社会主义改造，并打下了社会主义工业化的初步基础。我国的最后一个剥削阶级——民族资产阶级已经不再存在，原来的地主阶级分子和官僚资产阶级分子中的绝大多数也已被改造成为自食其力的劳动者。人民民主政权空前巩固。但从1957年开始，我国社会主义建设中出现了“左”的错误。政治上的“阶级斗争扩大化”极大地破坏了宪法的人民民主原则，经济上的瞎指挥破坏了有计划按比例发展国民经济的原则，1954年宪法的许多内容实际上被束之高阁。1975年1月17日四届全国人大一次会议对1954年宪法进行了全面修改，通过了1975年宪法。

（二）历史评价

1975年宪法除序言外，分为总纲，国家机构，公民的权利和义务，以及国旗、国徽、首都，共4章、30条。这部宪法继承了1954年宪法有关社会制度和国家制度的基本原则的规定，明确规定了中国共产党的全面领导地位，反映了我国已经进入社会主义社会这一事实。但是由于它是在“文化大革命”这一特殊的历史时期修改的，从总体上以强调“以阶级斗争为纲”的所谓社会主义历史阶段的基本路线作为指导思想，因而又不可避免地存在严重的缺点和错误。另外，该宪法仅有30条“简括”的规定，使国家生活和社会生活中的许多重大问题无法可依。

四、1978年宪法

（一）修改背景

1976年10月，“四人帮”被粉碎。1977年8月，中国共产党召开了第十一次全国代表大会，宣布“文化大革命”结束，要求动员一切积极因素、团结一切可以团结的力量，为在20世纪内把我国建设成为伟大的社会主义强国而奋斗。要清除极左势力强加进宪法中的极左流毒，恢复被破坏的民主法制原则，适应新的历史时期的需要，适时地向全国人民提出建设社会主义现代化强国的任务，就必须对1975年宪法进行修改。在这种情况下，五届全国人大一次会议于1978年3月5日对1975年宪法进行了全面修改，通过了1978年宪法。

（二）历史评价

1978年宪法除序言外，分为总纲，国家机构，公民的基本权利和义务，以及国旗、国徽、首都，共4章、60条。它是我国进入新的历史发展时期的根本法。它将“在本世纪内把我国建设成为农业、工业、国防和科学技术现代化的伟大的社会主义强国”作为新时期的总任务肯定下来；反映了人民要求发扬社会主义民主、健全社会主义法制的强烈愿望；恢复了检察机关的设置和1954年宪法中规定的有关国家机关的某些职权；增添了公民的一些权利和自由。总之，其在一定程度上纠正了1975年宪法的极左倾向。但由于当时清除极左流毒和影响的工作正在进行，关于许多是非问题在理论上和政治上还未能分清，所以，1978年宪法也没有完全摆脱极左思想的影响，仍然存在许多问题，是一部很不完善的宪法。

为了肃清极左流毒的影响，解决存在的问题，五届全国人大二次会议于 1979 年 7 月通过了《关于修正〈中华人民共和国宪法〉若干规定的决议》，决定在县级以上各级人民代表大会设立常务委员会，改地方各级革命委员会为各级人民政府，将县级人大代表由间接选举改为直接选举，恢复各级人民检察院的设置并将上下级检察机关之间的关系规定为领导关系。后五届全国人大三次会议于 1980 年 9 月通过了《关于修改〈中华人民共和国宪法〉第四十五条的决议》，对 1978 年宪法进行了第二次修改。尽管 1978 年宪法经过了上述两次修改，但在总体上仍不能适应国家生活和社会生活的需要，必须进行全面的修改。因此，五届全国人大三次会议还作出了对 1978 年宪法进行全面修改的决定。

五、1982 年宪法

（一）修改背景

1978 年 12 月召开的中国共产党十一届三中全会，提出了从 1979 年起把国家的工作重点由“以阶级斗争为纲”转移到社会主义现代化建设上来的战略决策。在 1981 年召开的中国共产党十一届六中全会，全面总结了中华人民共和国成立 32 年来社会主义革命和建设的经验教训，充分肯定了党的十一届三中全会以来确立的建设社会主义现代化强国的正确道路，并把建设民主文明的社会主义政治制度确立为国家的根本任务之一，从而完成了思想上的转变。在正确路线的指导下，我国国家生活的民主化进程已经启动，改变权力过于集中的现象和领导干部职务终身制，健全人民代表大会制度并使各级人大及其常委会成为有权威的人民权力机关，在基层政权和基层社会组织中实现直接民主等问题，已在政治实践中逐步得到解决；经济体制改革业已全面展开，“改革、开放、搞活”的方针得到了贯彻，商品生产和市场调节的作用得到了重视，以公有制为基础、以国营经济为主导的，开放的、充满活力的多元性经济结构已初步形成。整个国家在政治、经济、文化等各个领域都取得了长足进步，一个安定团结的政治局面已经形成。而 1978 年宪法已远远不能适应现实生活的这些变化，因此，对它进行全面修改势在必行。

（二）基本精神及历史意义

1982 年宪法由五届全国人大五次会议于 1982 年 12 月 4 日通过，由序言及总纲，公民的基本权利和义务，国家机构，国旗、国徽、首都 4 章组成，共 138 条。

1982 年宪法是以坚持社会主义道路，坚持人民民主专政，坚持中国共产党的领导，坚持马克思列宁主义、毛泽东思想四项基本原则为指导思想而制定的，在突出体现四项基本原则的同时，还体现了以下几个方面的基本精神：（1）集中力量进行社会主义现代化建设。1982 年宪法明确规定，“今后国家的根本任务是集中力量进行社会主义现代化建设”，“逐步实现工业、农业、国防和科学技术的现代化”，“把我国建设成为高度文明、高度民主的社会主义国家”。（2）发展社会主义民主，健全社会主义法制。1982 年宪法在总结正反两方面经验、教训的基础上，确认了国家一切权力属于人民，人民代表大会制度，公民在法律面前一律平等，一切国家机关、政党、社会团体、企业事业组织和公民个人都必须遵守宪法和法律等一系列民主法制原则；并规定了各种制度和措施以保证它们的实现。(3) 维护国家统一和民族团结。国家的统一和民族的团结，是我国各族人民的根本利益之所在，也是实现社会主义现代化的根本保证之一。为了实现国家的统一和民族的团结，1982 年宪法进一步完善了民族区域自治制度，并根据"一国两制"的方针规定了特别行政区制度。(4) 坚持改革开放，进行经济体制和政治体制改革。1982 年宪法不仅巩固了我国社会主义建设的胜利成果，同时体现了改革开放的精神，为我国经济体制改革和政治体制改革规定了发展方向、根本任务和基本原则，为改革开放的深入发展提供了法律依据。

1982 年宪法继承和发展了 1954 年宪法的基本原则，全面总结了我国社会主义革命和建设正反两方面的经验、教训，反映了我国改革开放以来各方面取得的巨大成就，规定了国家的根本任务和发展措施。它的制定和实施，标志着我国社会主义民主和法制建设走上了一个新的台阶，也标志着我国社会主义制度的基础得到了进一步的巩固和完善，是新时期我国社会主义建设事业发展的根本指南和保障。

（三）现行宪法的修改

随着我国改革开放的深入和社会主义建设事业的发展，我国的政治、经济、文化等领域也不断发生变化。习近平总书记指出："必须坚持与时俱进完善和发展宪法。宪法作为上层建筑，必须适应经济基础的变化，体现党和人民事业的历史进步，随着党领导人民建设中国特色社会主义实践的发展而不断完善发展。只有紧跟时代要求和人民意愿，遵循法治规律，在保持宪法连续性、稳定性、权威性的前提下，推动宪法不断适应新形势、吸纳新经验、确认新成果、作出新规范，才能永葆宪法生机活力。"① 为了永葆宪法生机活力，与时俱进地完善和发展宪法，自 1988 年以来，全国人大五次以宪法修正案的方式对 1982 年宪法进行了修改和补充，特别是在宪法中增加了五个关于监察委员会的条款，使我国现行宪法的总条款数由通过时的 138 条达到 143 条。

1988 年 4 月 12 日七届全国人大一次会议通过了 2 条宪法修正案：一是增加了关于私营经济的内容，规定"国家允许私营经济在法律规定的范围内存在和发展。私营经济是社会主义公有制经济的补充。国家保护私营经济的合法的权利和利益，对私营经济实行引导、监督和管理"。二是修改了土地政策，规定"任何组织或个人不得侵占、买卖或者以其他形式非法转让土地。土地的使用权可以依照法律的规定转让"。

1993 年 3 月 29 日八届全国人大一次会议通过了 9 条宪法修正案，其主要内容是：第一，在"序言"中把建设有中国特色社会主义理论确立为进行社会主义现代化建设的指南，把我国的建设目标由"高度文明、高度民主的社会主义国家"修改为"富强、民主、文明的社会主义国家"。第二，增加了"中国共产党领导的多党合作和政治协商制度将长期存在和发展"。第三，根据经营权和所有权分离的理论，把有关条文中的"国营经济"

---

① 习近平：《谱写新时代中国宪法实践新篇章——纪念现行宪法公布施行 40 周年》，载《人民日报》，2022－12－20。

“国营企业”修改为“国有经济”“国有企业”。第四，将“农村人民公社、农业生产合作社和其他生产、供销、信用、消费等各种形式的合作经济，是社会主义劳动群众集体所有制经济”的规定修改为“农村中的家庭联产承包为主的责任制和生产、供销、信用、消费等各种形式的合作经济，是社会主义劳动群众集体所有制经济”。第五，将有关条文中的“计划经济”改为“市场经济”，规定：“国家实行社会主义市场经济”，“国家加强经济立法，完善宏观调控”，“国家依法禁止任何组织或者个人扰乱社会经济秩序”。第六，将县级人民代表大会的任期由3年改为5年。

1999年3月15日九届全国人大二次会议通过了6条宪法修正案。修正案的主要内容是：第一，在“序言”中明确了社会主义初级阶段的长期性，把“我国正处于社会主义初级阶段”的规定修改为“我国将长期处于社会主义初级阶段”；把邓小平理论与马克思列宁主义、毛泽东思想一样确立为指导我国社会主义现代化建设的理论基础。第二，增加了“中华人民共和国实行依法治国，建设社会主义法治国家”的规定。第三，对国家基本经济制度和分配制度作出调整，增加了“国家在社会主义初级阶段，坚持公有制为主体、多种所有制经济共同发展的基本经济制度，坚持按劳分配为主体、多种分配方式并存的分配制度”的规定。第四，进一步完善了农村集体经济组织的经营体制，规定“农村集体经济组织实行家庭承包经营为基础、统分结合的双层经营体制”。第五，调整了对非公有制经济的政策，规定“在法律规定范围内的个体经济、私营经济等非公有制经济，是社会主义市场经济的重要组成部分”，“国家保护个体经济、私营经济的合法的权利和利益。国家对个体经济、私营经济实行引导、监督和管理”。第六，将“国家维护社会秩序，镇压叛国和其他反革命的活动，制裁危害社会治安、破坏社会主义经济和其他犯罪的活动，惩办和改造犯罪分子”，修改为“国家维护社会秩序，镇压叛国和其他危害国家安全的犯罪活动，制裁危害社会治安、破坏社会主义经济和其他犯罪的活动，惩办和改造犯罪分子”。

2004年3月14日十届全国人大二次会议通过了14条宪法修正案，其主要内容是：第一，在“序言”的第七自然段中，增写了“三个代表”重要思想；把“沿着建设有中国特色社会主义的道路”修改为“沿着中国特色社会主义道路”；增写了“推动物质文明、政治文明和精神文明协调发展”。在“序言”第十自然段关于爱国统一战线的表述中，增写了“社会主义事业的建设者”。第二，将《宪法》第10条第3款关于土地征用的规定修改为：“国家为了公共利益的需要，可以依照法律规定对土地实行征收或者征用并给予补偿。”第三，将《宪法》第11条第2款修改为：“国家保护个体经济、私营经济等非公有制经济的合法的权利和利益。国家鼓励、支持和引导非公有制经济的发展，并对非公有制经济依法实行监督和管理。”第四，把《宪法》第13条修改为：“公民的合法的私有财产不受侵犯。”“国家依照法律规定保护公民的私有财产权和继承权。”“国家为了公共利益的需要，可以依照法律规定对公民的私有财产实行征收或者征用并给予补偿。”第五，在《宪法》第14条中增加一款：“国家建立健全同经济发展水平相适应的社会保障制度。”第六，在《宪法》第33条中增加一款：“国家尊重和保障人权。”第七，在《宪法》第59条关于全国人民代表大会组成的规定中，增写了“特别行政区”。第八，将《宪法》第67条、第80条和第89条中原规定的“戒严”，一律改为“进入紧急状态”。

第九，在《宪法》第81条关于中华人民共和国主席的职权的规定中，增加“进行国事活动”的规定。第十，把《宪法》第98条中乡、民族乡、镇的人民代表大会“每届任期三年”修改为“每届任期五年”。第十一，把《宪法》第四章的章名修改为“国旗、国歌、国徽、首都”；在《宪法》第136条中增加一款：“中华人民共和国国歌是《义勇军进行曲》。”

2018年3月11日十三届全国人大一次会议对宪法进行了第五次修改。习近平总书记强调这次宪法修改“目的是在保持宪法连续性、稳定性、权威性的前提下，通过修改使我国宪法更好体现人民意志，更好体现中国特色社会主义制度的优势，更好适应提高中国共产党长期执政能力、推进全面依法治国、推进国家治理体系和治理能力现代化的要求，为新时代坚持和发展中国特色社会主义提供宪法保障”①。这次修改主要涉及10项内容，共通过21条宪法修正案，使宪法修正案累计达到了52条。其主要内容是：第一，在指导思想部分增加了科学发展观、习近平新时代中国特色社会主义思想；第二，将“健全社会主义法制”修改为“健全社会主义法治”；第三，增加了习近平新时代中国特色社会主义思想的内涵，例如，新发展理念、国家发展目标、统一战线的新内涵、新型国际关系处理原则、人类命运共同体、新型民族关系等；第四，在《宪法》第1条第2款中增加“中国共产党领导是中国特色社会主义最本质的特征”的规定；第五，在社会主义道德部分，增加规定“国家倡导社会主义核心价值观”；第六，增加规定“国家工作人员就职时应当依照法律规定公开进行宪法宣誓”；第七，将全国人大法律委员会更名为全国人大宪法和法律委员会；第八，删除国家主席、副主席“连续任职不得超过两届”的规定；第九，增加设区的市的人大及其常委会有制定地方性法规的权力的规定；第十，在《宪法》第三章“国家机构”中增加一节“监察委员会”，作为第七节，规定了监察委员会的性质、地位、组成、职权及相互关系，并修改了宪法相关条款。

参考法规、文件

1.《中华人民共和国宪法》（1954年）
2.《中华人民共和国宪法》（1975年）
3.《中华人民共和国宪法》（1978年）
4.《中华人民共和国宪法》（1982年）
5.《中华人民共和国宪法修正案》
6.《法兰西第五共和国宪法》（1958年）
7.《德意志联邦共和国基本法》（1949年）
8.《日本国宪法》（1946年）
9.《俄罗斯联邦宪法》（1993年）
10.《美利坚合众国宪法》（1787年）
11. 美国《独立宣言》（1776年）
12. 法国《人权宣言》（1789年）

① 习近平：《论坚持全面依法治国》，199页，北京，中央文献出版社，2020。

参考文献

（一）著作

1. 许崇德主编．中国宪法．修订本．北京：中国人民大学出版社，1996.

2. 许崇德．中华人民共和国宪法史．福州：福建人民出版社，2005.

3. 韩大元．1954 年宪法制定过程．北京：法律出版社，2014.

4.《宪法学》编写组．宪法学．2 版．北京：高等教育出版社，人民出版社，2020.

（二）文章、报告

1. 斯大林．论苏联宪法草案的报告．北京：人民出版社，1954.

2. 毛泽东．关于中华人民共和国宪法草案//毛泽东文集：第 6 卷．北京：人民出版社，1999.

3. 刘少奇．关于中华人民共和国宪法草案的报告//刘少奇选集：下卷．北京：人民出版社，1985.

4. 彭真．关于中华人民共和国宪法修改草案的报告//彭真文选（1940—1990）．北京：人民出版社，1991.

5.《中国共产党中央委员会关于修改宪法个别条款的建议》(1988 年 2 月 28 日).

6.《中国共产党中央委员会关于修改宪法部分内容的建议》(1993 年 2 月 14 日).

7.《中国共产党中央委员会关于修改宪法部分内容的补充建议》(1993 年 3 月 14 日).

8. 田纪云．关于中华人民共和国宪法修正案（草案）的说明（1999 年 3 月 9 日在第九届全国人民代表大会第二次会议上).

9. 王兆国．关于《中华人民共和国宪法修正案（草案）》的说明（2004 年 3 月 8 日在第十届全国人民代表大会第二次会议上).

10. 王晨．关于《中华人民共和国宪法修正案（草案）》的说明（2018 年 3 月 5 日在第十三届全国人民代表大会第一次会议上).

11. 习近平．论坚持人民当家作主．北京：中央文献出版社，2021.

问题与思考

一、单项选择题（每题只有一个正确的答案）

1. 世界上最早的成文宪法是（　　）。

A. 英国宪法性法律　　B. 法国宪法

C. 1787 年美国宪法　　D. 1918 年苏俄宪法

2. 鼓吹“人民主权”理论同王权相对抗的资产阶级启蒙思想家是（　　）。

A. 法国的卢梭　　B. 英国的洛克

C. 英国的霍布斯　　D. 法国的孟德斯鸠

3. 以下关于宪法产生和发展的表述中，不正确的是（　　）。

A. 宪法是一定历史阶段的社会现象　　B. 宪法最终会随国家的消亡而消亡

C. 宪法是资产阶级革命的产物　　D. 宪法在有的国家早于近代产生

4. 旧中国颁布的第一部正式的宪法是（　　）。

A. 1923年《中华民国宪法》　　B. 1914年《中华民国约法》

C. 1912年《中华民国临时约法》　　D. 1908年《钦定宪法大纲》

5. 我国历史上第一个由劳动人民制定的民主主义宪法性文件是（　　）。

A.《陕甘宁边区宪法原则》　　B.《陕甘宁边区施政纲领》

C.《被剥削劳动人民权利宣言》　　D.《中华苏维埃共和国宪法大纲》

6. 中华人民共和国成立后第一部社会主义类型的宪法是（　　）。

A. 1949年《中国人民政治协商会议共同纲领》

B. 1954年宪法

C. 1975年宪法

D. 1978年宪法

7. 孙中山领导的辛亥革命中产生的《中华民国临时约法》是（　　）。

A. 资产阶级民主的宪法　　B. 新民主主义的宪法

C. 具有社会主义萌芽的宪法　　D. 彻底的反帝反封建的宪法

二、多项选择题（每题有两个以上正确答案）

1. 清朝末年颁布的宪法性文件有（　　）。

A.《钦定宪法大纲》　　B.《天坛宪法草案》

C.《重大信条》　　D.《五五宪草》

2. 下列选项中，属于人民革命根据地宪法性文件的有（　　）。

A.《被剥削劳动人民权利宣言》　　B.《陕甘宁边区施政纲领》

C.《陕甘宁边区宪法原则》　　D.《中华苏维埃共和国宪法大纲》

3. 根据2004年通过的《中华人民共和国宪法修正案》，下列有关国家对个体经济等非公有制经济实行的政策的文字表述，哪些是正确的？（　　）

A. 国家通过行政管理，指导、帮助和监督个体经济

B. 国家对个体经济、私营经济实行引导、监督和管理

C. 国家鼓励、支持和引导非公有制经济的发展

D. 国家对非公有制经济依法实行监督和管理

4. 1979年五届全国人大二次会议对1978年宪法修改的内容有（　　）。

A. 规定在县级以上地方各级人民代表大会设立常务委员会

B. 将地方各级革命委员会改为地方各级人民政府

C. 将县级人大代表由间接选举改为直接选举

D. 将上下级检察机关之间的关系规定为领导关系

5. 我国1993年的宪法修正案涉及下列哪些方面的内容？（　　）

A. 明确把“坚持改革开放”写进宪法

B. 增加规定“土地的使用权可以依照法律的规定转让”

C. 明确把“我国将长期处于社会主义初级阶段”写进宪法

D. 把县级人民代表大会的任期由3年改成5年

6. 1999年九届全国人大二次会议通过的宪法修正案对我国宪法作了重要修改，下列哪些内容是这一修正案包括的主要内容？（　　）

A. 明确把“发展社会主义市场经济”写进宪法

B. 明确把“依法治国，建设社会主义法治国家”写进宪法

C. 明确规定“国家加强立法，完善宏观调控”

D. 明确规定“国家保护个体经济、私营经济的合法的权利和利益”

7. 下列属于我国2004年第四次部分修宪内容的有（　　）。

A. 将“三个代表”重要思想作为国家的指导思想

B. 在统一战线范围的表述中增加“社会主义事业的建设者”

C. 增加“国家尊重和保障人权”

D. 将“依法治国，建设社会主义法治国家”写入宪法

三、简答题（回答要点，不需论述）

1. 宪法产生的条件是什么？

2. 英国宪法性法律主要包括哪些？

3. 当代宪法有何发展趋势？

4. 1949年《中国人民政治协商会议共同纲领》有什么历史意义？

四、论述题（概述有关原理，联系实际）

1. 应如何评价旧中国的宪法运动？

2. 应如何评价《中华民国临时约法》的地位和作用？

3. 试述1954年宪法的主要内容、鲜明特征和历史地位。

4. 1982年宪法的历次修正是在什么时间和什么情况下作出的？历次修正案的主要内容是什么？

五、案例分析题

2018年1月18日至19日，中国共产党第十九届中央委员会第二次全体会议审议并通过了《中共中央关于修改宪法部分内容的建议》。2018年1月26日，中共中央向全国人大常委会提出《中国共产党中央委员会关于修改宪法部分内容的建议》。2018年1月29日至30日，第十二届全国人大常委会第三十二次会议讨论了中共中央修宪建议，决定将《中华人民共和国宪法修正案（草案）》提请十三届全国人大一次会议审议。

2018年3月11日下午，十三届全国人大一次会议采取无记名投票方式，表决《中华人民共和国宪法修正案（草案）》。15时10分，现场工作人员发放表决票，与会的2 964名代表每人拿到一张表决票，有序完成写票和投票。经过电子计票系统统计，大会主持人宣布，发出表决票2 964张、收回2 964张，此次表决有效。15时51分，工作人员宣读计票结果：赞成2 958票，反对2票，弃权3票。大会主持人宣布：《中华人民共和国宪法修正案》通过！

请问：(1) 这次会议通过的宪法修正案，是对1982年《中华人民共和国宪法》的第几次修改？

(2) 在我国有权提议修改宪法的主体有哪些？

(3) 这次修改的主要内容有哪些？

第三章
国家性质

教学目标

● 了解：国家性质、政党制度的一般原理，国家性质、政党制度与宪法的关系

● 熟悉：我国宪法关于经济制度的主要规定

● 掌握：我国人民民主专政制度、中国共产党领导的多党合作和政治协商制度的主要内容、形式和特点

教学要求

知识要点	能力要求	法律职业资格考试或公务员考试相关知识
国家性质的一般原理	(1) 理解国家性质的概念以及其与宪法的关系； (2) 了解国家性质的决定因素	(1) 国家性质的概念； (2) 国家性质的宪法规范
我国是人民民主专政的国家	(1) 了解人民民主专政制度在我国的确立和宪法对国家性质的规定的发展； (2) 掌握人民民主专政制度的主要内容和特点	(1) 我国宪法关于国家性质的规定； (2) 人民民主专政制度的主要内容和特点； (3) 爱国统一战线的范围
与国家性质相适应的政党制度	(1) 了解政党的一般原理； (2) 掌握宪法规范的我国政党制度的主要内容； (3) 掌握我国的中国人民政治协商会议制度的主要内容	(1) 我国宪法关于政党制度的规定； (2) 中国共产党领导的多党合作和政治协商制度的主要特征、内容和形式； (3) 中国人民政治协商会议的性质、地位、组织和主要职能
国家政权的经济基础	(1) 了解经济基础与宪法的关系； (2) 掌握我国宪法关于经济制度的主要规定	(1) 社会主义初级阶段实行的公有制为主体、多种所有制经济共同发展的基本经济制度，以及按劳分配为主体、多种分配方式并存的分配制度； (2) 生产资料的社会主义公有制的宪法地位，国家对国有经济、集体所有制经济的政策； (3) 个体经济、私营经济等非公有制经济的宪法地位，国家对非公有制经济的政策； (4) 宪法关于保护社会主义公共财产和公民合法的私有财产的规定

第一节　国家政权的阶级本质

一、国家性质概述

（一）国家性质与宪法

国家性质，即国家阶级本质，又称“国体”。毛泽东在《新民主主义论》中曾指出：这个国体问题，从前清末年起，闹了几十年还没有闹清楚。其实，它只是指的一个问题，就是社会各阶级在国家中的地位。① 按照马克思主义的宪法学说，在一个特定国家中，由于各种政治力量的对比关系，各阶级、阶层在国家中所处的地位是不一样的：有的处于统治者的地位，有的处于被统治者的地位，有的处于同盟者的地位。国家性质就是反映社会各阶级、阶层在社会中的地位的国家基本制度。同时，国家性质也受制于经济基础、政治文明、精神文明与和谐社会等因素。

国家性质与宪法的关系十分密切：宪法作为国家根本法，在规定国家制度时，首先要确认本国的国家性质。可以说，国家性质是宪法中最基本的内容之一。但需要注意的是，西方国家的宪法一般不明确规定其国家的阶级属性，而是通过主权在民、共和、法治、法律面前人人平等、人权等理念或原则表现出来。如根据《法兰西第五共和国宪法》第 1 条、第 2 条和第 3 条，法兰西为不可分、非宗教、民主的和社会的共和国；共和国的格言是“自由、平等、博爱”；共和国的原则是民有、民治和民享的政府；国家主权属于人民。1949 年《德意志联邦共和国基本法》第 20 条规定，德意志联邦共和国是一个社会的、民主的联邦国家。1993 年《俄罗斯联邦宪法》第 1 条规定，俄罗斯是具有共和制政体的民主的、联邦制的法治国家。

第一个真实确认国家阶级属性的宪法是 1918 年的《苏俄宪法》，该宪法第 1 条开宗明义，宣布俄国为工兵农代表苏维埃共和国。我国历部宪法对国家性质也都作了明确的规定。

（二）国家性质的决定因素

从历史的角度来看，存在过多种不同的国家性质方面的制度。国家性质之所以具有多样性，是因为国家性质主要受三个决定性因素的影响和制约。

（1）国家政权的阶级本质，即社会各阶级、阶层在国家中的地位。国家政权的阶级本质是国家性质的主要决定因素，它反映国家中各阶级、阶层的地位。

（2）国家政权的经济基础。马克思曾指出，经济是政治的基础。国家性质离不开经济基础。统治者想维持国家政权必须要依赖一定的经济基础，并且要适应其变化，以巩固自己的统治基础。经济基础是国家性质最基本的决定因素。

---

① 参见《毛泽东著作选读》，上册，363～364 页，北京，人民出版社，1986。

（3）物质文明、政治文明、精神文明、社会文明、生态文明协调发展。物质文明是指人类改造自然界的物质成果，它表现为人类物质生产的进步和物质生活的改善；政治文明是指人类改造社会所取得的成果，包括政治、法律制度以及与之相关的设施和观念的改进；精神文明是人类社会在改造客观世界的同时改造自己的主观世界所获得的精神成果，包括思想、道德、教育、科学、文化等内容；社会文明是指社会领域的进步程度和社会建设的积极成果，包括社会主体文明、社会关系文明、社会观念文明、社会制度文明、社会行为文明等方面的总和；生态文明是指宪法确认和调整的、保护和改善生态环境，提升国家的环境竞争力以及人民的环境指数的一系列制度的总和。物质文明、政治文明、精神文明、社会文明、生态文明协调发展对国家性质和国家活动的方向，乃至整个国家政权的巩固、发展，有着重要的影响和作用。

二、中华人民共和国是人民民主专政国家

党的二十大报告要求，坚持宪法确定的中国共产党领导地位不动摇，坚持宪法确定的人民民主专政的国体和人民代表大会制度的政体不动摇。习近平总书记指出，“要坚定政治制度自信，坚定不移走中国特色社会主义政治发展道路，坚持和完善中国特色社会主义制度，坚持宪法确定的中国共产党领导地位不动摇，坚持宪法确定的人民民主专政的国体和人民代表大会制度的政体不动摇，决不照抄照搬别国模式和做法”①。由此可见，人民民主专政的国家性质是决定宪法性质的来源和根据，而宪法是确立人民民主专政国家性质的根本法。

（一）人民民主专政制度在我国的确立

人民民主专政制度是中国共产党领导中国人民在长期革命斗争中，以马克思主义无产阶级专政学说为指导进行的创造。

1871 年巴黎公社革命期间，受第一国际总委员会委托，马克思撰写了《法兰西内战》，总结了巴黎公社起义失败的经验、教训，提出了无产阶级专政理论。马克思认为，在西欧国家，工人阶级占绝大多数，但被资本家所雇用，靠出卖劳动力为生；政治上，掌握财产的资本家控制着政治。这是由少数人统治多数人的不合理的社会政治形态，必须建立一种由社会多数即不掌握财产的无产阶级——工人阶级——掌握国家政权的政治形式。这一国家形态是社会主义社会，这一政治组织的实质是无产阶级专政。1917 年，列宁领导俄国十月革命取得胜利，通过实践丰富了无产阶级专政理论。

无产阶级专政在不同国家可以有不同形式。人民民主专政是将马克思列宁主义的无产阶级专政学说同中国革命的具体实践相结合的产物，是中国共产党领导人民所创造的适合我国情况和历史传统的一种形式。这种形式的雏形是抗日战争时期各革命根据地的抗日民主政权。但“人民民主专政”这一概念是 1948 年 12 月毛泽东在《将革命进行到

① 习近平：《谱写新时代中国宪法实践新篇章——纪念现行宪法公布施行 40 周年》，载《人民日报》，2022-12-20。

底》一文中公开使用的。毛泽东提出，革命胜利以后应建立“无产阶级领导的以工农联盟为主体的人民民主专政的共和国”[①]。1949 年 6 月 30 日，毛泽东在《论人民民主专政》一文中对人民民主专政的思想作了系统的阐述。

1949 年 9 月召开的中国人民政治协商会议第一届全体会议通过《共同纲领》，把人民民主专政作为中华人民共和国的国体正式确定下来。《共同纲领》第 1 条规定，中华人民共和国为新民主主义即人民民主主义的国家，实行工人阶级领导的、以工农联盟为基础的、团结各民主阶级和国内各民族的人民民主专政。1954 年《宪法》第 1 条规定：中华人民共和国是工人阶级领导的、以工农联盟为基础的人民民主国家。

（二）现行宪法恢复使用人民民主专政的提法

在 1954 年宪法以后的两部宪法中，对国家性质的表述曾有一些变化。1975 年宪法和 1978 年宪法都规定：“中华人民共和国是工人阶级领导的以工农联盟为基础的无产阶级专政的社会主义国家。”这两部宪法用“无产阶级专政”代替“人民民主专政”，这反映了在当时的特殊情况下对阶级关系的错误认识，是阶级斗争扩大化在宪法上的表现。事实上，从 1956 年对生产资料资本主义私有制的社会主义改造完成以后，剥削阶级作为阶级已经被消灭了。尽管在我国，阶级斗争还将在一定范围内长期存在，但阶级矛盾已不是社会的主要矛盾。“工人阶级是我国的领导阶级，它在总人口中是少数，但有广大农民作为巩固的同盟者，并且在长期的革命和建设过程中形成了共产党领导的极其广泛的统一战线。我们国家能够在最广大的人民内部实行民主，专政的对象只是极少数人。”[②]因此，1982 年宪法恢复了 1954 年宪法的提法，规定我国是人民民主专政的社会主义国家。

（三）人民民主专政的主要内容和特点

现行《宪法》第 1 条第 1 款规定：“中华人民共和国是工人阶级领导的、以工农联盟为基础的人民民主专政的社会主义国家。”这是关于我国国家性质的规定，规定的是我国的国体。我国人民民主专政的主要内容和特点表现为以下几点。

（1）我国的人民民主专政经历了民主革命和社会主义革命与建设两个时期。我国工人阶级领导的、以工农联盟为基础的人民民主专政，实质上是无产阶级专政。

（2）人民民主专政的国家性质决定，在我国，只有人民，才是国家和社会的主人。在庆祝中华人民共和国成立 70 周年大会上，习近平总书记指出：“前进征程上，我们要坚持中国共产党领导，坚持人民主体地位，坚持中国特色社会主义道路，全面贯彻执行党的基本理论、基本路线、基本方略，不断满足人民对美好生活的向往，不断创造新的历史伟业。”现行《宪法》明确规定：“中华人民共和国的一切权力属于人民。”（第 2 条第 1 款）这是我国国家制度的核心内容和根本准则。宪法还具体规定：“人民行使国家权

---

① 《毛泽东选集》，2 版，第 4 卷，1375 页，北京，人民出版社，1991。

② 彭真：《关于中华人民共和国宪法修改草案的报告》（1982 年 11 月 26 日），载《论新时期的社会主义民主与法制建设》，147 页，北京，中央文献出版社，1989。

力的机关是全国人民代表大会和地方各级人民代表大会。”（第 2 条第 2 款）“人民依照法律规定，通过各种途径和形式，管理国家事务，管理经济和文化事业，管理社会事务。”（第 2 条第 3 款）

（3）人民民主专政是新型的民主与专政的结合，即对最广大人民实行民主和对极少数敌人实行专政。人民民主专政的民主与专政两个方面，作为一种国家制度是不可分割、相互依赖、相互联系的。习近平总书记指出，有事好商量，众人的事情由众人商量，找到全社会意愿和要求的最大公约数，是人民民主的真谛。涉及人民利益的事情，要在人民内部商量好怎么办，不商量或者商量不够，要想把事情办成办好是很难的。党的二十大报告把发展全过程人民民主确定为中国式现代化的本质要求之一，提出“人民民主是社会主义的生命，是全面建设社会主义现代化国家的应有之义”[①]。从宪法角度来说，积极发展全过程人民民主，就要切实保障人民群众知情权、参与权、表达权、监督权，从各领域各层次扩大人民有序政治参与，推进以人民为中心的宪法实施和宪法监督。

（4）工人阶级是人民民主专政的领导力量。根据《中国共产党章程》，中国共产党是中国工人阶级的先锋队，同时是中国人民和中华民族的先锋队，是中国特色社会主义事业的领导核心。

（5）中国共产党领导是中国特色社会主义最本质的特征。习近平总书记指出：“我国宪法确认了中国共产党的领导地位，这是我国宪法最显著的特征”[②]。工人阶级的领导主要通过中国共产党来实现。中国共产党的领导是历史的选择、人民的选择。中国共产党领导是中国特色社会主义最本质的特征，是中国特色社会主义制度的最大优势，是全国各族人民利益所在、幸福所系。党政军民学，东西南北中，党是领导一切的。中国共产党是最高政治领导力量，是我国政治稳定、经济发展、民族团结、社会稳定的根本点。全过程人民民主也是在党的领导下形成、发展和实现的，党的领导是发展全过程人民民主的根本政治保证。坚持党的领导，就是坚持我国宪法的社会主义性质，坚持人民在国家和社会中的主人翁地位。

（6）人民民主专政有着广泛的阶级基础。这主要体现在人民民主专政以工农联盟为基础。在民主革命与社会主义革命时期，参加政权和管理国家事务的不仅有工人阶级、农民阶级和城市小资产阶级，还有民族资产阶级；在现阶段，工农联盟主要包括工人、农民、知识分子。现行《宪法》序言指出，“社会主义的建设事业必须依靠工人、农民和知识分子”。

（7）在人民民主专政的国家中，存在广泛的爱国统一战线。现行《宪法》序言庄重宣示：“在长期的革命、建设、改革过程中，已经结成由中国共产党领导的，有各民主党派和各人民团体参加的，包括全体社会主义劳动者、社会主义事业的建设者、拥护社会主义的爱国者、拥护祖国统一和致力于中华民族伟大复兴的爱国者的广泛的爱国统一战

---

① 习近平：《高举中国特色社会主义伟大旗帜 为全面建设社会主义现代化国家而团结奋斗——在中国共产党第二十次全国代表大会上的报告》（2022 年 10 月 16 日），37 页，北京，人民出版社，2022。

② 习近平：《谱写新时代中国宪法实践新篇章——纪念现行宪法公布施行 40 周年》，载《人民日报》，2022-12-20。

线，这个统一战线将继续巩固和发展。”

（四）爱国统一战线

统一战线是指社会政治力量的联合，也是人民民主专政的特色和优势。我国统一战线经历了新民主主义革命、社会主义革命和社会主义建设等不同的历史时期。

改革开放以后，我国进入了改革开放和社会主义现代化建设的历史新时期。1981 年 6 月，党的十一届六中全会通过《关于建国以来党的若干历史问题的决议》，把新时期统一战线正式定名为“爱国统一战线”。爱国统一战线是由中国共产党领导的、以工农联盟为基础的，有各民主党派、无党派人士、人民团体、少数民族人士和各界爱国人士参加的，由全体社会主义劳动者、社会主义事业的建设者、拥护社会主义的爱国者、拥护祖国统一和致力于中华民族伟大复兴的爱国者组成的，包括香港特别行政区同胞、澳门特别行政区同胞、台湾同胞和海外侨胞在内的最广泛的政治联盟。

2004 年宪法修正案在宪法“序言”关于新时期爱国统一战线组成的内容中增加了“社会主义事业的建设者”，2018 年宪法修正案又增加了“致力于中华民族伟大复兴的爱国者”，这标志着我国统一战线的重要发展。

我国爱国统一战线的范围包括：（1）全体社会主义劳动者，主要是指工人、农民和知识分子。它们是社会主义建设事业的依靠力量，是推动生产力发展和社会全面进步的根本力量。根据现行《宪法》第 1 条的规定，工人阶级和农民阶级是我国人民民主专政的阶级基础。工人阶级是我国的领导阶级，是人民民主专政的领导力量；农民阶级是工人阶级可靠的同盟军。（2）社会主义事业的建设者，包括全体社会主义劳动者和在社会变革中出现的新社会阶层。[①] 社会变革中出现的新社会阶层是指：民营科技企业的创业人员和技术人员、受聘于外资企业的中方管理技术人员、个体户、私营企业主、中介组织的从业人员、自由职业人员。（3）拥护社会主义事业的爱国者。（4）拥护祖国统一和致力于中华民族伟大复兴的爱国者。

第二节　与国家性质相适应的政党制度

一、政党制度概述

（一）政党及其法律特征

近现代政党是代议政治的产物。马克思主义政党学说认为，政党是一定的阶级、阶层和利益集团为了共同利益，为夺取或控制政权或影响政治权力的运作而由其先进分子建立的，具有一定组织形式和纪律的政治组织。

---

① 参见王兆国：《关于中华人民共和国宪法修正案（草案）的说明》（2004 年 3 月 8 日在第十届全国人民代表大会第二次会议上），载《宪法和宪法修正案学习问答》，103 页，北京，中国民主法制出版社，2004。

政党作为政治性的社会组织，其基本特征是：(1) 政党是由其成员组织的社会组织，不是国家机构；(2) 政党是政治性的组织，有明确的政治纲领、组织体系和领导机构，以夺取或控制政权或影响政治权力的运作为政治目标，不同于一般的社会团体；(3) 政党具有鲜明的阶级属性。

（二）政党制度的宪法规范

政党制度是有关政党的组织、政党的活动以及政党领导或参与政权的方式和途径等一系列法律、政策和惯例的总和。政党制度是一国宪法制度的重要组成部分。政党制度是现代民主政治的重要实现形式，是国家政治制度的重要组成部分。一个国家实行什么样的政党制度，是由这个国家的历史传统和现实国情决定的。世界政党制度具有多样性，没有也不可能有普遍适用于各国的政党制度。

政党是过问国是、从事政治活动的政治性组织。政党制度与宪法有密切的关系，但近代各国宪法对政党或政党制度较少直接作出系统的明文规定。在有的国家，政党活动主要依据的是长期政治实践中形成的惯例；在有的国家，某一政治力量组织政党，主要是依据政治宣言或宪法中关于公民结社自由或政治参与的规定，如 1919 年德国《魏玛宪法》第 124 条规定："德国人民，其目的若不违背刑法，有组织社团及法团之权……社团得依民法规定，获得权利能力。此项权利能力之获得，不能因该社团为求达其政治上、社会上、宗教上的目的拒绝之。"

随着政党政治的发展，有些国家的宪法直接或间接地对有关政党的组织、政党的活动以及政党领导或参与政权的方式和途径等进行规范或确认，主要有以下两种情况。

1. 在宪法中直接规定

如 1949 年《德意志联邦共和国基本法》第 21 条规定："一、政党应参与人民政见之形成。二、政党得自由组成。其内部组织须符合民主原则。政党应公开说明其经费与财产之来源与使用。政党依其目的及其党员之行为，意图损害或废除自由、民主之基本秩序或意图危害德意志联邦共和国之存在者，为违宪。至于是否违宪，由联邦宪法法院裁决之。三、其细则由联邦立法规定之。"

根据法国现行宪法第 4 条的规定，各党派和政治团体协助选举的进行；各党派和团体可自由地组织和进行活动，但必须遵守国家主权原则和民主原则。

1993 年《俄罗斯联邦宪法》第 13 条规定："……俄罗斯联邦承认政治多样化、多党制……社会团体在法律面前一律平等；禁止目的或行为旨在以暴力改变宪法制度基础、破坏俄罗斯联邦完整性、破坏国家安全的社会团体的建立和活动……"

2. 在宪法序言中确认或在宪法中间接规定

如我国 1954 年宪法"序言"宣布："我国人民在建立中华人民共和国的伟大斗争中已经结成以中国共产党为领导的各民主阶级、各民主党派、各人民团体的广泛的人民民主统一战线。"

我国现行《宪法》第 1 条规定，我国是工人阶级领导的、以工农联盟为基础的人民民主专政的社会主义国家。"规定我们国家是工人阶级领导的，实际也就肯定了工人阶级通过它的政党中国共产党对国家实行领导。”① 2018年全国人大通过的宪法修正案更明确规定，中国共产党领导是中国特色社会主义的最本质特征。把“中国共产党领导是中国特色社会主义最本质的特征”写入宪法，代表了我国各族人民的共同意志和根本利益，有利于实现全党全国各族人民思想上、政治上、行动上一致，为党和国家兴旺发达、长治久安提供了更加坚实的群众基础和政治保障。

（三）政党制度的主要类型

当代各国的政治在许多情况下是通过政党进行的，但由于各国历史条件和具体情况存在差异，其政党活动的方式和政党制度也不尽相同。从形式上看，政党制度大致有以下几种。

1. 一党制

在实行一党制的国家，一党单独执政，在法律上或事实上不允许其他政党存在。从宪法的规定看，实行一党制的国家主要是一些发展中国家，如少数的非洲民族主义国家。

2. 两党制

两党制是指在一些西方国家中，除其他政党以外，存在两个主要的政党，通过选举，长期有组织地轮流控制国家权力、主持国家政治事务。如英国的两大政党——保守党和工党，美国的两大政党——民主党和共和党，长期轮流执政。

3. 多党制

多党制是指西方国家两个以上的政党联合执政，或几个政党联盟执政的制度。当今世界上，大多数西方国家实行多党制，典型的多党制国家如法国、德国等。

4. 一党领导的多党合作制

一党领导的多党合作制，是指一个国家中，由一个处于领导地位的政党执掌国家政权，其他合法存在的政党作为参政党参与国家政权的新型政党制度。我国实行的中国共产党领导的多党合作制，就是这样的一种政党制度。

二、中国共产党领导的多党合作和政治协商制度

习近平总书记指出，中国共产党领导的多党合作和政治协商制度作为我国一项基本政治制度，是中国共产党、中国人民和各民主党派、无党派人士的伟大政治创造，是从中国土壤中生长出来的新型政党制度。中国共产党领导的多党合作和政治协商制度，是与我国国体相适应的政党制度，是我国的一项基本政治制度。它根本不同于西方国家的多党制或两党制，它也有别于一些国家实行的一党制。

（一）多党合作和政治协商制度的形成与发展

中国共产党领导的多党合作和政治协商制度是在我国长期革命和建设中形成、发展

① 杨景宇：《宪法和宪法的修改》，载《中国人大新闻》，2003-11-03。

起来的，是中国共产党与各民主党派长期合作共事的产物。

民主党派是指在中国大陆范围内，除执政党中国共产党以外的八个参政党的统称。它们是：中国国民党革命委员会、中国民主同盟、中国民主建国会、中国民主促进会、中国农工民主党、中国致公党、九三学社、台湾民主自治同盟。

在新民主主义革命时期，民主党派的社会基础是民族资产阶级、城市小资产阶级和同这些阶级相联系的知识分子，以及其他爱国民主人士。它们不是单一阶级的政党，而是带有阶级联盟性质的组织，在政治态度上存在左、中、右的政治分野，其政治主张与中国共产党民主革命时期的政治纲领基本一致。中国共产党对民主党派采取争取、联合的方针，在抗日战争和反对国民党反动统治的斗争中，中国共产党同民主党派建立了合作关系。随着人民解放战争的胜利发展，民主党派积极响应中国共产党 1948 年发布的“五一”口号，同中国共产党一道，为推翻国民党反动统治、建立新中国而共同奋斗。各民主党派在这一时期的革命斗争中逐步接受共产党的领导，为新民主主义革命的胜利和建立新中国作出了重要贡献。

新民主主义革命胜利后，我国建立了工人阶级领导的、以工农联盟为基础、团结民族资产阶级和城市小资产阶级的人民民主专政的国家政权。1949 年 9 月召开的中国人民政治协商会议第一届全体会议，通过了具有临时宪法性质的《共同纲领》，通过了《中国人民政治协商会议组织法》，选举产生了中国人民政治协商会议第一届全国委员会。这标志着中国共产党领导的多党合作和政治协商制度的初步确立。1954 年宪法“序言”宣布：“我国人民在建立中华人民共和国的伟大斗争中已经结成以中国共产党为领导的各民主阶级、各民主党派、各人民团体的广泛的人民民主统一战线。”各民主党派参加人民政权和人民政协的工作，为巩固人民民主专政、顺利实现社会主义改造和促进社会主义事业的发展，发挥了重要作用。

1956 年对资本主义工商业的社会主义改造基本完成后，中国共产党和毛泽东主席在总结我国多党合作历史经验的基础上，提出了“长期共存、互相监督”的方针，使中国共产党领导的多党合作和政治协商制度在社会主义条件下得到进一步确立。但在 1957 年后特别是“文化大革命”期间，多党合作遭受严重挫折。

党的十一届三中全会以后，中国共产党领导的多党合作重新走上健康发展的道路。随着国内阶级状况的根本变化，各民主党派已经成为一部分社会主义劳动者和一部分拥护社会主义的爱国者的政治联盟。1982 年 9 月，中国共产党第十二次全国代表大会进一步提出“长期共存、互相监督、肝胆相照、荣辱与共”的方针。中共中央经与各民主党派协商，于 1989 年 12 月 30 日颁发了《关于坚持和完善中国共产党领导的多党合作和政治协商制度的意见》，深刻总结了与民主党派合作的历史经验，进一步明确了中国共产党领导的多党合作和政治协商制度是我国一项基本政治制度，明确了民主党派在我国国家政权中的参政党地位，提出了民主党派参政的基本点、履行监督职责的总原则，以及充分发挥民主党派参政和监督作用的各项制度措施。

1993 年宪法修正案第 4 条，在宪法“序言”第十自然段末尾增加：“中国共产党领导的多党合作和政治协商制度将长期存在和发展。”由此确认了中国共产党领导的多党合作和政治协商制度是我国一项基本政治制度。

2004年宪法修正案第19条规定："在长期的革命和建设过程中，已经结成由中国共产党领导的，有各民主党派和各人民团体参加的，包括全体社会主义劳动者、社会主义事业的建设者、拥护社会主义的爱国者和拥护祖国统一的爱国者的广泛的爱国统一战线，这个统一战线将继续巩固和发展。"

2005年2月18日，中共中央发布了《关于进一步加强中国共产党领导的多党合作和政治协商制度建设的意见》，在认真总结历史经验的基础上，对于进一步完善中国共产党与各民主党派政治协商的内容、形式和程序，充分发挥民主党派与无党派人士的参政议政和民主监督作用等，都作了规范。

2018年宪法修正案规定：在长期的革命、建设、改革过程中，已经结成由中国共产党领导的，有各民主党派和各人民团体参加的，包括全体社会主义劳动者、社会主义事业的建设者、拥护社会主义的爱国者、拥护祖国统一和致力于中华民族伟大复兴的爱国者的广泛的爱国统一战线，这个统一战线将继续巩固和发展。

（二）中国共产党领导的多党合作和政治协商制度的显著特征、主要内容和主要形式

中国共产党领导的多党合作和政治协商制度，是我国宪法确认的基本政治制度。坚持和完善中国共产党领导的多党合作和政治协商制度是建设社会主义政治文明的重要内容。

1. 多党合作和政治协商制度的显著特征

中国共产党和各民主党派都是宪法确认的合法政党。现行宪法肯定了中国共产党的历史作用，确立了中国共产党的基本路线与中国共产党领导的多党合作和政治协商制度，规定了中国共产党在宪法和法律范围内活动的原则。根据《中国共产党章程》，中国共产党是中国工人阶级的先锋队，同时是中国人民和中华民族的先锋队，是中国特色社会主义事业的领导核心。中国共产党的领导是我国政党制度的重要内容和基本方面，也是我国政党制度最基本的特征。

根据《中共中央关于进一步加强中国共产党领导的多党合作和政治协商制度建设的意见》，民主党派是各自所联系的一部分社会主义劳动者、社会主义事业建设者和拥护社会主义爱国者的政治联盟，是接受中国共产党领导、同中国共产党通力合作的亲密友党，是进步性与广泛性相统一、致力于中国特色社会主义事业的参政党。

中国共产党领导的多党合作和政治协商制度的显著特征是：共产党领导，多党派合作；共产党执政，多党派参政。换言之，在国家政权中，中国共产党是执政党，各民主党派是参政党。各民主党派参政的基本点是：参加国家政权，参与国家大政方针和国家领导人选的协商，参与国家事务的管理，参与国家方针、政策、法律、法规的制定与执行。

2. 多党合作和政治协商制度的主要内容

政治协商是中国共产党领导的多党合作和政治协商制度的重要组成部分，是实行科学、民主决策的重要环节，是中国共产党提高执政能力的重要途径。把政治协商纳入决

策程序，就重大问题在决策前和决策执行中进行协商，是政治协商的重要原则。

中国共产党由于处于领导和执政地位，更加需要自觉接受民主党派的监督。中国共产党与民主党派实行互相监督，是在坚持四项基本原则的基础上通过提出意见、批评、建议的方式进行政治监督，是我国社会主义监督体系的重要组成部分。

根据《中共中央关于进一步加强中国共产党领导的多党合作和政治协商制度建设的意见》，我国多党合作和政治协商的政治准则是：以马列主义、毛泽东思想、邓小平理论和“三个代表”重要思想为指导，坚持中国共产党的领导，坚持社会主义初级阶段的基本路线、基本纲领和基本经验，坚持“长期共存、互相监督、肝胆相照、荣辱与共”的基本方针，保持宽松稳定、团结和谐的政治环境。中国共产党和各民主党派都必须以宪法为根本活动准则，负有维护宪法尊严、保证宪法实施的职责。

3. 多党合作和政治协商的主要形式

根据《中共中央关于坚持和完善中国共产党领导的多党合作和政治协商制度的意见》和《中共中央关于进一步加强中国共产党领导的多党合作和政治协商制度建设的意见》，多党合作和政治协商有下列主要形式。

（1）中国共产党与各民主党派、无党派人士的政治协商。中共中央在作出重大决策之前，一般都邀请民主党派主要领导人和无党派代表人士召开民主协商会、小范围谈心会、座谈会，通报情况，听取意见，共商国是。除会议协商外，民主党派中央可向中共中央提出书面建议。协商的主要内容包括：中国共产党全国代表大会、中共中央的重要文件；宪法和重要法律的修改建议；国家领导人的建议人选；关于推进改革开放的重要决定；国民经济和社会发展的中长期规划；关系国家全局的一些重大问题；通报重要文件和重要情况并听取意见，以及其他需要同民主党派协商的重要问题等。

（2）民主党派成员、无党派人士在人民代表大会及其常务委员会中发挥重要作用。民主党派成员和无党派人士在全国和县级以上地方各级人大常委会及人大专门委员会中，占适当比例。民主党派成员、无党派人士中的人大代表在各级人大及其常委会中，以人大代表或常委会组成人员的身份，依照宪法和全国人民代表大会组织法、地方各级人民代表大会和地方各级人民政府组织法等法律进行活动，反映民意，参与国家和地方重大决策，参与制定法律、地方性法规和监督政府。

（3）民主党派成员和无党派人士担任各级政府、政府部门和司法机关的领导职务。民主党派和无党派人士担任各级政府、政府部门和检察机关、审判机关领导职务，与共产党干部建立良好的合作共事关系。

（4）民主党派和无党派人士在中国人民政治协商会议中发挥重要作用。各民主党派和各界代表人士通过参加人民政协的政治协商，对国家大政方针、地方重要事务、政策法规的贯彻执行、群众生活和统一战线等重大问题，发表意见，提出提案和建议案，并通过参加人民政协开展民主监督、参政议政工作。

（5）民主党派和无党派人士通过多渠道、多形式对执政党的工作实行民主监督。监督的主要内容有：宪法和法律法规的实施情况；中国共产党和政府重要方针政策的制定与贯彻执行情况；中国共产党组织及党员领导干部履行职责、为政清廉等方面的情况。

（6）民主党派和无党派人士积极参与改革开放和现代化建设事业，为推动祖国统一大业和社会全面进步建言献策。

三、中国人民政治协商会议

习近平总书记在中央政协工作会议暨庆祝中国人民政治协商会议成立70周年大会上的讲话中指出，人民政协是中国共产党把马克思列宁主义统一战线理论、政党理论、民主政治理论同中国实际相结合的伟大成果，是中国共产党领导各民主党派、无党派人士、人民团体和各族各界人士在政治制度上进行的伟大创造。70年来，在中国共产党领导下，人民政协坚持团结和民主两大主题，服务党和国家中心任务，在建立新中国和社会主义革命、建设、改革各个历史时期发挥了十分重要的作用。70年的实践证明，人民政协制度具有多方面的独特优势。实现民主政治的形式是丰富多彩的，不能拘泥于刻板的模式。实践充分证明，中国式民主在中国行得通、很管用。新形势下，我们必须把人民政协制度坚持好、把人民政协事业发展好，增强开展统一战线工作的责任担当，把更多的人团结在党的周围。①

（一）中国人民政治协商会议的产生和发展

中国人民政治协商会议，简称"人民政协"，是在革命和建设过程中产生和发展起来的。

1949年9月21日至30日，中国人民政治协商会议第一届全体会议在北平（今北京）召开。出席这次会议的662名代表，分别来自中国共产党、各民主党派、各人民团体、各地区、人民解放军、少数民族、国外华侨、宗教界人士以及其他爱国民主分子，充分体现了人民政协的统一战线性质。这次会议代行全国人民代表大会的职权，通过了具有临时宪法性质的《共同纲领》，通过了《中国人民政治协商会议组织法》《中华人民共和国中央人民政府组织法》，选举产生了中华人民共和国中央人民政府委员会和中国人民政治协商会议第一届全国委员会，宣告了中华人民共和国的成立等。

中华人民共和国成立后，人民政协对于恢复和发展国民经济，巩固新生的人民政权，协助政府推动各项社会改革，促进社会主义革命和建设，作出了重大贡献。

1954年12月，人民政协第二届全国委员会第一次会议召开，制定了《中国人民政治协商会议章程》。根据该章程，《共同纲领》已经为宪法所代替，人民政协全体会议代行全国人民代表大会职权的任务已经完成。但是人民政协作为人民民主统一战线组织，将继续存在和发挥作用。

从1955年至1966年的十多年里，人民政协在团结各族人民和各界爱国力量、发挥人民民主、活跃国家政治和社会生活，以及调动一切积极因素为国家建设服务等方面发挥了重要的作用。

党的十一届三中全会以后，我国进入了改革开放和现代化建设的新时期，人民政协

① 参见习近平：《在中央政协工作会议暨庆祝中国人民政治协商会议成立70周年大会上的讲话》（2019年9月20日），载《人民日报》，2019-09-21。

也开始了一个新的发展时期。随着统一战线发展成为由全体社会主义劳动者、社会主义事业的建设者、拥护社会主义的爱国者、拥护祖国统一和致力于中华民族伟大复兴的爱国者组成的最广泛的爱国统一战线，人民政协也发展成为包括以上各个方面的、由各党派团体和各族各界代表人士组成的爱国统一战线组织。

（二）人民政协的性质、地位、组织和主要职能

1. 人民政协的性质和地位

人民政协不属于国家机关体系，也不同于一般的社会团体或人民团体。根据《中国人民政治协商会议章程》的规定，中国人民政治协商会议是中国人民爱国统一战线的组织，是中国共产党领导的多党合作和政治协商的重要机构，是我国政治生活中发扬社会主义民主、实践全过程人民民主的重要形式，是社会主义协商民主的重要渠道和专门协商机构，是国家治理体系的重要组成部分，是具有中国特色的制度安排。

2. 人民政协的组织

人民政协设全国委员会和地方委员会。全国委员会与地方委员会的关系和地方委员会与下级地方委员会的关系是指导关系。

人民政协全国委员会由中国共产党、各民主党派、无党派人士、人民团体、各少数民族和各界的代表，以及香港特别行政区同胞、澳门特别行政区同胞、台湾同胞和归国侨胞的代表以及特别邀请的人士组成，现设 34 个界别。

人民政协全国委员会每届任期 5 年。全国委员会设常务委员会主持会务。常务委员会由全国委员会主席、副主席、秘书长、常务委员组成。全国委员会主席主持常务委员会的工作，副主席、秘书长协助主席工作。主席、副主席、秘书长组成主席会议，处理常务委员会的重要日常工作。全国委员会根据工作需要设立若干专门委员会及其他工作机构。各专门委员会设主任一人，副主任、委员若干人。人民政协第十四届全国委员会设立了 10 个专门委员会：提案委员会；民族和宗教委员会；农业和农村委员会；经济委员会；港澳台侨委员会；人口资源环境委员会；外事委员会；教科卫体委员会；文化文史和学习委员会；社会和法制委员会。

各省、自治区、直辖市、自治州、设区的市、县、自治县、不设区的市和市辖区，凡有条件的地方设立政协组织。人民政协各级地方委员会每届任期 5 年。各级地方委员会及其常务委员会的组成、产生办法、主要职责和工作机构的设置等，根据人民政协章程的规定，结合当地实际情况，参照全国委员会的做法。

3. 人民政协的主要职能

人民政协的主要职能是政治协商、民主监督，组织参加人民政协的各党派、团体和各族各界人士参政议政。2022 年 6 月，中共中央发布《中国共产党政治协商工作条例》，明确政治协商工作应当遵循以下原则：坚持党的全面领导；坚持围绕中心、服务大局；坚持发扬民主、坦诚协商；坚持政治引领、凝聚共识。

政治协商是对国家大政方针和地方的重要举措以及经济建设、政治建设、文化建设、社会建设、生态文明建设中的重要问题，在决策之前和决策实施之中进行协商。中国人

民政治协商会议全国委员会和地方委员会可根据中国共产党、人民代表大会常务委员会、人民政府、民主党派、人民团体的提议，举行有各党派、团体的负责人和各族各界人士的代表参加的会议，进行协商，亦可建议上列单位将有关重要问题提交协商。习近平总书记指出，“要发挥好人民政协专门协商机构作用，把协商民主贯穿履行职能全过程，坚持发扬民主和增进团结相互贯通、建言资政和凝聚共识双向发力，积极围绕贯彻落实党和国家重要决策部署情况开展民主监督”。

民主监督是对国家宪法、法律和法规的实施，重大方针政策、重大改革举措、重要决策部署的贯彻执行情况，涉及人民群众切身利益的实际问题解决落实情况，国家机关及其工作人员的工作等，通过提出意见、批评、建议的方式进行的协商式监督。

参政议政是对政治、经济、文化、社会生活和生态环境等方面的重要问题以及人民群众普遍关心的问题，开展调查研究，反映社情民意，进行协商讨论。人民政协通过调研报告、提案、建议案或其他形式，向中国共产党和国家机关提出意见和建议。

第三节　国家政权的经济基础

一、经济基础是国家性质的决定性因素

（一）经济基础与宪法

马克思主义认为，国家政权作为上层建筑的主要组成部分，是由一定的经济基础决定并为经济基础服务的。当政权赖以建立的经济基础发生改变或社会的主要生产关系为一种新的生产关系所替代时，国家政权的性质或迟或早会发生改变。

所谓经济基础，是指在一定历史发展阶段的国家中占主导地位的生产关系的总和，包括生产资料归谁占有、人们在生产过程中所形成的相互关系和劳动产品的分配形式这三个主要方面，其中，生产资料的所有制形式是决定性因素，决定着经济基础的性质，并在根本上决定着国家的本质。

宪法作为国家根本法，对经济基础起着重要的确认和保障作用。近代意义上的西方国家的宪法在确认和保障民主制度的同时，对资本主义经济关系也作了规定。早期西方国家的宪法对经济制度的确认和调整，主要是通过规定“私有财产神圣不可侵犯”这一原则来确立生产资料的私有制。进入 20 世纪以后，一些西方国家的宪法用更多的条款对经济制度和公民经济生活作出规定。如 1919 年德国《魏玛宪法》在第二编“德国人民的基本权利与基本义务”中，对国家经济制度和公民的经济生活作了专章规定。

社会主义国家的宪法从一开始就把经济制度作为重要内容加以规定，如在世界上第一部社会主义宪法——1918 年《苏俄宪法》的第一篇“被剥削劳动人民权利宣言”中，除规定全部政权归苏维埃外，还用大量文字规定了废除土地私有制，宣布土地为全民财产，全国性的一切森林、蕴藏与水利、全部农畜与农具、实验农场与农业企业为国有财产，将一切银行收归国有等内容。

我国 1954 年宪法除确定国家在过渡时期的总任务和过渡到社会主义的方法、步骤外，还规定了生产资料所有制的各种形式及在国民经济体系中的地位和国家对它们的政策。

现行宪法确认社会主义制度是我国的根本制度。社会主义制度，包括经济制度、政治制度和其他方面的制度，其中，经济制度起着决定性的作用，决定着国家的性质和发展方向。

（二）我国宪法关于经济制度的主要规定

习近平总书记指出，实行公有制为主体、多种所有制经济共同发展的基本经济制度，是中国共产党确立的一项大政方针，是中国特色社会主义制度的重要组成部分，也是完善社会主义市场经济体制的必然要求。党的十八届三中全会提出，公有制经济和非公有制经济都是社会主义市场经济的重要组成部分，都是我国经济社会发展的重要基础；公有制经济财产权不可侵犯，非公有制经济财产权同样不可侵犯；国家保护各种所有制经济产权和合法利益；坚持权利平等、机会平等、规则平等，废除对非公有制经济各种形式的不合理规定，消除各种隐性壁垒；激发非公有制经济活力和创造力。

1982 年《宪法》从第 6 条到第 18 条对经济制度作了规定，宪法修正案也多方面涉及经济制度。其主要有如下内容。

1. 坚持公有制为主体、多种所有制经济共同发展的基本经济制度

《宪法》第 6 条确立了生产资料的社会主义公有制的主体地位，明确规定“中华人民共和国的社会主义经济制度的基础是生产资料的社会主义公有制”。另外，由于我国正处于社会主义初级阶段，生产力水平还比较低，非公有制经济在一定范围内存在是非常必要的，所以《宪法》第 6 条第 2 款规定，“国家在社会主义初级阶段，坚持公有制为主体、多种所有制经济共同发展的基本经济制度”。党的十八大报告提出“两个毫不动摇”，即毫不动摇巩固和发展公有制经济，毫不动摇鼓励、支持、引导非公有制经济发展，保证各种所有制经济依法平等使用生产要素、公平参与市场竞争、同等受到法律保护。这就是落实宪法关于我国经济体制的规定。党的二十大报告重申，坚持和完善社会主义基本经济制度，毫不动摇巩固和发展公有制经济，毫不动摇鼓励、支持、引导非公有制经济发展，充分发挥市场在资源配置中的决定性作用，更好发挥政府作用。

公有制的主体地位主要表现在：就全国而言，公有资产在社会总资产中占优势，国有经济控制国民经济命脉，对经济发展起主导作用。

2. 坚持按劳分配为主体、多种分配方式并存的分配制度

《宪法》第 6 条第 1 款第二句规定：“社会主义公有制消灭人剥削人的制度，实行各尽所能、按劳分配的原则。”第 2 款规定：“国家在社会主义初级阶段……坚持按劳分配为主体、多种分配方式并存的分配制度。”

按劳分配是指按照社会成员向社会提供的劳动数量和质量分配报酬，它是社会主义社会个人消费品分配的基本原则。在坚持按劳分配为主体的前提下，国家允许和鼓励资本、技术、管理等各种生产要素参与收益分配，形成按劳分配为主体、多种分配方式并存的分配制度。换言之，在社会主义初级阶段，除按劳分配以外，还允许和鼓励按资分配、按技术投入分配；资本收益、股票、基金、存款所得等非劳动收入，只要是合法收入的，也是分配的存在形式。这是与我国社会主义初级阶段坚持公有制为主体、多种所有制经济共同发展的基本经济制度相适应的。

3. 社会主义市场经济是我国的经济体制

在 1982 年宪法颁布施行前，我国一直实行计划经济体制，因此，1982 年《宪法》第 15 条第 1 款第一句规定："国家在社会主义公有制基础上实行计划经济。"随着生产力的发展和改革的不断深入，通过计划配置资源的方式越来越不适应生产力发展的要求，而市场在资源配置中的基础性作用越来越明显。为了使宪法适应经济发展的要求，1993 年宪法修正案第 7 条规定："国家实行社会主义市场经济。"

二、生产资料社会主义公有制是我国经济制度的基础

习近平总书记指出，我国是中国共产党领导的社会主义国家，公有制经济是长期以来在国家发展历程中形成的，为国家建设、国防安全、人民生活改善作出了突出贡献，是全体人民的宝贵财富，当然要让它发展好，继续为改革开放和现代化建设作出贡献。[①]生产资料所有制形式是一个国家经济制度的基础，决定着国家政权的性质。我国是社会主义国家，在 1956 年对生产资料私有制的社会主义改造基本完成以后，以公有制为基础的社会主义经济制度在我国就基本确立起来。现行《宪法》第 6 条第 1 款规定："中华人民共和国的社会主义经济制度的基础是生产资料的社会主义公有制，即全民所有制和劳动群众集体所有制。"

社会主义公有制经济包含全民所有制经济和劳动群众集体所有制经济，还包括混合所有制经济中的国有成分和集体成分。

1. 国有经济

国有经济，即全民所有制经济，是指生产资料归社会全体成员公有、由代表全体人民的国家占有生产资料的一种所有制形式，包括国有企业，国家控股的企业，中外合资、中外合作企业中的国有资产部分等，以及《宪法》第 9 条、第 10 条规定属于国家所有的部分。国有经济是社会主义公有制经济的基石，《宪法》第 7 条规定："国有经济，即社会主义全民所有制经济，是国民经济中的主导力量。国家保障国有经济的巩固和发展"。

2. 劳动群众集体所有制经济

劳动群众集体所有制经济，是由集体经济组织内部的劳动者共同占有生产资料的一种公有制经济。集体所有制经济是在土地改革的基础上，通过对农业和手工业等个体经济实行社会主义改造而建立起来的。从性质上看，劳动群众集体所有制经济，是社会主义公有制经济的重要组成部分。劳动群众集体所有制经济，包括农村集体经济和城镇集

---

① 参见习近平：《毫不动摇坚持我国基本经济制度 推动各种所有制经济健康发展》（2016 年 3 月 4 日），载《人民日报》，2016-03-09。

体经济两种形式。

现行《宪法》第 8 条第 1 款确认农村集体经济组织实行以家庭承包经营为基础、统分结合的双层经营体制。一方面，集体统一经营有利于加强农村集体经济组织的管理和服务功能，为农业现代化奠定坚实基础；另一方面，家庭承包经营，有利于调动农民的生产积极性。宪法的这一规定，有利于理顺农村最基本的生产关系，推动农村经济的长期稳定发展。

按照现行《宪法》第 8 条第 1 款的规定，农村中的生产、供销、信用、消费等各种形式的合作经济，是社会主义劳动群众集体所有制经济。

同时，按照现行《宪法》第 9 条和第 10 条的规定，由法律规定属于集体所有的森林和山岭、草原、荒地、滩涂，属于集体所有；农村和城市郊区的土地，除由法律规定属于国家所有的以外，都属于集体所有；宅基地和自留地、自留山，也属于集体所有；国家为了公共利益的需要，可以依照法律规定对土地实行征收或者征用并给予补偿。

对于城镇集体经济，《宪法》第 8 条第 2 款规定，城镇中的手工业、工业、建筑业、运输业、商业、服务业等行业的各种形式的合作经济，都是社会主义劳动群众集体所有制经济。

《中华人民共和国民法典》（以下简称《民法典》）将农村集体经济组织、城镇农村的合作经济组织确定为特别法人，依法独立享有民事权利和承担民事义务。劳动群众集体所有制经济对我国国家制度的发展发挥着重要作用，它直接体现工农联盟的巩固和发展要求，并直接关系着城乡人民群众的物质和文化生活水平的逐步提高。现行《宪法》第 8 条第 3 款明确规定："国家保护城乡集体经济组织的合法的权利和利益，鼓励、指导和帮助集体经济的发展。"2024 年 6 月 28 日，全国人大常委会通过了《中华人民共和国农村集体经济组织法》（以下简称《农村集体经济组织法》），为进一步巩固农村土地集体所有制、巩固和完善农村基本经营制度提供了法治保障。

三、非公有制经济是社会主义市场经济的重要组成部分

习近平总书记指出，我国非公有制经济，是改革开放以来在中国共产党的方针政策指引下发展起来的，是在中国共产党领导下开辟出来的一条道路。非公有制经济在我国经济社会发展中的地位和作用没有变，我们毫不动摇鼓励、支持、引导非公有制经济发展的方针政策没有变，我们致力于为非公有制经济发展营造良好环境和提供更多机会的方针政策没有变。① 改革开放以来，我国的非公有制经济有了飞速发展，它们发挥各自优势，在发展生产、活跃市场、方便群众、促进产业结构优化、扩大就业等方面发挥了很大作用。因此，《宪法》第 11 条第 1 款规定，在法律规定范围内的个体经济、私营经济等非公有制经济，是社会主义市场经济的重要组成部分。

在我国现阶段，非公有制经济是指在法律规定范围内的个体经济、私营经济和在中

---

① 参见习近平：《毫不动摇坚持我国基本经济制度 推动各种所有制经济健康发展》（2016 年 3 月 4 日），载《人民日报》，2016 - 03 - 09。

国境内的中外合资企业、中外合作企业和外商独资企业等形式。

1. 个体经济与私营经济

个体经济是指由城乡个体劳动者占有生产资料和产品，以自己从事劳动生产为基础的一种经济形式；私营经济是指企业资产属于私人所有、雇用一定人数工人的营利性经济形式。

根据《宪法》第 11 条第 2 款，国家保护个体经济、私营经济等非公有制经济的合法权利和利益；国家鼓励、支持和引导非公有制经济的发展，并对非公有制经济依法实行监督和管理。

2. “三资企业”

“三资企业”是指在中国境内的中外合资企业、中外合作企业和外商独资企业。

《宪法》第 18 条明确规定了国家对“三资企业”的政策，即允许外国的企业和其他经济组织或者个人依照中国法律的规定在中国投资，同中国的企业或者其他经济组织进行各种形式的经济合作；在中国境内的外国企业和其他外国经济组织以及中外合资经营的企业，都必须遵守中国的法律；它们的合法的权利和利益受中国法律的保护。2019 年 3 月，全国人大通过《外商投资法》，进一步落实宪法的相关规定，重申国家坚持对外开放的基本国策，鼓励外国投资者依法在中国境内投资。

四、保护社会主义公共财产和公民合法的私有财产

（一）社会主义的公共财产不可侵犯

社会主义的公共财产包括全民所有的财产和劳动群众集体所有的财产。现行《宪法》第 12 条明确规定：“社会主义的公共财产神圣不可侵犯。”“国家保护社会主义的公共财产。禁止任何组织或者个人用任何手段侵占或者破坏国家的和集体的财产。”社会主义公共财产是巩固和发展社会主义制度，建立富强民主文明和谐美丽的社会主义现代化强国的物质基础，是逐步提高各族人民的物质和文化生活水平的物质源泉，也是人民切实地享有各项权利和自由的物质保证。因此，保护社会主义公共财产不受侵犯是国家的一项基本任务。同时，宪法也把爱护公共财产规定为公民的一项基本义务。

（二）公民合法的私有财产不受侵犯

改革开放以来，随着经济的发展和人民生活水平的提高，公民拥有的私有财产普遍有了不同程度的增加。私有财产中，不仅有个人收入、储蓄、房屋等生活资料，而且有机械设备、厂房等生产资料，以及股票、债券、基金等投资性资产；不仅包括有形财产，还包括商标权、专利权、著作权等无形资产。保护公民合法的私有财产，对于维护宪法秩序、建立和完善市场经济及构建和谐社会，具有重要意义。

公民合法的私有财产权，是指公民个人通过劳动和其他合法方式所享有的具有一定物质内容并直接体现为经济利益的权利，主要有物权（所有权、用益物权和担保物权）、债权和知识产权等。公民合法的私有财产权是公民最重要的权利之一。按照现行《宪法》

第13条的规定，公民的合法的私有财产不受侵犯；国家依照法律规定保护公民的私有财产权和继承权；国家为了公共利益的需要，可以依照法律规定对公民的私有财产实行征收或者征用并给予补偿。宪法的规定不仅有利于保障公民合法的私有财产不受侵犯，也为建立、健全我国保障公民财产权的法律制度奠定了宪法基础。

参考法规、文件

1.《中国人民政治协商会议共同纲领》(1949年)
2.《中华人民共和国中央人民政府组织法》(1949年)
3.《中华人民共和国宪法》(1954年)
4.《中华人民共和国宪法》(1975年)
5.《中华人民共和国宪法》(1978年)
6.《中华人民共和国宪法》(1982年)
7.《外商投资法》(2019年)
8.《民法典》(2020年)
9.《农村集体经济组织法》(2024年)
10.《美利坚合众国宪法》(1787年)
11.《法兰西第五共和国宪法》(1958年)
12. (法国)《关于共和国地方分权化的组织法》(2003年第276号宪法性法律)
13.《德意志联邦共和国基本法》(1949年)
14.《日本国宪法》(1946年)
15.《俄罗斯联邦宪法》(1993年)

参考文献

(一) 著作

1. 胡锦光主编．宪法学关键问题．北京：中国人民大学出版社，2014.
2. 许崇德主编．中国宪法参考资料选编．北京：中国人民大学出版社，1990.
3.《宪法学》编写组．宪法学．2版．北京：高等教育出版社，人民出版社，2020.

(二) 文章、报告、讲话、文件

1. 毛泽东．关于中华人民共和国宪法草案//毛泽东文集：第6卷．北京：人民出版社，1999.
2. 刘少奇．关于中华人民共和国宪法草案的报告//刘少奇选集：下卷．北京：人民出版社，1985.
3. 彭真．关于中华人民共和国宪法修改草案的报告//彭真文选 (1940—1990)．北京：人民出版社，1991.
4. 田纪云．关于中华人民共和国宪法修正案 (草案) 的说明 (1999年3月9日在第九届全国人民代表大会第二次会议上).

5. 王兆国．关于中华人民共和国宪法修正案（草案）的说明（2004年3月8日在第十届全国人民代表大会第二次会议上）.

6. 习近平．在首都各界纪念现行宪法公布施行30周年大会上的讲话．北京：人民出版社，2012.

7. 王晨．关于中华人民共和国宪法修正案（草案）的说明（2018年3月5日在第十三届全国人民代表大会第一次会议上）.

问题与思考

一、单项选择题（每题只有一个正确答案）

1. 下列关于土地所有权的说法中正确的是（　　）。（国家公务员考试）

A. 土地全部属于国家所有

B. 城市土地属于国家所有

C. 土地全部属于集体所有

D. 农村和城市郊区的土地，除由法律规定属于集体所有的以外，属国家所有

2. 根据1982年宪法的规定，我国的国家性质是（　　）。

A. 社会主义制度　　B. 人民代表大会制度

C. 人民民主专政　　D. 无产阶级专政

3. 人民民主专政的经济基础是（　　）。

A. 生产资料的社会主义公有制　　B. 全民所有制

C. 社会主义市场经济　　D. 国有经济

4. 中国人民政治协商会议的性质是（　　）。

A. 中央国家机关　　B. 民主党派的中央机关

C. 爱国统一战线组织　　D. 中国的上议院

5. 下列关于国有经济的地位的宪法表述中，正确的是（　　）。

A. 国有经济是社会主义市场经济的重要组成部分

B. 国有经济是国民经济中的领导力量

C. 国有经济是国民经济中的主导力量

D. 国有经济是我国社会主义经济制度的唯一基础

6. 确立中国共产党领导的多党合作和政治协商制度的最高依据是（　　）。

A.《中国人民政治协商会议组织法》

B.《中国人民政治协商会议共同纲领》

C.《中华人民共和国宪法》

D.《中共中央关于进一步加强中国共产党领导的多党合作和政治协商制度建设的意见》

7. 我国现阶段的统一战线的性质是（　　）。

A. 革命统一战线　　B. 抗日民族统一战线

C. 人民民主统一战线　　D. 爱国统一战线

8. 近代意义的宪法产生以来，文化制度便是宪法的内容。关于两者的关系，下列哪

一选项是不正确的？（　　）

A. 1787 年美国宪法规定了公民广泛的文化权利和国家的文化政策

B. 1919 年德国《魏玛宪法》规定了公民的文化权利

C. 我国现行宪法对文化制度的原则、内容等作了比较全面的规定

D. 公民的文化教育权、国家机关的文化教育管理职权和文化政策，是宪法文化制度的主要内容

二、多项选择题（每题有两个以上正确答案）

1. 中国共产党领导的多党合作和政治协商制度建设的显著特征有（　　）。

A. 共产党领导　　B. 多党派合作　　C. 共产党执政　　D. 多党派参政

2. 根据我国宪法的规定，下列哪些选项是正确的？（　　）

A. 中国人民政治协商会议是我国统一战线的组织形式

B. 中国人民政治协商会议是我国国家机构体系的重要组成部分

C. 1993 年我国通过的宪法修正案将"中国共产党领导的多党合作和政治协商将长期存在和发展"写进了宪法

D. 中国人民政治协商会议有权审议政府工作报告

3. 关于民主党派的性质的表述，正确的有（　　）。

A. 各自所联系的一部分社会主义劳动者、社会主义事业建设者和拥护社会主义爱国者的政治联盟

B. 接受中共领导的、同中共通力合作的亲密友党

C. 进步性与广泛性相统一、致力于中国特色社会主义事业的参政党

D. 统一战线的组织

4. 我国爱国统一战线的范围，包括（　　）。

A. 全体社会主义劳动者

B. 社会主义事业的建设者

C. 拥护社会主义的爱国者

D. 拥护祖国统一和致力于中华民族伟大复兴的爱国者

5.《中华人民共和国宪法修正案》第 2 条、第 20 条分别对《宪法》第 10 条第 4 款、第 3 款进行了修改。关于这些修改，下列哪些说法是正确的？（　　）

A. 明确了土地的使用权可以依照法律的规定转让

B. 确认了国家对土地所有权和土地使用权的支配权力

C. 明令禁止侵占、买卖、出租或者以其他形式非法转让土地

D. 明确了国家对土地实行征收或者征用的公共目的和补偿义务

6. 根据 2004 年宪法修正案的规定，国家为了公共利益的需要，可以依照法律的规定对其实行征收或征用并给予补偿的有（　　）。

A. 土地　　B. 公民的私有财产

C. 中外合资经营企业　　D. 中外合作经营企业

7. 中国人民政治协商会议的主要职能有（　　）。

A. 政治协商　　B. 民主监督

C. 参政议政　　　　　　　　　　　　D. 领导各民主党派

8. 根据宪法和法律的规定，下列哪些选项是错误的？（　　）

A. 2004 年宪法修正案明确规定“非公有制经济的从业人员”是“我国社会主义事业的建设者”

B. 1999 年宪法修正案明确规定非公有制经济是社会主义市场经济的重要组成部分

C. 1999 年宪法修正案将国家保障公民的合法的私有财产权神圣不可侵犯写进宪法

D. 1988 年宪法修正案明确规定集体土地所有权可以依法出租或者转让

三、简答题（回答要点，不需论述）

1. 我国爱国统一战线的范围是怎样的？

2. 我国多党合作中包含着哪些民主党派？

3. 试述中国人民政治协商会议的主要职能的具体内容。

4. 试述当前我国的基本经济制度和分配制度。

四、论述题（概述有关原理，联系实际）

1. 试论《中共中央关于进一步加强中国共产党领导的多党合作和政治协商制度建设的意见》对多党合作和政治协商制度的发展。

2. 宪法完善对公民合法的私有财产保护的规定有什么意义？

第四章

国家形式

教学目标

● 了解：主要西方国家的政权组织形式、单一制或联邦制国家结构形式的基本模式

● 熟悉：我国人民代表大会制度和选举制度的基本内容，以及我国统一的多民族国家的结构形式、民族区域自治制度和特别行政区制度

● 掌握：政权组织形式和国家结构形式的一般理论

教学要求

知识要点	能力要求	法律职业资格考试或公务员考试相关知识
政权组织形式	(1) 理解政权组织形式的概念及与国家性质的关系； (2) 了解政权组织形式的主要类型； (3) 了解我国人民代表大会制度的建立和发展历程； (4) 理解我国人民代表大会制度的含义及构成环节、作用； (5) 掌握人民代表大会制度的基本原则； (6) 理解人民代表大会制度在我国政治生活中的作用和地位	(1) 政权组织形式的概念及与国家性质的关系； (2) 政权组织形式的主要类型； (3) 我国人民代表大会制度的含义及构成环节； (4) 人民代表大会制度的基本原则； (5) 人民代表大会制度是我国的根本政治制度
国家结构形式	(1) 理解国家结构形式的概念； (2) 掌握国家结构形式的分类； (3) 理解马克思主义关于国家结构形式的基本观点； (4) 掌握我国采取单一制国家结构形式的依据； (5) 了解行政区划的概念和原则、宪法关于行政区划的规定； (6) 理解民族区域自治制度的概念、主要内容、优越性； (7) 掌握特别行政区的概念、法律特征	(1) 国家结构形式的概念； (2) 国家结构形式的分类； (3) 马克思主义关于国家结构形式的基本观点； (4) 我国采取单一制国家结构形式的依据； (5) 宪法关于行政区划的规定； (6) 民族区域自治制度的概念和主要内容； (7) 特别行政区的概念、法律特征
国家象征	了解国家象征的主要表现形式及含义	国旗、国歌、国徽和首都的含义

第一节　政权组织形式

一、政权组织形式概述

（一）政权组织形式的概念

政权组织形式又称政体①，是指一国统治阶级按照一定的原则建立起来的行使国家权力、实现国家统治和管理职能的政权机关的组织与活动体制。其含义具体表现在以下两个方面。

1. 政权组织形式是国家最重要的外在表现形态

国家是一种复杂的社会现象，是通过内在的和外在的多种途径与形式反映在人们面前的。习近平总书记指出："设计和发展国家政治制度，必须注重历史和现实、理论和实践、形式和内容有机统一"②。政权组织形式作为最重要的国家政治制度，同样受到多重因素的影响。经济基础、阶级结构、文化制度等是国家在内在特征方面的反映，而政体、国家结构形式和国家标志等则是国家在外在特征方面的反映。在国家的多种外在表现形态中，由于与国家的阶级本质——国体联系最为密切，政权组织形式因而成为国家最主要的外在表现形态。对此，毛泽东在《新民主主义论》中指出："至于还有所谓'政体'问题，那是指的政权构成的形式问题，指的一定的社会阶级取何种形式去组织那反对敌人保护自己的政权机关。没有适当形式的政权机关，就不能代表国家。"③

没有一定组织形式的政权机关，统治阶级就不能有效地实现统治，也无法实现国家治理。因此，掌握国家政权的各国统治阶级，无一例外地都要根据本国的实际情况和现实需要，采取与自己国家政权的性质相适应的政权组织形式，以实现国家的各项职能。由此可见，政权组织形式不仅是国家最主要的外在表现形态，也是与国家同时产生、同步发展，密不可分的一种社会现象。

2. 政权组织形式是国家政权机关组织和活动的有机体制

政权组织形式不是国家政权机关的简单组合，而是由统治阶级按照一定的原则建立起来的一种逻辑严密的有机体制。一方面，在形式选择上，它要与国家的阶级本质、民族特点、历史传统等相适应，体现为一种特定的君主制、共和制或其他体制，以实现该国统治阶级对国家的统治和管理。另一方面，在内容构成上，它要涉及国家政权机关组织和活动的各个方面，使各机关能够形成统一的有机整体，相互协调地行使国家权力。具体地讲，在内容上，政权组织形式至少应当包括设立哪些国家政权机关，按照什么样

---

① 有的学者认为政体和政权组织形式不是一回事，二者既有联系又有区别。参见何华辉：《比较宪法学》，136～147页，武汉，武汉大学出版社，1988。

② 习近平：《在庆祝全国人民代表大会成立60周年大会上的讲话》（2014年9月5日），载《人民日报》，2014-09-06。

③ 《毛泽东选集》，2版，第2卷，677页，北京，人民出版社，1991。

的原则组织国家政权机关，如何在各国家政权机关之间进行权力配置，各国家政权机关如何行使配置给自己的权力，如何处理各国家政权机关之间的相互关系等问题。只有原则明确、结构严密、内容充实、程序合理、能够实际运作的政权组织形式，才能保障国家权力按照统治者的预期目标实施。

（二）政权组织形式与国家性质的关系

在西方的国家学说中，思想家普遍认为政权组织形式与国家性质之间没有什么必然联系，因此，一般也就很少探讨政权组织形式与国家性质的关系。而马克思主义的国家学说则认为，政权组织形式与国家性质之间，存在密不可分的内在联系：国家性质决定政权组织形式，政权组织形式必须与国家性质相适应，并服务于国家性质。以国家性质为基础去研究政权组织形式，强调政权组织形式与国家性质之间的内在联系，是马克思主义国家学说关于政权组织形式理论的一个重要特点。

根据马克思主义的国家学说，政权组织形式与国家性质都是国家制度的重要组成部分，分别从形式和内容两个方面来反映、体现国家这一社会现象，这二者之间的关系极为密切。这种关系具体表现在以下三个方面。

1. 政权组织形式与国家性质都是国家制度的重要组成部分

国家是阶级专政的工具，掌握国家政权的统治阶级总是要根据本国的实际需要，建立与自己的国家性质相适应的政权组织形式。国家性质是国家的内在表现形态，政权组织形式是国家的外在表现形态，任何国家都是由一定的国家性质与一定的政权组织形式构成的统一体。没有只包含国家性质的国家，也没有只包含政权组织形式的国家。没有国家性质，国家就无从存在；没有政权组织形式，国家也就无从体现。

2. 国家性质是政权组织形式存在和发展的基础，决定着政权组织形式的存在形态

从本质上讲，国家从来都是阶级压迫和阶级专政的工具，是统治阶级用以达到统治目的的一种暴力机器。包括国家政权组织形式在内的一切国家形式都必须服从统治阶级的需要，为统治阶级实现其统治目的服务。这就是说，政权组织形式是由国家性质所决定的，有什么样性质的国家，就要求有什么样的政权组织形式与之相匹配。因此，国家的性质不同，统治的目的不同，政权组织形式的差异就比较大。然而，同一类型的国家的政权组织形式也存在差异，但这种差异与不同类型国家的政权组织形式之间的差异相比，要小得多。而且国家性质的变化，往往要引起政权组织形式的变化。

3. 政权组织形式是国家性质的体现和反映，对国家性质有能动的反作用

政权组织形式是国家统治阶级的基本要求在国家形式上的重要体现和反映，但它并不是简单地体现和反映国家性质，而是在体现和反映国家性质的同时对国家性质发挥能动的反作用，这种反作用主要表现为两种情况：一是当政权组织形式适合于国家性质的时候，它对国家性质的反作用表现为保护作用。这时国家政权得到巩固，政治稳定，经济发展，统治阶级能够达到其统治目的。二是当政权组织形式不适合于国家性质的时候，它对国家性质的反作用就表现为破坏作用。这时不是对政权组织形式的具体环节进行改革和完善，就是最终引发动乱或者革命，通过政权更迭来改变国家性质，从根本上解决问题。只有适应国家性质的发展状况，不断地变革、完善现有的政权组织形式，才能使政权组织形式更好地为国家性质服务，达到良好的统治效果。

由于经济制度、阶级结构和政治主张不同，各国宪法规定国家性质和政权组织形式的方式也不尽相同。西方国家的宪法通常只规定政权组织形式，不明确规定国家性质。社会主义国家的宪法则通常既明确规定政权组织形式，又明确规定国家性质。我国宪法在规定了我国人民民主专政的国家性质的同时，又明确规定了我国人民代表大会制度的政权组织形式。宪法是国家根本大法，由宪法来规定国家性质和政权组织形式的意义在于：一方面，可以用最高法律的形式体现和反映国家性质，反映统治阶级的要求，使统治阶级的统治目的得以实现；另一方面，可以以最高法律的形式确认和保护适合于国家性质的政权组织形式，并为政权组织形式的不断发展、完善提供依据、原则、方向和目标。

（三）政权组织形式的类型

按照国家的历史类型，可以把政权组织形式划分为奴隶制国家政权组织形式、封建制国家政权组织形式、资本主义国家政权组织形式和社会主义国家政权组织形式。政权组织形式的选择与国家的历史类型有密切联系，政权组织形式的选择除受国家性质的决定性制约之外，还要受文化传统、民族特点、历史条件、地理环境、风俗习惯等各种因素的综合影响，因此，各国所选择或采用的政权组织形式不尽相同，各有自己的具体表现形式。

下面仅就资本主义国家的政权组织形式和社会主义国家的政权组织形式作一些简述。

1. 资本主义国家的政权组织形式

（1）君主立宪制国家的政权组织形式。

在君主立宪制的政权组织形式下，君主虽然名义上掌握最高国家权力，但实际上不再有专制政体下的无限权力，其权力行使要受宪法和议会的限制。一般来说，君主立宪是资产阶级和封建势力相妥协的产物，也是资产阶级革命不彻底的表现，例如，英国1688年“光荣革命”后形成的君主立宪、法国1791年建立的君主立宪政体、日本1868年“明治维新”后建立的君主立宪等。资本主义国家的君主立宪又可分为二元君主立宪制和议会君主立宪制两种形式。1）二元君主立宪制主要产生于封建残余势力比较强大的资本主义国家，二元制下君主的权力虽然在一定意义上受到宪法和议会的限制，但君主仍保持很大的实际权力，在国家生活中占有主导地位。其主要标志是：君主掌握着国家的主要权力，议会只是作为君主的咨询、协商机构而起次要作用；内阁首相由君主直接任命，内阁的组成不是取决于议会中政党所占的议席，内阁不对议会负责，而是对君主负责；君主的权力基本不受议会约束，君主有权解散议会、否决议会决议、不经议会而颁布非常命令。日本于1868年“明治维新”后一段时间建立和实行的君主立宪政体是这一政权组织形式的典型。2）议会君主立宪制主要产生于资产阶级势力强大、封建残余势力仅有一定影响，或出于特定目的而保留君主地位的国家。其主要标志是：君主受宪法和议会的限制较大，往往是“临朝而不理政”或“统而不治”的象征性国家元首；议会是最高立法机关，内阁掌握实际行政权力；内阁由议会产生，向议会负责。实行议会君主立宪制的典型国家是英国，现在的比利时、瑞典、荷兰和日本等也实行这种政权组织形式。

（2）共和制国家的政权组织形式。

共和制是指国家的最高权力实际上或名义上都不属于一人所有，而由经选举产生并有一定任期的国家机关掌握的政体。资本主义国家的共和制政体，按其特点可分为议会制、总统制和委员会制三种形式。

议会制也称责任内阁制，是资产阶级共和政体中以议会为国家最高机关的政权组织形式。意大利、德国等国家是实行议会制的典型，其主要特点是：议会在国家生活中占主导地位；内阁由议会产生，向议会负责；总统由选举产生，一般不掌握实际权力，只为名义上的国家元首。

总统制是以总统为国家元首兼政府首脑的政权组织形式，最早实行于美国，其后其他一些国家也模仿美国采用了总统制，在实践中有美国式总统制和法国式总统制两种典型形式。美国式总统制的主要特点是：第一，总统由民选产生，对选民负责；总统既是国家元首，又是政府首脑，在国家生活中占有主导地位；军事、内政、外交等行政权由总统实际掌握，各部长经议会同意由总统任免，重大决策由总统作出；总统不对议会负责，也无权解散议会；总统对议会和法院有一定的制约权。第二，议会行使立法权，对总统行使一定的制约权，可以依法对总统提出弹劾并予以定罪，但无权罢免总统。第三，法院行使合宪性审查权，对议会立法和总统行使职权实行制约。法国式总统制是一种不同于美国式的总统制，它是一种兼有议会制特点的总统制，通常被称为“半总统制”。其主要特点是：首先，总统既是国家元首，又主宰行政大权，同时还设有政府总理；其次，政府对议会负责，议会可以谴责政府，当议会对政府提出不信任案或否决政府的施政纲领时，总理必须向共和国总统提出政府总辞职；最后，总统由选民直接选举产生，总统除享有召集议会特别会议、公布法律、发布命令、赦免和外交等一般国家元首的权力外，还享有任命总理和政府部长、主持内阁会议、不经总理副署直接颁布紧急命令、发布总统咨文、否决议会的议案、解散议会以及统率军队等特别权力。

委员会制是瑞士采用的一种政权组织形式，它自 1848 年由瑞士宪法确认以来，一直沿用至今，其间没有发生大的变化。它在世界上独树一帜，是共和制政体中的一个特别典型。其主要特点是：1）联邦委员会是瑞士的最高行政机关，委员会由联邦议会参、众两院联席会议选出 7 名委员组成，任期 4 年，可以连选连任。当选委员不得是议员，如果是议员则必须放弃议员资格。委员会选举正、副主席各 1 人。主席兼任联邦总统，任期 1 年，不得连任，期满后由副主席升任主席，再另选出新的副主席。主席的权限对外仅限于履行诸如接待外国元首和使者等各种礼节性的职责，对内除开会时担任主席外，与其他委员的权利相同。一切重大问题都要由 7 名委员合议，并以委员会的名义执行决议。联邦委员会设 7 个部，7 名委员兼任各部部长。2）议会行使立法权，有权否决委员会的某项政策或提案，但议会否决委员会的某项政策或提案时，委员会不必因此而辞职。同时，联邦委员会是议会的执行机关，它无权解散议会，必须服从和执行联邦议会的决议。

2. 社会主义国家的政权组织形式

社会主义国家的基本特征是生产资料的公有制，广大人民群众掌握了政权；其性质是无产阶级专政或人民民主专政。这就在客观上决定了社会主义国家的政权组织形式必须与社会主义国家的这些基本特征相适应。因此，马克思主义国家学说认为，社会主义国家都只能采用共和制政权组织形式。社会主义国家的共和制政权组织形式与资本主义国家的共和制政权组织形式有本质的不同。这主要表现在以下几个方面：(1) 赖以建立的经济基础不同。社会主义国家的共和制政权组织形式是建立在生产资料公有制基础之上，为社会主义经济制度服务的；而资本主义国家的共和制政权组织形式是建立在生产资料私有制基础之上，并为资本主义经济制度服务的。(2) 所体现的阶级本质不同。社会主义国家的共和制政权组织形式与无产阶级专政或人民民主专政的国家本质相适应，它以工人阶级为领导，以工农联盟为基础，吸收广大人民群众参加国家管理，对人民实行民主，对敌人实行专政；而资本主义国家的共和制政权组织形式则与资产阶级专政的国家本质相一致，它使垄断资产阶级掌握政权，对资产阶级实行民主，对广大人民实行专政。(3) 组织和活动原则不同。社会主义国家的共和制政权组织形式是按照民主集中制原则组织和活动的，实行的是人民代表制，人民代表机关代表人民集中行使国家权力，它在国家机关体系中居于首要地位，组织、领导和监督其他国家机关开展工作、行使职权，不受其他国家机关的牵制；资产阶级国家的共和制政权组织形式不论是议会制、总统制或委员会制，都根据“三权鼎立”的原则组织和活动，议会与行政机关、司法机关的关系是一种“制衡”关系，即议会、政府与法院这三类国家机关之间互相牵制、互相平衡。(4) 民主的范围和形式不同。与社会主义国家的共和制政权组织形式相伴随的社会主义民主是一种新型的民主，即绝大多数人享有的民主，对生产资料的共同占有使人民不仅在形式上，而且在实质上都有可能平等地享有管理国家政治、经济、文化和教育等各项事务的权力，以及宪法和法律规定的各项权利和自由，这是国家一切权力属于人民原则的具体表现；而与资产阶级国家的共和制政权组织形式相伴随的资产阶级民主只是一种形式上的民主，只是对资产阶级等少数人实行的民主，从根本上说，对生产资料占有上的不平等使人民不可能真正平等地享有宪法和法律规定的政治、经济、文化、教育等各项权利和自由。

在实践中，各社会主义国家无一例外都根据马克思主义的国家学说，建立了自己的共和制政权组织形式。由于社会主义各国的具体历史条件存在一定的差异，各社会主义国家的共和制政权组织形式的具体表现也不尽相同，如朝鲜实行人民会议制，中国实行人民代表大会制等。社会主义各国的共和制政权组织形式，在具体表现上虽然有所不同，但在实质上并没有根本性区别，它们的共同特点主要体现在以下几个方面：(1) 都以国家的一切权力属于人民为基础。人民是国家的主人，人民通过直接或间接选举的方式选举代表组成各级国家权力机关，行使管理国家和社会的一切权力。(2) 都实行民主集中制原则。国家行政机关、军事机关、检察机关、审判机关都由国家权力机关产生，向它负责并受它监督。(3) 都坚持共产党在国家政权组织体制中的领导地位。虽然各社会主义国家的政党制度存在一定的差别，但共产党是国家唯一的执政党是社会主义国家的共同特点。各社会主义国家都坚持共产党在国家政权组织体制中的领导地位，共产党通过对国家政权组织实行政治上、思想上、组织上的领导，保证社会主义国家政权朝着正确的方向发展。

二、人民代表大会制度是我国的政权组织形式

（一）人民代表大会制度的历史发展

习近平总书记在庆祝全国人民代表大会成立六十周年大会上的讲话中指出，在中国实行人民代表大会制度，是中国人民在人类政治制度史上的伟大创造，是深刻总结近代以后中国政治生活惨痛教训得出的基本结论，是中国社会一百多年激越变革、激荡发展的历史结果，是中国人民翻身作主、掌握自己命运的必然选择。实践充分证明，人民代表大会制度是符合中国国情和实际、体现社会主义国家性质、保证人民当家作主、保障实现中华民族伟大复兴的好制度。在新的奋斗征程上，必须充分发挥人民代表大会制度的根本政治制度作用，继续通过人民代表大会制度牢牢把国家和民族前途命运掌握在人民手中。习近平总书记指出，“中国特色社会主义国家制度和法律制度是在长期实践探索中形成的，是人类制度文明史上的伟大创造”①。

人民代表大会制度正是经我国人民长期的政权建设实践，由第一次国内革命战争时期的“农民协会”“罢工工人代表大会”制度，第二次国内革命战争时期的“工农兵苏维埃代表大会”制度，抗日战争时期的“参议会”制度，第三次国内革命战争时期的“人民代表会议”制度等逐步发展而形成的一种政治制度，1949 年的《共同纲领》和我国后来的历部宪法都将它确定为我国的政权组织形式。

1. 人民代表大会制度的萌芽时期

人民代表大会制度是在新民主主义革命时期，随着革命政权的建立而逐步建立起来的，它经历了从无到有、从小到大的漫长发展过程。

早在第一次国内革命战争时期，在中国共产党领导的革命运动中，于湖南、江西、广东等省农村出现的“农民协会”和 1925 年省港大罢工中组成的“罢工工人代表大会”就是人民革命政权的雏形，也是人民代表大会制度的原始形态。

第二次国内革命战争时期，毛泽东于 1927 年 10 月率领秋收起义部队进入井冈山地区，开辟了第一块革命根据地，建立了湘赣边区工农政府。随后，中国共产党又在各地先后建立十几块大大小小的革命根据地。为了统一各革命根据地的工农民主政权，1931 年 11 月 7 日，在江西瑞金召开了第一次全国工农兵代表大会，宣布成立中华苏维埃共和国，通过了《中华苏维埃共和国宪法大纲》和其他重要法律。1934 年 1 月，召开了第二次全国工农兵代表大会，选举了新的国家机构，通过了修改后的《中华苏维埃共和国宪法大纲》等重要文件。《中华苏维埃共和国宪法大纲》规定：苏维埃政权是“工人和农民的民主专政的国家”，“在苏维埃政权下，所有的工人、农民、红色战士及一切的劳苦民众都有权选派代表掌握政权的管理，只有军阀、官僚、地主豪绅、资本家、富农、僧侣

① 习近平：《坚持、完善和发展中国特色社会主义国家制度与法律制度》，载《求是》，2019（23）。

及一些剥削人的人和反革命分子是没有选举代表参加政权和政治上的自由权利的”。这个政权的组织形式为中华苏维埃共和国工农兵代表大会制度：全国工农兵代表大会是中华苏维埃共和国的最高政权机关，它由各省、中央直属市和县的工农兵代表大会以及红军选出的代表组成。在全国工农兵代表大会闭会期间，中央执行委员会为最高政权机关，“在中央执行委员会下组织人民委员会，处理日常政务，发布一切法令和决议案”。地方各级工农兵代表大会是地方政权机关，由各地人民选举产生。地方各级工农兵代表大会组织地方各级人民委员会，管理地方事务。从中央到地方的各级工农兵代表大会在发动和组织根据地人民参加土地革命、扩大革命根据地、推动革命战争等方面都起了很大作用，同时也为以后的政权建设积累了经验，奠定了基础。

抗日战争时期，由于日本帝国主义的入侵，我国国内的阶级斗争形式发生了新变化，民族矛盾成为社会的主要矛盾。为了团结抗日，中国共产党提出了抗日民族统一战线的政策，在革命根据地建立了抗日民族统一战线的政权。“这种政权，是一切赞成抗日又赞成民主的人们的政权，是几个革命阶级联合起来对于汉奸和反动派的民主专政。它是和地主资产阶级的反革命专政区别的，也和土地革命时期的工农民主专政有区别。”① 这种政权的组织形式是各级参议会和各级政府：参议会是由人民根据普遍、平等、直接和无记名投票的原则选举产生的。由参议会组织政府，作为其闭会期间的政权机关，领导并指挥政务。抗日民主政权实行“三三制”政策，即在政权机关（包括参议会和政府）中各阶层参加政权的比例，要按“三三制”原则分配，即共产党员占 1/3，非党的左派进步分子占 1/3，不左不右的中间派占 1/3。在共产党的领导下，抗日民主政权保证了抗日根据地人民的民主权利和根据地的建设，支援了国民党统治区的抗日民主运动，动员和团结了一切抗日的民主力量，为打败日本侵略者、取得抗日战争的胜利发挥了重要作用。

抗日战争结束后，蒋介石政府依靠美国的援助，拒绝共产党和全国人民关于实现和平、民主的正义要求，悍然发动了全面内战。为了适应当时的斗争形势，中国共产党提出了“……联合工农兵学商各被压迫阶级、各人民团体、各民主党派、各少数民族、各地华侨和其他爱国分子，组成民族统一战线，打倒蒋介石独裁政府，成立民主联合政府”② 的要求。随着革命战争和土地改革运动的发展，在解放区建立了以贫、雇农为核心的农民组织，即贫农团和农会。在贫农团和农会的基础上，建立了区、乡两级人民代表会议和人民政府的政权机关。毛泽东十分重视这种政权组织形式，指出：“在反对封建制度的斗争中，在贫农团和农会的基础上建立起来的区村（乡）两级人民代表会议，是一项极可宝贵的经验。只有基于真正广大群众的意志建立起来的人民代表会议，才是真正的人民代表会议。这样的人民代表会议，现在已有可能在一切解放区出现。这样的人民代表会议一经建立，就应当成为当地的人民的权力机关，一切应有的权力必须归于代表会议及其选出的政府委员会。”③ 这种人民代表会议制度，在组织与动员人民群众、保卫“土改”胜利成果、发展生产、支援解放战争、摧毁国民党反动政权等方面，都发挥了重

① 《毛泽东选集》，2 版，第 2 卷，741 页，北京，人民出版社，1991。
② 《毛泽东选集》，2 版，第 4 卷，1237 页，北京，人民出版社，1991。
③ 《毛泽东选集》，2 版，第 4 卷，1308 页，北京，人民出版社，1991。

要作用，也为中华人民共和国成立后人民政权建设与人民代表会议逐步向人民代表大会过渡，提供了十分宝贵的经验。

2. 人民代表大会制度的建立和发展时期

在中华人民共和国成立之时，我们总结了国际无产阶级革命的历史经验，特别是我国新民主主义革命时期根据地政权建设的历史经验，确定了人民代表大会制度是中华人民共和国的根本政治制度，是我国人民民主专政的政权组织形式。在中华人民共和国成立初期起临时宪法作用的《共同纲领》明确规定："中华人民共和国的国家政权属于人民。人民行使国家政权的机关为各级人民代表大会和各级人民政府。各级人民代表大会由人民用普选方法产生之。各级人民代表大会选举各级人民政府。各级人民代表大会闭会期间，各级人民政府为行使各级政权的机关。"从此正式确定人民代表大会制度为我国的政权组织形式。鉴于当时在全国范围内，军事行动尚未结束，土地改革尚未完成，人民群众尚未组织起来，还不可能通过普选产生各级人民代表大会，《共同纲领》又规定："在普选的全国人民代表大会召开以前，由中国人民政治协商会议的全体会议执行全国人民代表大会的职权……""在普选的地方人民代表大会召开以前，由地方各界人民代表会议逐步地代行人民代表大会的职权。"

1953年1月13日和2月11日，中央人民政府委员会第二十次和第二十二次会议先后通过了《关于召开全国人民代表大会及地方各级人民代表大会的决议》和《中华人民共和国全国人民代表大会及地方各级人民代表大会选举法》。根据这些法律，在全国范围内开展了普选运动。到1954年8月，除个别地区外，全国各省、自治区、直辖市都已召开了普选的第一届人民代表大会，选举出席全国人民代表大会的代表。1954年9月，中华人民共和国第一届全国人民代表大会第一次会议在北京举行，会议通过了第一部宪法，该宪法规定："中华人民共和国的一切权力属于人民。人民行使权力的机关是全国人民代表大会和地方各级人民代表大会。"全国人民代表大会是最高国家权力机关，设立常委会作为其常设机关，在全国人大闭会期间，由常委会依照宪法的规定行使最高国家权力机关的部分职权；设立国务院，即中央人民政府，作为全国人大及其常委会的执行机关和最高国家行政机关；设立最高审判机关和最高检察机关，在全国人大及其常委会的监督下分别行使国家最高审判权和最高检察权。在地方也按照民主集中制的原则以地方各级人民代表大会为基础，组织各级其他国家机关，行使地方国家权力。

1957年以后，由于"左"倾路线的干扰，各级人大的工作不能正常开展，各级人大会议难以如期举行。自1966年5月"文化大革命"爆发至1975年1月第四届全国人大，全国人大及其常委会甚至从未召开过会议，人民代表大会制度几乎名存实亡。

1978年2月，五届全国人大一次会议召开，推动了各级人大的恢复工作。1979年7月，五届全国人大二次会议通过了《关于修正〈中华人民共和国宪法〉若干规定的决议》，决定：在县级以上地方各级人大设立常委会；改地方各级革委会为地方各级人民政府；把选民直接选举人民代表大会代表的范围由乡一级扩大到县一级；省、自治区、直辖市人民代表大会及其常委会根据本行政区域的具体情况和实际需要，在和宪法、法律、政策、法令、政令不抵触的前提下，可以制定和颁布地方性法规；地方各级人民代表大会代表有向人民代表大会及其常委会反映群众的意见和要求的权利与义务；等等。这进一步健全和加强了人民代表大会制度。

现行宪法在巩固自五届全国人大一次会议以来取得的成就的同时，又使全国人民代表大会的组织和各项工作制度得到了进一步健全：扩大全国人大常委会的职权；增设全国人大专门委员会；加强全国人大代表的权利和义务；扩大民族自治地方和自治机关的自治权；实行政社分离，恢复乡级政权；等等。这些进一步加强了人民代表大会制度建设。

随着改革开放的不断深入和民主法治建设的不断发展，以各级人民代表大会为核心的国家政权机关体系不断发展，各国家政权机关之间的关系逐步理顺，其组织与活动越来越走上了法治化的轨道。特别是2018年通过的宪法修正案，推进了我国人民代表大会制度的进一步发展：为推进合宪性审查工作，将全国人大法律委员会更名为“宪法和法律委员会”；为加强和完善国家领导体制，取消了国家主席、副主席连续任职不得超过两届的规定；适应国家监察体制改革的需要，在全国和县级以上设立“监察委员会”；将地方立法权主体扩大到设区的市；等等。随着我国法治建设的不断发展，人民代表大会制度也日益发展、健全，越来越显示出强大的生命力。习近平总书记对此指出，“人民代表大会制度是符合我国国情和实际、体现社会主义国家性质、保证人民当家作主、保障实现中华民族伟大复兴的好制度，是我们党领导人民在人类政治制度史上的伟大创造，是在我国政治发展史乃至世界政治发展史上具有重大意义的全新政治制度”①。

（二）人民代表大会制度的含义及构成环节

1. 人民代表大会制度的含义

人民代表大会制度是我国的政权组织形式。所谓人民代表大会制度，就是指我国人民在中国共产党的领导下，在国家一切权力属于人民的基础上，按照民主集中制的原则，依照法定的程序，先通过民主选举产生人民代表组成各级人民代表大会，再以各级人民代表大会为基础组织对它负责、受它监督的各级其他国家机关，组成统一、协调的国家政权机关体系，共同行使国家权力，实现人民当家作主权利的一种特定政治制度。

2. 人民代表大会制度的构成环节

人民代表大会制度作为我国的政权组织形式，其构成主要包括以下几个环节。

（1）贯彻国家一切权力属于人民的政治原则，实现人民当家作主的民主权利。我国是社会主义国家，人民是国家的主人，国家的一切权力属于人民是我国宪法明文确立的政治原则，也是我国国家性质的基本体现。保障人民掌握国家权力，实现人民当家作主的政治地位，是我国人民奋斗的根本性目标之一。而要实现人民当家作主的主人翁地位，就必须建立一套行之有效的政治制度，使在文化素养、生活习惯、觉悟程度、思想素质和从事的职业及具体的利益要求等方面存在极大差异的亿万人民能够形成统一意志，并能够通过可以操作的组织和方式来实现这种统一意志。在我国，能实现这一目标的最主要政治制度就是人民代表大会制度。贯彻国家一切权力属于人民的政治原则，实现人民

① 习近平：《在中央人大工作会议上的讲话》（2021年10月13日），载《求是》，2022（5）。

当家作主的权利，是人民代表大会制度构成的出发点和归宿。“国家一切权力属于人民”涉及的本来是政权的归属问题——国体或国家性质问题，之所以要把贯彻国家一切权力属于人民的政治原则、实现人民当家作主的权利，作为人民代表大会制度构成的出发点和归宿，是为了遵循马克思主义国家学说，从国家本质角度来研究政权组织形式问题，把人民代表大会制度这一社会主义国家的共和制政权组织形式，与资本主义国家的共和制政权组织形式区别开来。习近平总书记对此强调，“坚持以人民为中心，坚持国家一切权力属于人民，支持和保证人民通过人民代表大会行使国家权力，健全民主制度，丰富民主形式，拓宽民主渠道，保证人民平等参与、平等发展权利，发展更加广泛、更加充分、更加健全的全过程人民民主”[①]。由此可见，贯彻国家一切权力属于人民的政治原则，坚持以人民为中心的根本立场，全面发展全过程人民民主，是人民代表大会制度构成的出发点和归宿。

（2）民主选举人民代表组成全国及地方各级人民代表大会。我国是社会主义国家，国家的一切权力属于人民，是我国国家性质的体现，我国的政权组织形式必须以保证人民能够掌握和行使国家权力为出发点。虽然从理论上讲，国家一切权力属于人民的最好实现方式是实行直接民主，由全体人民直接掌握和行使国家权力，但在现代国家，国家权力的行使通常都是由普选产生的代表组成的代表机关来实现的，我国作为一个幅员辽阔、人口众多的大国，更不能例外。因此，我国宪法在规定国家权力属于人民的同时，又规定人民行使国家权力的机关是全国人民代表大会和地方各级人民代表大会。我国各级人民代表大会，依照宪法和法律的规定，由人民直接或间接选举的人民代表组成，依法在各自权限范围内行使国家权力。各级人民代表大会作为人民行使国家权力的机关，必须对人民负责，受人民监督。而在人民代表大会内部，人民代表大会常务委员会则要向本级人民代表大会负责，受本级人民代表大会监督。在实际生活中，人民对各级人民代表大会的监督主要通过依法定程序监督、罢免自己所选出的人民代表和对人民代表大会提出批评、建议等方式来体现。而人民代表大会对人民代表大会常务委员会的监督，则主要通过依法定程序监督、罢免本级人民代表大会常务委员会组成人员与撤销、改变本级人民代表大会常务委员会制定的不适当的决议和命令等形式来体现。由人民民主选举产生人民代表，组成各级人民代表大会，是全部国家机构体系得以构成的基础，因而也是人民代表大会制度的构成基础。

（3）以人民代表大会为基础组织国家机构体系。人民代表大会作为国家权力机关，是全权性的国家机关，全国人民代表大会和地方各级人民代表大会代表人民行使的国家权力，从本质上说是统一而不可分割的，但是，仅有全国人民代表大会和地方各级人民代表大会是不可能行使全部国家权力的，因此，在行使国家权力的时候，还必须设立国家行政机关、监察机关、审判机关、检察机关等，按照不同的职权将国家权力在这些国家机关中进行分工，使统一的国家权力得到实现。习近平总书记强调，“实行人民代表大会统一行使国家权力，实行决策权、执行权、监督权既有合理分工又有相互协调，保证国家机关依照法定权限和程序行使职权、履行职责，保证国家机关统一有效组织

① 习近平：《在中央人大工作会议上的讲话》（2021年10月13日），载《求是》，2022（5）。

各项事业”[①]。全国及地方各级人民代表大会既直接行使宪法与组织法赋予的职权，又要作为全权性国家机关负责组织本级其他国家机关，对它们行使法定职权的行为进行监督，以保证它们能够实现人民的意志，贯彻国家一切权力属于人民的原则。各级人民代表大会与由它们产生的其他国家机关共同构成我国国家机关体系，在各级人民代表大会代表人民掌握全权的前提下，按照法定分工行使各自的职权，实现统一的国家权力。其他国家机关既然是由各级人民代表大会产生的，就应当向产生它们的各级人民代表大会负责，受各级人民代表大会监督。

（4）所有国家机关统一、协调，共同实现国家权力。任何国家的统治阶级建立和完善政权组织形式，都是为了实现国家权力，贯彻国家职能，实现统治目的。我国以人民代表大会为基础而建立起来的国家机关就是我国国家权力的共同直接行使者。按照宪法和法律的规定，全国人民代表大会和地方各级人民代表大会是国家的权力机关，行使立法或规范性文件制定权、对重大问题的决定权、对有关国家机关工作人员的任免权，以及对其他国家机关的监督权等国家权力；国务院和地方各级人民政府是本级人民代表大会的执行机关和国家行政机关，行使国家行政权；国家监察委员会和地方各级监察委员会是国家的监察机关，是行使国家监察职能的专责机关；最高人民法院、地方各级人民法院和专门人民法院是国家审判机关，行使国家审判权；最高人民检察院、地方各级人民检察院和专门人民检察院是国家法律监督机关，行使国家法律监督权；中央军事委员会是国家最高军事领导机关，行使国家最高军事领导权；国家主席是对外代表中华人民共和国的机关，根据全国人民代表大会和全国人民代表大会常务委员会的决定，行使公布法律权、发布命令权、人事任免权、外事权和荣典权等国家权力。所有国家机关能够按照法定原则和职权，统一、协调地行使国家权力，贯彻国家职能，实现广大人民的意志，是人民代表大会制度的构成核心。

（三）人民代表大会制度的基本原则

习近平总书记强调，在中国，发展社会主义民主政治，保证人民当家作主，保证国家政治生活既充满活力又安定有序，关键是要坚持党的领导、人民当家作主、依法治国有机统一。人民代表大会制度是坚持党的领导、人民当家作主、依法治国有机统一的根本制度安排。[②] 坚持和完善人民代表大会制度，必须毫不动摇坚持中国共产党的领导，必须保证和发展人民当家作主，必须全面推进依法治国，必须坚持民主集中制。人民代表大会制度与西方国家的议会制政体不仅在性质上不同，在组织与运行原则上也不相同。西方各国的议会制政体是在“三权鼎立”的原则下组成与运行的，而人民代表大会制度是在民主集中制的原则下组成与运行的。民主集中制在强调民主分工的基础上，赋予民意代表机关集中、统一的全权地位。从理论上讲，它既反对极端民主，又反对专制独裁，而加强人民在国家权力行使过程中的地位和作用。

---

① 习近平：《在首都各界纪念现行宪法公布施行30周年大会上的讲话》（2012年12月4日），载《人民日报》，2012-12-05。

② 参见习近平：《在庆祝全国人民代表大会成立60周年大会上的讲话》（2014年9月5日），载《人民日报》，2014-09-06。

所谓民主集中制，就是既有民主，又有集中，在民主的基础上实行集中，在集中的指导下实行民主，将民主与集中有机结合的一种原则。民主与集中这种有机结合的辩证关系在我国人民代表大会制度的组织与运行中得到了充分体现。习近平总书记强调，“坚持和完善人民代表大会制度，必须坚持民主集中制”①。

（1）从人民与人民代表大会的关系上看，全国人民代表大会和地方各级人民代表大会，都是由人民按民主原则直接或间接选举产生的代表组成的；选民或原选举单位有权罢免不称职的代表，各级人民代表大会对人民负责、受人民监督；同时，各级人民代表大会一经成立，便代表人民统一行使国家权力，它们制定的法律和作出的决议，任何人都必须遵守。人民与人民代表大会的这种关系，既表明人民是国家的主人，人民代表是人民的公仆，人民代表大会是人民意志的执行机关，又表明人民代表大会是人民意志的反映者和集中体现者，是国家权力的集中行使者。

（2）从人民代表大会与其他国家机关的关系上看，一方面，在国家政权体系中，人民代表大会是国家权力机关，代表人民行使全部国家权力，处于主导地位，其他国家机关都由人民代表大会产生，向它负责，受它监督，处于从属地位；另一方面，在人民代表大会掌握国家全权的前提下，国家行政机关、监察机关、审判机关、检察机关、军事领导机关等其他国家机关，又依照职能分工，各自行使自己法定的职权。

（3）从中央与地方、上级与下级国家机关的关系上看，我国幅员辽阔，行政区域划分层次及国家机关设置层次都比较复杂。为了正确处理国家整体利益与局部利益、一般利益与特殊利益的关系，使全国各地和各级各类国家机关组合成协调发展的统一整体，必须做到全国一盘棋。以国家行政机关为例：在处理中央与地方、上级与下级国家行政机关之间的关系时，既要保证中央和上级的集中、统一领导，要求地方服从中央、下级服从上级，又要充分照顾地方和下级的特点，使它们能充分发挥主动性、积极性。

（4）从国家机关的领导体制上看，一方面，根据国家机关工作性质和特点的不同，有的国家机关实行集体负责制领导体制，有的国家机关实行首长负责制领导体制，这使国家政权机关从总体的领导体制上体现出既有民主又有集中的特点；而另一方面，在同一国家机关内部，实行集体负责制领导体制的机关必须同时也依法实行一定范围的集中，实行首长负责制领导体制的机关必须同时也依法实行一定范围的民主，这同样体现出既有民主又有集中的特点。

在人民代表大会制度中认真贯彻民主集中制原则，是从总体上把握国家政权机关体系的组织与运行，正确处理人民群众与国家机关之间的关系、国家机关相互之间的关系、国家机关内部各组成部分之间的关系的关键。只有认真贯彻这一原则，才能在我们的国家生活中形成一个既有集中又有民主，既有纪律又有自由，既有统一意志又有个人心情舒畅、生动活泼的政治局面。

（四）人民代表大会制度的作用

人民代表大会制度作为我国的根本政治制度，在我国国家生活和社会生活中发挥着

① 习近平：《在庆祝全国人民代表大会成立60周年大会上的讲话》（2014年9月5日），载《人民日报》，2014-09-06。

极为重要的作用，主要表现为以下几个方面。

1. 保障国家的社会主义性质

我国是人民民主专政的社会主义国家，坚持社会主义道路是宪法确认的四项基本原则之一。政权组织形式决定于国家性质，又对国家性质的巩固与发展发挥着积极的反作用。我国的人民代表大会制度是与人民民主专政的社会主义国家性质相适应的政权组织形式，对于社会主义制度的巩固和发展起着积极的保障作用。人民代表大会制对我国社会主义国家性质的保障作用，首先表现在它是建立在公有制的基础之上，为以公有制为主体的、多种所有制经济共同发展的社会主义经济制度服务的政治制度，在保障公有制经济的主体地位和发展其他形式的所有制经济的活动中，通过立法、执法、司法等手段发挥着积极作用；其次表现在政治与文化建设领域，坚持以马列主义、毛泽东思想、邓小平理论、“三个代表”重要思想、科学发展观和习近平新时代中国特色社会主义思想为指导，积极发挥国家政权机关的整体效力，以辩证唯物主义与历史唯物主义世界观和方法论占领思想文化阵地，培养有理想、有道德、有纪律、有文化的社会主义新人，使国家政权被牢固地掌握在人民手中，确保工人阶级的领导地位和工农联盟的阶级基础地位，保障国家的社会主义性质。

2. 保障人民当家作主的主人翁地位

国家一切权力属于人民，是社会主义国家的本质特征之一，其在国家生活中的具体表现就是人民具有当家作主的主人翁地位。人民代表大会制度是人民实现国家主人翁地位最有效的制度保障，在实际生活中具有任何政治制度不可替代的重要作用。（1）人民代表大会制度是便于人民参加国家管理的制度。我国的人民代表大会制度是广大人民在革命斗争中直接创造出，并在革命与建设实践中不断完善的一种政权组织形式，其产生、构成与运行无不贯穿着民主精神。人民不仅通过选举产生人民代表，组成人民代表大会，行使国家权力，还通过对国家机关及其工作人员的批评、建议，通过对他们的违法失职行为的申诉、控告、检举等形式参与国家管理。人民代表大会制度是最具人民性，最能吸引和调动广大群众的政治积极性，最能吸收广大人民参加国家管理的政权组织形式。（2）人民代表大会制度是便于联系人民、实现人民意志的政权组织形式。我国的各级人民代表大会代表，来自社会的各行各业，具有广泛的代表性。他们来自人民，服务人民，同人民有广泛的联系，能够反映人民的各方面要求，形成共同的国家意志，制定出法律、法规等规范性文件。其他国家机关在各级人民代表大会的统一领导下，依法履行职责，执行法律、法规，共同实现人民意志。（3）人民代表大会制度是便于人民监督的政权组织形式。在人民代表大会制度下，各级人民代表大会代表经民主选举产生，向选民或原选举单位负责，受选民或原选举单位监督；各级其他国家机关由各级人民代表大会产生，向人民代表大会负责，受人民代表大会监督；一切国家机关及其工作人员还在工作中受到公民的依法直接监督。这一切都说明，人民代表大会制度全面地确立了人民在国家生活中的主人翁地位，并将其规范化、制度化。

3. 调动中央与地方两个积极性，保障国家权力的顺利实现

国家权力的顺利实现，有赖于各级国家机关的协调与统一。在我国这样一个大国，调动中央与地方两个积极性，对于国家权力的实现具有极为重要的意义。在我国的人民代表大会制度下，坚持中央的统一领导和发挥地方的主动性、积极性这两个方面，得到了有机的统一。根据宪法和法律的规定，在人民代表大会制度下，不论是中央国家机关还是地方国家机关，不论是人民代表机关还是其他国家机关，都是按照民主集中制原则建立起来的，受人民委托，为了人民的利益而行使国家权力的统一整体。需要在全国范围内决定的重大问题，都要由中央国家机关依照法定职权分工予以决定，其余的事务则由地方国家机关依据不同情况分级决定。当中央国家机关与地方国家机关在工作中发生矛盾时，必须实行地方服从中央的原则，以实现全体人民的共同意志。在保证统一领导的前提下，中央应当充分考虑地方的特点，充分发挥它们的主动性、积极性，使之能够因时制宜、因地制宜地解决各种地方事务。由此可见，人民代表大会制度是一种既能保证中央集中统一领导，又能充分发挥地方积极性，有利于保证国家权力顺利实现的政权组织形式。

4. 保障各民族平等团结互助和谐的关系

大小民族一律平等，是我国解决民族关系问题的基本原则。作为国家根本政治制度的人民代表大会制度，必须贯彻民族平等的原则。贯彻这一原则，有利于保障少数民族人民的切身利益，有利于维护国家统一和民族团结，实现各民族的共同繁荣。人民代表大会制度对民族平等原则的贯彻：（1）表现在它保证了少数民族人民同汉族人民能够平等地参与国家政治生活，共同行使国家权力。按照选举法的规定，各少数民族都应选出全国人民代表大会代表，人口特少的少数民族也保证至少应有一名代表参加全国人民代表大会。在地方，特别是民族自治地方，对少数民族代表所代表的人口数都有照顾性的特殊规定。（2）表现在保障民族平等的政治形式即民族区域自治制度的建立。我国在各少数民族聚居的地方实行民族区域自治，建立民族自治地方自治机关，由自治机关行使自治权。这就充分保障了各少数民族自主地管理本民族、本地区事务的权利。按照宪法和民族区域自治法的规定，在民族自治地方的人民代表大会中，除有实行区域自治的少数民族代表以外，居住在该地区的其他民族也有适当名额的代表。这种规定有利于保证各民族人民平等地享有管理国家和地方性事务的当家作主的权利。（3）表现在我国宪法和有关法律还规定设置专门处理民族事务的机构和组织。目前，在全国人民代表大会设立了民族委员会，其专门负责研究、审议和拟订有关民族问题的议案；在国务院下设了国家民族事务委员会。在民族事务较多的省、市、县的人民代表大会中设立了民族委员会，在有的地方政府设立了民族事务管理机构。

（五）人民代表大会制度的地位

党的十八大以来，以习近平同志为核心的党中央全面加强对人大工作的领导，首次召开中央人大工作会议，部署推进重要立法和人大工作重大事项。自此人大工作取得历史性成就，人民代表大会制度更加成熟、更加定型。人民代表大会制度作为我国的政权组织形式，在我国国家制度中占有非常重要的地位，是我国根本的政治制度。人民代表大会制度的根本政治制度地位，是由以下几个方面的原因所决定的。

1. 这一制度最能体现我国人民民主专政的国家性质

我国人民民主专政的国家性质，决定了在我国必须以工人、农民和知识分子为进行社会主义建设的基本依靠力量；决定了在我国必须建立工人阶级领导的，以工农联盟为基础的，包括全体社会主义劳动者、社会主义事业的建设者、拥护社会主义的爱国者、拥护祖国统一和致力于中华民族伟大复兴的爱国者的广泛的爱国统一战线；决定了在我国必须实行民族平等、民族团结的民族政策。人民代表大会制度是最能体现各阶级、阶层和各民族在国家生活中的地位，便于实现最广泛的民主，便于吸收广大人民群众参加国家管理和社会主义建设事业，充分发挥最大多数人的智慧和创造力的一种制度。其具体表现为：（1）由普选产生的各级人民代表大会在代表构成上既体现了工人阶级领导、以工农联盟为基础的人民民主专政的阶级基础，保证了工人、农民和知识分子的优势地位，又体现了代表来源的广泛性，吸收了社会其他阶层的代表、民主党派的代表、无党派人士的代表、少数民族的代表和华侨的代表等，保证了劳动者与爱国者的巩固联盟，保证了实现民族平等。（2）各级人民代表大会在组织国家行政机关、监察机关、审判机关和检察机关的时候，通过民主的法定程序，使德才兼备、有一定代表性、能够为人民服务的干部进入领导岗位，从而保证这些国家机关能够比较完善地实现人民民主专政职能。（3）在人民代表大会制度下，我国一切国家机关的活动都必须以符合人民的利益为根本准则，以表达人民意志的法律和政策为依据，向人民负责，受人民监督，充分反映我国人民民主专政的国家性质。

2. 这一制度最能体现我国社会主义民主政治的要求

社会主义民主是不同于资本主义民主的一种新型民主，是对绝大多数人实行的民主。在我国，实行民主政治的核心内容就是要在国家的生产和生活中使人民当家作主，使一切权力属于人民的宪法原则变为现实的制度。在实现社会主义民主政治的各种制度和形式中，人民代表大会制度是一种最根本的制度，它充分体现了社会主义民主政治的基本要求，为人民当家作主权利的实现创造了现实的基础和条件。这主要表现在：（1）人民代表大会制度为充分反映广大人民群众的意志创造了基础和条件。通过人民代表在各级人民代表大会的活动，把人民群众的意见和建议充分收集并反映上来，使之系统化为国家法律或政策，成为人人必须遵守的行为规则，这是反映人民意志最重要的形式之一。（2）人民代表大会制度为充分贯彻人民意志创造了基础和条件。在人民代表大会制度下，各级人民代表大会不仅要反映人民的意志，制定法律、法规和其他规范性文件，还要组织其他国家机关和监督其他国家机关认真贯彻反映人民意志的各种规范性文件。行政机关、监察机关、检察机关和审判机关等国家机关履行各自的职能、行使各自的职权，要依法进行，受人民代表大会的监督，向人民代表大会负责。法律的充分贯彻，也就意味着人民意志的贯彻，人民代表大会制度下国家权力的运行方式，是充分贯彻人民意志的有效方式。（3）人民代表大会制度也为人民直接参与国家管理的民主形式的发展创造了基础和条件。在人民代表大会制度下，人民群众参政、议政，直接参与国家管理的民主形式得到了不断的发展。人民不仅可以选举、监督、罢免人民代表，以保证充分反映自己的意志，还有权对一切国家机关及其工作人员的工作提出批评和建议，对其违法失职行为提出申诉、控告或者检举。一切国家机关及其工作人员都必须向人民负责，受人民监督。人民群众参政、议政，直接参与国家管理的形式，突出地体现了人民代表大会制度对社会主义民主政治的反映。人民代表大会制度是人民行使国家权力，实现社会主义民主的最好途径和方式。

3. 这一制度最能体现我国政治生活的全貌

人民代表大会制度作为我国的政权组织形式，与国家政治生活息息相关，其本身的组织和运行就是国家政治生活最重要的组成部分之一。在国家政治制度中，它是最能体现国家政治生活的制度。它的这种地位，可以从以下三个方面得到说明：（1）人民代表大会制度是由人民革命直接创造出来的，是人民革命政权建设经验的总结；它的产生不以其他任何制度为依据，也不依靠既有的任何法律规定，而是人民革命政治斗争的直接产物。（2）人民代表大会制度一经确立，即成为国家其他制度赖以建立的基础。无论是国家的军事制度、财政制度还是立法制度、行政制度、监察制度、审判制度和检察制度，无一不是人民代表大会制度的产物。（3）无论是国家的军事制度、财政制度、外交制度还是立法制度、监察制度、审判制度、行政制度和检察制度，都只能体现我国政治生活的某一方面。而人民代表大会制度才是把我国的一切国家政权机关的组织与活动都包括在内，涵盖我国政治生活各个主要方面的政治制度。

为了确保人民代表大会的重要地位，充分发挥其作用，建设好人民代表大会，必须坚持中国共产党对人民代表大会的领导，并且要加强和完善中国共产党对人民代表大会工作的领导。习近平总书记在中央人大工作会议上的讲话要求，各级人大及其常委会要“不断提高政治判断力、政治领悟力、政治执行力，全面加强自身建设，成为自觉坚持中国共产党领导的政治机关、保证人民当家作主的国家权力机关、全面担负宪法法律赋予的各项职责的工作机关、始终同人民群众保持密切联系的代表机关”①。由此，坚持和完善人民代表大会制度，就必须要坚持和完善党对人大工作的全面领导，各级人民代表大会通过立法、监督、代表等工作，使人民当家作主更加有效地落实到国家政治生活和社会生活之中。

（1）坚持党对人民代表大会的领导。党对国家生活的领导，最本质的内容就是领导和支持人民当家作主。首先，这就要求提高对人民代表大会的认识。其次，党对人民代表大会的领导主要是政治领导，即政治原则、政治方向、重大决策、向国家权力机关推荐重要干部。其方式是：通过法定程序使党的主张变成国家意志，并通过党组织的活动和党员的模范作用带动广大人民群众，来实现党的路线、方针、政策。因此，党对国家的领导主要应当通过各级人民代表大会的活动来实现，人民代表大会不能离开党的领导。

（2）完善党对人民代表大会的领导。党要坚持对人民代表大会的领导，也要不断改善对人民代表大会的领导。这是一个问题的两个方面。首先，党组织尊重和支持人民代表大会及其常委会依法行使职权，也就是尊重和支持人民当家作主，同时这也是实现党的领导的重要表现形式。其次，党组织不能包办人民代表大会的工作。党组织不具有直接行使国家权力的职能，故不能直接对人民代表大会发号施令。党组织提出决策、推荐

---

① 习近平：《在中央人大工作会议上的讲话》（2021年10月13日），载《求是》，2022（5）。

干部名单，仅仅是向人民代表大会建议，而不是命令。

第二节　国家结构形式

一、国家结构形式的概念和分类

（一）国家结构形式的概念

国家结构形式也是国家制度的重要内容之一，与政权组织形式同属国家形式。它指的是特定国家的统治阶级根据什么原则、采取何种形式来处理国家内部的组成，以及调整国家整体与组成部分之间的相互关系。它的实质在于中央和地方或组成单位之间的权限划分。

国家结构形式与国家政权组织形式有着密切的联系。国家结构形式解决的是领土结构内整体与组成部分之间的关系，即体现政权体系纵的方面；政权组织形式侧重解决的是权力机关同行政机关、司法机关以及其他国家机关之间的相互关系，权力机关同人民之间的关系，即体现政权体系横的方面。国家政权就是这样体现出来的，这两种形式是实现国家政权职能必要的、不可缺少的表现形式，如果没有这两种形式，国家政权的职能也就得不到体现。

国家结构形式决定于并反映着国家的阶级本质，为统治阶级所要实现的任务服务；同时，国家结构形式也取决于其他因素，例如，民族、种族以及不同的政治、经济和文化等因素。

（二）国家结构形式的分类

现代国家基本上有两种国家结构形式，即单一制和联邦制。

1. 单一制

单一制是以普通行政单位（省、县、乡等）或同时包括自治单位的形式来划分其国家内部组成的。它在整体形式上比较简单，是一个统一、完整的政治实体。其主要特点是：（1）国家设有统一的立法机关和统一的中央政府；全国只有一部宪法；按行政区域划分行政单位或自治单位。各行政单位或自治单位都受中央的统一领导，没有脱离中央而独立的权力。地方行政单位虽然也设有相应的议事机关及执行机关，但它们的权限有些是由宪法授予的，有的是由中央政府直接授予或委托的；地方权力的大小取决于宪法的规定或中央的授予。（2）在对外关系中，它是单一的主体。法国、日本、挪威、瑞典等是单一制国家。

2. 联邦制

联邦制也叫联盟国家，它是以州、邦的形式来划分其国家内部组成的。它在形式上比单一制国家复杂，其主要特点是：除有整个联邦的宪法、法律和最高国家机关以外，各组成单位还有自己的宪法和法律以及最高国家机关，根据联邦宪法的规定，行使自己的国家权力。联邦的权力可以遍及全国，而各州或成员国的权力只能在各州或各成员国内行使，各成员国的公民同时又是联邦公民。有的联邦的成员国还有进行国际外交活动的权力。但在对外关系中，大多数联邦的各组成单位不是单独的主体。美国是世界上首先建立现代联邦制的国家。印度、俄罗斯、加拿大、瑞士、巴西等国家也都实行联邦制。随着政治、经济和社会的发展，联邦政府的权力有加强的倾向，但联邦各组成单位的权力仍然很大。

国家整体与其组织部分之间不同的权力划分，是联邦制与单一制最重要的区别。美国是世界上最早建立联邦制的国家，也是实行联邦制最典型的国家之一。下面就以美国联邦政府与各州之间的职权划分为例，作一简要的说明。

美国宪法规定的联邦制度权限的划分主要有以下几个原则：联邦政府与各州的权力，以联邦宪法定之，双方在宪法确定的权限内行使自己的职权；各州政府在联邦宪法确定的权限内，对其政治机构有自主组织权，无须经过联邦政府的授权；为保证这种权力划分的稳固性，宪法的修正须获得双方的同意；为保证联邦宪法确定的权限，各州对联邦有参政权。

美国宪法关于联邦和各州权限的划分，采取的是联邦权力列举式的授权和各州权力概括式的保留办法，即美国宪法列举联邦权力，未列举的权力归于各州。瑞士、澳大利亚、德国的联邦制度关于权限划分的原则和方法基本上与美国的联邦制度是一致的。而同样是联邦制国家的加拿大采用了另外的方式，即就各省的权力在宪法上明确规定，把其余的权力交给联邦政府。

(1) 联邦专有权。它主要是指只有联邦政府才能行使的立法权。属于联邦专有的立法权，即使联邦未曾立法，各州也不得行使。美国宪法列举的联邦权限有：宣战、媾和、交换使节、惩罚海盗及违反国际公法的罪犯；统率和编制海、陆、空军；监督交通及各州间的通商；制定货币和度量衡制度；保护著作权及专卖权；设置邮政局，建设邮政道路；制定归化规章和破产法；募集国债；征收租税；审判各种联邦诉讼及各州之间的诉讼。德意志联邦共和国基本法规定，联邦专属立法权是：外交和国防，宣战和媾和；关税和贸易；铁路、航空、邮电和电信；著作权与出版权；联邦性统计。

(2) 联邦和各州共有权。某些权力不适宜由一方行使，而必须由双方共同行使，被称为联邦和各州共有权。美国宪法规定：国会议员的选举，总统、副总统的选举，民团事项和宪法修正等均属之。德意志联邦共和国基本法规定，属于联邦和各州共有权的有制定民法、刑法、诉讼法、司法组织、经济法规、户籍法、结社和集会法、劳动法、土地法、社会保险法；办理居留申请与签证；进行地区规划和水利管理；等等。

(3) 各州保留权。美国宪法规定：凡未列举授予联邦政府的权力，除宪法禁止各州使用的外，归各州行使。这就是说：除必须遵守宪法规定的共和政体外，各州政府得根据具体情况，调整政府组织，并建立县市地方政府体制；各州政府，除不能征收进口税、出口税及对联邦政府营造物征税外，得采取任何合乎正当程序的租税制度；各州得制定民法、刑法、选举法及维护治安、卫生、道德、福利等各种法律；各州有权设立学校，监督教育，管理社团，执行选举法律，管理慈善及感化事业，管理州内贸易，制定地方自治法规；等等。

美国和德国在联邦与州的分权原则和方式上基本是一致的，但在法律的执行上各不相同。美国联邦对某一事项如有管辖权，则联邦议会对此有立法权，联邦法院对此有司法权，联邦政府对此有行政权。而德国则不同：联邦虽然有广泛的立法权，但在执行上，除外交、联邦财政、联邦铁路、联邦邮政、联邦水道、边界保护和宪法保护由联邦设立联邦一级的行政机关执行外，其余由各州设立相应行政机关代为执行，只是各州在执行时，必须接受联邦的监督。

二、中国是统一的多民族国家

（一）马列主义关于国家结构的基本观点

在多民族的社会主义国家中，国家结构形式是解决民族问题的一种手段和政治形式。

马列主义认为：社会主义国家建立政权后，采取何种国家结构形式，首先要考虑的是无产阶级专政的利益，同时要考虑国内的民族关系。所以，在一般条件下，无产阶级应坚持建立集中、统一的国家，即单一制国家；原则上反对建立联邦制国家。

马列主义虽然在原则上反对联邦制，但又认为，在特殊情况下，为了解决民族问题，其也可以作为一种例外加以采用，但只是作为解决民族问题的一种手段。

各个国家究竟采取什么样的国家结构形式，取决于本国的国情和当时的具体历史条件。

（二）我国实行单一制的国家结构形式

中国共产党根据马列主义关于民族问题和无产阶级专政的国家结构问题的理论，结合我国实际情况，采取单一制的国家结构形式。我国是多民族的国家，又是统一的国家，这充分反映了我国各族人民的共同愿望。习近平总书记深刻指出，“我们坚持准确把握我国统一的多民族国家的基本国情，把维护国家统一和民族团结作为各民族最高利益”①。

（1）从理论上说。马列主义认为，无产阶级在夺取政权后，确定国家结构形式时，首先要考虑到无产阶级和各族人民的根本利益。根据马列主义这一原理，结合我国的具体情况，我国确立了单一制的国家结构形式。

（2）从历史关系上看。我国从秦、汉以来一直是中央集权的国家，各民族始终在一个统一的国家内生活着，互相交往，共同斗争，彼此结下深厚的情谊，共同创造了伟大祖国的光辉历史与灿烂文化。几千年间，虽有民族压迫和分裂的历史，但主流是彼此合作。近百年来，特别是自中国共产党诞生以来，在反帝、反封建和反对国民党反动统治的斗争中，各民族共同的命运使它们联系在一起，形成了不可分离的关系。因此，按照各族人民的意愿组成统一的多民族国家是历史的发展趋势。

（3）从民族分布的情况看，也需要建立一个统一的国家。从秦至清，中华民族历经两千多年的发展历程，历经无数次民族大迁徙、大流动和大融合，形成了各民族之间

① 习近平：《在全国民族团结进步表彰大会上的讲话》（2019年9月27日），载《人民日报》，2019-09-28。

“大杂居、小聚居”的分布格局。这一格局使各民族之间更加密切地发生政治、经济、文化联系，互相影响，互相融合，建立了团结互助的关系。基于这样一种局面，必须建立统一的国家。

（4）适应社会主义革命和建设的需要。宪法确认的我们国家的根本任务，只有在统一的国家里，在民族团结的基础上，才能完成。

（5）从我国所处的国际环境和国际阶级斗争形势来看，帝国主义、霸权主义仍然威胁着我国。在这种情况下，只有加强祖国的统一、各民族人民的团结，才能巩固与发展革命和建设的成果。因此，在我国，煽动、挑拨民族分裂，破坏民族团结，都是不能允许的。

三、我国的行政区域划分

行政区划是国家结构形式的一项重要内容，一个国家只有进行了合理的领土划分，才能实施有效的管理，实现国家的目的。

（一）行政区划的概念

行政区划即行政区域划分，属于国家结构的范围，也是国家领土结构。国家按照经济发展和行政管理的需要，把全国的领土划分为大小不同、层级不同的部分，并设立相应的地方国家机关，以便进行管理。

每个国家都必须有一定的领土作为其行使权力的空间，同时也必须把领土划分成若干部分和层级，分别组织国家机关，以实现其国家的职能。行政区划是人为的，不是自然形成的。在具体划分行政区域时，要考虑民族构成、历史传统、人口分布、地理交通条件和有无政治、经济中心以及政权机构设置等因素，同时也要考虑到便于国家机关和人民群众的联系等因素，以利于社会主义事业的发展。行政区域如何划分同国家性质有一定的关系，由于国家性质不同，不同类型的国家划分行政区域的原则是不同的。

（二）行政区划的原则

我国是社会主义国家，我国划分行政区域的原则不同于资本主义国家。在确定行政区划时，要遵循如下原则。

（1）便于人民群众行使国家权力的原则。划分行政区域是为了建立地方各级国家机关，发挥人民群众当家作主的作用，以利于人民群众分级管理国家。这就要坚持在中央统一领导下，发挥地方的主动性和积极性。

（2）有利于各民族之间团结的原则。划分行政区域首要的是如何解决民族问题。我国是多民族国家，划分行政区域就要考虑各民族成分、居住状况等。这样有利于民族团结，促进各民族共同发展、共同繁荣。

（3）有利于经济发展的原则。我国地大物博，但各地区经济发展不平衡，划分行政区域既要考虑各地区的实际经济发展状况，又要考虑到自然资源的合理开发和利用。这样有利于各地经济的发展和全国各族人民的共同富裕。

（4）有利于巩固国防的原则。

（5）照顾历史状况的原则。我国是一个古老的国家，行政区划由来已久，经历代变更已形成了不同的格局，不同的风俗习惯、民族风格和传统。进行新的行政区划时，必须照顾到这一历史状况。

（三）宪法规定的行政区域划分

（1）一般行政区域单位：省、直辖市、设区的市、县（市）、市辖区、乡、民族乡、镇。

（2）民族自治地方：自治区、自治州、自治县。

（3）特别行政区：国家在必要时设立特别行政区。

现行宪法规定的行政区划基本上是四级制，即省（自治区、直辖市）、设区的市（自治州）、县（自治县、县级市）、乡（民族乡、镇）。有的省、自治区下设自治州、市，而自治州、市下属的自治县、县或区又设乡、民族乡、镇，属于四级制。

根据民政部《中华人民共和国行政区划统计表》，截至 2022 年年底，全国共划分为 34 个省级行政区划单位（4 个直辖市、23 个省、5 个自治区、2 个特别行政区，省以下行政区划单位统计不包括港、澳、台地区）。333 个地级行政区划单位（293 个地级市、7 个地区、30 个自治州、3 个盟）；2 843 个县级行政区划单位（977 个市辖区、394 个县级市、1 301 个县、117 个自治县、49 个旗、3 个自治旗、1 个特区、1 个林区）；38 602 个乡级行政区划单位（2 个区公所、21 389 个镇、7 116 个乡、153 个苏木、957 个民族乡、1 个民族苏木、8 984 个街道）。

根据《宪法》第 31 条设立的特别行政区，是中央人民政府领导下的一级地方行政单位，它和省、自治区、直辖市属于同一等级，是我国新的行政区划形式。1997 年 7 月 1 日香港回归，香港成为我国第一个特别行政区。1999 年 12 月 20 日澳门成为我国的第二个特别行政区。有些省、自治区所设的地区（盟）行政公署，是省、自治区人民政府的派出机关，不是一级政权。还有些县、自治县下设若干个区公所，区公所不是一级政权，是县、自治县的派出机关。

（四）行政区划变更的法律程序

行政区划包括地方各级行政单位的设置、合并和撤销。根据我国宪法的规定，行政区划变更需要经过一定的法律程序，否则无效。行政区域的设立、撤销、更名必须按照法律规定，经有关机关批准。我国实行分级审批的管理：（1）全国人民代表大会批准省、自治区和直辖市的建制，决定特别行政区的设立及制度。（2）国务院审批省、自治区、直辖市的行政区域界线的变更，人民政府驻地的迁移，简称、排列顺序的变更；自治州、县、自治县、市、市辖区的设立、撤销、更名和隶属关系的变更以及自治州、自治县、设区的市人民政府驻地的迁移；自治州、自治县的行政区域界线的变更，县、市、市辖区的行政区域界线的重大变更；凡涉及海岸线、海岛、边疆要地、湖泊、重要资源地区及特殊情况地区的隶属关系或者行政区域界线的变更。（3）县、市、市辖区的部分行政区域界线的变更，县、不设区的市、市辖区人民政府驻地的迁移，国务院授权省、自治区、直辖市人民政府审批；批准变更时，同时报送国务院备案。（4）乡、民族乡、镇的设立、撤销、更名，行政区域界线的变更，人民政府驻地的迁移，由省、自治区、直辖市人民政府审批。

党的十八大以来，全国行政区划设置和调整工作总体稳慎有序推进。2019 年 1 月 1 日国家正式施行了《行政区划管理条例》，2022 年 5 月 1 日开始实施《地名管理条例》，全国行政区划设置和调整工作总体稳中有序推进。2022 年 6 月中央全面深化改革委员会第二十六次会议上通过了《关于加强和改进行政区划工作的意见》，为我国未来行政区划改革调整确立了行动指南和根本遵循。

（五）行政区划与国家结构的区别

行政区划虽然属于国家结构形式，但与国家结构形式是有区别的。

（1）国家结构形式是国家管理形式之一，而行政区划是一个国家的领土结构而不是国家的管理形式。

（2）国家结构形式主要解决中央与地方的权限问题，而行政区划是把国家领土划分成若干区域，依法实行地方的行政管理权。

（3）国家结构形式一旦被统治阶级确认，就具有相对稳定性，而行政区划根据统治阶级利益的需要，为适应政治、经济、文化的发展，时有增减。

四、民族区域自治制度是解决我国民族问题的基本制度

习近平总书记强调指出，我们党采取民族区域自治这个新办法，既保证了国家团结统一，又实现了各民族共同当家作主。实践证明，民族区域自治制度符合我国国情，在维护国家统一、领土完整，在加强民族平等团结、促进民族地区发展、增强中华民族凝聚力等方面都起到了重要作用。在新的历史条件下，我们要加深对民族区域自治制度历史必然性的认识，不断提高坚持和完善民族区域自治制度的思想自觉与行动自觉。党的二十届三中全会决定提出，“制定民族团结进步促进法，健全铸牢中华民族共同体意识制度机制，增强中华民族凝聚力”①。

（一）民族区域自治制度的概念

民族区域自治制度是指在统一的祖国大家庭内，在国家统一领导下，按照宪法规定，以民族聚居区为基础，建立相应的自治地方，设立自治机关，行使自治权，民族区域自治的民族实现当家作主，管理本民族内部地方性事务。各民族自治地方都是中华人民共和国不可分离的组成部分。

（二）民族区域自治制度的主要内容

民族区域自治制度是我国长期坚持的解决我国民族问题的一项重要政策，也是解决

① 《中共中央关于进一步全面深化改革 推进中国式现代化的决定》，载《人民日报》，2024－07－22。

我国民族问题的恰当政治途径和形式。我国《宪法》在“总纲”和“国家机构”这两章中规定了民族区域自治的主要内容。

（1）“各民族自治地方都是中华人民共和国不可分离的部分。”民族自治地方的自治机关都是中央统一领导下的一级地方国家机关，都受上级国家机关的领导。

（2）民族自治地方的自治机关是人民代表大会和人民政府。它有权根据本地方实际情况贯彻、执行国家的法律和政策。自治地方的人民代表大会，有权依照当地民族的政治、经济和文化的特点，制定自治条例（需要报上级权力机关批准、备案）。

（3）自治机关有权依照法律规定行使自治权。自治机关的人民代表大会及其常务委员会应由实行区域自治的民族的公民担任主任或副主任，行政机关应由实行区域自治的民族的公民担任各级行政机关的首长，即自治区主席、自治州州长、自治县县长。

（4）各民族一律平等。发扬各民族的团结友爱、互相帮助、互相学习、互相合作的精神。禁止任何民族歧视、压迫；反对大民族主义，主要是大汉族主义，也要反对地方民族主义。在自治机关中，各有关民族都有其相应的代表名额。

（5）各民族都有使用自己语言、文字的自由，都有保持或改革自己的风俗习惯的自由。

（6）自治机关有权管理本地方的财政、经济，安排和管理各项建设事业以及发展本地方的文化建设，国家要给予大力支持和帮助。

（7）自治机关有权依照国家的军事制度和当地的实际需要，经国务院批准，组织本地方维护社会治安的公安部队。

民族区域自治是党和国家运用马列主义关于国家结构的基本理论解决我国民族问题的一项根本性政策。实践证明，民族区域自治完全适合我国国情，是解决我国民族问题的有效制度。在我国，民族区域自治是以民族聚居区为基础的民族自治和区域自治的有机结合；由实行区域自治的少数民族建立自治机关，依法行使自治权。民族自治地方区域内，通常包含着汉族居民和其他少数民族居民。习近平总书记在党的二十大报告中强调：“以铸牢中华民族共同体意识为主线，坚定不移走中国特色解决民族问题的正确道路，坚持和完善民族区域自治制度，加强和改进党的民族工作，全面推进民族团结进步事业。”[①] 民族区域自治制度有利于发挥各族人民的积极性，实现各民族的共同繁荣，完成社会主义现代化建设的任务；有利于确保祖国统一、民族团结和民族平等；也有利于巩固和发展各族人民的革命成果，保障社会主义现代化建设，达到各民族共同繁荣的目的。

（三）民族区域自治制度的优越性

习近平总书记在2014年中央民族工作会议上强调指出，要坚持统一和自治相结合、民族因素和区域因素相结合，把宪法和民族区域自治法的规定落实好，关键是帮助自治地方发展经济、改善民生。[②] 我国实行民族区域自治制度，既符合马列主义关于民族问题

---

① 习近平：《高举中国特色社会主义伟大旗帜 为全面建设社会主义现代化国家而团结奋斗——在中国共产党第二十次全国代表大会上的报告》（2022年10月16日），39～40页，北京，人民出版社，2022。

② 参见习近平：《论坚持人民当家作主》，106页，北京，中央文献出版社，2021。

的基本原理，也符合我国民族历史发展的客观规律和民族关系的具体特点。民族区域自治制度自实行以来，适应了我国的民族特点和民族关系状况，因而显示出了巨大的优越性。

党的十八大以来，以习近平同志为核心的党中央把马克思主义民族理论与中国民族问题实际相结合，与中华优秀传统文化相结合，明确了把铸牢中华民族共同体意识作为新时代党的民族工作主线，将“中华民族”写入宪法，将“铸牢中华民族共同体意识”写入了《地方组织法》，将铸牢中华民族共同体意识逐步纳入法治化轨道，不断丰富和发展民族区域自治制度的内容和功能。

第一，民族区域自治制度保证了祖国的统一和各民族的团结。它有利于促进各民族间的团结合作，巩固人民民主专政，保证社会主义建设事业的顺利进行。随着中华人民共和国的成立，我国各族人民获得了解放，实现了政治上、法律上的平等。这就有利于各民族之间的互相交流和优势互补，加强各民族之间经济、文化的联系，促进各民族经济、文化的共同发展，为消除历史上遗留下来的各民族之间的矛盾、隔阂和不信任心理创造了条件，保障了国家的统一，促进了各民族的平等、团结、互助、和谐关系。

第二，民族区域自治制度保障了少数民族的平等权利和当家作主、管理本民族内部事务的权利。它有助于调动少数民族人民管理国家各项事务，特别是本民族地方性事务的积极性，充分体现少数民族人民在自治地方的当家作主权利，从而保障了少数民族人民的政治地位和平等权利。民族自治机关除享有一般地方国家机关的权力外，还享有广泛的自治权，这就为民族自治地区立足于民族、地区特点，在政治、经济、文化等方面更快、更好地发展，开拓了广阔的空间，并且有利于国家从立法、行政、组织等方面保障少数民族民主权利和自治权利的切实实现。

第三，民族区域自治制度促进了少数民族的进步和发展。它便于发挥少数民族人民建设社会主义现代化强国的创造性、智慧和才能，促进民族地区经济、文化的繁荣和发展，为消灭民族差别打下物质基础。由于历史的原因，我国各民族之间经济、文化发展不均衡，需要国家对民族自治地方投资和在金融、教育文化等方面的支持，以及经济发达地区的对口支持。与此同时，国家还赋予民族自治地方广泛的自治权，在财政、税收等方面给予民族地区大量的优惠政策，使民族自治地区可以结合自身的资源、地理优势，充分利用外在的有利条件，以赶上、超过先进地区。从这个意义上讲，民族区域自治制度是一种有利于少数民族进步和发展的先进的政治制度，特别是随着社会主义市场经济体制的建立和发展，它必将极大地调动民族地区人民的积极性、创造性和主动性，最终实现各民族的共同繁荣。

第四，民族区域自治制度有助于巩固国家统一，确保国家的独立和领土完整，实现中央统一领导，反对分裂祖国的活动，使民族自治地方自治机关的全部活动都符合宪法的原则精神。

我国是一个多民族的国家，促进各民族共同繁荣是我国民族政策的根本出发点。现阶段党和国家在民族工作方面的任务是：充分调动各少数民族人民的社会主义积极性，共同为把我国建设成为富强民主文明和谐美丽的社会主义现代化强国，实现中华民族伟大复兴而奋斗；大力帮助少数民族发展经济和文化，逐步消除历史遗留下来的事实上的不平等，使各民族共同发展、共同繁荣。

党的民族政策是：巩固民族团结、民族平等，全面落实和加强民族区域自治。

宪法在序言和有关条款中规定我国民族问题的基本原则是：各民族一律平等、团结、互助、和谐和共同繁荣。这是我们党和国家奉行的基本原则。

第一，马列主义认为各民族不分大小，都是人类物质财富和精神财富的创造者。我国各民族人民共同缔造了统一的多民族国家，共同创造了祖国光辉灿烂的文化和丰富的物质财富。

第二，加强祖国统一和民族团结是处理我国民族问题的根本指导思想。民族平等是祖国统一和民族团结的基础与政治前提，而加强民族团结，则是我们实现工业、农业、国防和科学技术现代化，把我国建设成为富强民主文明和谐美丽的社会主义现代化强国，实现中华民族伟大复兴的基本保证。

第三，要坚持民族平等，必须反对任何形式的民族歧视和压迫。反对大民族主义，同时也要反对地方民族主义。

五、特别行政区制度是实现祖国和平统一的基本方针

习近平总书记指出：在统一的国家之内，国家主体实行社会主义制度，个别地区依法实行资本主义制度，这在过往的人类政治实践中还从未有过。前人用超凡的勇气探索和突破，后人要以坚定的信念实践和发展。前进道路并不平坦，但我们实行“一国两制”的初心不会改变，决心不会动摇。“一国两制”是中国的一个伟大创举，是中国为国际社会解决类似问题提供的一个新思路新方案，是中华民族为世界和平与发展作出的新贡献，凝结了海纳百川、有容乃大的中国智慧。保持香港、澳门特别行政区长期繁荣稳定，实现祖国完全统一，是实现中华民族伟大复兴的必然要求。必须把维护中央对香港、澳门特别行政区全面管治权和保障特别行政区高度自治权有机结合起来，确保“一国两制”方针不会变、不动摇，确保“一国两制”实践不变形、不走样。党的十八大以来，以习近平同志为核心的党中央全面准确推进“一国两制”实践，坚持“一国两制”、“港人治港”、“澳人治澳”、高度自治的方针，推动香港进入由乱到治走向由治及兴的新阶段，香港、澳门保持长期稳定发展良好态势。特别是面对香港局势动荡变化，依照宪法和基本法有效实施对特别行政区的全面管治权，制定实施《香港维护国家安全法》，落实“爱国者治港”原则，香港局势实现由乱到治的重大转折，深入推进粤港澳大湾区建设，支持香港、澳门发展经济、改善民生、保持稳定。

（一）特别行政区的概念

特别行政区是指在我国版图内，根据宪法和法律的规定，实行不同于一般行政区的政治、经济和法律制度，享有高度自治权的地方行政区域。特别行政区直辖于中央人民政府。

我国《宪法》第 31 条规定：国家在必要时得设立特别行政区。在特别行政区内实行的制度按照具体情况由全国人民代表大会以法律规定。这是中国共产党提出的“一国两

制”方针的体现。特别行政区实行不同于祖国大陆（内地）的政治、经济制度，但它不是经济特区。这是针对我国尚未完成统一祖国大业，为和平解决台湾、香港、澳门问题所采取的特别措施，是符合中国客观实际情况的。我国在维护国家的主权、统一和领土完整的原则方面，是坚定不移的；同时，在具体政策、措施方面，我们又有很大的灵活性，充分照顾到台湾、香港、澳门地区的历史和现实情况以及那里的人们和各方面人士的利益。这些地方在实现和平统一后，享有高度的自治权，包括原有的社会、经济制度和生活方式在相当长的时期内不变等。这体现了原则性和灵活性的高度结合。

实行“一国两制”，意味着在中华人民共和国境内，在中央的统一领导下，经过最高国家权力机关决定，可以允许局部地方由于历史原因而不实行社会主义的政策，依法保留不同于全国现行制度的特殊制度。我国仍然是一个统一的国家，中国的主体是社会主义，这是永远不能改变的，而在特别行政区内可较长时期保留资本主义制度。“一国两制”的构想，是在新的历史条件下马克思主义的普遍真理同中国的具体实践相结合的产物，是我国国家结构形式的一种新模式。在我国单一制国家结构形式中实行两种制度和平共处，是史无前例的创举，其意义是深远的：这样既利于国家的统一，又利于保持特别行政区的繁荣和稳定，符合全国各族人民的共同愿望和根本利益，也有利于维护世界和平。它在理论上是对国家结构形式的一个伟大创造，为世界上发生的纷争的处理提供了有益的线索，同时也为无产阶级用和平方式解决历史遗留的国家统一问题开创了先例，从而丰富和发展了马列主义的理论宝库。

（二）特别行政区的法律地位

设立特别行政区，是考虑到了我国局部区域的特定历史和现实情况。“一个国家，两种制度”的方针是设立特别行政区的指导方针。1990 年 4 月 4 日，七届全国人大三次会议审议通过的《中华人民共和国香港特别行政区基本法》，标志着“一国两制”构想的伟大胜利，是对“一国两制”思想的具体化、法律化。1993 年 3 月 31 日，八届全国人大一次会议又通过了《中华人民共和国澳门特别行政区基本法》。这两部法律的基本内容如下。

1. 维护国家的主权统一和领土完整

香港、澳门特别行政区基本法贯彻了维护国家主权、统一和领土完整的原则。基本法序言明确说明，中华人民共和国政府于 1997 年 7 月 1 日恢复对香港行使主权，于 1999 年 12 月 20 日恢复对澳门行使主权；设立特别行政区的目的就在于维护国家统一和领土完整，保持特别行政区的繁荣和稳定。基本法明确规定了维护国家主权、统一和领土完整的原则。

（1）特别行政区是中华人民共和国不可分离的部分，是一个直辖于中央人民政府的地方行政区域；由全国人民代表大会授权特别行政区实行高度自治；中央对特别行政区拥有全面管治权。

（2）中央人民政府负责管理特别行政区的外交事务和防务及其他事务。

（3）特别行政区行政长官和行政机关的主要官员，由当地永久性居民中在外国无居留权的中国公民担任，并且由中央人民政府任命。行政长官、主要官员及立法会议员都必须由爱国者担任。

（4）特别行政区立法机关制定的法律均不得同基本法相抵触，而基本法的制定权、修改权属于全国人民代表大会，解释权属于全国人大常委会。为了维护祖国统一和领土完整，基本法明确规定，特别行政区要自行立法，禁止任何叛国、分裂国家、煽动叛乱、颠覆中央人民政府及窃取国家机密的行为，禁止外国政治性组织或团体在特别行政区进行政治活动，禁止特别行政区的政治性组织或团体与外国的政治性组织或团体建立联系。在香港特别行政区长期无法完成就国家安全领域自行立法的职责的情况下，2020 年全国人大常委会基于全国人大的授权，制定了《香港维护国家安全法》，并在香港特别行政区公布实施，在国家层面建立健全了香港特别行政区维护国家安全的法律制度和执行机制。基本法还明确规定，全国人大常委会决定宣布战争状态或特别行政区进入紧急状态，中央人民政府可发布命令将有关全国性法律在特别行政区实施。所有这些规定，都体现了国家主权原则，也说明了特别行政区不是独立或半独立的政治实体。

2. 中央人民政府对特别行政区行使的职权

基于中央与特别行政区的关系、特别行政区的地位，中央拥有对特别行政区的全面管治权。同时，按照香港、澳门特别行政区基本法的规定，中央人民政府对香港、澳门特别行政区行使下列职权。

（1）中央人民政府负责管理与特别行政区有关的外交事务；（2）中央人民政府负责管理特别行政区的防务；（3）中央人民政府任命特别行政区行政长官和行政机关的主要官员；（4）全国人大常委会有权决定特别行政区进入紧急状态；（5）全国人大常委会享有对特别行政区基本法的解释权；（6）全国人大对特别行政区基本法享有修改权。

3. 由全国人民代表大会授权特别行政区依法实行高度自治

中央人民政府和特别行政区的关系，既要体现国家对特别行政区的主权，又要体现特别行政区的高度自治。按照香港、澳门特别行政区基本法的规定，由全国人民代表大会授予香港、澳门特别行政区享有的自治权的范围，是十分广泛的。其内容如下。

（1）特别行政区享有行政管理权、立法权、独立的司法权和终审权。特别行政区行政机关和立法机关由当地永久性居民依照基本法有关规定组成，保留除同基本法相抵触或特别行政区立法机关作出修改者以外的原有法律。

（2）实行独立的税收制度，保持自由港、独立关税地区；香港还保持国际金融中心地位。

（3）可自行制定有关经济、贸易、科学、教育、文化等方面的政策，自行发行货币。

（4）自行处理有关的对外事务，可以“中国香港”或“中国澳门”的名义单独地同各国、各地区及有关国际组织保持和发展经济、文化关系，还可以“中国香港”或“中国澳门”的名义参加不以国家为单位参加的国际组织和国际会议。

（5）负责维持社会治安。

（6）特别行政区可享有全国人民代表大会及其常委会和中央人民政府授予的其他权力。

从以上基本法的规定来看，国家授予特别行政区享有的自治权力要比我国一般地方国家机关、民族自治地方自治机关享有的权力要广泛得多，这就说明了香港、澳门特别行政区享有高度自治权，具有特殊的法律地位。

4. 特别行政区与一般行政区的联系和区别

特别行政区与其他一般行政区相比，有许多共同的地方，主要表现在三个方面：第一，都是中华人民共和国不可分离的一部分，是我国地方制度的有机组成部分。特别行政区的设立有个大前提，就是承认世界上只有一个中国，即中华人民共和国。各个特别行政区都是中华人民共和国领土不可分割的组成部分，不能脱离统一的国家管辖。因此，特别行政区和一般行政区一样，都是我国地方制度的有机组成部分。第二，都是中华人民共和国的一级地方行政区域，直辖于中央人民政府。特别行政区是中华人民共和国的一个享有高度自治权的地方行政区域，在该区域建立的地方政权机关，自然是我国的一级地方政权，受中央人民政府的统一管辖。第三，特别行政区选举人大代表参加全国人民代表大会。

特别行政区与一般行政区的区别也是很明显的，主要表现在以下四个方面：第一，地方政权体系不同。省、自治区、直辖市下还设有市、区、县、乡、镇等行政单位，而香港、澳门特别行政区不再下设任何政权单位，特别行政区本身即为直接联系群众的政权组织。第二，行使权力的大小不同。省、直辖市可以依法制定地方性法规、行使一定的自主权，民族自治地方依法享有自治权，但它们都不能同特别行政区的高度自治权相比，特别行政区享有的某些自治权，例如货币发行权、财政独立、司法终审权等，甚至超过了联邦国家中各州或各成员国所能行使的权力。第三，中央对它们的干预程度不同。除与特别行政区有关的外交事务和防务由中央负责以外，其他事务均由特别行政区政府负责管理并自行制定政策，中央政府所属各部门不得干预特别行政区自行管理的事务；而一般的行政区域必须遵守、执行和服从中央及其有关部门制定的法规、规章、政策、命令和指示等（特别行政区行政长官须执行中央人民政府就基本法规定的有关事务发出的指令）。第四，实施的法律不同。各省、自治区、直辖市必须执行全国统一的法律和国务院制定并颁布的行政法规；除极少数由基本法附件明确列举的全国性法律需在特别行政区实施的以外，特别行政区不实施全国统一的法律和行政法规，它有自己独特的法律体系。

第三节　国家象征

国家象征是一个主权国家的代表和标志，主要指国旗、国歌、国徽和首都。习近平总书记提出，“要完善宪法宣传教育工作格局，深化宪法宣誓、宪法纪念、国家象征和标志等制度的教育功能，推动宪法宣传教育常态化长效化”[①]。由此可见，经由宪法确立国家象征，有利于巩固国家认同、增进国家凝聚力。

---

① 习近平：《谱写新时代中国宪法实践新篇章——纪念现行宪法公布施行40周年》，载《人民日报》，2022-12-20。

一、国旗

国旗是国家象征之一，它通过颜色和图案来体现国家的特色：在国旗颜色中，红色、黄色、蓝色、绿色、黑色和白色用得较多；在国旗图案中，用得较多的则是太阳、月亮和星星。我国国旗五星红旗，是在1949年9月召开的中国人民政治协商会议第一届全体会议上正式确定的，但是当时表述为“红地五星旗”。1954年宪法正式以“五星红旗”表述，并明确它是中华人民共和国国旗。以后的三部宪法都作了同样的规定。

1949年9月27日，中国人民政治协商会议第一届全体会议通过了《关于中华人民共和国国都、纪年、国歌、国旗的决议》，其中第4项规定：中华人民共和国的国旗为红地五星旗，象征中国革命人民大团结。1949年9月28日中国人民政治协商会议第一届全体会议主席团公布的《国旗制法说明》规定：“国旗的形状、颜色两面相同，旗上五星两面相对。”国旗的具体颜色与图案是：“旗面为红色，长方形，其长与高为三与二之比，旗面左上方缀黄色五角星五颗。一星较大，其外接圆直径为旗高十分之三，居左；四星较小，其外接圆直径为旗高十分之一，环拱于大星之右。”“四颗小五角星均各有一个角尖正对大五角星的中心点。”“旗杆套为白色。”

1949年11月15日《人民日报》以“新华社答读者问”的形式，说明了国旗旗面的颜色及图案的含义：国旗旗面的红色象征革命。旗上的五颗五角星及其相互关系象征共产党领导下的革命人民大团结。星用黄色是为着在红地上显出光明，黄色较白色明亮美丽；四颗小五角星各有一角尖正对着大星的中心点，这是表示围绕着一个中心而团结，在形式上也显得紧凑美观。国旗的旗杆套用白色是为了与旗面的红色相区别。旗面的长和高是固定的三与二之比，而旗杆套的宽窄却是根据需要来决定的。为了避免影响旗面的式样，必须使旗杆套的颜色区别于旗面的颜色。

1990年6月全国人大常委会通过的《中华人民共和国国旗法》（2009年8月、2020年10月进行了修正），对我国国旗升挂的机构、场所、方式、时间等作了明确的规定；对于在公共场合故意以焚烧、毁损、涂划、玷污、践踏等方式侮辱国旗的，依法追究刑事责任；情节较轻的，由公安机关处以15日以下拘留。

二、国歌

国歌是代表国家的歌曲，在举行隆重集会、庆典或国际交往仪式时，演奏或演唱国歌。世界上最早的国歌是16世纪荷兰的《威廉·凡·拿骚》，这是一首反映荷兰人民在他们的领袖威廉·凡·拿骚领导下，反抗西班牙的统治，争取民族自由和独立的歌曲。此后，比较著名的有英国国歌《天佑吾王》、法国国歌《马赛曲》等。由于各国情况不同，国歌歌词内容相差很大：有的赞美本国的历史，有的歌颂祖国山河，有的祝福国家元首，有的表达反抗外来侵略、争取民族自由和独立的信念，等等。

我国国歌《义勇军进行曲》是1935年由戏剧家田汉、音乐家聂耳为影片《风云儿女》创作的主题歌。它诞生于民族危亡的历史关头，加之歌词简洁、响亮、有力，乐曲沉着、坚决，因此很快传唱全国。它表现了中国人民反抗侵略的坚强意志和充满必胜信念的斗争精神。1949 年 9 月 27 日，中国人民政治协商会议第一届全体会议通过了《关于中华人民共和国国都、纪年、国歌、国旗的决议》，其中第三个决议案是："在中华人民共和国的国歌未正式制定前，以'义勇军进行曲'为国歌。"这实际上就是确定《义勇军进行曲》为代国歌。

"文化大革命"期间，《义勇军进行曲》的歌词被禁唱。1978 年 3 月五届全国人大一次会议通过决议，确认我国国歌仍采用《义勇军进行曲》的原曲，歌词则经集体修改，重新填写。党的十一届三中全会以后，在 1982 年 5 月开始的全民讨论宪法修改草案过程中，有不少地区和各方面的代表提出，《义勇军进行曲》反映了中国人民的革命传统，体现了居安思危的思想，激励了中国人民的爱国主义精神，多年来已深入人心，因此建议恢复国歌原词。同年 12 月 4 日举行的五届全国人大五次会议通过决议，决定恢复《义勇军进行曲》为中华人民共和国国歌，撤销五届全国人大一次会议通过的关于国歌的决议。因此，现行国歌的歌词就是田汉同志当年填写的歌词，它的内容如下："起来！不愿做奴隶的人们！把我们的血肉，筑成我们新的长城！中华民族到了最危险的时候，每个人被迫着发出最后的吼声。起来！起来！起来！我们万众一心，冒着敌人的炮火，前进！冒着敌人的炮火，前进！前进！前进！进！"但是沿袭惯例，国歌并没有被写入 1982 年宪法。

2004 年 3 月 14 日，十届全国人大二次会议修正宪法，在第 136 条中增加一款作为第 2 款："中华人民共和国国歌是《义勇军进行曲》。"同时将《宪法》第四章的标题"国旗、国徽、首都"修改为"国旗、国歌、国徽、首都"。全国人大常委会于 2017 年 9 月通过了《中华人民共和国国歌法》，以法律形式对国歌的奏唱场合、奏唱礼仪和宣传教育进行规范，由此增强公民国家观念，弘扬爱国主义精神，培育和践行社会主义核心价值观，激励全国各族人民为实现中华民族伟大复兴而共同奋斗。

三、国徽

国徽是以图案为其组成形式的，它是国家特有的象征和标志，代表着国家的主权和民族的尊严。世界各国都有自己的国徽，其形状、图案各不相同。从国徽的图案及表达的含义来说，有的是本国重要历史事件的剪影和记录，有的反映了本国的地理面貌、自然资源和环境，有的反映了本国的政体、信仰和传统政治理想，有的表达了民族的自由、解放和独立等。1950 年 6 月 28 日，中央人民政府委员会第八次会议通过了国徽图案，并由中央人民政府主席毛泽东同志随后以命令的形式，公布了国徽图案及对该图案的说明。中华人民共和国国徽由此诞生了。

根据 1950 年《中华人民共和国国徽图案》的规定，我国国徽呈圆形，内容为国旗、天安门、齿轮和麦稻穗。其具体图案设计如下：中心部分是红地上的金色天安门城楼。城楼正中上方为一颗大的金色五角星；大星下边，以半弧形状环拱四颗小的金色五角星。在国徽的四周，是由两把金色麦稻穗组成的正圆形的环。在麦稻秆的交叉点上，是一个圆形齿轮。内轮的中心交结着红色绶带。绶带向左右绾住麦稻而下垂，把齿轮分成了上下两部分。

我国的国徽图案表明了我们国家的性质：国徽图案中的天安门是我国五四运动的发源地，又是中华人民共和国成立时盛大集会的场所。天安门图案体现了我国各族人民的革命传统和新的民族精神。国徽图案中的齿轮和麦稻穗象征着工人阶级和农民阶级。而国徽图案中使用的国旗上的五星，则代表了中国共产党领导下的中国人民大团结。因此，国徽象征中国人民自五四运动以来的新民主主义革命斗争和工人阶级领导的、以工农联盟为基础的人民民主专政的新中国的诞生。

1954年宪法在规定国徽时，确认了上述国徽图案，但在表述上将“麦稻穗”改成了“谷穗”。以后的三部宪法均沿用了这一规定。1997年《刑法》规定，侮辱国徽构成犯罪者，处3年以下有期徒刑、拘役、管制或者剥夺政治权利。1991年3月2日第七届全国人大常委会第十八次会议通过《中华人民共和国国徽法》（2009年、2020年修正），对国徽的制作、悬挂和使用等作出了明确规定。

四、首都

首都也称国都、首府，在我国古代还称京城、京师，是最高领导机关所在地，一般又是一个国家的政治、经济和文化中心。由于历史传统和其他因素的影响，有的国家出现了两个或两个以上的首都，如沙特阿拉伯的正式首都是利雅德，夏都是塔伊夫，外交之都是吉达，宗教之都是麦加；荷兰的名义首都是阿姆斯特丹，实际首都是海牙；等等。还有的国家国名和首都名相同，如新加坡、科威特、巴拿马等既是国名又是首都名。

1949年9月27日，中国人民政治协商会议第一届全体会议通过《关于中华人民共和国国都、纪年、国歌、国旗的决议》，其中第1项规定：“中华人民共和国的国都定于北平。自即日起，改名北平为北京。”1954年宪法继续确认了这个决议，但将“国都”改称“首都”。后来的三部宪法也作了相同的规定。

北京城位于华北平原的西北角，在地势比较高的永定河冲积扇上。它的北面是燕山山脉，西面有属于太行山脉的西山。北京历来是我国中原地区与北部、西北和东北地区相互联系的交通要塞，地理位置十分重要。北京的气候属温带大陆性季风气候。北京的工程地质条件也比较好。特殊的地理位置和良好的自然环境，使北京具备了建都的自然基础。

北京是一座历史名城和文化古都。它是我国远古文化的著名发祥地。70万～23万年前，就有“北京人”生活在这里。在两千多年前的战国时代，燕国曾在此建都。公元938年，辽建立后以蓟为陪都，改称燕京，也叫南京。金灭辽后，于公元1153年正式迁都燕京，改称中都，并且进行了大规模的改造和扩建。北京从此开始了作为我国封建王朝统治中心的历史。后来，元朝、明朝、清朝先后在北京建都。从金至清建都时间长达760年。长期以来，劳动人民在这里创造了光辉灿烂的文化，这里有宏伟的宫殿、秀丽的园林、众多的名胜古迹和历史文物，使北京成为享誉世界的文化名城。

北京又是一座有着光荣革命传统的城市。它是近代史上著名的“戊戌变法”、“义和团运动”的策源地。标志着新民主主义革命开始的五四运动，掀起抗日救亡浪潮的“一二·九”运动，都先后发生在这里并影响全国。这使北京成为全国革命运动的先锋和旗帜。

1928年，北伐战争后，北京改为北平。1949年1月，北平和平解放。同年3月25日，中共中央和中国人民解放军总部从西柏坡迁到了北平。9月，中国人民政治协商会议第一届全体会议决定，北平改为北京，中华人民共和国首都为北京。北京从此成为中华人民共和国的政治中心、文化中心、国际交往中心，是祖国的心脏。它是中国共产党中央委员会、全国人民代表大会常务委员会、国务院等党和国家领导机关所在地，也是各国驻中国的大使馆和公使馆的所在地。

参考法规、文件

1.《中国人民政治协商会议共同纲领》(1949年)
2.《中华人民共和国宪法》(1954年)
3.《中华人民共和国宪法》(1975年)
4.《中华人民共和国宪法》(1978年)
5.《中华人民共和国宪法》(1982年)
6.《中华人民共和国宪法修正案》
7.《中华人民共和国民族区域自治法》(1984年)
8.《关于修改〈中华人民共和国民族区域自治法〉的决定》(2001年)
9.《中华人民共和国香港特别行政区基本法》(1990年)
10.《香港特别行政区维护国家安全法》(2020年)
11.《中华人民共和国澳门特别行政区基本法》(1993年)
12.《美利坚合众国宪法》(1787年)
13.《法兰西第五共和国宪法》(1958年)
14.(法国)《关于共和国地方分权化的组织法》(2003年第276号宪法性法律)
15.《德意志联邦共和国基本法》(1949年)
16.《日本国宪法》(1946年)
17.《俄罗斯联邦宪法》(1993年)

参考文献

(一) 著作

1. 许崇德主编．中国宪法参考资料选编．北京：中国人民大学出版社，1990.
2. 胡锦光主编．宪法学原理与案例教程．3版．北京：中国人民大学出版社，2013.
3.《宪法学》编写组．宪法学．2版．北京：高等教育出版社，人民出版社，2020.
4. 韩大元，陈佩彤，刘海林．许崇德论基本法文集．北京：中国人民大学出版社，2023.

(二) 文章、报告、讲话、文件

1. 毛泽东．关于中华人民共和国宪法草案//毛泽东文集：第6卷．北京：人民出版社，1999.

2. 刘少奇．关于中华人民共和国宪法草案的报告//刘少奇选集：下卷．北京：人民出版社，1985.

3. 董必武．中华人民共和国中央人民政府组织法的草拟经过及其基本内容//董必武选集．北京：人民出版社，1985.

4. 周恩来．关于我国民族政策的几个问题//周恩来统一战线文选．北京：人民出版社，1984.

5. 彭真．关于中华人民共和国宪法修改草案的报告//彭真文选（1940—1990）．北京：人民出版社，1991.

6. 张友渔．在国际宪法学协会圆桌会议上的发言：关于中国的地方分权问题//张友渔文选：下卷．北京：法律出版社，1997.

7. 习近平．在庆祝香港回归祖国二十五周年大会暨香港特别行政区第六届政府就职典礼上的讲话．北京：人民出版社，2022.

问题与思考

一、单项选择题（每题只有一个正确答案）

1. 根据香港特别行政区基本法和澳门特别行政区基本法，下列有关特别行政区立法权的表述哪一项是不正确的？（　　）

A. 特别行政区立法机关制定的法律须报全国人民代表大会常务委员会备案，备案不影响该法律的生效

B. 全国人民代表大会常务委员会在征询其所属的特别行政区基本法委员会的意见后，如认为特别行政区立法机关制定的法律不符合基本法关于中央管理的事务及中央和特别行政区关系的条款，可以将该法律发回，但不作修改

C. 经全国人民代表大会常务委员会发回的特别行政区的法律立即失效

D. 经全国人民代表大会常务委员会发回的特别行政区的法律一律具有溯及力

2. 我国的根本政治制度是（　　）。

A. 社会主义制度

B. 人民代表大会制度

C. 中国共产党领导的多党合作和政治协商制度

D. 民族区域自治制度

3. 确认我国国歌是《义勇军进行曲》的宪法修正案是（　　）。

A. 1988 年宪法修正案　　B. 1993 年宪法修正案

C. 1999 年宪法修正案　　D. 2004 年宪法修正案

4. 民族区域自治制度、特别行政区制度是我国宪法制度中具有自身特色的两项制度。下列对这两项制度的表述不正确的是（　　）。

A. 民族自治地方包括自治区、自治州、自治县

B. 自治区可以制定自治条例、单行条例，报全国人大常委会批准后生效

C. 特别行政区行政长官在当地通过选举或协商产生，由中央人民政府任命

D. 特别行政区的高度自治权包括立法权、行政管理权、独立的司法权和终审权、独立的外交权

5. 根据我国现行宪法和有关法律规定，下列有关行政区域划分、行政区域边界争议处理的主管部门的表述中，哪一种说法是正确的？(　　)

A. 行政区域边界争议的主管部门无权进行行政区划

B. 有权进行行政区划的部门，也就是行政区域边界争议的主管部门

C. 主管行政区域边界争议的部门，也有权处理行政区划问题

D. 主管行政区域边界争议的部门，也是行政区域边界争议的处理决定机关

6. 根据经济和社会发展的需要，某市拟将所管辖的一个县变为市辖区。根据宪法规定，上述改变应由下列哪一机关批准？(　　)

A. 全国人民代表大会　　B. 全国人民代表大会常务委员会

C. 国务院　　D. 所在的省人民代表大会常务委员会

二、多项选择题（每题有两个以上的正确答案）

1. 我国是统一的多民族国家。下列关于我国国家结构形式的表述哪些是正确的？(　　)

A. 我国是单一制的国家

B. 我国的国家结构形式是由我国的历史传统和民族状况决定的

C. 民族区域自治以少数民族聚居区为基础，实行民族自治

D. 民族自治地方设立自治机关，行使自治权

2. 根据宪法的规定，全国人民代表大会的组成，包括(　　)。

A. 省、自治区、直辖市选出的代表　　B. 特别行政区选出的代表

C. 军队选出的代表　　D. 各政党和人民团体推荐的代表

3. 依据《澳门特别行政区基本法》的有关规定，下列表述哪些是正确的？(　　)

A. 中央人民政府所属各部门，各省、自治区、直辖市均不得干预澳门特别行政区依基本法自行管理的事务

B. 澳门特别行政区各级法院的法官，根据当地法官、律师和知名人士组成的独立委员会的推荐，由行政长官任命

C. 澳门特别行政区检察长由澳门特别行政区永久性居民中的中国公民担任，由行政长官提名，报中央人民政府任命

D. 澳门特别行政区可以“中国澳门”的名义参加不以国家为单位参加的国际组织和国际会议

4. 依据我国特别行政区基本法，下列哪些选项的表述是正确的？(　　)

A. 特别行政区的立法不需要报全国人大常委会批准

B. 不服特别行政区法院的判决，可以上诉至我国最高人民法院

C. 特别行政区可以自主决定外交、经济、财政等事项

D. 中央人民政府可授权特别行政区依照基本法自行处理有关对外事务

5. 根据香港特别行政区基本法的规定，下列哪些选项是正确的？(　　)

A. 香港特别行政区行政长官如认为立法会通过的法案不符合香港特别行政区的整体利益，可在3个月内将法案发回立法会重议
B. 如果立法会拒绝通过政府提出的财政预算案或其他重要法案，香港特别行政区行政长官在征询行政会议的意见之后可解散立法会
C. 因立法会拒绝通过财政预算案或其他重要法案而解散立法会，重选的立法会继续拒绝通过所争议的原案的，香港特别行政区行政长官必须辞职
D. 香港特别行政区行政长官因两次拒绝签署立法会通过的法案而解散立法会后，重选的立法会仍通过原法案，行政长官与立法会协商不成的，行政长官有权再次解散立法会

6. 中华人民共和国的国徽中间是五星照耀下的天安门，周围是（　　）。
A. 斧头　　B. 镰刀　　C. 谷穗　　D. 齿轮

三、简答题（回答要点，不需论述）

1. 国家形式包括哪些内容？它与国家性质是什么关系？
2. 人民代表大会制度经历了怎样的发展过程？它的主要内容是什么？
3. 民族区域自治制度的主要内容是什么？
4. 简述我国建立统一的多民族国家的历史必然性。
5. 国家象征的主要表现形式及含义是什么？

四、论述题（概述有关原理，联系实际）

什么是人民代表大会制度？为什么说人民代表大会制度是我国的根本政治制度？

第五章

公民的基本权利和义务

教学目标

● 了解：基本权利的内涵和基本性质、基本权利的享有主体和基本义务的宪法含义、基本权利与基本义务的关系

● 熟悉：平等权的内涵及主要区分；政治权利，精神、文化活动的自由，人身自由与人格尊严，社会经济权利，获得权利救济的权利的内涵和主要内容

● 掌握：基本权利的学理分类和我国宪法基本权利的类型、基本权利的保障和基本权利的界限

教学要求

知识要点	能力要求	法律职业资格考试或公务员考试相关知识
基本权利和义务概述	(1) 理解基本权利的内涵和基本性质、基本权利的享有主体和基本义务的宪法含义； (2) 掌握基本权利的学理分类和我国宪法基本权利的类型； (3) 掌握基本权利的保障和基本权利的界限； (4) 了解基本权利与基本义务的关系	(1) 基本权利的内涵和基本性质； (2) 基本权利的享有主体； (3) 基本义务的宪法含义； (4) 基本权利的学理分类； (5) 我国宪法基本权利的类型； (6) 基本权利的保障和基本权利的界限； (7) 基本权利的享有主体与基本义务的承担主体之间的关系； (8) 基本权利的内容与基本义务的内容之间的关系
平等权	(1) 理解平等权的内涵、形式上的平等与实质上的平等； (2) 掌握法律适用上的平等与法律内容上的平等； (3) 区分平等与“合理的差别”	(1) 平等权的内涵、形式上的平等与实质上的平等； (2) 法律适用上的平等与法律内容上的平等； (3) 平等与“合理的差别”

续表

知识要点	能力要求	法律职业资格考试或公务员考试相关知识
政治权利	(1) 理解政治权利的宪法意义； (2) 掌握选举权的法律性质和选举权与被选举权的享有主体； (3) 了解被选举权的内涵和展开形态：罢免权； (4) 理解表现自由的含义和主要方式； (5) 了解监督权的含义和具体内容	(1) 政治权利的宪法意义； (2) 选举权的法律性质、选举权与被选举权的享有主体； (3) 被选举权的内涵和展开形态：罢免权； (4) 表现自由； (5) 言论和出版自由； (6) 集会和结社自由； (7) 游行和示威自由； (8) 监督权
精神、文化活动的自由	(1) 了解精神、文化活动的自由的宪法意义； (2) 掌握宗教信仰自由的含义、保障和界限； (3) 了解文化活动的自由的构成及保障； (4) 掌握通信自由和秘密的宪法规定、保障与界限	(1) 精神、文化活动的自由的宪法意义； (2) 宗教信仰自由的含义； (3) 宗教信仰自由的保障和界限； (4) 文化活动的自由的构成及保障； (5) 通信自由和秘密的宪法规定、保障与界限
人身自由与人格尊严	(1) 掌握人身自由的宪法含义、主要内容及保障； (2) 理解人格尊严的宪法含义、保障和界限	(1) 人身自由的宪法含义、主要内容及保障； (2) 人格尊严的宪法含义、保障和界限
社会经济权利	(1) 掌握社会经济权利的概念和主要内容； (2) 理解财产权的概念、宪法意义、财产权宪法保障规范结构、我国现行宪法对财产的保障； (3) 理解劳动权的含义、劳动权的宪法保障与界限； (4) 理解休息权的宪法含义及保障； (5) 掌握生存权的宪法规范、保障与界限； (6) 理解受教育权的宪法含义和主要内容	(1) 社会经济权利的概念和主要内容； (2) 财产权的概念、宪法意义、财产权宪法保障规范结构； (3) 我国现行宪法对财产的保障； (4) 劳动权的含义、劳动权的宪法保障与界限； (5) 休息权的宪法含义及保障； (6) 生存权的宪法规范、保障与界限； (7) 受教育权的宪法含义和主要内容
获得权利救济的权利	(1) 理解获得权利救济的权利的含义； (2) 掌握几种主要的获得权利救济的权利	(1) 获得权利救济的权利的含义； (2) 提起申诉、控告的权利； (3) 国家赔偿及补偿请求权

续表

知识要点	能力要求	法律职业资格考试或公务员考试相关知识
公民的基本义务	了解公民基本义务的内容	(1) 维护国家统一和民族团结的义务； (2) 遵守宪法和法律的义务； (3) 维护祖国安全、荣誉和利益的义务； (4) 保卫祖国和依法服兵役的义务； (5) 依法纳税的义务； (6) 其他义务

第一节　基本权利和义务概述

一、宪法与基本权利

（一）基本权利的内涵

1. 权利

公民的基本权利，顾名思义，就是公民所享有的基本的、具有重要意义的权利。要深入理解这一概念的内涵，首先需要准确地把握“权利”的含义。一般而言，权利指的是在一定的法律关系中，法律关系的一方对另一方所享有的可以要求作出一定的作为或不作为，并为法规范所认可的一种资格。

它具有以下几个主要特征。

第一，权利反映了主体之间的一种对等的法律关系。在权利关系中，主体中的一方与他方独立对等，不存在凭借某种外在的物理力量而制御对方的情形，否则即可能构成“权力”而非“权利”。这种主体之间的对等性，决定了在特定的权利对象上，主体一方享有某种权利，即意味着他方必须相应地承担某种义务。这里讲的对等性，指的是主体之间法律地位的对等性，而非主体双方各自拥有的权利之间的对等性。

第二，权利是由法规范所认可的。权利必然反映了主体自身对某种特定利益的要求，但是单纯以人的主观意愿的形式而存在的权利，在学理上被称为“主观的权利”。主观的权利往往不是有效的、自我完结的权利，它必须通过法规范的确认才获得法的正当性和有效性。这种为法规范所确认的权利，即“客观的权利”。在一定意义上讲，真实意义上的权利正是主观权利与客观权利的统一。从法学上看，所谓权利的客观性，指的是权利通过实在的法规范所取得的正当性、有效性和真实性。

在理解权利与法规范的关系时，还必须认识到：其一，权利是由法规范所认可的，但这并不意味着其自身也是法规范所赋予的，法规范仅仅赋予权利的客观性，而并不赋予本体论意义上的权利本身。其二，权利虽然是由法规范所认可的，但权利同时也构成了法规范自身价值的内核，法规范只有通过确认权利的内容，才得以实现其自身的价值目标，从而获得其自身存在的合理性和意义。

第三，权利是一种法律上的资格。在终极意义上，权利可被视为一种为法规范所确认的、法律关系主体的一方要求他方作为或不作为的可能性。从法学的角度来看，这种可能性实际上就是一种法律上的资格，而这种资格实际上也可被理解为一种法律上的利益。从“权利”这一中文法学用语的字面意义上也可得到佐证。

权利主体要求相应的他方作为或不作为的资格，在另一侧面上也可表现为权利主体自身作为或不作为的资格。然而，不管怎样，这种作为或不作为的资格，显然不是作为或不作为这种行为本身。

权利带着上述的三个基本特征进入漫长的产生、演进和发展的历程，以至于内容不断趋于丰富，种类不断趋于繁多，最后形成有机统一的体系。在权利的历史发展过程中，权利开始以一般权利的形态存在，在权利观念与类型发展到一定历史发展阶段之后，在那个历史阶段中被认为尤其重要的部分权利就必然诉诸与其自身的重要性相适应的法规范形式予以确认和保障。

2. 基本权利

权利内容丰富，种类繁多，构成了一个庞大的体系。在这个权利体系之中，那些具有重要地位，并为人们所必不可少的权利，即所谓基本权利。鉴于基本权利的重要性，世界各国一般都以宪法规范的形式对公民的基本权利予以确认和表述，并加以保障和实施。所以在有些国家，基本权利往往被称为宪法权利，但更确切地说，应被称为“宪法所保障的权利”。

在近代宪法时期，基本权利往往被称为自由，如人身的自由、精神的自由和经济的自由，即近代宪法所确立的三大基本权利，被概称为自由权。包括我国现行宪法在内，迄今为止世界各国的宪法对这些基本权利的表述，一般仍然沿用“自由”这一称呼。

许多人又把基本权利称为人权（human rights），以表明它们是人所固有的权利。这一概念在英国、美国以及法国等国家均得到广泛的应用，但在德国的宪法传统中，人们往往沿用“基本权”（Grundrechte）这一概念。在日本，“人权”的用语亦得到相当普遍的使用，但也有许多学者把“基本权利”称为“基本人权”。

3. 我国宪法中的人权与基本权利

习近平总书记指出：“公民的基本权利和义务是宪法的核心内容，宪法是每个公民享有权利、履行义务的根本保证。宪法的根基在于人民发自内心的拥护，宪法的伟力在于人民出自真诚的信仰。只有保证公民在法律面前一律平等，尊重和保障人权，保证人民依法享有广泛的权利和自由，宪法才能深入人心，走入人民群众，宪法实施才能真正成为全体人民的自觉行动。”①

---

① 习近平：《在首都各界纪念现行宪法公布施行30周年大会上的讲话》（2012年12月4日），载《人民日报》，2012-12-05。

改革开放以来，作为我国社会进步的一个重要表现，我国公民的人权观念发生了巨大变化，在法律层面上的人权保障机制也得到进一步完善。我国现行宪法颁布于1982年，该宪法中关于公民基本权利的规定，与中国社会当时的政治、经济、社会发展状况是相一致的。1988年、1993年、1999年三次对宪法的修正都没有涉及公民基本权利部分的有关内容。党的十五大、十六大、十七大都提出了“尊重和保障人权”，为了在宪法层面上落实党的十五大、十六大精神，为了给我国尊重和保障人权提供宪法保障，2004年宪法修正案第24条规定，《宪法》第33条增加一款，作为第3款——“国家尊重和保障人权”。这在我国宪法上第一次引入了“人权”这一概念。同时，2004年宪法修正案中多处修改与人权及其保障有着密切的关系，例如，关于紧急状态的修改，关于建立、健全社会保障制度的修改，关于公民私有财产权的修改等。

宪法修正案中增加规定“人权”，既表明了我国社会的进步和发展，也表明了我国履行所加入的国际人权公约的义务的诚意。我国宪法中规定了公民的一系列基本权利，但并没有囊括公民所应享有的所有的基本权利。而在我国所加入的国际人权公约中，规定了一些我国宪法所没有规定的公民的基本权利。例如，我国宪法没有规定公民的生命权、健康权、知情权、迁徙自由、隐私权、生存权等。2004年宪法修正案中增加规定的“人权”，实际上包括了我国宪法中所没有规定的公民所应该享有的而又为我国所加入的国际人权公约所规定的基本权利。党的十八大以来，以习近平同志为核心的党中央不断加强人权法治保障，健全人权法治保障机制，推动我国人权法治保障取得历史性成就。我们坚持法律面前人人平等，把尊重和保障人权贯穿立法、执法、司法、守法各个环节，人权法治化保障水平全面提升，人民获得感、幸福感、安全感更加充实、更有保障、更可持续。

4. 基本权利的宪法地位

权利的产生、演进和发展，经历了漫长的历史过程。在这个过程中，部分基本权利起初往往以一般权利的形态存在，甚至仅仅以主观权利的形态出现。当权利观念与权利类型发展到一定历史阶段之后，在那个历史阶段中被认为尤其重要的那部分权利就必然诉求与其自身的重要性相适应的法规范形式予以确认和保障。近代宪法这一法规范形式就是这样应运而生的。随着权利观念和权利类型的进一步发展，宪法根据社会发展需求，确认了许多新型的基本权利，从而使其自身的规范结构和内容也不断得到完善和发展。近代宪法向现代宪法的转化便是一个典型的例证。

由此看来，对基本权利的确认和保障，构成了整个宪法价值体系的一个重要核心。宪法同时创设有关国家制度、国家机构等方面的实在规范，但其终极的价值取向必然归结于维护、协调并实现宪法自身的核心价值。为此，我们在对宪法的规范体系进行整体性把握时，不妨把宪法有关基本权利的规范内容视为宪法整个规范体系之中具有“实体法”意义的部分，而把宪法有关国家制度、国家机构等其他部分的规范内容视为具有“程序法”意义的部分。另外，宪法着重调整个人与国家或公共权力之间的关系以及国家或公共权力自身之间的关系（后者归根到底也是为了调整个人与国家或公共权力之间的关系），为此，与普通法律所保障的一般法律权利不同，宪法所保障的基本权利主要反映了个人与国家之间的关系，主要表现为个人相对于国家或公共权力的权利。

（二）基本权利的基本性质

1. 固有性与法定性

如前所述，基本权利往往是为实在的宪法所确认的权利，而实在的宪法“确认”基本人权的外化形式就是通过宪法规范对基本权利的内容加以表述和规定的。由此也容易产生一种假象，似乎基本权利渊源于实在的宪法规范本身，没有宪法的规定，就没有基本权利。这是一种法律实证主义（legal positivism）的观点。此外，那些认为基本权利是君主恩赐于臣民的权利或是国家赋予公民的权利的看法，也基本上属于这种观点的范畴。另一种观点则认为，人的权利或基本权利是上帝或某种造物主赋予人的并为人与生俱来的权利。这就是通常所说的“天赋人权”的观点，属于自然法思想的一种观点。

典型的自然法思想可以追溯到近代洛克、卢梭等人的理论。但自从进入 20 世纪以后，法律实证主义盛行，自然法思想渐趋式微。然而，在肯定人权的前国家性质或前宪法性质这一点上，自然法思想较之于法律实证主义的观点则可能蕴含了更多的真理的颗粒。为此，在第二次世界大战之后，通过人们对纳粹主义灭绝人性的丑行的深刻反思，自然法思想又再度受到法学理论界的重视。

尽管这样，无论是自然法思想还是法律实证主义的观念，都是错误的。马克思曾经指出：……“人权”不是天赋的，而是历史地产生的。[①] 具体地说，人的基本权利是人作为构成社会整体的自律的个人，为确保其自身的生存和发展、维护其作为人的尊严而享有的，并在人类社会历史过程中不断形成和发展的权利。习近平总书记强调，人权是历史的、具体的、现实的，各国国情不同，历史文化、社会制度、经济社会发展水平存在差异，必须也只能从本国实际和人民需求出发，探索适合自己的人权发展道路。[②] 从终极的意义上说，这种权利既不是造物主或君主赋予的，也不是国家或宪法赋予的，而是人本身所固有的，同时又多为宪法所认可和保障。因此，其固有性和宪法规定性是相互统一的。

2. 不受侵犯性和受制约性

基本权利的不受侵犯性，是由基本权利的固有性和宪法规定性所推导出来的一个逻辑结论。既然基本权利是人所固有的权利，并为宪法所确认和保障，那么必然要求这些权利不受侵犯。

宪法对基本权利的确认和保障，其终极的价值目标就是实现基本权利的不受侵犯性。为此有些国家的宪法规范或宪法性文件对某些基本权利的不受侵犯性就直接予以表述，其中最为典型的如 1789 年法国《人权宣言》第 17 条。该条宣称：所有权神圣不可侵犯。现代世界各国的宪法大都放弃了这种具有浓厚的自然法思想色彩的誓言（parole），但依然沿袭了宣称各种作为自由权的权利不受侵犯的条文模式。我国现行《宪法》第 37 条、第 38 条和第 39 条也分别明确宣称“人身自由不受侵犯”、“人格尊严不受侵犯”和“住宅不受侵犯”。

---

① 参见《马克思恩格斯全集》，第 2 卷，146 页，北京，人民出版社，1957。

② 参见《习近平会见联合国人权事务高级专员巴切莱特》，载《人民日报》，2022 - 05 - 26。

然而，基本权利同时又具有受制约性，这种受制约性主要表现在两个方面：第一，宪法学意义上的制约，其中包括权利内在的制约和外在的制约。有关这一点，将在下文论述。第二，哲学或法社会学意义上的制约，即人们享有基本权利的程度以及基本权利保障的具体状态，显然又不得不受到一个国家或民族的历史文化、地理环境、社会制度、经济水平以及人权观念等多方面的制约。

3. 普遍性与特殊性

基本权利的普遍性（universality），则是由基本权利的固有性和不受侵犯性所共同推导出来的一个逻辑结论。既然基本权利是人本身所固有的、不受侵犯的权利，那么人们享有这些基本权利就完全不应该受到性别、职业、家庭出身、宗教信仰、教育程度、财产状况乃至民族、种族、国籍等方面的限制。

但是，人们享有基本权利的程度以及基本权利受保障的具体状态又不得不受到一个国家或民族的社会历史条件等方面的制约。但这与基本权利的普遍性并不存在根本的矛盾。一般而言，在应有形态或理想形态上存在的基本权利均具有一定的普遍性，而在实际形态，包括规范形态和实现形态上存在的基本权利则往往受到一个国家具体的社会历史条件的制约，因而呈现出一定的特殊性。习近平总书记指出，“我们把人权普遍性原则同中国实际结合起来，从我国国情和人民要求出发推动人权事业发展，确保人民依法享有广泛充分、真实具体、有效管用的人权”①。

鉴于基本权利的普遍性，当今世界上出现了人权保障的国际化趋势。这种趋势一方面表现在各国宪法分别规定本国宪法的人权保障条款适用于外国人，另一方面则表现为人权宣言、人权公约的国际化动向。我国现行《宪法》第 32 条也规定保护在中国境内的外国人的合法权利和利益；我国政府于 1997 年 10 月和 1998 年 10 月先后签署了《经济、社会和文化权利国际公约》与《公民权利和政治权利国际公约》，同时还明确表示，人权的普遍性原则应当得到尊重。2023 年 6 月，全国人大常委会通过《对外关系法》，规定“中华人民共和国尊重和保障人权，坚持人权的普遍性原则同本国实际相结合，促进人权全面协调发展，在平等和相互尊重的基础上开展人权领域国际交流与合作，推动国际人权事业健康发展”。这意味着，人权普遍性原则只有与各国具体情况相结合，才能得到更好的体现。

（三）基本权利的享有主体

1. 基本权利的享有主体的分类

基本权利的享有主体，从其所具有的法性质以及所享有的基本权利的范围来看，可分为一般主体、特殊主体和特定主体。在我国宪法中，公民可被视为一般主体，而法人和外国人则可被视为特殊主体。从学理上说，特殊主体具有特殊的性质，从而不能享有一般主体所享有的所有基本权利。而特定主体则是一般主体或特殊主体的转化形态，是享有某种或某些特定的基本权利的主体，如刑事被告人、犯罪嫌疑人以及我国宪法中所规定的妇女、老人、儿童、残疾人、华侨。一般来说，外国人是基本权利的特殊主体，

---

① 习近平：《坚定不移走中国人权发展道路 更好推动我国人权事业发展》，载《求是》，2022（12）。

但外国人作为享有受庇护权的主体时，则又可被视为特定主体。

2. 各种主体

（1）一般主体。

公民为我国宪法所确定的基本权利的一般性的主体。根据我国现行《宪法》第 33 条第 1 款的规定，凡具有中华人民共和国国籍的人都是中华人民共和国公民。也就是说，具有国籍是确定我国公民资格的唯一要件。

国籍的取得与丧失等制度，一般由国家立法具体规定。根据世界各国的法律，国籍的取得主要有两种方式：一种是因出身而取得的方式，另一种是因加入而取得的方式。各国对因出身而取得国籍的方式所采取的原则又各不相同，其中有血统主义、出生地主义以及二者相结合的混合主义等原则。一般而言，大陆法国家多采用血统主义，英美法国家倾向于采用出生地主义，而我国则采用以血统主义为主、辅之以出生地主义的混合主义原则。

作为对基本权利享有主体的指称，“公民”（citizens）是我国宪法所特有的用语。美国宪法采用“人民”（people）作为人权享有主体的称谓。与此不同，德国宪法则采用“德意志人”、“德意志国民”或“任何人”的表述。日本国宪法沿用“国民”这一用语，但在其正式英译文本中则将“国民”译为“people”（人民）。

公民概念的法律内涵，在我国有一个变化和发展的历史过程。这一概念引进自近代的日本，其原意指的是行使参政权等公权的主体。民国时代的法学界也在此意义上使用公民这一概念。[①] 当时作为基本权利享有主体的用语，则均采用“人民”一词。中华人民共和国成立之际所制定的《共同纲领》仍沿用“人民”作为基本权利的享有主体，但在其有关义务规定的条款即第 8 条中则使用“国民”这一用语。1953 年选举法亦在参政权主体的原意上沿用“公民”作为选举权和被选举权的主体，但 1954 年宪法开始将“公民”这一用语用于表示一般的基本权利的享有主体。

（2）特殊主体，即法人与外国人。

法人与外国人是享有基本权利的特殊主体。作为特殊主体，法人与外国人分别享有某些作为一般主体的公民所享有的基本权利，又不完全享有所有的基本权利。

自然人当然是人权的享有主体，但在民事法律关系中，公司等法人组织也可以成为权利和义务的主体，因为法人也是一种可辨别的个体。那么，法人是否可以成为宪法上的基本权利（人权）的主体呢？这往往取决于各种基本权利自身的法的性质。一般而言，对于财产权或其他一些经济的自由权利，法人可以成为享有主体，至于人身的自由、生存权等一些基本权利，其权利的自身特性则决定了只有自然人才可以享有。同理而论，法人也不能成为选举权和被选举权的主体，即使在实行功能团体选举方法的情形下，实际上具有政治意志能力的主体也只能是各种功能界定中的自然人，而非法人组织本身。

外国人也可被视为享有公民基本权利的特殊主体。我国现行《宪法》第 32 条第 1 款中即规定，“中华人民共和国保护在中国境内的外国人的合法权利和利益”。保障外国人

---

① 如民国时代最具影响力的宪法论著之一——王世杰、钱端升的《比较宪法》就明确指出：“公民这个名词，系指享有参政权的人民而言。”（王世杰、钱端升：《比较宪法》，133 页，北京，中国政法大学出版社，1997。）

所享有的相应的基本权利，不仅有利于我国改革开放事业，而且符合人权国际保障趋势的必然要求。

当然，宪法有关基本权利保障的规定，虽然原则上适用于外国人，但其适用的范围则视各种基本权利的性质而定。一般来说，外国人可以享有人身自由、人格尊严等作为自由权的人权，而不完全享有劳动权、生存权、受教育权利等社会经济权利。此外，按照国际上的传统惯例，外国人也不完全享有政治权利，尤其是外国人对所在国的政治意志的形成、决定和实施具有影响作用的政治活动，不得不受到一定的限制。

（3）特定主体。

如前所述，基本权利的特定主体指的是享有某种或某些具有特定的基本权利的主体，如享有不受刑讯逼供的权利和及时知悉被控内容、自行辩护或委托他人辩护等诉讼权利的犯罪嫌疑人，以及享有自行辩护或委托他人辩护、提出上诉或申诉等诉讼权利的被告人，就是典型的基本权利的特定主体。

此外，我国《宪法》第 48 条中规定，妇女在政治的、经济的、文化的、社会的和家庭的生活等各方面享有同男子平等的权利；第 49 条中又规定："婚姻、家庭、母亲和儿童受国家的保护"，"禁止破坏婚姻自由，禁止虐待老人、妇女和儿童"。根据这些规定，妇女（含母亲）、老人（含妇女）和儿童均可被视为基本权利的特定主体。党的十八大以来，我国采取一系列举措，完善对妇女、老年人、儿童等各类特定主体权益的平等保障和特殊保护，使他们平等参与经济社会发展、平等享有改革发展成果。

一般来说，外国人是基本权利的特殊主体，但我国《宪法》第 32 条第 2 款规定：对于因为政治原因要求避难的外国人，可以给予受庇护的权利。当外国人作为享有这种受庇护权的主体时，在学理上亦应被视为特定主体。

（4）关于"集体权利"。

从学理上说，基本权利的主体一般为可辨识的个体，其最典型的形态就是个人。法人可能是一种人的集合体，但作为基本权利的特殊形态，也属于一种个体的存在，尽管对其权利保障的结果间接地有益于法人组织中的个人，但其基本权利受保障的直接主体并非那些个人，而是作为个体形态而存在的法人本身。

某些权利的行使形态似乎也表现为集体（或共同）行使的形态，如游行、示威、结社等都离不开集体的权利行使行为。然而，这些集体的权利行使行为只是每个人通过共同行使其权利的方式而形成的，并不等于共同行使这些权利的集体本身成为权利的主体。

不过，进入 20 世纪 70 年代以后，宪法学中有关人权主体的传统理论似乎受到了一定的挑战。1979 年第 34 届联合国大会通过了《关于发展权的决议》，1986 年第 41 届联合国大会又正式通过了《发展权利宣言》。根据这两个联合国人权决议的规定，发展权也是一项人权，平等的发展机会不仅是个人的权利，也是各个国家的权利；此外，每个国家和民族都享有自决权以及对本国所有资源和财富的处置权。据此，有些学者提出了"集体权利""第三代人权"等崭新的概念①，依照这些概念，一些特定的集体（如国家、

① 有关"第三代人权"的概念，可参见中国社会科学院法学研究所编：《当代人权》，291 页以下，北京，中国社会科学出版社，1992。

民族等），也可以成为人权的主体。习近平总书记在致“纪念《发展权利宣言》通过30周年国际研讨会”的贺信中提出：“联合国《发展权利宣言》确认发展权利是一项不可剥夺的人权。作为一个拥有13亿多人口的世界最大发展中国家，发展是解决中国所有问题的关键，也是中国共产党执政兴国的第一要务。中国坚持把人权的普遍性原则同本国实际相结合，坚持生存权和发展权是首要的基本人权。”①

当然，“集体权利”本身具有特定的性质，为此，作为集体权利主体的国家、民族等，也可被纳入基本权利特定主体的范畴之中。

（四）基本义务的宪法含义

法律上的义务，在法学上通常被简称为义务（obligation），指的是根据法律规范的规定，一定的主体必须作出某种作为或作出某种不作为的责任，其中，前者称为作为义务，后者称为不作为义务。因违反义务而处于某种在法律上必须受到一定惩戒的地位即法律责任，在法学上亦可被简称为责任。在现实生活中，人们往往承担着多样性的义务，其中宪法上的义务，即公民的基本义务。

“基本义务”（Grundpflichten）的概念及规定主要见之于德国型的宪法，但其滥觞则至少可以追溯到1795年法国宪法中的《人权宣言》。另外，美国以及瑞士等国家的宪法没有有关基本义务的明文规定，其基本义务的规范内涵只能从权利条款或其他条款中间接推定出来。

义务和权利一样是构成特定的法律关系所不可或缺的要素。基本权利是公民对国家的权利，基本义务也是公民对国家的义务，二者基本上都反映了公民与国家权力的关系。自从近代宪法以来，宪法的人权保障体系的价值目标在于确定国家对全体公民行使统治权的界限，以保障公民的基本权利。同时，为了行使这种统治权，尤其是为了实现对各种可能互相发生冲突的公民的基本权利的调整以及增进社会公共利益，国家就不得不对全体公民要求履行一定的基本义务。由此看来，从某种意义上说，公民的基本义务并非直接从其所享有的基本权利中产生的，而是通过国家权力这一媒介的作用形成的。概言之，公民的基本义务是以基于公民的基本权利而产生的国家权力的作用为条件而生成的。

二、基本权利的类型

（一）基本权利的学理分类

基本权利的形态具有多样性。为此，依照各种基本权利的特性，将所有基本权利分解成为几种具有相同或相近特性的类型，无论是对于全面把握基本权利体系的整体结构，还是对于深入理解各种基本权利的具体内涵、保障形态以及这些基本权利之间的相互关系，甚至对于准确地了解基本权利的演进历程以及发展趋势，均具有十分重要的意义。

根据传统宪法学中一种经典的分类法，公民对国家分别存在四种不同的关系，由此

---

① 《习近平致“纪念〈发展权利宣言〉通过30周年国际研讨会”的贺信》，载《人民日报》，2016-12-05。

相应地派生出四种不同的权利或义务。第一种是公民对国家的被动的地位（passive status），由此派生出公民的义务；第二种是公民对国家的消极的地位（negative status），由此派生出公民的自由权，即一种必须排除或逃避国家干涉的消极权利，如人身自由、精神自由和经济自由；第三种是公民对国家的积极的地位（positive status），由此派生出公民的受益权，如诉讼权、请愿权等权利；第四种则是公民对国家的能动的地位（active status），由此派生出公民的参政权，即选举权和被选举权等政治权利。

这一经典分类虽然具有一定匀称严整的逻辑结构，然而已被认为不能完全概括和反映现代宪法所保障的诸如由生活保障权、劳动保障权、环境权等一系列基本权利所构成的社会权利（又称社会权）。因此出现了把人的基本权利和自由分为消极的权利（negative right）和积极的权利（positive right）两种类型，或分为逃离国家的自由（freedom from State）①、接近国家的自由（freedom to State）以及依靠国家的自由（freedom by State）三种类型的分类方法。根据前者的分类模式，自由权属于消极的权利，即一种要求国家权力作出不作为的权利，而参政权和社会权则属于积极的权利，即一种要求国家权力作出作为的权利。而根据后者的分类模式，自由权、参政权和社会权更是恰好被分别纳入上述三种范畴之中。

这些分类虽然在认识论上具有重要的意义，然而都不能全面地反映许多基本权利的内涵在历史发展过程中的嬗变因素。如在现代国家中，许多权利就既具有消极权利的侧面，同时又具有积极权利的侧面。又如近代宪法曾一度把财产权列为自由权，认为其是神圣不可侵犯的权利，绝对不受国家干涉，而现代宪法则承认国家可以根据社会公共福利的需要对之加以限制。有鉴于此，当今宪法学界又出现了从人权的历史发展的角度对各种基本权利进行分类的新方法，其中最典型的有所谓的“三代人权分类方法”。根据这种方法，人权有三代之分，其中：第一代人权即近代西方资产阶级革命中所确立的权利，主要包括近代宪法中的人身自由、精神自由和经济自由这三大自由；第二代人权即在19世纪末20世纪初社会主义运动中提倡的权利，主要是社会权利；而第三代人权则是第二次世界大战之后反对殖民主义压迫的民族解放运动中所提倡的各种权利，其中包括各个国家或民族的生存权、发展权和民族自决权等所谓的“集体权利”。

（二）我国宪法基本权利的类型

无论如何严密的学理分类，即使在认识论上具有意义，也往往偏离了实在的宪法规范本身所确立的基本权利体系。另外，迄今为止，我国宪法学界更重视依照宪法本身的权利体系对基本权利进行分类，即注释宪法学意义上的权利分类方法。

首先出现的这种方法以十大分类法为代表。② 根据这种方法，我国公民的基本权利可被分为：（1）平等权；（2）政治权利和自由；（3）宗教信仰自由；（4）人身自由；（5）批评、建议、申诉、控告、检举权和取得赔偿权；（6）社会经济权利；（7）文化教育权利

---

① 从严格的意义上说，freedom from State 应译为“从国家的干涉中保护出来的自由”或排除国家权力干涉的自由，而非“从国家那里来的自由”或“国家授予的自由”。“逃离国家的自由”只是一种形象性的译语。

② 参见吴家麟主编：《宪法学》，364～386页，北京，群众出版社，1983。

和自由；（8）妇女的权利和自由；（9）有关婚姻、家庭、老人、妇女和儿童的权利；（10）华侨、归侨和侨眷的权利。

此后又出现更具概括性的分类方法，其中主要有把基本权利分为参政权、人身自由和信仰自由、经济和教育文化权与特定人的权利等四种权利的四大分类法①，以及分为平等权、政治权利和自由、人身自由和信仰自由、社会经济文化权利与特定人的权利等五种权利的五大分类法。②

本书所采用的分类方法与上述各种方法不尽相同，其特点是一方面既重视吸收学理分类方法的优点和长处，另一方面又尽量照顾我国现行宪法有关公民基本权利规定的方法，力图确立起一个具有内在逻辑性、整合性以及自我完结性的分类体系。

根据这种方法，可以把公民的基本权利分为：（1）平等权；（2）政治权利；（3）精神、文化活动的自由；（4）人身的自由与人格的尊严；（5）社会经济权利；（6）获得权利救济的权利。其中，"平等权"定位于一种概括性的权利，以引领其他五种基本权利；"政治权利"则是作为国家一切权力归属主体的具体承担者的公民的基本权利；"精神、文化活动的自由"以及"人身的自由与人格的尊严"侧重于概括自由权，即所谓的第一代人权；与此不同，"社会经济权利"则侧重于概括社会权，即所谓的第二代人权；而"获得权利救济的权利"则是以上各种权利获得救济所必需的权利，其作为一种独立的权利类型的意义，在于为整个权利保障体系提供一种自足的和自我完结的内在契机。

三、基本权利的保障与界限

（一）基本权利的保障

1. 基本权利保障的方式

基本权利保障的意义不言而喻：无论宪法所规定的基本权利如何详尽和完美，一旦不予保障，都可能失去实效的意义。对基本权利的保障主要有两种方式。

第一种方式称为绝对保障方式。依据这种方式，对宪法所规定的某些基本权利，其他法律规范不能加以任意限制或规定例外的情形。如美国宪法第 1 条修正案明确规定："联邦议会不得制定建立国教或禁止宗教自由的法律以及对言论和出版的自由，或对人民和平集会和向政府请愿诉求冤情救济的权利进行限制的法律。"在实际操作中，采取绝对保障方式，一般都实行具有实效性的合宪性审查制度。通过这种制度的机制，排除了其他法规范对基本权利所可能加诸的、逾越了该基本权利自身的内在制约之限度的并为宪法所不能接受的那些制约。绝对保障方式由于是直接依据宪法规定并通过宪法自身的制度而实现的，所以又被称为"依据宪法的保障"方式。

第二种方式则为相对保障方式，即允许其他法规范对宪法所规定的基本权利加以直接有效的限制或客观上存在这种可能性的方式。采取这种方式，一般也是宪法自身的一

---

① 参见魏定仁主编：《宪法学》，172～196 页，北京，北京大学出版社，1994。

② 参见许崇德主编：《中国宪法》（修订本），407～430 页，北京，中国人民大学出版社，1996。

种选择。所以有些宪法本身就规定或默示对某些基本权利可以予以限制。如规定某种基本权利"其内容由法律规定"、"在法律的限制之内"或"在法律的范围内"予以保障、"其例外依法律规定"，以及"非依法律不得限制"等，都表明宪法自身选择了相对保障的方式。由此可见，相对保障方式又表现为两种具体的方面。其一是基本权利的具体内容和保障方式均由普通法律加以规定，其二是对基本权利的限制必须通过普通法律。这两个方面既可互相分离，又可互相结合。不过无论如何，由于相对保障方式乃通过普通法律而非宪法自身来实现对基本权利的保障，所以这一方式又可被称为"依据法律的保障"方式。

除上述的绝对保障方式和相对保障方式之外，还存在折中型的保障方式。这种方式即一方面存在具有实效性的合宪性审查制度，另一方面宪法本身又将对某些基本权利的保障委之于普通法律。当代德国所采用的基本权利的保障方式即被认为属于这种方式。

2. 我国宪法的基本权利保障方式

我国现行宪法虽然基本上没有明文规定对某种基本权利的具体内容和保障方式由普通法律加以规定，也没有明文规定或实际上默示性地规定普通法律可以限制某种基本权利，但在具体的法律制度层面上以及实践中所形成的基本权利的保障方式则倾向于相对保障方式。究其原因，主要有以下两点。

第一，根据我国现行宪法的规定，全国人大及其常委会均可行使宪法实施监督权（《宪法》第 62 条、第 67 条），全国人大常委会行使宪法解释权（《宪法》第 67 条），但在实践中，全国人大常委会并不经常行使宪法解释权，通常也没有对公民基本权利的具体内容和保障方式予以具体解释。实践中，全国人大常委会通过行使合宪性审查权，提供了对基本权利的保障。同时，普通法律也对各种基本权利的内容进行具体界定并予以保障。

第二，根据我国现行宪法的规定，我国政权的组织形式是人民代表大会制度。这种制度是建立在一种信念之上的，即国家的一切权力属于人民，而人民代表大会正是人民行使国家权力的机关，由此推定人民代表大会所形成的意志与人民的真实意志具有共同性。同时，在人民代表大会制度之下，全国人民代表大会既是国家最高权力机关，同时又是立法机关。不仅在社会心理上，而且在法学理论中，都普遍存在对全国人民代表大会及其常务委员会所制定通过的普通法律的一种绝对信赖，即认为至少全国人民代表大会及其常务委员会所制定的普通法律不可能剥夺、侵犯或者限制公民的基本权利。

（二）基本权利的界限

与基本权利的保障相邻接的一个问题即基本权利的界限问题。从几何的意义上说，如果某一个基本权利具有界限，那么这种界限的起点，正是对该基本权利进行保障的终点。

1. 界限的相对性

与其说基本权利是有界限的，因而是相对的，倒不如说这种界限自身才是相对的。

这种界限的相对性表现在：从法学上看，某些基本权利具有界限，而某些基本权利不具有界限。

一般来说，其行使必须或必然伴随着某种法学意义上的行为的那些基本权利，均具有界限。因而人们在行使这些自由和权利时，就不得损害其他人的合法的自由和权利，也不得损害国家的、社会的和集体的利益。而其行使并不需要伴随着某种法学意义上的行为的那些基本权利，则不具有界限。例如思想和良心的自由就是如此。因为这种自由的行使只是属于人们内心的一种精神作用，并不构成对其他人的自由权利以及社会公共利益的侵害，所以在法学意义上，这种自由本身就具有无界限性和绝对性。又如宗教信仰自由，其内容主要包括内心的信仰自由、宗教上的行为自由以及宗教上的结社自由三个具体方面，其中内心的信仰自由（含不信仰的自由）也具有无界限性和绝对性。这些内心的自由在整个权利保障体系中虽然只是个别的（而非例外的），却有不容忽视的意义和价值。

当然，从终极的意义上说，任何的内心的自由，都必然受到自由意志主体所处的社会历史环境以及其自身的心理机制、思维方式和道德观念等因素的制约，但这仅仅构成其在法哲学意义上的界限，而非在宪法学意义上的界限。法哲学意义上的界限并不等于宪法学意义上的界限，探究和阐述法哲学意义上的界限也并非宪法学所不可或缺的主要课题。

2. 界限的具体性

即使某些基本权利具有界限，这种界限也具有具体性，即不同的基本权利的界限具有不同的性质和内容，不能一概而论。一般来说，基本权利的界限主要有内在的制约和外在的制约这两种界限。

所谓内在的制约，指的是基本权利在其自身的性质上理所当然所伴随的、存在于基本权利自身之中的界限。一个权利主体主张和行使自己的权利，一旦伴随着某种法律意义上的行为，就可能与其他主体的权利或其他权利发生冲突，尤其在一个主体无节制地滥用自己的权利的时候，这种情形就会显现出来。然而作为一种权利，其本身的性质决定了其行使不能侵犯或损害其他权利或其他主体的权利，这就构成了权利内在的制约。如一个人对言论自由的行使，不能构成对他人的隐私权、人格的尊严等自由权利的侵犯，这是言论自由作为一种权利在性质上理所当然所伴随着的制约。一般来说，任何具有界限的权利都存在这种内在的制约。我国《宪法》第 51 条规定："中华人民共和国公民在行使自由和权利的时候，不得损害国家的、社会的、集体的利益和其他公民的合法的自由和权利。"这就是对权利内在制约原理的一种宪法规范上的表述。

与此不同，所谓外在的制约，是从权利的外部所加诸的，并为宪法的价值目标本身所容许的制约。这种制约主要指现代宪法根据社会公共福利的原则对经济自由所施行的限制，故又被称为"（公共）政策上的制约"。如针对财产权，现代宪法大多明文规定国家可以基于公共福利的需要对其进行适当的限制。值得注意的是，这种基本权利的外在制约仅仅构成了特定的基本权利的一种例外的界限，并不见诸所有的基本权利。

四、基本权利与基本义务的关系

（一）基本权利的享有主体与基本义务的承担主体之间的关系

1. 一般情形下的同一关系

任何公民既是基本权利的享有主体，同时又是一定的基本义务的承担主体。我国现行《宪法》第33条第4款规定："任何公民享有宪法和法律规定的权利，同时必须履行宪法和法律规定的义务。"在这个意义即一般意义上，权利享有主体与义务承担主体具有同一性。这种同一性，排除了那种只享有权利而不履行义务的特权，体现了公民在法律面前一律平等原则的一个重要侧面。

2. 具体情形下的对角关系

基本权利享有主体与基本义务承担主体在一般意义上的同一性，并不同时意味着基本权利享有主体与基本义务承担主体所处于的法律关系的同一性。实际上，作为基本权利享有主体的公民与作为基本义务承担主体的公民，其所处的法律关系虽然都反映了公民与国家权力之间的关系，即在公民作为基本权利的享有主体时，必须承担相应义务的主体主要是国家而非其他公民，而公民所承担的宪法上的义务同样主要是对国家或整个社会的义务。

但这里分别存在两种法律关系：一种是由公民作为基本权利的享有主体，而国家作为承担相应义务的主体而构成的法律关系；另一种则是由公民作为承担基本义务的主体，而对国家或社会履行宪法上所规定的那些基本义务所构成的法律关系。

由此可见，无论是作为基本权利的享有主体，还是作为基本义务的承担主体，公民与国家之间都存在一定的相互联系，而在这两种不同的关系中，基本权利的享有主体（公民）与基本义务的承担主体（公民）之间构成了一种交叉的对角关系。

（二）基本权利的内容与基本义务的内容之间的关系

1. 一般情形下的非对等性

由于基本权利的享有主体（公民）与基本义务的承担主体（公民）是处在两个不同的具体法律关系之中的，所以其二者在一般意义上的同一性，并不意味着基本权利的享有主体（公民）所享有的基本权利与基本义务的承担主体（公民）所承担的基本义务之间具有对等性或对应性。一方面，从笼统的角度看，宪法所规定的基本权利可能多于，也可能少于基本义务，如我国现行宪法所规定的公民的基本权利就大大多于公民的基本义务；另一方面，从具体的角度看，公民享有某些基本权利（如内心的自由）并不必然意味着必须履行某种相应的基本义务，而且即使享有某些基本权利必然伴随着履行某种相应的基本义务，二者的内容也并非绝对均等。

2. 特定情形下的统一性

在一些特定的情形下，公民的基本权利和义务在内容上具有统一性。如我国《宪法》

第 42 条规定公民有劳动的权利和义务，第 46 条同样规定公民有受教育的权利和义务。在这里，公民的基本权利与公民的基本义务是相互统一的。

当然，要从法学的角度上理解并阐明这种基本权利与义务的统一性并非一件易事。现实中，也有一些学者不同意我国《宪法》第 42 条和第 46 条的规范结构，认为规定某种权利既是权利又是义务，势必在法律上混淆了权利主体与义务主体之间的界限，同时也必然给宪法的实施带来困难和混乱。[①]

无论这种观点是否成立，人们都应该认识到：从严格的意义上说，上述的这种公民的基本权利与义务的相互统一是在特定的情形下存在的，并具有特定的内容和例外的性质，由此不能在一般意义上推断出公民的基本权利与义务是否具有同一性或一致性的结论。

第二节　平等权

一、平等权的内涵

（一）平等权的观念

人本来在人种、性别、出生、天资以及能力等方面可能存在先天性的差别，要消灭这些差别，实现人的绝对平等，在事实上是不可能的。尽管这样，但任何人都具有人格的尊严，在自由人格的形成这一点上必须享有平等的权利。这就是近代平等观念产生的原因，在近代宪法规范中则被表述为人在"法律上的平等"（égalité davant la loi, Gleichheit vor dem Gesetz）或者"在法律上的平等"（equality under the law）。

近代宪法所确立的平等原理，必然具有一定的历史局限性，其主要的缺陷在于完全舍去了人们在现实生活中的各种差异，仅仅保障一种形式上的平等，即机会均等。也就是说，这种平等的基本点仅仅在于废除封建身份制度和特权制度，要求人们参加自由竞争，保障人们在各种社会活动的起点上的机会均等。

这相对于封建社会以及前近代特权社会而言是一种巨大的进步，然而仅仅保障这种形式上的平等，虽然一方面通过所谓公平的自由竞争有可能使一部分人实现了与他人在现实意义上的平等，但另一方面反而促使了社会强者与社会弱者、富裕与贫穷之间的两极分化。

在追求实现实质上的平等过程中，我国曾经出现过两种错误认识：一种是把平等原理等同于绝对平均主义，另一种则是存在过一定程度的特权观念和特权现象。从某种意义上说，我国现行宪法有关公民在法律面前一律平等的规定，就是为了反对过去曾经存在的特权观念和特权现象而确立的[②]，但同时又要肩负起反对绝对平均主义的使命。

---

① 参见张庆福、李忠：《中国宪法 100 年：回顾与展望》，载张庆福主编：《宪政论丛》，第 1 卷，31 页，北京，法律出版社，1998。

② 1954 年《宪法》第 85 条明确规定："中华人民共和国公民在法律上一律平等。"但后来由于受到"左"倾思想的影响，平等权的原则受到了批判，1975 年宪法和 1978 年宪法甚至取消了平等权的规定。1978 年中国共产党十一届三中全会公报重申：要保证人民在自己的法律面前人人平等，不允许任何人有超于法律之上的特权。1982 年宪法总结了历史的经验和教训，并在反特权思想潮流的推动下，重新确认了平等权的原则。

（二）我国宪法平等权规定的规范结构

习近平总书记指出，“平等是社会主义法律的基本属性，是社会主义法治的基本要求”①。我国现行《宪法》第 33 条第 2 款规定：“中华人民共和国公民在法律面前一律平等。”这是对平等权的一种一般性的规定。除该一般性的规定之外，现行宪法还有其他一些相关的具体性规定，主要有：（1）第 33 条第 4 款规定：“任何公民享有宪法和法律规定的权利，同时必须履行宪法和法律规定的义务。”（2）第 5 条第 5 款规定：“任何组织或者个人都不得有超越宪法和法律的特权。”（3）第 4 条第 1 款中规定：“中华人民共和国各民族一律平等”，“禁止对任何民族的歧视和压迫”。（4）第 48 条第 1 款规定：“中华人民共和国妇女在政治的、经济的、文化的、社会的和家庭的生活等各方面享有同男子平等的权利。”其第 2 款又进一步具体规定：“国家保护妇女的权利和利益，实行男女同工同酬，培养和选拔妇女干部。”（5）第 34 条规定：“中华人民共和国年满十八周岁的公民，不分民族、种族、性别、职业、家庭出身、宗教信仰、教育程度、财产状况、居住期限，都有选举权和被选举权；但是依照法律被剥夺政治权利的人除外。”（6）第 36 条第 2 款中规定：“不得歧视信仰宗教的公民和不信仰宗教的公民。”

上述这些条款虽然由于宪法体系的内在需要分散于宪法规范体系的各个部分，但它们共同构成了我国现行宪法有关平等权规定的一个完整的规范系统。在这个规范系统中，既有有关平等权的一般性规定，又有有关民族平等、男女平等、政治权利平等等的具体性规定；既有授权性规范，又有禁止性规范；既有从正面规定的平等权，又有从反面规定的反特权、反歧视。因此其具有相对详尽的、完备的规范内容。

（三）平等权的法的性质

从上述有关平等权的一般性规定与具体性规定之间的关系中，也可以引申出一个论题，即宪法所保障的一般意义上的平等权，是宪法的一个原则或原理（principle），还是宪法所保障的一种具体的基本权利呢？

持原则说的人倾向于认为：一般意义上的平等权是一个宪法上的一般原则，甚至有人认为它是“社会主义的一项重要原则”；而持权利说的人侧重于强调，平等权是公民的一种基本权利，是人类不可缺少的、与生命权和自由权等基本权利具有同等价值的权利；还有一种观点则认为，平等权具有双重的性质，它既是一项宪法的一般原则，同时又是人们所享有的一种基本权利。在我国目前的宪法学界，第三种观点居于通说的地位。

本书基本上同意第三种观点，但同时认为：目前我国宪法学界的这种观点，尚未论及作为一项宪法原则的平等权与作为一种基本权利的平等权这两者之间的关系。其实，平等权在宪法上主要是作为一种基本权利而存在的，但它与其他基本权利不同，在整个宪法的基本权利体系中具有一定的超越地位。它不但通过民族平等、男女平等，而且还广泛地通过政治平等权、社会经济平等权以及其他具体的基本权利来体现其作为一种基本权利的具体内容，因此它是一种原理（原则）性的、概括性的基本权利。

---

① 习近平：《加快建设社会主义法治国家》（2014 年 10 月 23 日），载《求是》，2015（1）。

二、形式上的平等与实质上的平等

（一）形式上的平等

如前所述，形式上的平等在宪法学上又称为“机会的平等”或“机会均等”，是近代宪法所确立的平等原理，其在终极的意义上指的是宪法对各个人所保障的、各自在其人格的形成和实现过程中的机会上的平等。根据形式上的平等原理，人作为具体的人必然在种族、性别、门第、天资、能力等方面存在天然的差别，但作为抽象的人或曰一般意义上的人，即作为独立、自由的人格主体，在法律上是一律平等的。

形式上的平等原理具有一定的局限性，单纯地保障形式上的平等，将不可避免地出现现实上的不平等状况。有鉴于此，现代宪法或多或少地吸收了实质上的平等原理。然而，这并不意味着实质上的平等原理在现代宪法上完全取代了形式上的平等原理。一般来说，形式上的平等原理仍然可以适用于对精神、文化活动的自由及人身的自由与人格的尊严乃至政治权利等方面的基本权利的保障，而实质上的平等原理则主要适用于对社会经济权利的保障。

（二）实质上的平等

实质上的平等是现代宪法对形式上的平等原理进行修正和补充的原理，指的是为了纠正由于保障形式上的平等所导致的事实上的不平等，依据各个人的不同属性分别采取不同的方式，对作为各个人的人格发展所必需的前提条件进行实质意义上的平等保障。习近平总书记强调，“我们要坚持以人民为中心的发展思想，针对特定人群面临的特定困难，想方设法帮助他们解决实际问题”①。

从主体上看，男女平等和民族平等的实现，当然是实质上的平等原理所期待的客观结果。而从权利的内容上看，如上所述，实质上的平等原理主要适用于对社会经济权利的保障，其目的在于使经济强者与经济弱者之间恢复法律内在的所期待的那种对等关系。为此，实质上的平等在宪法学上又称为“条件的平等”。

然而，实质上的平等权原理并不保障结果的平等。所谓“结果的平等”，类似于通常所讲的平均主义意义上的平等，指的是作为结果的事实关系完全均一的一种平等状况。保障这种平等状况，需要借助强大的国家权力全面而又彻底地介入人们的现实生活领域，从而必然有悖于对基本权利进行保障的传统的宪法精神，最终也可能导致对平等意义的根本否定。

三、法律适用上的平等与法律内容上的平等

平等权是仅仅意味着公民在遵守法律和适用法律上是一律平等的，还是意味着公民

① 习近平：《在党的十八届五中全会第二次全体会议上的讲话（节选）》（2015 年 10 月 29 日），载《求是》，2016（1）。

不仅在遵守法律和适用法律上是平等的，法律本身也必须具有公民一律平等的内容呢？这就涉及平等权的效力范围的问题。

平等地遵守法律，具有义务上平等的内涵，因而未必构成作为一项基本权利的平等权所不可或缺的内容。为此，平等权效力范围问题的焦点在于平等权是否包含法律内容上的平等权。换言之，立法者（如立法机关）是否应当受到平等原则的拘束，即是否不能制定出违反平等原则的法律？有关这一点，宪法学上存在两种学说。

一种学说认为：平等权仅仅限定于法律适用上的平等，而不包含法律内容上的平等。因而，这一学说被称为“法律适用平等说”。由于这种学说实际上否定了平等原则对立法者的拘束作用，所以其又被称为“立法者非拘束说”。

另一种学说则认为：平等权不仅限定于公民在法律适用上的平等，还应包含公民在法律内容上也享有平等的权利，立法者不能制定违反平等原理或原则的法律。因此这种学说被称为“法律内容平等说”或“立法者拘束说”。

法律适用平等说在我国为多数人所主张，即公民在法律面前一律平等，指的是法律实施上的平等，而不是讲“立法上的平等”。其主要理由是：法律是人民意志的反映，具有阶级性，人民与敌对势力和敌对分子在立法上是不能“讲平等”的。

我国 1954 年《宪法》第 85 条中规定：“中华人民共和国公民在法律上一律平等。”现行宪法则将 1954 年宪法中的“在法律上一律平等”的条文表述改为“在法律面前一律平等”。人们大都认为，后者的这种表述更为准确。

在日本以及德国的法学界，过去也曾存在类似的观点，认为，“在法律面前一律平等”与“在法律上一律平等”这两种条文具有不同的规范含义：前者指的是法律适用上的平等，而后者则包含了法律内容上的平等。从法律适用平等说的观点来看，后者是不准确的，所以德国《魏玛宪法》第 109 条采用了前者的表述。

第二次世界大战后，《德意志联邦共和国基本法》第 3 条第 1 项仍然沿用了在法律面前一律平等这一传统表述，但在宪法解释中并不妨碍将这一条文理解为包含了法律内容上的平等，也没有阻止法律内容平等说成为通说。为此，许多学者认为，所谓“在法律面前一律平等”与“在法律上一律平等”，在注释宪法学中并没有根本区别，问题的关键只是在于：在理论宪法学上，法律适用平等说与法律内容平等说究竟孰是孰非。

有关这一点，法律内容平等说对法律适用平等说的批判是极为有力的，即如果仅仅承认法律适用上的平等，那么，在现实中假如存在诸如不承认妇女参政权这样的具有不平等内容的法律，无论如何忠实地适用这一法律，都不可能实现男女平等，从而所谓法律适用上的平等也就从根本上失去了意义。

我国的法律适用平等说认为：公民在法律面前一律平等，是指法律适用上的平等，因为公民当中的“人民”这一部分与“敌人”那一部分“在立法上是不可能讲平等的”。但是，如果对这种观点加以深入分析，就会发现：我国通行的法律适用平等说似乎并不关注平等权在主体上的适用范围与平等权在内容上的效力范围这两种概念之间的微妙差别，从而没有回答以至于忽视了在人民内部是否应该实现法律内容上的平等这一重要问题。事实上，我国宪法中有关平等权的规定，也具有法律内容平等的规范内涵。如现行《宪法》第 34 条就规定：“中华人民共和国年满十八周岁的公民，不分民族、种族、性别、职业、家庭出身、宗教信仰、教育程度、财产状况、居住期限，都有选举权和被选举权；但是依照法律被剥夺政治权利的人除外。”据此可知，即使在立法上，我国现行宪法也保障绝大部分公民都享有平等的权利，如果选举法的内容违反了这一规定，便有不符合宪法之虞。习近平总书记强调，“坚持法律面前人人平等，必须体现在立法、执法、司法、守法各个方面”①，显而易见，其既包括法律内容平等，也涵盖法律适用平等。

至于所谓的立法上的不平等，可能是对《宪法》第34条但书的一种解读。根据该但书的规定，选举权的平等原则并不适用于那些依法被剥夺政治权利的人。然而，这部分人毕竟是极少数的，假定他们拥有投票权，在少数服从多数原理的作用之下，其意志也难以渗入或形成国家意志，而法律正是国家意志的体现。由此可见，“立法上的不平等”，未必构成平等权原则的核心内涵或必不可少的内容。

四、平等与“合理的差别”

如前所述，所谓法律面前一律平等，既包含了形式上的平等，又包含了实质上的平等。形式上的平等旨在反对不合理的差别，而实质上的平等则必然承认合理的差别。这两个方面构成了一种相辅相成、互为一体的关系。

不合理的差别指的是没有合理依据的差别，其中主要包括根据民族、种族、性别、职业、家庭出身、宗教信仰、教育程度、财产状况等理由所采取的法律上的差别或歧视方式。我国现行《宪法》第34条有关选举权平等规定中所列举的那些禁止事项，均属于这种不合理的差别。

然而，现实中人与人之间客观地存在许多差别，如果在法律上完全无视这些差别而加以机械地均一化，则反而是不合理的和非现实的。为此，实质上的平等原则在一定方面和程度上允许合理的差别。

合理的差别指的是根据实质上的平等原则，在合理程度上所采取的具有合理依据的差别。其大概有以下几种具体类型。

（1）由于年龄上的差异所采取的责任、权利等方面的合理差别。例如，根据我国现行《宪法》第34条的规定，年满18周岁的公民才拥有选举权和被选举权，即属于这种类型的差别。

（2）依据人的生理差异所采取的合理差别。如我国《宪法》第48条规定的男女平等以及现实中由于妇女生理上的特殊情况而对妇女予以的在劳动中的特殊照顾和保护（如生理休假等），均属于这种类型。

（3）依据民族的差异所采取的合理差别。如各种法律所规定的对少数民族在政治、经济、文化等领域施行优惠措施，其中包括选举法所规定的汉族与其他各少数民族在各级人大选举中各代表所代表的人口基数的不同比例，就属于这种类型。

（4）依据经济上的能力以及所得的差异所采取的纳税负担上的轻重的合理差别。如我国《个人所得税法》第3条规定实行超额累进税率方法，在一定程度上加重了获得高

---

① 习近平：《加快建设社会主义法治国家》（2014年10月23日），载《求是》，2015（1）。

收入的公民的纳税义务，就属于这种类型。

(5）对从事特定职业的权利主体的特殊义务的加重和特定权利的限制。其中主要指对国家公务人员或公众人物的隐私权以及名誉权的某种合理程度上的限制。如根据法律规定，一定级别或岗位上的国家公务人员必须定期公开其财产状况，这就既是对其义务的加重，又是对其个人隐私权的一种合理限制，而普通市民则不在此列。又如，根据我国宪法和法律的规定，国家工作人员必须接受公民的监督、批评和建议。这就在法理上要求，除非面对那种蓄意的诬告、陷害，国家工作人员不能轻易地以侵犯个人名誉权为由在法律上进行对抗。

当然，合理的差别除需要合理的依据之外，还必须被限定于合理的限度之内。在宪法学上，一般来说，没有合理依据的差别即属于不合理的差别，而超过合理限度的差别，亦可能构成平等权的原则所不能容许的不平等形态。

第三节　政治权利

一、政治权利的宪法意义

习近平总书记指出，人民当家作主是社会主义民主政治的本质和核心。人民民主是社会主义的生命。没有民主就没有社会主义，就没有社会主义的现代化，就没有中华民族伟大复兴。我们必须坚持国家一切权力属于人民，坚持人民主体地位，支持和保证人民通过人民代表大会行使国家权力。要扩大人民民主，健全民主制度，丰富民主形式，拓宽民主渠道，从各层次各领域扩大公民有序政治参与，发展更加广泛、更加充分、更加健全的人民民主。国家各项工作都要贯彻党的群众路线，密切同人民群众的联系，倾听人民呼声，回应人民期待，不断解决好人民最关心最直接最现实的利益问题，凝聚起最广大人民智慧和力量。

党的十八大以来，我国公民的政治权利得到有效保障。党和国家积极发展全过程人民民主，健全全面、广泛、有机衔接的人民当家作主制度体系，构建起多样、畅通、有序的民主渠道。人民依法实行民主选举、民主协商、民主决策、民主管理、民主监督。人民依法有序政治参与不断扩大，各方面制度和国家治理更好体现人民意志、保障人民权益、激发人民创造，中国特色社会主义政治制度优越性得到更好发挥。

（一）政治权利的法性质和内容

政治权利又称参政权或政治参加的权利，是人们参与政治活动的一切权利和自由的总称。政治权利其实就是民主权利，与此相应，政治权利的法性质，也受到民主制度之具体方式的制约。但无论是在直接民主制还是在间接民主制之下，政治权利都具有能动(active）的性质，属于一种“接近国家的自由”。政治权利的能动性，决定了享有该权利的主体自身为实现对该权利的行使，必须具备一定程度的独立的主体意志或意志决定能力。然而，独立的主体意志或意志决定能力是非先验的、非与生俱来的，通过行使或重复行使政治权利，主体意志决定能力不断趋于成熟，从而反过来为这一权利的实现提供内在的条件。

政治权利主要包括选举权、被选举权以及政治表现的自由。此外，政治权利当然还包括其他各种政治参与的权利。如根据我国《宪法》的规定，公民拥有对国家机关及其工作人员的监督权（第 27 条第 2 款），以及各种形式的管理国家事务、社会事务，管理经济和文化事业的管理权（第 2 条第 3 款）。

选举权和被选举权是政治权利的传统类型，也是政治权利的典型类型。但在现实的政治生活中，言论、出版、集会、结社、游行和示威的自由，也可作为实际政治表现，即表达政治意愿的权利，并在现代国家的政治生活中逐渐获得重要的地位。我国现行《宪法》在其第 34 条规定公民享有选举权和被选举权，紧接其后就在第 35 条规定公民享有言论、出版、集会、结社、游行和示威的自由。这种条文体系的结构比较全面地反映了现代国家中政治权利的具体内容。

值得注意的是，言论、出版、集会、结社、游行和示威的自由不仅仅是政治权利。这些自由除作为政治表现的自由之外，还作为非政治表现的自由而存在，例如商业性言论的自由，就是一个典型的例证。这些非政治表现的自由显然不能为政治权利的概念所完全囊括，而且在进入社会主义市场经济的时代之后，其特殊的意义更不容被忽视。所以外国的传统宪法学在有关基本权利的分类体系中，往往将言论、出版、集会、结社、游行和示威的自由作为一般的“表现的自由”（freedom of expression）而归入精神自由的范畴之中。但我国学者则将这些表现自由纳入政治权利之中加以阐述，现行《宪法》第 34 条与第 35 条的规范结构也体现了这种阐述的妥当性，故本书亦沿用这种体例。

此外，我国现行刑法中也有涉及政治权利范围的规定。根据《刑法》的规定，对于危害国家安全以及严重破坏社会秩序的犯罪可适用剥夺政治权利，其第 54 条就规定：“剥夺政治权利是剥夺下列权利：（一）选举权和被选举权；（二）言论、出版、集会、结社、游行、示威自由的权利；（三）担任国家机关职务的权利；（四）担任国有公司、企业、事业单位和人民团体领导职务的权利。”

刑法的上述规定，似乎具有一定的争议性。首先，如果从广义上把握选举权和被选举权的概念，那么上述的第 3 项和第 4 项则可被理解为已包含于第 1 项被选举权之中，为此剥夺这两项权利，只是剥夺第 1 项权利的一种必然结果。其次，对这种概括性的剥夺方式，亦有学者曾于 1997 年《刑法》修订之前提出异议。① 本书认为：如果根据刑法有关剥夺政治权利规定的规范含义，把现行《刑法》第 54 条第 2 项规定中的“言论、出版、集会、结社、游行、示威自由的权利”，限定解释为作为政治表现自由的言论、出版、集会、结社、游行和示威的自由，而不包括非政治性的表现自由，于学理上亦未尝不可。

（二）政治权利的宪法地位

我国现行《宪法》第 2 条第 1 款规定：“中华人民共和国的一切权力属于人民。”根

① 参见陈泽宪：《刑事法制发展与公民权利保护》，载夏勇主编：《走向权利的时代：中国公民权利发展研究》，482 页以下，北京，中国政法大学出版社，1995。

据这一条款的规定，宪法将人民主权原则确立为国家对内主权的归属原理，即宣明了人民（应该）是国家对内主权或终极意义上的国家权力的归属主体。从学理上说，人民行使国家权力主要有以下两种形式：第一，《宪法》第 2 条第 2 款规定："人民行使国家权力的机关是全国人民代表大会和地方各级人民代表大会。"由这种人民通过自己的代表机关行使国家权力的形式，即间接民主制的形式，主要派生出公民的选举权和被选举权。第二，《宪法》第 2 条第 3 款规定："人民依照法律规定，通过各种途径和形式，管理国家事务，管理经济和文化事业，管理社会事务。"这里的"各种途径和形式"，包括了直接民主制的形式，而这里的"管理"，是公民除通过行使各种选举权和被选举权之外，还通过行使包括监督权、管理权在内的其他政治权利加以实现的。由此看来，公民的政治权利，既构成了实现人民主权原则及其各种具体的民主制度的不可或缺的前提条件，又反过来体现了人民主权原则及其各种具体的民主制度的必然要求。在此意义上，公民的政治权利可称为"主权上的权利"。习近平总书记据此要求，"保障公民参与民主选举、民主协商、民主决策、民主管理、民主监督等基本政治权利"①。

此外，公民的政治权利在整个基本权利的体系中也居于特别重要的地位。一般而言，诸如精神、文化活动的自由，人身自由以及社会经济权利等基本权利，大多为实体意义上的基本权利。为了确保国家保障这些权利，公民就有必要通过行使能动的政治权利，参与国家意志的形成或法律秩序的创造。因此，在宪法学上，政治权利又被视为具有一定程序意义的基本权利，或是一种为实现其他基本权利而存在的基本权利。

二、选举权与被选举权

（一）选举权的法律性质

选举权与被选举权有狭广两义之分。狭义的选举权与被选举权指的是人们参加国家权力机关或代表机关的创设或组织所必需的那种选举中的选举权和被选举权，而广义的选举权与被选举权则指的是人们为实现任何国家机关、公共团体乃至私人组织的创设或组织所必需的各种选举中的选举权与被选举权。其中，狭义的选举权与被选举权尤为宪法学所关注。

有关选举权（和被选举权，下同），宪法学上存在一个"原命题"，那就是：选举权到底是一种权利，还是一种公务或权限？对此，传统宪法学上曾经存在三种不同的学说，即权利说、公务说（或权限说）和二元说。

早期的权利说认为，选举权是人与生俱来的一种权利，即一种自然权。这种自然法思想中的选举权观念曾经作为一种民主政治的启蒙理论在历史上发挥过重要的作用，但此后不得不承受法学上对自然法学说的所有诘难。

与早期的权利说针锋相对的是公务说。这种学说认为，选举权是国家为了实现国家的目的而授予公民的，行使选举权是公民为国家履行的一种公务。公务说属于法律实证

① 习近平：《坚定不移走中国人权发展道路 更好推动我国人权事业发展》，载《求是》，2022（12）。

主义的一种学说，尤其为国家法人学说所倡导。后者提出了“选举人团体”的概念，认为由享有选举权的公民所组成的“选举人团体”实际上也属于一种非常设的国家机关，专门履行选举产生另一种国家机关，即立法机关这种国家公务。为此，选举权并非一种主观的、以个人的利益为基础而存在的权利，而是一种选举人团体的公务在“宪法上的反射”而已。

与公务说相类似的还有权限说。该学说同样以国家法人主义为理论基础，认为人们在选举中作为“公民”而成为国家机关，故而不可能拥有“权利”，只可能拥有作为国家机关所拥有的“权限”。质言之，所谓选举权，并非选举的权利，而是选举的权限罢了。

二元说认为：一方面，选举权是为了履行创设或组织国家立法机关而存在的，因而具有一定公务或权限的性质；另一方面，与任何基本权利一样，选举权又是人们通过艰苦卓绝的政治斗争所获取的参与国家意志之形成的一种权利，其权利性不容置疑。梁启超就曾经指出，选举权是一种“带有义务性质的权利”。此外，在民国时期极有影响的一部宪法学专著中，当时宪法学界的权威学者王世杰和钱端升亦赞同选举权二元说的观点。①

在上述的各种学说中，早期的权利说、公务说以及权限说均已成为过时的理论，唯有二元说在当代一些国家的宪法理论中依然独领风骚。②

当今我国宪法学者大都持选举权权利说。所不同的是，这种权利说完全有别于自然权思想，其典型的观点是：选举权和被选举权是人民参加国家管理的一种最基本的政治权利。③ 毋庸赘言，从人民主权、人民代表理论的角度来看，这种观点在学理上具有一定的妥当性。

（二）选举权与被选举权的享有主体

如前所述，从政治权利与人民主权原理的关联性来看，政治权利可称为“主权上的权利”。然而在中国宪法中，基本权利的享有主体与国家对内主权的归属主体并不是完全同一的，在宪法上前者被表述为“公民”，而后者则被表述为“人民”。这便引申出一个宪法学上的论题：选举权与被选举权的享有主体到底应为“人民”，还是应为“公民”？

我国现行《宪法》第 34 条规定：“中华人民共和国年满十八周岁的公民，不分民族、种族、性别、职业、家庭出身、宗教信仰、教育程度、财产状况、居住期限，都有选举权和被选举权；但是依照法律被剥夺政治权利的人除外。”根据这一规定，的确并非所有公民均能实际享有选举权与被选举权。然而，如果由此推断选举权与被选举权的享有主体是人民，那么，这种推断则仅仅是一种对第 34 条但书规定的现实的法律结果的认定，而未必是对先于第 34 条但书而存在的并贯彻或体现于该但书规定的一种原则的界说。既然如此，那么但书中所规定的依照法律可以剥夺一部分公民的选举权和被选举权的这种法律措施的理论依据何在呢？

---

① 参见王世杰、钱端升：《比较宪法》，134～136 页，北京，中国政法大学出版社，1997。

② 二元说作为一种精致的理论，发端于日本，迄今在日本宪法学界仍居通说的地位。

③ 参见吴家麟主编：《宪法学》，367 页，北京，群众出版社，1983。

本书认为，先于《宪法》第 34 条但书而存在，并彻底体现于该但书的原则（principle）是存在的，这个原则就是人民主权原则。正是这一原则，构成了依照法律可以剥夺一部分公民的选举权和被选举权的理论依据。这就意味着，“选举权与被选举权的享有主体是人民”这一命题，要么作为应然命题蕴含在人民主权原理的内涵之中，要么作为实然命题反映了第 34 条但书规定所产生的现实的法律结果，而不能作为一个可以独立地界说选举权与被选举权享有主体这一层面上的认知命题。质言之，选举权与被选举权的享有主体只能被理解为公民。这与第 34 条整个条文亦不构成矛盾。从学理上说，依照法律一部分公民之所以被剥夺政治权利，是因为该部分公民在理论上首先亦拥有这些政治权利，否则被“剥夺”的对象无从谈起。

对选举权与被选举权的剥夺，主要是依据刑法，并包含于一般性的“剥夺政治权利”的形式之中（《刑法》第 54 条）。如前所述，刑法上对政治权利的剥夺，主要附加适用于危害国家安全以及故意杀人、强奸、放火、爆炸、投毒、抢劫等严重破坏社会秩序的犯罪人（《刑法》第 56 条）。

剥夺选举权与被选举权，是对选举权与被选举权的享有主体的一种限制。除这一限制形式之外，还有另外两种形式，即选举权与被选举权的不行使和停止行使。根据全国人大常委会于 1983 年制定的《关于县级以下人民代表大会代表直接选举的若干规定》，前者主要适用于精神病患者（第 3 条），后者则主要适用于被羁押期间的危害国家安全罪案件以及严重刑事犯罪案件的犯罪嫌疑人或被告人（第 4 条）。

宪法或法律明确规定对特定的公民剥夺政治权利，构成了传统社会主义法制的一个特点。在一些西方国家，法律仅仅规定对一些选举犯罪人适用选举权和被选举权的停止。与此不同，我国 1979 年《刑法》对选举犯罪人尚不适用任何限制行使政治权利的处罚，但根据 1997 年修订后的《刑法》，对选举犯罪人可适用剥夺政治权利（《刑法》第 256 条）。值得注意的是，这里虽然采用了“剥夺”的用语，然而《刑法》第 55 条第 1 款规定：“剥夺政治权利的期限，除本法第五十七条规定外，为一年以上五年以下。”根据这一规定，上述刑法所规定的“剥夺”，在法律效果上也仅属于一定期限的“停止”而已。

（三）被选举权的内涵

被选举权究竟是一种被选举的资格或地位，还是一种主张自己被选举的权利呢？这就涉及被选举权的内涵问题。

传统宪法学通常认为：被选举权只是一种被选举的资格，而非主张被选举的权利。为此，被选举权所受到的限制往往大于选举权。其中一个典型的例子是：享有被选举权的年龄要件一般均比享有选举权的年龄要件更为严格，如美国众议院议员候选人应年满 25 周岁，参议院议员候选人则应年满 30 周岁。在我国，享有参加各级人大选举的选举权与被选举权的年龄要件相同，均为年满 18 周岁，但宪法规定年满 45 周岁的公民才可以被选为中华人民共和国主席或副主席（《宪法》第 79 条第 2 款）。

然而现代宪法学对被选举权之内涵的认识也发生了一些变化。这种变化一旦发展到侧重于强调被选举权是一种主张被选举的权利，就必然要求承认被选举权的享有主体享有自己提名自己为候选人并参加竞选的权利。然而，与任何基本权利一样，被选举权内涵的变化和发展，也必然受到具体的社会历史条件的制约。因此被选举权在不同的历史时代就具有不同的具体内涵。

（四）选举权的展开形态——罢免权

所谓罢免权，主要指的是罢免已通过选举产生的特定代表的权利。它是选举人或选举母体对代表实行监督最为严厉的手段之一，是选举权的一种延伸或展开形态。

我国现行《宪法》第 77 条规定："全国人民代表大会代表受原选举单位的监督。原选举单位有权依照法律规定的程序罢免本单位选出的代表。"同时第 102 条第 2 款规定："地方各级人民代表大会代表的选举单位和选民有权依照法律规定的程序罢免由他们选出的代表。"一般来说，罢免权是传统社会主义宪法所确立的一项权利，基本上并不见于资本主义国家的宪法。罢免权的理念肇源于 1871 年巴黎公社体制中的人民代表的强制委托（mandt impeératif）制。这种制度要求代议机关的议员必须接受其选举母体的拘束和指令，与传统资本主义宪法下的议员无拘束委任制截然相反。然而，在传统的社会主义宪法体制下，罢免权的实践也存在一些问题。在我国，人民代表被罢免的事件亦极为罕见。

此外，罢免权与其说是一项宪法上的权利，倒不如说是一种具有从属并服务于人民代表制之性质的权限。为此，罢免权要被确立成为一项纯粹的宪法上的基本权利，还必须有效地调整其自身宪法上的内涵。

三、表现的自由

我国现行《宪法》第 35 条规定："中华人民共和国公民有言论、出版、集会、结社、游行、示威的自由。"这些自由，在宪法学上均可被称为表现的自由，指的是人们通过一定的方式将自己内心的精神作用公诸外部的精神活动的自由。而其中所谓的"一定的方式"，主要体现为一定的表现行为，并具有多样性，其典型的方式主要有言论、出版、集会、结社、游行和示威。

（一）言论和出版的自由

言论和出版的自由，是表现自由的最基本的、最典型的类型。其中，言论属于以口头表达为形式的表现行为，而出版则属于以文字表达为形式的表现行为，二者均以语言形态出现，故而有时被概称为"言论自由"。然而，从表现自由的本义来看，广义的言论自由还包括借助于绘画、摄影、影视、音乐、录音、戏剧、收音机、电视机、电脑等形形色色的手段所实现的表现行为的自由。

从内容上来看，言论（含出版）中包括政治言论、商业言论、学术言论、艺术言论、宗教言论等多种具体类型。政治言论的自由，可视为政治权利，然而其在日常社会生活中仅仅占有言论范畴的一个部分。在市场经济的条件下，商业言论（如广告）往往也构成言论的一个重要类型。

如加以具体分析，人们就会发现言论自由存在多种类型的界限，其中主要有：（1）行使言论自由不能侵犯他人的名誉权，否则就可能构成诽谤。（2）行使言论自由不能侵犯他人的隐私权，否则就可能构成侵权行为。(3) 一定程度上和一定方式的猥亵性、淫秽性的言论必然受到限制或禁止。(4) 行使言论自由不能煽动或教唆他人实施违法的行为。(5) 行使言论自由与保守国家秘密之间也可能存在冲突。

基于言论自由所存在的上述这些界限，各个国家的法律都面对着如何在保障言论自由的前提下界定其界限的课题。我国国务院于 1997 年 1 月颁布并多次修订（正）了《出版管理条例》，其中第 25 条规定，任何出版物不得含有下列内容：(1) 反对宪法确定的基本原则的；(2) 危害国家统一、主权和领土完整的；(3) 泄露国家秘密、危害国家安全或者损害国家荣誉和利益的；(4) 煽动民族仇恨、民族歧视，破坏民族团结，或者侵害民族风俗、习惯的；(5) 宣扬邪教、迷信的；(6) 扰乱社会秩序，破坏社会稳定的；(7) 宣扬淫秽、赌博、暴力或者教唆犯罪的；(8) 侮辱或者诽谤他人，侵害他人合法权益的；(9) 危害社会公德或者民族优秀文化传统的；(10) 有法律、行政法规和国家规定禁止的其他内容的。

当然，如何进一步具体而又明确地界定上述十大禁止事项的内容及含义，从我国现行宪法对言论和出版自由保障的规范内涵来说，是一个至为重要而又复杂的课题。另外，从限制的手段来看，《出版管理条例》明确规定对出版单位的设立实行严格的许可和管理制度，而且不排除对出版物的出版实行事前审查的制度，因此，在一定程度上具备事前抑制的法律机制。

（二）集会和结社的自由

所谓集会，指的是特定或不特定的多数人在一定的场所聚集，形成一时性的集合体的活动。而结社则指的是特定的多数人形成具有共同目的的持续性的结合体的活动。与言论和出版的自由不同，集会和结社的自由乃属于一种参加群体性行动的自由，为此有些学者认为不应将之纳入表现的自由的范畴。然而大多数学者认为：集会和结社乃是为了实现一定的目的所形成的精神上的结合，也是基于人的精神活动所产生的一种表现形态，而且集会和结社的自由也理应包括人们通过互相交流意见、形成群体的意志并公诸外部的自由，为此可被视为表现的自由的一种重要类型。

对集会自由的保障，具有两方面的内容：一方面指的是国家或公共权力不能对集会的目的和行为进行肆意的干涉，这是集会的自由作为一种消极的权利所必然要求的方面；另一方面则指的是国家或公共权力对公民的集会不应肆意拒绝提供道路、公园、广场、会堂等一定的场所或公共设施，这是集会的自由同时作为一种积极的权利所必然要求的方面。

作为结社自由的表现行为，结社的范围不仅包括政治的结社，还广泛包括经济上、宗教上、学术上、艺术上以及其他社会学意义上的结社等多种多样的类型。当然，其中以经济活动为目的的团体（如公司、职业团体等）的结成，与其说是人的精神活动的产物，毋宁说是经济活动的伴生物，由此其在宪法上的有关权利主要属于经济活动自由的范畴。

对结社自由的保障，主要包括两方面的内容：第一，个人是否结成团体、是否加入团体以及是否退出团体，完全出于其个人的意愿，国家或公共权力不应予以肆意的干涉；

第二，对于团体通过内部的意见交流形成团体的共同意志，并为实现其意志而公诸该团体外部的活动，国家或公共权力也不应当予以肆意的干涉。

我国目前对集会的规范主要是 1989 年全国人大常委会制定、2009 年修正的《集会游行示威法》（有关内容将在下文论述），而对结社的规范则主要是 1998 年 10 月国务院发布、2016 年修订的《社会团体登记管理条例》。根据该条例的规定，对社会团体的成立实行审批登记制度，而对社会团体的活动则实行社会团体登记机关（各级民政部门）与社会团体业务主管单位的双重监督管理制度。值得一提的是，该条例的适用对象除不包括营利性的社会组织以外，还不包括：（1）参加中国人民政治协商会议的人民团体；（2）由国务院机构编制管理机关核定，并经国务院批准免于登记的团体；（3）机关、团体、企业事业单位内部经本单位批准成立，在本单位内部活动的团体。此外，根据该条例的规定，申请成立社会团体必须提交业务主管单位的批准文件（第 11 条第 2 项）。截至 2022 年底，全国在民政部门登记的各级各类社会团体共有 37.1 万个。①

（三）游行和示威的自由

所谓游行，指的是特定或不特定的多数人，为了广泛地向世人陈诉或宣明一定的政治上或经济上的要求或愿望而在道路或露天场所行进的活动；而所谓示威则指的是特定或不特定的多数人在露天场所或道路上以游行、集会、静坐等方式，对特定的对象诉求意愿、提出抗议或表示支持等活动。从严格的意义上讲，示威并非表现行为的一种独立的类型，因为它往往融入游行或集会的形态之中。在英语国家，我国宪法学所谓的游行和示威均可与“demonstration”一词对应。此外，在许多国家，由于宪法本身已规定了请愿权，所以往往不再作游行（或示威）自由的规定。总之，不仅集会和游行这两个概念可以分别吸收示威这一概念，而且请愿权这一概念也可以涵盖游行和示威等概念。

游行素有“动态的集会”之谓。游行的自由在宪法学上与集会的自由一同被称为集团行动的自由，具有强烈的实践行动性质，为此往往引发国家或公共权力对其的警戒，也必须面对一定的限制。各国对集会和游行的规范手段宽严不一，主要有登记制或许可制。其中，登记制只要求事先通知有关管理部门即可举行集会或游行，而许可制则要求事先必须申报并获得批准。根据《集会游行示威法》，我国目前实行许可制，对集会、游行和示威的时间、场所、方式、参加等方面也采取相应的管理制度。

四、监督权

习近平总书记指出，要加强对权力运行的制约和监督，让人民监督权力，让权力在阳光下运行，把权力关进制度的笼子。监督权是我国现行宪法所确立的公民的基本权利之一，指的是公民监督国家机关及其工作人员活动的权利。监督权的概念具有比较复杂的内涵。现行《宪法》第 41 条第 1 款中规定，“中华人民共和国公民对于任何国家机关和国家工作人员，有提出批评和建议的权利；对于任何国家机关和国家工作人员的违法

① 参见李昌禹：《全国社区社会组织超过 175 万家》，载《人民日报》，2023－07－17。

失职行为，有向有关国家机关提出申诉、控告或者检举的权利”。一般认为，该条款中的“提出批评和建议的权利”，实际上构成了监督权的具体内容。

监督权的内容，其实质部分基本上只属于或相当于传统宪法学上的请愿权，即人们就损害的救济、公务人员的罢免、法律的制定或改废以及其他各种有关公务的事项进行请愿的权利。请愿权在权利的司法救济制度尚未完善、人民的参政权受到限制，甚至言论自由也未完全确立的时代曾发挥重要作用，然而，在现代国家，随着上述的各种法律制度以及基本权利得到确立，其重要性渐趋式微。

党的十八大以来，公民的监督权得到进一步保障。2015 年，全国人大修改《立法法》，明确规定向审查申请人反馈以及社会公开制度，加强公民监督权利。2014 年修改《预算法》，出台《关于建立预算审查前听取人大代表和社会各界意见建议的机制的意见》，进一步推进预算公开和民主监督。最高人民检察院、司法部印发《深化人民监督员制度改革方案》，进一步加强社会监督。

习近平总书记强调，“一个国家民主不民主，关键在于是不是真正做到了人民当家作主，要看人民有没有投票权，更要看人民有没有广泛参与权；要看人民在选举过程中得到了什么口头许诺，更要看选举后这些承诺实现了多少；要看制度和法律规定了什么样的政治程序和政治规则，更要看这些制度和法律是不是真正得到了执行；要看权力运行规则和程序是否民主，更要看权力是否真正受到人民监督和制约。如果人民只有在投票时被唤醒、投票后就进入休眠期，只有竞选时聆听天花乱坠的口号、竞选后就毫无发言权，只有拉票时受宠、选举后就被冷落，这样的民主不是真正的民主”①。由此可见，我国强调公民政治权利的真实性，实现了过程民主和成果民主、程序民主和实质民主、直接民主和间接民主、人民民主和国家意志相统一。

第四节 精神、文化活动的自由

一、精神、文化活动的自由的宪法意义

精神、文化活动的自由，即传统宪法学中所谓精神的自由。这一概念是对那些与人的精神作用或精神活动相关联的所有的自由权利的总称，其中主要包括思想和良心的自由，言论、出版、集会、结社、游行、示威等表现的自由，宗教信仰的自由，文化活动的自由等基本权利与自由。精神、文化活动的自由的行使及其保障，具有极为重要的意义。

其一，就精神、文化活动的自由之中表现的自由来说，现代宪法学一般认为：人们往往通过言论活动来形成其自身的社会属性，从而发展自己的人格，因此表现的自由具有个体意义上的价值，即所谓“自我实现的价值”。不仅如此，公民的言论活动还是其参与国家政治意志决定的必要前提，为此表现的自由又对民主政治具有社会意义上的价值，

① 习近平：《在中央人大工作会议上的讲话》（2021 年 10 月 13 日），载《求是》，2022（5）。

即宪法上的所谓自我统治的价值。此外，每个人通过自由地表达自己的意见，引发讨论和竞争，往往能达到对真理的认识。这种观点便是现代宪法理论中所谓“思想的自由市场理论”。该理论也从一个侧面乐观地揭示了表现的自由的重要意义。

其二，对精神、文化活动的自由，尤其是对其中的文化活动自由的行使和保障，还是人们创造精神财富、推动精神文明建设和发展，并享受那些精神财富或精神文明成果的一个不可或缺的前提条件。

由于已将表现的自由纳入“政治权利”一节之中予以讨论，故而本节不再论述。

二、宗教信仰自由

（一）宗教信仰自由的含义

所谓宗教信仰，指的是对具有超自然的超人格性质的存在（如造物主、绝对者、至高的存在，其中尤其是神、佛、先灵）的确信、敬畏或崇拜的心情和行为。宗教信仰的自由，主要包括以下三方面的内容。

（1）内心的信仰自由。其中又包含信仰特定的宗教的自由、改变特定的信仰的自由以及不信仰任何宗教的自由。内心的信仰纯粹属于内心的精神作用，是宗教信仰的起点与归宿。

（2）宗教上的行为的自由。其中主要包括礼拜、祷告以及举行或参加宗教典礼、宗教仪式等宗教上的行为的自由。

（3）宗教上的结社的自由。其中主要包括设立宗教团体（如教会、教派）并举行团体活动、加入特定的宗教团体以及不加入特定的宗教团体等方面的自由。

（二）宗教信仰自由的保障

我国现行《宪法》第36条第1款规定：“中华人民共和国公民有宗教信仰自由。”该条款是对宗教信仰自由的一般性规定。第36条第2款中又进一步具体规定：任何国家机关、社会团体和个人均“不得强制公民信仰宗教或者不信仰宗教，不得歧视信仰宗教的公民和不信仰宗教的公民”。此外，该条第3款中还规定：“国家保护正常的宗教活动。”

除了宪法的规定，我国刑法、选举法、民法典以及义务教育法等部门法律中也具体规定了保障宗教信仰自由，如《刑法》第251条规定：“国家机关工作人员非法剥夺公民的宗教信仰自由和侵犯少数民族风俗习惯，情节严重的，处二年以下有期徒刑或者拘役。”

除英国等国家以外，许多国家对宗教信仰自由的保障均以政教分离原则为前提。该原则又具体包含两个方面的内容：第一，国家不能建立国教。这一方面的规定可见诸美国宪法第1条修正案、《德意志联邦共和国基本法》第137条第1款、1958年《法兰西第五共和国宪法》第2条以及《日本国宪法》第20条第1款。第二，禁止国家机关开展或参与宗教活动，同时也禁止任何宗教团体享有国家赋予的特权或行使政治上的权力。我国为了保障宗教信仰自由，保护民族文化的精神财富，对特定的宗教活动提供物质方面的援助，甚至为特定的宗教设立宗教院校，从而形成了我国宗教信仰自由保障的重要特色。

实行宗教信仰自由政策，出发点和落脚点是要最大限度把广大信教和不信教群众团结起来。党的十八大以来，在以习近平同志为核心的党中央坚强领导下，我国把宗教工作纳入国家治理体系，用法律调节涉及宗教的各种社会关系，宗教工作法治化水平不断提高。颁布民法典、修订宗教事务条例、出台中央和地方的一系列规章条例，这些举措让宗教团体、宗教活动场所、宗教院校有法可依，宗教治理体系和治理能力大大增强。

（三）宗教信仰自由的界限

在宗教信仰自由的内容中，内心的宗教信仰与思想和良心的自由一样，是没有界限的，对此国家或公共权力绝对不得加以限制。然而，宗教信仰往往并不停留于内心的信仰，通常还伴随着一定的外部行为，这种行为当与他人的权利或利益发生相互冲突或对社会构成具体的危害时，就不能不成为国家权力的限制对象。当然，在学理上，这种限制的依据是宗教信仰的外部行为所引起的具体的危害，而非对某种信仰自身的善恶判断。2004 年 11 月 30 日，国务院颁布了《宗教事务条例》（2017 年修改），其宗旨是：保障公民宗教信仰自由，维护宗教和睦与社会和谐，规范宗教事务管理。

与有关其他基本权利的规定不同，我国现行《宪法》在其第 36 条之中相对比较明确而又详尽地规定了宗教信仰自由的界限。这些界限可被归纳为以下三点：（1）禁止强制公民信仰宗教或不信仰宗教，禁止歧视信仰宗教的公民和不信仰宗教的公民。这一点一方面既适用于任何国家机关，因而侧重体现了宪法对宗教信仰自由的保障内容；另一方面又适用于任何社会团体（包括宗教团体）和公民个人（包括信仰特定宗教的公民），因而揭示了宗教信仰自由的内在界限。（2）任何人不得利用宗教进行破坏社会秩序、损害公民身体健康、妨害国家教育制度的活动。这一点也属于宗教信仰自由的内在界限。（3）宗教团体和宗教事务不受外国势力的支配。这是我国现行宪法基于过去特定的历史经验教训，在当今特定的时代背景之下对公民宗教信仰自由所规定的特定界限，可被视为一种外在的制约。

在具体的法律制度层面上，我国目前主要依据《宗教事务条例》、《宗教活动场所管理办法》以及《境内外国人宗教活动管理规定》等行政法规或规章，对宗教事务，尤其是对宗教活动场所实行相应的管理制度。

三、文化活动的自由

我国现行《宪法》第 47 条规定："中华人民共和国公民有进行科学研究、文学艺术创作和其他文化活动的自由。国家对于从事教育、科学、技术、文学、艺术和其他文化事业的公民的有益于人民的创造性工作，给以鼓励和帮助。"该条中所规定的从事科学研究的自由、文艺创作的自由、其他文化活动的自由以及从事教育的权利，构成了文化活动的自由。

科学研究和文艺创作，在终极的意义上多属于人的内心的精神作用。与一些国家的宪法不同，我国现行宪法没有明文规定思想与良心的自由（freedom of thought，freedom of conscience)。然而，上述的从事科学研究以及文艺创作的自由，显然属于思想与良心自由的范畴。再者，除从事科学研究和文艺创作的自由以外，我国现行《宪法》第 47 条中所谓“其他文化活动”的自由之中，除包含公民学习科学技术、欣赏文艺作品、从事文化娱乐活动的自由之外，当然也包含科学研究或文艺创作成果发表的自由，而后者显然又属于言论和出版的自由。然而，《宪法》第 47 条再度予以特别规定，并宣明“国家对于从事教育、科学、技术、文学、艺术和其他文化事业的公民的有益于人民的创造性工作，给以鼓励和帮助”，不仅是因为这种权利和自由对于建设社会主义精神文明、提高全民族的文化水平具有重要意义，而且还因为人类的文化活动，尤其是其中的科学研究活动，本来就属于一种创建或创新的精神活动，为此必然要求更加高度的自由。

我国现行宪法没有明文规定“学术自由”(academic freedom)，但上述第 47 条中从事科学研究的自由以及从事教育事业的权利，实际上相当于其他国家宪法中的“学术自由”。习近平总书记在全国高校思想政治工作会议上就强调，要坚持学术自由和学术规范相统一，引导广大教师以德立身、以德立学、以德施教。[①]

对文化活动的自由的保障也包括两方面的内容：第一，国家或公共权力不得非法干涉公民从事科学技术、文艺创作等文化活动的自由以及从事教育事业的权利。这是文化活动的自由作为一种消极的权利所必然要求的方面。第二，国家或公共权力必须为公民的文化活动提供必要的物质条件与具体设施，积极鼓励和帮助科研人员、艺术工作者以及教育工作者等从事文化活动的人员，大力保障和推广其科学研究或文艺创作的成果。这是宪法对文化活动的自由进行保障的现代内容，与上述第一方面共同构成了宪法对文化活动的自由保障的复合形态。

四、通信的自由和秘密

（一）我国现行宪法规定的通信自由和秘密

我国现行《宪法》第 40 条中规定：“中华人民共和国公民的通信自由和通信秘密受法律的保护。”从严格的意义上说，这一条文在一般宪法学理论上是值得斟酌的。这主要不是因为公民的言论和出版自由在宪法的意义上可以吸收通信自由的概念，通信自由的概念也可以吸收通信秘密的内涵，而是因为上述这一条文中所谓的“受法律的保护”的规定，存在是否可以解释为同时也受宪法本身的保护的问题。这是涉及通信的自由和秘密是不是宪法所保障的基本权利以及宪法如何保障这一基本权利的问题。如前所述，宪法对基本权利的保障主要存在绝对保障方式和相对保障方式，但即使采取相对保障方式，也不排除某种基本权利首先作为一项宪法所保障的基本权利而存在。

（二）通信自由和秘密的保障与界限

所谓通信的自由，在传统上指的是人们通过书信、电话、电信等手段，根据自己的

---

① 参见《把思想政治工作贯穿教育教学全过程 开创我国高等教育事业发展新局面》，载《人民日报》，2016-12-09。

意愿自由进行通信而不受国家或公共权力干涉的自由。随着科学技术的进步，现代的通信手段日新月异地发展，通过电脑网络等现代通信手段（如电子邮件）进行通信的自由，当然也可被视为通信自由的一个不可忽略的类型。

通信的自由，是人们参与社会生活、进行思想情感交流的必要手段，为此也是人们精神活动的一种重要类型，与表现的自由具有一定的近似性。然而不同的是，一般的表现行为往往是以不特定的多数人为传达对象的精神活动，而通信的自由，则通常以预期的特定人为传达对象而进行。由此，通信自由在逻辑上必然派生出或蕴含着通信的秘密这一权利。

对通信秘密的保障，作为保护个人的私生活和隐私权的一个构成部分，在一个文明、理性的社会里，往往受到高度的重视。对通信秘密的保障，主要包含两个方面的内容。第一，积极获知行为的禁止，即国家或公共权力不得非法将公民通信的内容以及通信行为的存在本身作为调整的对象。第二，泄露行为的禁止，即邮政局的工作人员不得泄露在履行职务中可能获知的公民个人的通信资料。我国现行《刑法》第 253 条第 1 款规定："邮政工作人员私自开拆或者隐匿、毁弃邮件、电报的，处二年以下有期徒刑或者拘役。"

当然，公民的通信自由和通信秘密也具有一定的界限。在特殊情形下，有关国家机关可对特定通信进行检查。我国现行《宪法》第 40 条对这种国家机关限制公民通信自由和秘密的特殊情形作了比较严格的规定，即"除因国家安全或者追查刑事犯罪的需要，由公安机关或者检察机关依照法律规定的程序对通信进行检查外，任何组织或者个人不得以任何理由侵犯公民的通信自由和通信秘密"。在一些国家，通信自由和通信秘密受刑事诉讼法、海关法等纯粹属于公法领域的各种法律的限制，有的国家的破产法还规定破产财产托管人可以开拆和查阅被宣告破产者的邮件或电报。

《全国人民代表大会常务委员会法制工作委员会关于 2019 年备案审查工作情况的报告》披露，有的地方性法规规定，公安机关交通管理部门调查交通事故时可以查阅、复制当事人通讯记录。全国人大常委会法制工作委员会经审查认为，该规定不符合保护公民通信自由和通信秘密的原则和精神；对公民通信自由和通信秘密保护的例外只能是在特定情形下由法律作出规定，有关地方性法规所作的规定已超越立法权限。经向制定机关指出后，有关规定已经被修改。

第五节　人身自由与人格尊严

一、人身自由

（一）人身自由的宪法含义

我国现行《宪法》第 37 条第 1 款明确规定："中华人民共和国公民的人身自由不受侵犯。"人身自由是近代以来伴随着个人的解放所确立的一项传统的基本人权，它指的是无正当理由身体的活动不受拘束的权利，故而又称身体自由（personal liberty）。人身自由是人们一切行动和生活的前提条件，因此其也是基本权利之中最重要的权利之一。

人身自由的核心内容是人身自由不受侵犯的权利，然而当国家诉诸刑事诉讼这种特殊的国家权能时，必然对特定的权利享有主体的人身自由进行必要的限制和拘束，由此引出人身自由受限制的合法程序保障的问题，从而构成人身自由保障的另一项重要内容。再者，公民个人的住宅是公民身体活动最自由的物理空间，由此，住宅不受侵犯的权利构成了人身自由的一种重要的展开形态。此外，在宽泛的意义上，人身自由还可以包括人身自主、举止行动的自由等内容。

（二）人身自由的主要内容及保障

1. 人身自由不受侵犯的权利

人身自由不受侵犯的权利是人身自由在起点意义上的内容，指的是公民享有不受任何非法搜查、拘禁、逮捕的权利，即人身自由不受非法限制或剥夺的权利。我国现行《宪法》第 37 条第 3 款规定的“禁止非法拘禁和以其他方法非法剥夺或者限制公民的人身自由，禁止非法搜查公民的身体”，体现的就是这一方面的内容。作为宪法中所规定的公民的一项基本权利，人身自由，包括其中的人身自由不受侵犯的权利，主要是公民对国家或公共权力的一项权利，然而宪法对人身自由不受侵犯权利的保障，在规范的延伸意义上内在地蕴含了同时排除其他社会组织或个人对公民人身自由侵犯行为的规范内涵，由此构成刑法上有关各种非法侵犯公民人身自由罪之规定（《刑法》第 238 条、第 241 条、第 244 条等）在宪法上的规范依据。

2. 人身自由受限制的合法程序保障的权利

然而，上述的人身自由不受侵犯的权利具有界限性，这种界限主要是直接基于国家司法权的作用而产生的，即国家机构在合法行使司法权时可以对特定的公民的人身自由进行正当的限制或剥夺。然而，这种国家权力对公民人身自由的正当限制或剥夺本身也同样具有一定的界限。换言之，国家机构虽然可以通过发动司法权对特定公民的人身自由进行必要的限制或剥夺，然而，基于宪法对人身自由保障的原则，这种必要的限制或剥夺同时还必须符合一定的正当的法定程序才可进行，这是从人身自由的一项内容，即人身自由不受侵犯的权利推演出来的一个必然的逻辑要求。可以说，当面对国家司法权的作用时，人身自由这一基本权利的重要内容则转化为人身自由受限制的合法程序保障的权利。《宪法》第 37 条第 2 款规定，“任何公民，非经人民检察院批准或者决定或者人民法院决定，并由公安机关执行，不受逮捕”。

2018 年 3 月，有全国政协委员提出提案，建议对收容教育制度进行合宪性审查。全国人大常委会法制工作委员会经认真研究后提出：收容教育制度是 1991 年根据全国人大常委会有关决定和国务院有关行政法规实行的、对有关人员进行必要约束和管控的一项制度措施，制定程序和内容是有宪法法律依据的；执行 20 多年后再来审视，情况已经发生了很大变化；经调研沟通，有关方面逐步达成共识，继续执行有关制度措施已不合时宜；为深入贯彻全面依法治国精神，建议有关方面适时提出议案，废止有关收容教育法律规定和相关制度。2019 年 12 月，第十三届全国人大常委会第十五次会议审议了国务院提出的有关议案，作出了《全国人民代表大会常务委员会关于废止有关收容教育法律规定和制度的决定》。实施了20多年，主要针对卖淫嫖娼人员的收容教育制度被正式废除。这是继2003年收容遣送制度被废除，2013年劳动教养制度被废除后，被废除的第三项“收容系”制度。此举契合现实情况和需要，进一步保障了公民的人身自由。

3. 住宅不受侵犯的权利

我国现行《宪法》第39条规定：“中华人民共和国公民的住宅不受侵犯。禁止非法搜查或者非法侵入公民的住宅。”

由此可知，住宅不受侵犯的权利，是指公民居住、生活、休息的场所不受非法侵入或搜查的权利。住宅不受侵犯的权利是人身自由的一种延伸，同时，保障公民的住宅不受侵犯，与保护公民的私生活和家庭亦有着密切的关联性。《世界人权宣言》第12条就将保障住宅不受侵犯的权利与保护私生活、家庭以及保障通信自由等权利置于并列的关系中加以规定。我国《宪法》第49条规定国家保护婚姻、家庭、母亲和儿童，这与保障公民的住宅不受侵犯也具有一定内在的关联性。

从住宅与人身自由、私生活以及家庭之间的内在联系来看，《宪法》第39条中所指的住宅，不单是指一般意义上的私人房屋，还应当包括寄宿宿舍、旅馆等其他各种私生活在物理空间展开的场所，其成立也无须具备独立的建筑结构或持续性的使用等时空上的要件；而所谓对住宅的非法侵入或搜查，不仅指直接非法侵入住宅的物理空间内部的行为，实际上还应包括在住宅外部通过一定的器具非法监听或窥视住宅内部的私生活或家庭生活情景等行为。

宪法上的住宅不受侵犯的权利主要也是公民对国家或公共权力的一种权利，但在延伸的意义上，《宪法》第39条当然也蕴含了对一般公民的相应的拘束意义。《刑法》第245条第1款规定：“非法搜查他人身体、住宅，或者非法侵入他人住宅的，处三年以下有期徒刑或者拘役。”该条第2款同时还规定：“司法工作人员滥用职权，犯前款罪的，从重处罚。”

住宅不受侵犯的权利当然也具有一定的内在界限。为了收集犯罪证据、查获和拘禁犯罪嫌疑人，特定的司法人员可以进入、搜查或查封特定的权利享有主体的住宅。当然，基于宪法对公民的住宅不受侵犯权利的保障，司法人员在进行上述活动时，必须严格按照正当的法律程序。如根据我国现行《刑事诉讼法》第138条的规定，除非在执行逮捕、拘留的时候遇有紧急情况，司法人员对被搜查人的住宅进行搜查，必须向被搜查人出示搜查证。

二、人格尊严

（一）人格尊严的宪法含义

习近平总书记在谈到民法典的重要性时指出，要加强涉及财产权保护、人格权保护、知识产权保护、生态环境保护等重点领域的民事审判工作和监督指导工作；阐释好民法典关于坚持主体平等、保护财产权利、便利交易流转、维护人格尊严、促进家庭和谐、追究侵权责任等基本要求。我国《宪法》第 38 条规定："中华人民共和国公民的人格尊严不受侵犯。禁止用任何方法对公民进行侮辱、诽谤和诬告陷害。"这是我国现行宪法总结了历史教训，并参考了国外宪法制度方面的经验所作出的一项规定①，具有一定的启蒙意义。

人格尊严是一个较为难以界定的概念。法律上典型的"人格"概念，可见之于德语的"Persönlichkeit"一词，在一般意义上是权利能力的同义语，因此社团也可以具有人格；而在此意义上，传统法学又形成了人格权（Persönlichkeitsrecht）的概念，指的是法律所认定的人格主体地位，但这种人格权仍然具有权利能力的含义。另外，传统法学中，人格权更多的是用以指称与权利者不可分离的那些利益，即身体、自由和名誉。在民法上，对这三者的侵害均可能构成侵权行为。而当代许多学者则认为，除身体、自由和名誉之外，生命、姓名、肖像乃至有关个人私生活的隐私权都可被纳入人格权的范畴。

人格权不仅反映了私人之间的相互关系，在与国家或公共权力之间的关系上，它同样也具有必须予以保护的宪法价值，为此形成了宪法上的人格权概念。但是，外国传统宪法学上的人格权概念是基于与个人尊严的理念密不可分的，为人格的独立、自由和发展所不可或缺的权利这一观念产生的，并为此具有狭广两义之分。狭义的人格权指的是与个人的人格价值具有基本关联性的、不可侵犯的权利，主要包括名誉权、姓名权、肖像权以及隐私权；而广义的人格权则同时还包括构成人格本质的个人的生命、身体、精神以及与个人的生活相关联的利益等其他内容。

既然人格权是与个人的人格价值有着内在联系的权利，那么对人格权的定义就必然涉及对个人人格的价值判断，这种价值判断又可能因为不同民族、不同国家以及不同时代而存在不同的标准和不同的价值观。我国现行《宪法》第 38 条中的"人格尊严"，其含义相当于狭义的人格权。

（二）人格尊严的保障与界限

在我国，人格尊严的保障非常明显地存在宪法上的保障以及普通法律上的保障这两个不同的层次。其中，后者已受到广泛的重视，刑法、民法典乃至治安管理处罚法等都对人格权的保障作了具体的规定。例如，《刑法》第 246 条第 1 款规定："以暴力或者其他方法公然侮辱他人或者捏造事实诽谤他人，情节严重的，处三年以下有期徒刑、拘役、管制或者剥夺政治权利。"又如《民法典》第 13 条、第 14 条关于自然人人格自然享有、自然人人格平等的规定，以及第 109 条关于一般人格权的规定；特别是民法典将人格权独立成编，除规定了人格权的一般性规则外，具体规定了自然人享有生命权、身体权、健康权、姓名权、肖像权、名誉权、荣誉权、隐私权、个人信息保护等权利，法人、非法人组织享有名称权、名誉权、荣誉权等权利。这些均属于针对公民私人之间侵犯人格尊严的行为而存在的保障制度，在严格的意义上并不能被视同于宪法上的对人格尊严的保障。

当然，刑法、民法典上的保护规定，也可视为宪法上权利保障规范的具体化。虽然

---

① 参见许崇德主编：《中国宪法》（修订本），418 页，北京，中国人民大学出版社，1996。

我们不能把人格的尊严单纯或片面地等同于刑法、民法典所保护的那种权利，但也应该注意到，中国现行法律制度中有关人格尊严保障之规范结构和方式，的确具有深远而又独特的时代背景。

一旦某种权利可能与其他主体的权利或其他权利发生冲突，该权利就必然客观上存在界限。人格尊严不受侵犯的权利亦然。它往往可能与表现自由、知情权等权利发生冲突，所以也必然要求根据一定的标准对宪法上所肯定的这些价值的实现进行合理的调整。其中，在一些国家，国家公职人员或社会公众人物的名誉权、隐私权等人格权往往受到较为严格的限制。

我国的备案审查实践保障了公民的人格尊严。有的地方性法规规定，有关行政部门为调查计划生育违法事实，可以要求当事人进行亲子鉴定；对拒不配合的，处以 1 万元以上 5 万元以下罚款。2021 年，有公民对上述规定提出审查建议。全国人大常委会法制工作委员会经审查认为，亲子关系涉及公民人格尊严、身份、隐私和家庭关系和谐稳定，属于公民基本权益，受宪法法律保护，地方性法规不宜规定强制性亲子鉴定的内容，也不应对此设定相应的行政处罚、处分、处理措施。经全国人大常委会法制工作委员会与制定机关沟通，制定机关已对相关规定作出修改。

第六节　社会经济权利

一、社会经济权利概述

社会经济权利是指宪法所保障的有关经济活动或经济利益的权利，是公民实现其他权利的保障。社会经济权利是一个复合的概念，是经济权利与社会权利的统一。

所谓经济权利，传统宪法学称其为“经济的自由”，其内容主要包括选择职业的自由、营业的自由、合同自由、居住和迁徙的自由以及财产权等有关经济活动的自由和权利。经济自由与人身自由和精神自由一同，均为近代资本主义宪法所确认的自由。近代有产阶级从经济自由的宪法保障所获得的大量“油水”“润滑”了工业革命时代的机器，推动了社会生产力的发展。然而，随着资本主义的发展，毫无限制的自由竞争不可避免地引发各种深刻的社会矛盾，这些社会矛盾主要表现为资本的高度集中（垄断）以及贫富两极分化，在政治上则表现为尖锐的阶级矛盾和阶级对抗。

面对传统资本主义的种种矛盾，马克思、恩格斯对传统的资本主义私有制进行了无情的批判，各国的工人运动或共产主义运动也应运而生。1917 年俄国社会主义革命在政治上取得了胜利，废除了资本主义的私有制度，逐步实行了生产资料公有制和计划经济的体制。此后成立的中国等社会主义国家也大致如此。在社会主义经济制度之下，社会主义宪法对社会经济权利保障的焦点便从传统资本主义宪法的经济自由转移到社会权利上来。

所谓社会权利，即通过国家对整个经济社会的积极介入来保障所有人的社会或经济生活的权利。在社会主义宪法中，社会权利主要包括劳动权（或劳动保障权）、休息权、物质帮助权（或生存权）、退休人员生活保障权利、受教育权等多项内容。与此相适应，进入20世纪以后，许多传统的资本主义国家也先后或多或少地采纳了所谓的社会改良主义的方式，企图在维持资本主义私有制的前提下，相对限制私人财产权、营业的自由等经济活动的自由，强调公共福利，以实现对经济权利的重新定义和调整，由此产生了社会权利的概念。所不同的是，现代资本主义宪法中的社会权利，主要包括生存权、受教育权、劳动权、劳动者的结社自由以及劳动者的团体交涉和争议权等权利，在学理上又被概称为社会权。

二、财产权

（一）财产权的概念

财产权是指财产上的私权，即一切具有财产价值的权利。它不仅包括物权，也包括债权、知识产权、继承权等私法上的权利，同时还包括具有财产权性质的公物使用权（如国有土地或集体所有土地的使用权、水利权）等公法上的权利。许多学者认为，它甚至还包括合同自由。

我国现行《宪法》第13条第1款和第2款规定：“公民的合法的私有财产不受侵犯。国家依照法律规定保护公民的私有财产权和继承权。”宪法同时还规定保护城乡劳动者个体经济（第11条第1款）、私营经济（1988年修正案第1条）以及外国的企业和其他经济组织或个人（第18条第1、2款）的合法的权利和利益，因此具备了财产权保障的规范内容。

（二）财产权保障的宪法意义

财产权的保障具有以下两个方面的宪法意义。

第一，财产权是人的人格形成的主要契机，财产权的保障，提供了独立的人格的发展所不可或缺的物质前提。一般来说，在奴隶社会、封建社会以及各种前近代的政治经济制度下，私人财产权没有得到保障，因此必然在不同程度上产生人身依附关系。近代以来的宪法确立了财产权的保障制度，在一定程度上，为人的精神自由、机会平等、自助自主的生存以及政治参加提供了各种契机，这些契机同时构成了人格的形成和独立的契机。而近代以来的宪法，包括我国的现行宪法，也同时保障人格的尊严，从而使财产权的保障在整个宪法的人权保障体系中居于十分重要的地位。

第二，私有财产权是市场经济秩序的一个重要支柱。所谓市场，它不仅是依据价格机制而形成的一种资源配置形态，而且是巨大的经济调节机构和社会组织机构。所有这一切，都是以财产权作为轴心而展开的。中国现行宪法规定实行社会主义市场经济，为此，适应市场经济的内在要求，确立并完善财产权的宪法保障制度，已经成为势在必行的课题。

除上述两个方面之外，财产权的保障对当代中国宪法来说还具有特殊的意义。一般而言，维护社会生活、政治生活的稳定性是宪法所具有的一个重要功能，同时也关系宪法自身的安定性。而财产权的宪法保障，可以维护社会的安定秩序，最终又反过来为宪法自身的安定性提供条件，促使中国宪法走向“规范宪法”（normative constitution）的阶段。

（三）财产权保障的宪法规范结构

财产权宪法保障制度的历程，就是从封建时期的无财产权保障到近代财产权的宪法保障，再由近代财产权的宪法保障到现代财产权的宪法保障的展开过程。如果从横向的截面上分析，作为这个历程的归结，现代财产权宪法保障制度一方面沿袭了近代财产权宪法保障的基本精神和合理内核，继续否定了封建时期的无私人财产权保障的历史，另一方面又去除了近代财产权的神圣性、绝对性，确认了财产权的内在界限以及公共福利与社会政策对财产权的制约作用，从而实现了对近代财产权宪法保障制度的超越。

现代财产权宪法保障制度的规范内容主要蕴含了三重结构，即不可侵犯条款、制约条款和征用补偿条款。所谓不可侵犯条款，又可被称为保障条款，在近代宪法中被规定为“财产权神圣不可侵犯”，但现代宪法去除了财产权的神圣性或绝对性，往往只是规定财产权不可侵犯或受宪法保障。不可侵犯条款只是一个概括性的、总纲式的规定，只在一般意义上宣明财产权保障的宪法原理。所谓制约条款，又可被称为限制条款，即在不可侵犯条款的前提下，承认私人财产权具有一定的社会性，肯定对财产权的公共制约的条款，如规定财产权必须受公共福利的制约，或规定财产权的内容由法律规定等。所谓征用补偿条款，即规定国家根据公共的需要而对私人财产进行征用时必须予以正当补偿的条款。

在上述的现代财产权保障的宪法规范体系中，第一层的不可侵犯条款确定了现代财产权宪法保障制度的一般前提，第二层的制约条款则旨在对财产权的宪法保障加诸一种适当的限定，而第三层的补偿条款进而对财产权的制约进行制衡，从而既维护了不可侵犯条款所确立的前提规范，又为制约条款在整个规范内部提供了恰到好处的缓冲机制。这三层结构逐层展开、环环相扣、相辅相成，形成一个深具内在张力，而又相对严密、相对自足的复合结构。

（四）我国现行宪法对财产权的保障

2004 年宪法修正案第 22 条对宪法原第 13 条关于公民财产权的保障规定，进行了全面系统的修改。其主要内容有以下几点。

（1）将“公民的合法财产的所有权”改为“公民的合法的私有财产权”。

这一改变的意义在于：1）公民的私有财产权作为一项基本权利的地位和价值得到确认和肯定；2）对公民私有财产的保护范围的扩大，不仅限于生活资料，还包括生产资料，不仅限于所有权，还包括所有权以外的与其他财产有关的权利。

（2）将“国家保护公民的合法的收入、储蓄、房屋和其他合法财产的所有权”改为“公民的合法的私有财产不受侵犯”。

这一改变的意义在于，公民的私有财产权作为一项宪法权利，国家当然有义务加以保护，而且对于公民的合法的私有财产权，国家自身也不得进行侵犯，从而突出了私有财产权针对国家的特点。

（3）增加了对私有财产的征收和征用条款。

宪法原有的规定只局限于保护公民的生活资料，而且在当时的社会背景下，公民所拥有的生活资料的内容也非常简单，因此，不存在国家对这些财产进行征收或者征用的必要。但是，伴随着宪法确认的公民私有财产权范围的扩大，即使是公民的生活资料的内容也比以前的有所扩大和丰富，国家在必要时需要对公民的私有财产进行征收或者征用。宪法修正案对国家进行征收或者征用的条件规定得非常明确，即只能基于“公共利益的需要”才能进行，至于何为“公共利益”，需要在法律层面上进一步具体化。

（4）增加了补偿条款。

为了体现对公民私有财产权保护的彻底性，即使是在基于公共利益的需要而对公民的私有财产进行征收或者征用时，考虑到个体利益为公共利益作出了牺牲，也需要对个体利益的损失进行必要的或者合理的补偿。因此，宪法修正案增加规定了在对私有财产进行征收或者征用时，应当给予补偿。

2004 年宪法修正案第 22 条根据各国对私有财产权保护的经验，按照三重结构的原理，即不受侵犯条款、征收和征用条款、合理补偿条款，对我国宪法中关于公民私有财产权作出了比较完善的规定，体现了保护体系和保护结构的完整性。

三、劳动权

（一）劳动权的含义

劳动权又称劳动保障权，指的是获得劳动的机会和适当的劳动条件的权利。有些学者认为，劳动权中还包括取得劳动报酬的权利。在社会主义市场经济条件下，行使劳动权成为人们赖以生存的基础，同时也为行使其他权利提供物质上的前提。

我国《宪法》第 42 条规定：“中华人民共和国公民有劳动的权利和义务。”有些学者据此认为劳动权具有双重性，也有学者以此来说明权利与义务的一致性。有些学者则对《宪法》第 42 条的规定提出质疑，认为把某种权利既解释为权利又解释为义务，必然在法律上混淆权利主体与义务主体之间的关系，同时也给宪法的实施带来困难和混乱。

作为一种义务的劳动义务，指的是具有劳动能力的人均必须通过自己的劳动来维持其个人的生活（其中当然包括其家庭生活）的责任，在此并不构成国家强制人们从事劳动的那种法规范上的依据，而仅具有一定道德意义上的指导性质的内涵。

与此不同，作为一种权利，劳动权具有特定的性质和内涵。公民享有劳动权，意味着国家必须积极地提供和保障劳动的机会与条件，这是劳动权作为积极权利的一种必然要求。但劳动权并不是一项具有具体意义的权利，因此任何公民均不能直接依据《宪法》第 42 条向国家提出提供就业机会的请求。显然，这与劳动义务的内涵并不矛盾。

（二）劳动权的保障与界限

我国现行《宪法》第 42 条第 2 款规定：“国家通过各种途径，创造劳动就业条件，加强劳动保护，改善劳动条件，并在发展生产的基础上，提高劳动报酬和福利待遇。”该条款相对完整而确切地概括了劳动权保障的主要内容，同时也明显地体现出宪法上有关劳动权保障的规定作为一种社会权利保障的规定所具有的纲领性规定的特性。劳动权的保障，主要体现为两个方面。

第一，国家必须通过积极的措施，大力保障劳动的自由，提供劳动的机会，尤其是就业的机会。当然，这并不等于国家因而直接负有雇用或招收劳动者的义务。国家的义务主要应是制定有关各种职业能力开发、就业或雇佣对策、雇佣保险、男女就业或雇佣机会平等以及失业对策等法律、法规，以保护劳动的自由，并保证劳动就业和社会雇用。除这种立法的义务外，国家当然可以直接开设就业训练或职业训练的场所，提供具体的职业介绍服务以及失业者的最低生活保障。《中共中央关于全面深化改革若干重大问题的决定》提出“规范招人用人制度，消除城乡、行业、身份、性别等一切影响平等就业的制度障碍和就业歧视”①，就是从反就业歧视的角度来保障劳动权的平等。

第二，国家必须制定和实施有关劳动保护的法律，其中必须规定有关劳动报酬、劳动时间、休息以及其他劳动条件的基本标准。

劳动权的内在界限也是十分显著的。因为行使劳动权的一个要件是必须具备劳动能力，其中包括各种职业的特定要求，权利主体只有在满足这些要件的情形下才能行使劳动权。当然，上述界限是作为一种具体权利的劳动权的界限，而在另一层面上，劳动权与其他社会权利一样，基本上属于一种抽象的权利，它的实现必然受到一个国家或社会的劳动组织化程度、经济发展水平以及人口结构状况等多方面社会经济条件的制约。

四、休息权

（一）休息权的宪法含义

我国现行《宪法》第 43 条规定：“中华人民共和国劳动者有休息的权利。”这里所谓的“休息的权利”，在我国宪法理论中又称休息权，指的是劳动者所享有的休息和休养的权利。

休息权与劳动权具有内在的关联性。这是因为：（1）人的生理机制决定了人必须通过休息才能得以恢复充沛的身心能力状态，在这种意义上说，人均享有休息的权利。但我国宪法理论中所谓的休息权指的是劳动者所享有的特定权利，是劳动者在进行一定的劳动之后为消除疲劳、恢复正常的劳动能力所必需的条件，从而也是持续实现具体的劳动权一个必不可少的契机。在这种意义上说，休息权既是劳动权存在的一个前提条件，也是劳动权的一个派生形态。（2）从宽泛的意义上说，劳动权概念的内部结构之中，尤其是劳动条件受保障的具体内容之中，已经内在地蕴含了休息的内涵，为此，许多国家的宪法在规定劳动权之后，不再单独规定保障休息权。我国现行《宪法》第 43 条的规定，可理解为是对第 42 条关于劳动权规定的具体化。

休息权不仅与劳动权有着内在的关联性，还与劳动者的生存权以及精神、文化活动

① 《中共中央关于全面深化改革若干重大问题的决定》，44 页，北京，人民出版社，2013。

的自由有着密切的联系。一般而言，休息权是劳动者实现生存权的一个重要条件，而劳动者对休息权的行使也可结合对精神、文化活动自由的行使方式（如享受文化、娱乐生活）来实现。

（二）休息权的保障

我国现行《宪法》第 43 条第 2 款明确规定："国家发展劳动者休息和休养的设施，规定职工的工作时间和休假制度。"根据《劳动法》的规定，我国职工每日工作 8 小时，平均每周工作 44 小时。自 1995 年 5 月 1 日起，国务院进一步把职工工作时间缩短为每日工作 8 小时，每周工作 40 小时（《国务院关于职工工作时间的规定》第 3 条）。由此可见，休息权的保障包括两个方面具体的内容：第一方面是国家或公共权力不能通过立法或行政行为侵犯该权利。这是由休息权作为一种权利所具有的消极的方面所决定的。第二方面是作为一种社会权利，休息权更主要偏向于表现为一种积极的权利，为此要求国家或公共权力通过立法或行政措施，确立并实施劳动者的工作时间制和休假制度，同时保证为劳动者提供休息和休假所必需的设施。

当然，作为一项社会经济权利，休息权的保障形态和实现程度也受到一定的社会经济条件的制约。

五、生存权

1991 年，中国政府公布了中华人民共和国成立以来第一份人权白皮书，即《中国的人权状况》，其中第一次正式地提出了生存权的概念，并指出生存权是中国人民长期争取的首要人权，因为"对于一个国家和民族来说，人权首先是人民的生存权。没有生存权，其他一切人权均无从谈起"。该白皮书以近代史上中国备受外国列强侵略和欺凌的铁的历史事实，证明了我国人民争取独立和生存的艰辛历程。这里所讲的生存权主要是指一个国家或民族的集体权利，属于所谓的第三代人权。

该白皮书同时还指出"人民的温饱问题基本解决了，人民的生存权问题也就基本解决了"[①]。据此，一些学者认为："生存权是人按其本质在一个社会和国家中享有的维持自己的生命的最起码的权利。"[②] 这里所谓的生存权，与上述的生存权不同，是个人对自己所属的国家或社会的一种权利，属于第二代人权，即社会权利中的一项重要权利，也是现代宪法所关注的那种生存权。习近平总书记对此强调，"生存是享有一切人权的基础，人民幸福生活是最大的人权"[③]。特别是随着我国社会主要矛盾转变，发展不平衡不充分的问题成为满足人民日益增长的美好生活需要的主要制约因素，生存权的含义也从实现温饱走向更高的保障水准，即不断增强人民群众的获得感和幸福感，不断实现人民对美好生活的向往。

---

① 中华人民共和国国务院新闻办公室：《中国的人权状况》，1～7 页，北京，中央文献出版社，1991。

② 徐建一主编：《中国的人权状况（白皮书）问题解答》，23 页，北京，中国青年出版社，1992。

③ 习近平：《坚定不移走中国人权发展道路 更好推动我国人权事业发展》，载《求是》，2022（12）。

生存权的宪法规范最早见于1919年德国《魏玛宪法》，其第115条第1款中规定：“经济生活的秩序，必须符合具有保障任何人之值得成为人的生活之目的的正义原则”，其中“任何人之值得成为人的生活”，即可视为生存权概念中所谓的“生存”的一种定义。此外，日本现行宪法第25条第1款中规定：“任何国民均享有营构健康和文化意义上之最低限度的生活的权利。”日本学者亦多据此界说生存权的概念。目前，我国一些宪法学者则认为，所谓生存权即公民享有维持其身体所必需的健康和生活保障权。①

我国《宪法》第44条规定退休人员的生活受国家和社会的保障，而第45条则规定公民在年老、疾病或丧失劳动能力的情况下，有从国家和社会获得物质帮助的权利。诚然，在一些外国的宪法中，有关生存权的规定多为一种“纲领性的规定”（program clause)，其生存权亦为一种抽象的权利。与此不同，我国现行宪法的上述规定则比较具体，从而使我国宪法中的生存权具有一定具体权利的法律性质。毋庸讳言，我国宪法下的生存权的具体性，是通过把生存权作为特定权利（退休人员和丧失劳动能力的公民的权利）来加以规定和保障而得以实现的。

尽管我国现行宪法中所规定的生存权的规范内容具有一定的具体性，但作为一种社会权利，生存权基本上仍属于抽象的权利，即权利的享有主体不能直接依据《宪法》第44条和第45条的规定而向国家或社会直接请求实现这种权利。换言之，生存权的保障，首先只能有赖于国家通过立法来具体规定和实施。

与公民的生存权相对应，国家的基本义务是应当建立比较完备的社会保障体系。现行《宪法》第14条规定：“国家建立健全同经济发展水平相适应的社会保障制度。”建立健全同经济发展水平相适应的社会保障制度，是深化经济体制改革、完善社会主义市场经济体制的重要内容，是发展社会主义市场经济的客观要求，同时也是社会稳定和国家长治久安的重要保证。

当然，生存权也具有一定的界限。公民行使这种权利，必须以无法实现劳动权或已经尽了劳动的义务为前提。这是生存权作为一种权利所具有的内在界限。同时，毋庸赘言，作为一种社会权利，生存权的实现当然受到一个国家或社会的生产力发展水平、经济发展程度以及人口状况等社会经济条件的制约。贫困是实现生存权的最大障碍。党的十八大以来，以习近平同志为核心的党中央作出坚决打赢脱贫攻坚战的战略部署。到2020年年底，中国如期完成新时代脱贫攻坚目标任务，现行标准下9 899万农村贫困人口全部脱贫，832个贫困县全部摘帽，12.8万个贫困村全部出列，区域性整体贫困得到解决。中国在减贫事业上取得的巨大成就，不仅改写了中国人权事业发展史，也创造了世界人权保障新奇迹。

六、受教育权

（一）受教育权利的宪法含义

教育，既是公民个人人格形成和发展一个必不可少的手段，也是培育作为民主政治

---

① 参见许崇德主编：《中华法学大辞典》（宪法学卷），“生存权”词条，524页，北京，中国检察出版社，1995。

具体承担者的健全的公民的重要途径。基于教育所具有的这种重要意义，我国现行《宪法》第46条第1款规定："中华人民共和国公民有受教育的权利和义务。"党的十九大报告提出，"建设教育强国是中华民族伟大复兴的基础工程，必须把教育事业放在优先位置，深化教育改革，加快教育现代化，办好人民满意的教育"①。保障公民的受教育权是实现教育强国、发展教育事业、加快教育现代化的必要途径。

宪法的这一条款概括地表述了"受教育的权利和义务"内在所蕴含的复杂的关系结构。一般而言，任何公民都是受教育权利的主体，然而在权利实现的现实中，受教育权利之主体的"主体"部分大多由适龄的儿童和少年构成。与这部分主体的受教育的权利相对应，受教育的适龄儿童和少年的亲权人（父母或其他监护人）既拥有对他们施予教育的自由，亦负有让他们接受教育的义务，其中，后者构成《宪法》第46条第1款中受教育的义务。另外，与适龄儿童和少年的受教育权以及其亲权人的施予教育的自由相对应，国家和社会又负有相应的义务，其中包括提供合理的教育制度以及适当的教育设施和条件等内容。由此看来，与《宪法》第42条有关劳动的权利和义务的规定一样，第46条第1款中所谓"受教育的权利和义务"，在结构上也具有复合而不矛盾的规范内容。

适龄儿童和少年的受教育权利，尤其是其亲权人施予教育的自由，在理念上均可被视为自由权或消极的权利。然而，公民的自我教育毕竟存在诸多的局限，尤其是在科学与技术高度发达的现代社会里，人们必然要求国家为教育活动提供合理的教育制度、适当的教育设施以及平等的受教育机会，为此，受教育的权利更主要地体现出其作为一种社会权利或积极的性质。

（二）受教育权利的内容保障

受教育的权利主要包括三项具体的内容，并分别要求不同的保障措施。

第一，学习的权利，即以适龄儿童和少年为主体的权利主体享有接受教育并通过学习而在智力和品德等方面得到发展的权利。这是受教育权利的核心内容。为此我国《宪法》第46条第2款明确规定："国家培养青年、少年、儿童在品德、智力、体质等方面全面发展。"保障学习的权利，则必然要求国家和社会提供合理的教育制度以及适当的教育设施等条件。

第二，义务教育的无偿化。为了切实保障受教育的权利，现代世界上许多国家都实行义务教育制度，并同时实行一定的义务教育的无偿化，以确保义务教育制度的现实可行性。与许多国家一样，我国目前也实行九年制义务教育。2006年9月修订义务教育法后，义务教育的无偿化开始切实得到落实。义务教育成为公共财政保障的教育。

第三，教育的机会均等。这一内容要求任何权利主体均不得在教育上受到不平等的对待。然而，从机会均等的原意上说，这并不妨碍允许根据不同的权利主体的不同的适应性和能力施以不同内容的教育，否则，将无法真正实现教育的机会均等。当然，这同时便要求根据权利主体身心机能的具体状况予以教育，其中包括保障残疾人的受教育权

① 习近平：《决胜全面建成小康社会 夺取新时代中国特色社会主义伟大胜利——在中国共产党第十九次全国代表大会上的报告》（2017年10月18日），45页，北京，人民出版社，2017。

利。我国《教育法》第 9 条第 2 款规定："公民不分民族、种族、性别、职业、财产状况、宗教信仰等，依法享有平等的受教育机会。"此外，第 10 条还明确规定国家帮助、扶持各民族地区、艰苦地区发展教育事业，以及扶持和发展残疾人教育事业。

第七节　获得权利救济的权利

一、概述

前文论述了平等权、政治权利，精神、文化活动的自由，人身自由和人格尊严以及社会经济权利等公民的基本权利，这些基本权利多为宪法所规定的实体性的权利或实质性意义上的权利。这种性质决定了这些基本权利一旦受到了损害或侵犯，必须予以补救、恢复或者对损害或侵害行为予以纠正和惩罚。这就是所谓的权利救济。权利救济是权利保障的最后手段，也是权利保障一个不可或缺的重要环节。没有权利的救济，无论这些基本权利在宪法上规定得如何详尽和完备，都可能失去意义，也谈不上得到保障。

正因为如此，宪法除规定上述的那些基本权利之外，还规定获得权利救济的权利，其中主要包括提起申诉、控告的权利（含诉讼权），取得国家赔偿的权利以及取得国家补偿的权利。在宪法的基本权利体系中，获得权利救济的权利作为公民的一种基本权利与其他大部分的基本权利不尽相同而又密切联系。正如前面所论及的那样，政治权利相对于精神、文化活动的自由与人身自由以及社会经济权利等实体性的或实质性的基本权利而言，具有一定程序意义上的性质，是为实现其他基本权利而存在的一种基本权利，而获得权利救济的权利显然更具有这种性质。从这种意义上说，获得权利救济的权利，是权利为了自我保障而衍生出来的一种权利，为权利保障体系提供了其自足的和自我完结的内在契机。

如前所述，对基本权利的保障主要有绝对保障与相对保障两种方式。与此相适应，对基本权利的救济也主要有宪法上的救济和普通法律上的救济这两种方式。宪法上的救济主要是通过宪法监督制度来实现的，而普通法律上的救济主要通过普通法律上的诉讼救济或非诉讼救济的途径来实现。目前我国对基本权利的保障主要是采取相对保障的方式，因此对基本权利的救济也主要为普通法律上的救济，其中包括刑法与刑事诉讼法、民商法与民事诉讼法、行政法与行政诉讼法等途径的救济，而就后者而言，其中又包括行政复议、行政诉讼、信访和行政仲裁等途径，这些被统称为"行政救济"。

二、几种主要的获得权利救济的权利

（一）提起申诉、控告的权利

根据我国现行《宪法》第 41 条的规定，对于任何国家机关和国家工作人员的违法失职行为，公民"有向有关国家机关提出申诉、控告或者检举的权利"。这里所说的"申

诉、控告或者检举的权利”，类似于传统的请愿权，具有非常宽泛的内涵，但其中包含了公民或其他基本权利主体所享有的获得权利救济的权利。

当公民的合法权益包括基本权利受到侵犯或损害时，公民有向有关国家机关提出申诉的权利。根据传统的理论，提出申诉的权利分为诉讼上的申诉权利和非诉讼上的申诉权利。前者指的是刑事、民事诉讼当事人或者其他公民，对已发生法律效力的判决或裁定认为有错误时，有依法向司法机关提出申诉，请求重新处理的权利；后者则指的是不经诉讼程序向有关机关提出申诉的权利，如申请行政复议的权利即可视为这种权利的一种典型形态。

提出控告或检举的权利是指公民对于任何国家机关或国家工作人员的违法失职的行为，有向有关国家机关提出控告或检举，并请求给予惩罚或制裁的权利。但控告的权利与检举的权利不尽相同：前者往往是针对权利主体自己的权利受到侵犯而行使的一种权利，后者则是针对国家机关或国家工作人员任何的违法失职行为而行使的一种权利。因此，前者可作为一种获得权利救济的权利，而后者则具有一定政治权利（如我国宪法理论中的“监督权”）的性质。

申诉、控告或者检举，尤其是控告和检举，在法学意义上具有一定的对抗性。有鉴于此，我国现行《宪法》第 41 条在规定了公民的申诉、控告和检举的权利之后，特意着重规定了两点有关内容：第一是规定公民在行使这些权利时，不得捏造或者歪曲事实进行诬告陷害。这一规定直接明确地揭示了提起申诉、控告和检举权利的内在界限。第二是规定对于公民的申诉、控告和检举，有关国家机关必须查清事实、负责处理，任何人不得压制和打击报复。这便强调了国家权力基于上述的这些公民的基本权利而负有的诸种相应的义务。

（二）国家赔偿及补偿请求权

个人或其他权利主体的权利因国家或公共权力的行为而蒙受损害时，个人或其他权利主体可以以一定的方式向国家提出赔偿或补偿请求的权利，就是宪法学上所谓的赔偿及补偿请求权，又被概称为求偿权。我国公民或其他权利主体由于国家机关或其工作人员在行使国家或公共权力时基于违法行为而导致自己的权利受到损害，据此向国家索偿的权利，被称为国家赔偿请求权；而公民或其他权利主体由于国家机关或其工作人员合法行使国家权力而导致自己的权利受到损害，据此向国家索偿的权利，则被称为国家补偿请求权。国家赔偿及补偿请求权是获得权利救济的有效手段，因而也是获得权利救济的权利的重要类型。

我国现行《宪法》第 41 条第 3 款规定：“由于国家机关和国家工作人员侵犯公民权利而受到损失的人，有依照法律规定取得赔偿的权利。”据此 1994 年，我国颁布了国家赔偿法，使国家赔偿请求权在一定范围内得到法律层面上的保障。

此外，我国 1982 年宪法没有在公民基本权利部分明确规定公民享有请求国家补偿的权利，至今也尚未制定出一部专门的有关国家补偿的法律。然而，在实践中，我国已逐步形成了一套行政补偿制度，《土地管理法》、《城镇国有土地使用权出让和转让暂行条例》、《外商投资法》、《野生动物保护法》乃至《戒严法》、《突发事件应对法》等一系列法律、法规都作了有关行政补偿的规定。2004 年宪法修正案关于国家在对公民合法的私有财产进行征收或者征用时应当给予补偿的规定，可以被理解为宪法明确规定了公民的私有财产权在国家权力合法行使时受到损失的，公民有权向国家提出补偿的请求。

第八节　公民的基本义务

依据宪法规定，我国公民的基本义务有五项，按条款顺序分列如下：(1) 维护国家统一和全国各民族团结的义务；(2) 遵守宪法和法律，保守国家秘密，爱护公共财产，遵守劳动纪律，遵守公共秩序，尊重社会公德的义务；(3) 维护祖国的安全、荣誉和利益的义务；(4) 保卫祖国、抵抗侵略的职责和依法服兵役、参加民兵组织的义务；(5) 依法纳税的义务。

此外，公民有劳动的义务、受教育的义务；夫妻双方有实行计划生育的义务；父母有抚养、教育未成年子女的义务，成年子女有赡养、扶助父母的义务。

一、维护国家统一和民族团结的义务

《宪法》第 52 条规定："中华人民共和国公民有维护国家统一和全国各民族团结的义务。"其包括以下两项基本义务。

(一) 维护国家统一的义务

宪法"序言"规定："中华人民共和国是全国各族人民共同缔造的统一的多民族国家。"国家统一是公民享有基本权利的重要条件。任何公民都负有自觉地维护国家统一的神圣义务。2005 年全国人大通过了《反分裂国家法》，2015 年全国人大常委会通过了《国家安全法》，规定维护国家主权、统一和领土完整是包括台湾同胞和港澳同胞在内的全体中国人民的共同义务。维护国家统一的意义在于：首先，民主的宪法体制以国家的统一为基础，制宪与修宪权是国家统一的重要标志。其次，国家统一是公民实现基本权利和自由的前提，没有国家统一，任何权利和自由的实现都是没有基础的。最后，国家统一是我国社会主义法制统一性的客观要求。只有在统一的国家状态中，才能建立法制的统一性，建设成熟的法治国家。

维护国家统一义务的基本内容是：(1) 我国是统一的单一制国家，具有单一制国家的基本特征；整个国家是一个统一不可分割的整体，一般地方行政区域、民族自治地方、特别行政区都是整个国家的重要组成部分，其设立及所享有的权力均来源于中央的授予，都没有脱离中央而独立的权力。(2) 任何公民都负有维护国家统一的义务，不得从事分裂国家的活动。我国刑法对分裂国家统一的行为分别规定了背叛国家罪、分裂国家罪、煽动分裂国家罪、资助危害国家安全犯罪活动罪等，并对这些犯罪行为的定罪量刑作了具体的规定。

（二）维护民族团结的义务

我国是一个多民族国家，维护国家统一的重要内容和标志是维护民族团结。我国是统一的多民族国家，能否正确处理各民族之间的关系对于国家的统一和稳定将产生重要影响。《宪法》第 4 条规定："中华人民共和国各民族一律平等"，国家"维护和发展各民族的平等团结互助和谐关系"。维护民族团结的义务的基本内容是：（1）各少数民族聚居的地方实行区域自治，设立自治机关，行使自治权。各民族自治地方都是中华人民共和国不可分割的部分。（2）保障各少数民族的合法的权利和利益。（3）禁止对任何民族的歧视和压迫，禁止破坏民族团结和制造民族分裂的行为。在维护民族团结的斗争中，要反对大民族主义，主要是大汉族主义，也要反对地方民族主义。（4）各民族都有使用和发展自己语言文字的自由，都有保持或者改革自己的风俗习惯的自由，每个公民都应当予以尊重。根据宪法和民族区域自治法的规定，一切破坏民族团结、制造民族分裂的行为都将受到法律的追究。

二、遵守宪法和法律的义务

《宪法》第 53 条规定："中华人民共和国公民必须遵守宪法和法律，保守国家秘密，爱护公共财产，遵守劳动纪律，遵守公共秩序，尊重社会公德。"具体阐述如下。

（一）遵守宪法和法律的义务

宪法规定了国家的根本制度和根本任务，是国家根本法，具有最高的法律效力。法律是作为我国最高国家权力机关的全国人大和其常设机构全国人大常委会制定的，其在我国法律体系中，居于宪法之下而高于其他法律文件。"依法治国"主要是依宪法和法律治国。遵守宪法和法律义务的基本内容是：（1）全国各族人民、一切国家机关和武装力量、各政党和各社会团体、各企业事业组织，都必须遵守宪法和法律；（2）都必须以宪法和法律为根本的或者基本的活动准则；（3）任何组织或者个人都不得有超越宪法和法律的特权；（4）一切违反宪法和法律的行为，必须予以追究；（5）全国人民都负有维护宪法和法律尊严、保证宪法和法律实施的职责。

（二）保守国家秘密的义务

国家秘密是指关系国家安全和利益，依照法定程序确定，在一定时间内只限一定范围的人员知悉的事项。国家秘密包括以下事项：（1）国家事务的重大决策中的秘密事项；（2）国防建设和武装力量活动中的秘密事项；（3）外交和外事活动中的秘密事项以及对外承担保密义务的事项；（4）国民经济和社会发展中的秘密事项；（5）科学技术中的秘密事项；（6）维护国家安全活动和追查刑事犯罪中的秘密事项；（7）其他经国家保密工作部门确定应当保守的国家秘密事项。此外，政党的秘密事项中符合国家秘密概念的，也属于国家秘密。国家秘密关系到国家与民族的根本利益、政权的巩固和人民的安全，为此，国家规定了严格的保密制度，并于 1988 年制定了《中华人民共和国保守国家秘密法》（2010 年、2024 年修订），规定一切组织和公民均有保守国家秘密的义务，并明确规定了国家秘密的范围和密级、保密制度及法律责任等。我国刑法相应地规定了违反保守国家秘密法，泄露国家秘密所要追究的刑事责任。

（三）爱护公共财产的义务

公共财产包括国有财产与集体财产，它们是建设社会主义物质文明和精神文明的物质基础。《宪法》第 12 条中规定："社会主义的公共财产神圣不可侵犯。""禁止任何组织或者个人用任何手段侵占或者破坏国家的和集体的财产。"

（四）遵守劳动纪律的义务

劳动纪律是劳动者进行社会生产必须遵守的各项生产劳动规章制度的总称。劳动纪律是保证生产和工作正常进行不可缺少的重要手段。对于经常不遵守劳动纪律的劳动者，应给予必要的批评，乃至经济上、行政上的制裁；对于因破坏劳动纪律而给国家造成严重财产损失或者造成伤亡事故的人，还应追究其法律责任。

（五）遵守公共秩序的义务

公共秩序是为了有效地进行生产、工作、学习，有秩序地生活而建立起来的行为规则。它包括社会秩序、工作秩序、生产秩序、教学秩序和生活秩序。维护正常的公共秩序人人有责，遵守公共秩序也是实现社会主义现代化的重要条件。

（六）尊重社会公德的义务

社会公德是指在社会公共生活中应当遵循的基本道德。在我国，《宪法》第 24 条所规定的"爱祖国、爱人民、爱劳动、爱科学、爱社会主义"，构成了社会主义公德的主要内容。

三、维护祖国安全、荣誉和利益的义务

习近平总书记指出，有效维护国家安全。国家安全是安邦定国的重要基石，维护国家安全是全国各族人民根本利益所在。要完善国家安全战略和国家安全政策，坚决维护国家政治安全，统筹推进各项安全工作。健全国家安全体系，加强国家安全法治保障，提高防范和抵御安全风险能力。严密防范和坚决打击各种渗透颠覆破坏活动、暴力恐怖活动、民族分裂活动、宗教极端活动。加强国家安全教育，增强全党全国人民国家安全意识，推动全社会形成维护国家安全的强大合力。《宪法》第 54 条规定："中华人民共和国公民有维护祖国的安全、荣誉和利益的义务，不得有危害祖国的安全、荣誉和利益的行为。"这是现行宪法在总结历史经验的基础上，根据我国实行对外开放政策的新情况，新增加的一项公民基本义务。

2023 年 10 月 24 日，全国人大常委会通过了《中华人民共和国爱国主义教育法》，规定爱国主义教育的主要内容包括：（1）马克思列宁主义、毛泽东思想、邓小平理论、"三

个代表”重要思想、科学发展观、习近平新时代中国特色社会主义思想；（2）中国共产党史、新中国史、改革开放史、社会主义发展史、中华民族发展史；（3）中国特色社会主义制度，中国共产党带领人民团结奋斗的重大成就、历史经验和生动实践；（4）中华优秀传统文化、革命文化、社会主义先进文化；（5）国旗、国歌、国徽等国家象征和标志；（6）祖国的壮美河山和历史文化遗产；（7）宪法和法律，国家统一和民族团结、国家安全和国防等方面的意识和观念；（8）英雄烈士和先进模范人物的事迹及体现的民族精神、时代精神；（9）其他富有爱国主义精神的内容。

（一）维护祖国安全的义务

祖国安全指国家的领土完整和主权不受干扰，国家政权不受威胁。祖国安全是国家政权稳定、公民依法行使权利和自由的根本保障。只有在祖国安全得到保障的前提下，公民才有可能实现权利和自由，国家才能巩固其政权的基础。每一个公民必须要树立祖国安全高于一切的观念，同一切损害祖国尊严、危害祖国安全的行为进行斗争。2015 年修订的《国家安全法》第 77 条规定，公民和组织应当履行下列维护国家安全的义务：（1）遵守宪法、法律法规关于国家安全的有关规定；（2）及时报告危害国家安全活动的线索；（3）如实提供所知悉的涉及危害国家安全活动的证据；（4）为国家安全工作提供便利条件或者其他协助；（5）向国家安全机关、公安机关和有关军事机关提供必要的支持和协助；（6）保守所知悉的国家秘密；（7）法律、行政法规规定的其他义务。任何个人和组织不得有危害国家安全的行为，不得向危害国家安全的个人或者组织提供任何资助或者协助。第 27 条中规定，国家防范、制止和依法惩治利用宗教名义进行危害国家安全的违法犯罪活动，反对境外势力干涉境内宗教事务，维护正常宗教活动秩序。第 13 条第 2 款规定，任何个人和组织违反本法和有关法律，不履行维护国家安全义务或者从事危害国家安全活动的，依法追究法律责任。

（二）维护祖国荣誉的义务

公民对祖国应当有自尊心和自豪感，并把维护祖国荣誉作为自己的神圣职责，同一切出卖祖国利益、损害国家尊严的行为进行斗争。鉴于国旗、国徽、国歌是国家的象征和标志，对它们的尊重和保护，体现着国家的荣誉，有利于增强爱国主义情感。《国旗法》《国徽法》规定，在公共场合故意以焚烧、毁损、涂划、玷污、践踏等方式侮辱中华人民共和国国旗、国徽的，依法追究刑事责任；情节较轻的，由公安机关处以 15 日以下拘留。《国歌法》规定，在公共场合，故意篡改国歌歌词、曲谱，以歪曲、贬损方式奏唱国歌，或者以其他方式侮辱国歌的，由公安机关处以警告或者 15 日以下拘留；构成犯罪的，依法追究刑事责任。

（三）维护祖国利益的义务

祖国利益是国家共同利益的集中体现，是相对于集体利益和个人利益而言的。祖国利益又分为对外和对内两个方面：对外主要是民族的政治、经济、文化等方面的权利和利益；对内主要是国家利益，是公民利益的最高体现。

四、保卫祖国和依法服兵役的义务

《宪法》第 55 条规定：“保卫祖国、抵抗侵略是中华人民共和国每一个公民的神圣职责。依照法律服兵役和参加民兵组织是中华人民共和国公民的光荣义务。”

国家的安全，直接关系着我们能否顺利进行社会主义现代化建设，关系着我们中华民族的存亡。保卫祖国、抵抗侵略是每一个公民义不容辞的职责。保卫祖国、抵抗侵略的职责要求是：现役军人要打牢备战打仗的思想根基，砥砺敢打必胜的意志品质，锻造能打胜仗的过硬本领，创新练兵备战的方法手段，切实扛起备战打仗的责任担当；未服役的公民，要增强国防观念，掌握基本的国防知识，学习必要的军事技能，激发爱国热情，自觉履行保护国防设施、保守国家军事秘密、接受国防教育、支持和协助国防活动等义务；每个公民要同一切破坏活动和其他危害祖国建设、安全的行为作斗争；要扎实做好拥军优属工作，巩固发展新时代军政军民团结，为以中国式现代化全面推进中华民族伟大复兴凝聚强大力量。

参加人民解放军、中国人民武装警察部队和参加民兵组织，直接担负保卫祖国、保卫现代化建设的伟大使命，是一项光荣而艰巨的任务。根据 2021 年修订的《兵役法》，我国实行以志愿兵役为主体的志愿兵役与义务兵役相结合的兵役制度。凡年满 18 周岁的我国公民，不分民族、种族、职业、家庭出身、宗教信仰和教育程度，都有义务服兵役。而依照法律被剥夺政治权利的人，不得服兵役。依法服兵役的义务作为公民的基本义务，具有法律性质，即不履行服兵役义务的公民应承担法律责任。《兵役法》第 57 条规定，有服兵役义务的公民有下列行为之一的，由县级人民政府责令限期改正；逾期不改正的，由县级人民政府强制其履行兵役义务，并处以罚款：（1）拒绝、逃避兵役登记的；（2）应征公民拒绝、逃避征集服现役的；（3）预备役人员拒绝、逃避参加军事训练、担负战备勤务、执行非战争军事行动任务和征召的。有前述第 2 项行为，拒不改正的，不得录用为公务员或者参照《公务员法》管理的工作人员，不得招录、聘用为国有企业和事业单位工作人员，两年内不准出境或者升学复学，纳入履行国防义务严重失信主体名单实施联合惩戒。

五、依法纳税的义务

《宪法》第 56 条规定：“中华人民共和国公民有依照法律纳税的义务。”1954 年宪法曾经规定了公民的纳税义务。税收是国家为实现其职能的需要，依照法律规定向公民个人、法人或者其他组织等征收的货币和实物，凭借政治权力，参与国民收入分配和再分配的一种方式。税收是组织国家财政收入的主要手段，对任何国家而言，都是不可缺少的财政来源。在我国，税收是进行社会主义建设的工具，国家可以利用税收作为积累和分配的重要手段，保证国家收入，提供社会主义建设事业所必需的资金；税收也是国家干预经济、调节生产的重要杠杆，为发展社会主义经济服务。纳税义务是指纳税义务人依法向税收部门按一定比例缴纳税款的义务。纳税的基本特征是无偿性、固定性、强制性、平衡性。纳税义务的主体除公民外，法人、非法人组织及外国人都有义务按照国家的法律规定纳税。

纳税义务的主要内容是：(1) 贯彻纳税平等和公平原则。此即个人所得税以个人所得为征税对象，国家在确定公民纳税义务时，要保证税制的科学合理和税收负担的公平，既要保证国家财政需要，又要使纳税人有承受能力。(2) 体现税收法定原则。此即纳税涉及公民个人财产权的保护问题，因此要依法治税，保证税制的统一性和税法的严肃性，用税收基本法律规范严格地约束征纳双方。

纳税义务的履行实际上给纳税人带来相应的权利，从某种意义上说，纳税义务的履行是纳税人享受权利的基础和条件。纳税人首先有权利享受政府用税收提供的服务和公共设施，如医疗、教育、社会安全、法律保障、交通等，并有权利要求政府积极改善这些条件且提供优质服务。另外，纳税人有权了解、监督税款的使用情况，进而监督政府的工作。从政府角度讲，应通过各种途径公开国家税款的使用情况，为纳税人了解政府使用税款的情况提供各种条件。

六、其他义务

宪法在规定公民基本权利的同时，在相应的条文还规定了公民的某些基本义务。如公民有受教育的义务，公民有劳动的义务，夫妻双方有实行计划生育的义务，父母有抚养、教育未成年子女的义务及成年子女有赡养、扶助父母的义务，在国家有关的法律、法规中已作了比较具体的规定，此处不作细述。

（一）受教育义务

受教育义务是指适龄的未成年人必须接受学校教育的义务。我国于 1986 年制定《义务教育法》（2006 年修订、2015 年修正、2018 年修正），规定国家实行九年义务教育制度。受教育义务的基本内容是：父母或者其他监护人必须使适龄的子女或者被监护人按时入学，接受规定年限的义务教育；禁止任何组织或者个人招收应该接受义务教育的适龄儿童、少年就业。适龄儿童、少年因疾病或者特殊情况，需要延缓入学或者免予入学的，由儿童、少年的父母或者其他监护人提出申请，经当地人民政府批准。

受教育义务的保障措施是：(1) 国家实行义务教育，以使公民履行受教育义务。在我国，义务教育分为初等教育和初级中等教育两个阶段。(2) 国家对接受义务教育的学生免收学费。(3) 国家采取措施加强和发展师范教育，加速培养、培训师资，有计划地实现小学教师具有中等师范学校毕业以上水平，初级中等学校的教师具有高等师范专科学校毕业以上水平。(4) 除因疾病或者特殊情况，经当地人民政府批准的以外，适龄儿童、少年不入学接受义务教育的，由当地人民政府对其父母或者其他监护人批评教育，并采取有效措施责令送子女或者被监护人入学。

（二）劳动义务

劳动义务是指一切有劳动能力的公民必须参加社会劳动。在法律上，劳动义务是相对于社会保障而言的。公民有劳动的权利，但当国家不能为公民提供劳动就业的机会和途径时，国家就应当为公民提供社会保障，满足公民基本生活的需求。在国家为公民提供了劳动就业的机会和途径以后，有劳动能力的公民却拒绝参加劳动的，国家有权不予提供社会保障。《宪法》第 42 条中规定：“劳动是一切有劳动能力的公民的光荣职责。”宪法上所规定的公民的劳动义务主要是就法律上的职责而言的。

我国是社会主义国家，人民群众是国家的主人翁，参加劳动、建设国家，是每一个公民应尽的职责。《宪法》第 42 条中还规定：“国有企业和城乡集体经济组织的劳动者都应当以国家主人翁的态度对待自己的劳动。”

劳动义务不同于义务劳动。《宪法》第 42 条中规定：“国家提倡公民从事义务劳动。”义务劳动是公民自觉进行的不计报酬的劳动，它是公民社会主义道德和共产主义道德的体现，不是宪法所规定和要求的所有公民都要履行的“劳动义务”。

劳动义务也不同于强制劳动。《监狱法》第 69 条规定：“有劳动能力的罪犯，必须参加劳动。”强制劳动的目的在于，使其矫正恶习，养成劳动习惯，学会生产技能，并为释放后的就业创造条件。因此，对罪犯的强制劳动是教育改造的重要组成部分。

参考法规、文件

1.《中华人民共和国宪法》(1982 年)

2.《中华人民共和国立法法》(2015 年、2023 年修正)

3.《中华人民共和国刑法》(1997 年修订，1999 年、2001 年、2002 年、2005 年、2006 年、2009 年、2011 年、2015 年、2017 年、2020 年和 2023 年修正)

4.《中华人民共和国刑事诉讼法》(1979 年，1996 年、2012 年、2018 年修正)

5.《美利坚合众国宪法》(1787 年)

6.《德意志联邦共和国基本法》(1949 年)

7. 法国《人权宣言》(1789 年)

8.《俄罗斯联邦宪法》(1993 年)

9.《日本国宪法》(1946 年)

10.《世界人权宣言》(1948 年)

11.《公民权利和政治权利国际公约》(1966 年)

12.《经济、社会和文化权利国际公约》(1966 年)

参考文献

(一) 著作

1. 王世杰，钱端升．比较宪法．北京：中国政法大学出版社，1997.

2. 许崇德主编．中国宪法 (修订本)．北京：中国人民大学出版社，1996.

3. 国务院新闻办公室编．中国的人权状况．北京：中央文献出版社，1991.

4. 许崇德主编．中华法学大辞典 (宪法学卷)．北京：中国检察出版社，1995.

5. 韩大元，王建学主编．基本权利与宪法判例．北京：中国人民大学出版社，2013.

6. 张翔．基本权利的规范建构．增订版．北京：法律出版社，2017.

7.《宪法学》编写组．宪法学．2版．北京：高等教育出版社，人民出版社，2020.

（二）文章、报告、讲话、文件

1. 毛泽东．关于中华人民共和国宪法草案//毛泽东文集：第6卷．北京：人民出版社，1999.

2. 刘少奇．关于中华人民共和国宪法草案的报告//刘少奇选集：下卷．北京：人民出版社，1985.

3. 彭真．关于中华人民共和国宪法修改草案的报告//彭真文选（1940—1990）. 北京：人民出版社，1991.

4. 中央党史和文献研究院编．习近平关于尊重和保障人权论述摘编．北京：中央文献出版社，2021.

问题与思考

一、单项选择题（每题只有一个正确答案）

1. 下列哪一项是我国宪法界定公民资格的依据？（　　）

A. 出生地主义原则

B. 血统主义原则

C. 国籍

D. 以血统主义为主、以出生地主义为辅的原则

2. 根据我国宪法规定，下列选项中哪一种情况不是公民获得物质帮助权的条件？（　　）

A. 公民在年老时　　B. 公民在疾病时

C. 公民在遭受自然灾害时　　D. 公民在丧失劳动能力时

3. 根据我国宪法的规定，下列有关公民基本权利的宪法保护的表述，哪一个是正确的？（　　）

A. 一切公民都有选举权和被选举权

B. 宪法规定了对华侨、归侨权益的保护，但没有规定对侨眷权益的保护

C. 宪法对建立劳动者休息和休养的设施未加以规定

D. 公民合法财产的所有权和私有财产的继承权规定在宪法“总纲”部分

4. 根据我国宪法规定，下列关于私有财产权的表述哪一项是不正确的？（　　）

A. 公民合法的私有财产不受侵犯

B. 国家依照法律规定保护公民的私有财产权和继承权

C. 任何人不得剥夺公民的私有财产

D. 国家为了公共利益的需要，可以依照法律规定对公民的私有财产实行征收或者征用并给予补偿

5. 下列哪一项不属于宪法规定的公民的基本权利？（　　）

A. 环境权　　B. 平等权　　C. 出版自由　　D. 受教育权

6. 关于《宪法》对人身自由的规定，下列哪一选项是不正确的？（　　）

A. 禁止用任何方法对公民进行侮辱、诽谤和诬告陷害

B. 生命权是《宪法》明确规定的公民基本权利，属于广义的人身自由权

C. 禁止非法搜查公民身体

D. 禁止非法搜查或非法侵入公民住宅

7. 下列关于人权的说法中，正确的是（　　）。

A. 人权就是公民的基本权利

B. 人权是指公民的应有权利

C. 人权是所有人的应有权利，包括中国公民、外国人和无国籍人

D. 人权主要是指法定权利

8. 我国宪法规定了公民的基本权利和义务，公民在法律面前一律平等。下列关于我国公民基本权利的表述，不正确的是（　　）。（国家公务员考试）

A. 国家培养和选拔妇女干部，实行男女同工同酬

B. 年满 18 周岁，未被剥夺政治权利的中国公民均享有选举权和被选举权

C. 社会、经济、文化教育方面的权利不包括公民年老、疾病、丧失劳动能力时的物质帮助权

D. 国家保护华侨的正当权益，保护归侨和侨眷的合法权益

二、多项选择题（每题有两个以上正确答案）

1. 根据我国现行宪法和法律，下列哪些人可以具有中国国籍？（　　）

A. 赵某，出生于中国，父亲为美国公民，母亲为中国公民

B. 钱某，出生于法国，父亲为中国公民，母亲为日本公民

C. 孙某，出生于柏林，父母双方均为中国公民，1980 年移民德国，定居柏林（德国采用出生地主义的国籍原则）

D. 李某，出生于中国，父亲为无国籍人，母亲也国籍不明

2. 根据宪法和法律，下列哪些表述是不正确的？（　　）

A. 被剥夺政治权利的公民不再享有科学研究的自由

B. 被剥夺政治权利的公民不再享有艺术创作的自由

C. 被剥夺政治权利的公民不再享有出版著作的自由

D. 被剥夺政治权利的公民不再享有宗教信仰的自由

3. 某村开始了三年一次的村委会选举，推选以下四位村民为村委会主任候选人。根据我国宪法和法律，你认为下列四位村民中哪几位可以被推荐为村委会主任候选人？（　　）

A. 李小波，刚过完 17 岁生日，初中毕业后成为家里的主要劳力，田里地里都是一把好手。可其父亲素有小偷小摸的毛病，去年偷了吕家的一头黄牛被处罚

B. 刘光华，23 岁，为人忠厚，写得一手好字，但跟着他爷爷学了一些占卜、算卦之类的“技术”

C. 周秋兰，现任村妇女主任，热情大方，精明能干。只是经常与那些年轻后生嘻嘻哈哈，其丈夫死后，她与比自己小好几岁的小伙子周小满谈恋爱，被老辈人说成有伤风化

D. 丁长生，原为村里的民办教师，因犯罪被判有期徒刑 3 年。在服刑期间，他学会了

多种果树栽培技术和特种养殖技术。提前释放回来后便搞起特种养殖和果园开发

4. 刘某系某乡女村民，已生育三个女儿，现在又怀上了第四胎。乡、村两级干部决心把她作典型处理。于是，在某日一大早便破门而入，将还在睡梦中未及穿戴整齐的刘某强行带到村委会教育了一整天，并决定取消其读小学三年级的女儿“三好学生”的称号。根据我国宪法和法律，乡村干部的行为侵犯了刘某作为公民的哪些宪法权利？（　　）

A. 人身自由　　B. 住宅不受侵犯

C. 受教育的权利　　D. 人格尊严

5. 下列有关我国公民权利的表述哪些符合宪法的规定？（　　）

A. 公民对于任何国家机关和国家工作人员，有提出批评和建议的权利

B. 公民对任何国家机关和国家工作人员的违法失职行为，有提出申诉、控告或者检举的权利

C. 任何国家机关在接到公民提出的申诉、控告或者检举后，都必须查清事实，负责处理

D. 国家机关和国家工作人员侵犯公民权利造成损失的，受害人有依法请求赔偿的权利

6. 某县法院审理一民事案件过程中，要求县移动通信营业部提供某通信用户的电话详单。根据我国宪法的规定，下列说法何者为正确？（　　）

A. 用户电话详单属于宪法保护的公民通信秘密的范围

B. 县法院有权要求县移动通信营业部提供任何移动通信用户的电话详单

C. 县移动通信营业部有义务保护通信用户的通信自由和通信秘密

D. 县法院有权检查任何移动通信用户的电话详单

7. 根据我国宪法和法律的规定，下列哪些说法不正确？（　　）

A. 为了收集“第三者插足”的证据，公民可以委托私人调查机构以各种形式对“第三者”进行跟踪

B. 为了收集犯罪证据，公民可以委托法官对犯罪嫌疑人的通信进行监听

C. 商场保安人员有权根据商场的规定，对“盗窃嫌疑人”当场进行搜身检查

D. 商场保安人员有权对拒绝搜身检查的顾客采取限制人身自由的措施

8. 我国《宪法》规定公民的住宅不受侵犯。下列哪些选项属于侵犯公民住宅的行为？（　　）

A. 非法侵入公民住宅　　B. 非法搜查公民住宅

C. 非法买卖公民住宅　　D. 非法出租公民住宅

三、简答题（回答要点，不需论述）

1. 如何全面把握基本权利的宪法含义？

2. 基本权利的保障方式有几种？应该如何理解我国现行宪法规定的基本权利的保障方式？

3. 何为自由权？我国现行宪法规定的哪些基本权利属于自由权？如何保障这些基本权利？

4. 如何在宪法学上正确地理解基本权利的界限？

四、论述题（概述有关原理，联系实际）

国家机构如何贯彻尊重和保障人权原则？

第六章

选举制度

教学目标

- 了解：我国选举制度的产生、发展历程
- 熟悉：我国选举制度的民主程序
- 掌握：选举制度的概念和基本原则

教学要求

知识要点	能力要求	法律职业资格考试或公务员考试相关知识
选举制度概述	(1) 了解选举制度的历史发展； (2) 掌握选举制度的概念； (3) 了解中华人民共和国选举制度的历史演变和基本功能	(1) 选举制度的历史发展； (2) 选举制度的概念； (3) 中华人民共和国选举制度的历史演变和基本功能
选举制度的基本原则	(1) 掌握选举制度的基本原则； (2) 理解选举制度的基本原则的具体内容	(1) 选举权的普遍性原则； (2) 选举权的平等性原则； (3) 直接选举和间接选举相并用原则； (4) 无记名投票原则
选举的民主程序	(1) 掌握选区划分及其基本原则； (2) 了解选举机构体系； (3) 掌握选民登记及其实质要件和程序要件； (4) 掌握选举法规定的代表候选人的提名程序； (5) 了解选举投票的具体内容； (6) 了解代表辞职的具体程序； (7) 掌握对代表的罢免和补选的程序与具体内容	(1) 选区划分及其基本原则； (2) 选举机构体系； (3) 选民登记及其实质要件和程序要件； (4) 选举法规定的代表候选人的提名程序； (5) 选举投票的具体内容； (6) 代表辞职的具体程序； (7) 对代表的罢免和补选的程序与具体内容

第一节 选举制度概述

选举制度是科学地分配与运用国家权力的基本组织形式，属于国家制度的重要组成部分，体现国家权力与公民权利之间的平衡关系。选举制度的合理运作是民主政治建立和发展的基础与出发点。

一、选举制度的历史发展与概念

（一）选举制度的历史发展

在人类社会的发展进程中，曾经出现过各种不同形式的组织政权的形式，选举作为组织国家政权的古老的政权组织形式之一，反映了人类在治理国家中积累的理论与实践经验。现代资产阶级选举制度的民主因素是古雅典、古罗马国家某些民主制度的继承与发展。人类社会发展早期的选举活动具有纯粹的社会性与公共性，即只履行社会公共职能，不具有鲜明的意识形态性。人类社会进入阶级社会以后，选举活动从纯粹的社会性向阶级性转变，开始成为统治者组织与分配国家权力的基本形式。在奴隶社会、封建社会，选举活动被限于非常有限的范围，只有在人口中占少数的社会特权阶层才能成为选举权主体，缺乏选举制度存在的必要的社会基础。选举制度发展到资本主义社会，开始具有自身的价值体系与广泛的社会基础。资本主义经济、政治与文化的发展在一定程度上改变了选举理念与社会现实相互脱离的现象，使选举制度成为政权组织的基本形式。其主要标志是：随着民主政治的发展，选举权的主体范围有了扩大，实行普选制；选举制度成为代议政体的基础；选举活动具有协调各种利益关系的有效功能；选举的社会效果具有普遍的权威性；选举制度成为国家政权存在的合法性基础。

选举活动在社会主义社会得到了广泛的发展，扩大了社会基础。1871 年的巴黎公社是无产阶级专政的伟大尝试，实行了民主的选举。十月社会主义革命胜利以后，苏联逐步建立了社会主义选举制度，实现了普选。

从选举制度的历史发展中，我们可以看出：（1）就一般的发展逻辑看，选举制度的发展与经济发展水平是同步的。当资本主义商品经济发展时，社会需要公正、公开与具有权威性的政权组织形式，需要通过选举活动不断扩大政权的社会基础，反映民意。（2）选举制度所体现的价值与民主政治的发展水平是一致的。选举权的扩大是民主制度在政治上取得的积极成果，选举的发展为民主政治价值的实现与完善提供了有效的表现形式与内在的动力。（3）选举制度的发展与政权组织形式的完善有着密切的联系，直接构成政权合法性的基础。

（二）选举制度的概念

选举系指选择、挑选、择贤等内容，表现为社会主体的选定行为，包括主体、客体、目的与程序等要素。选举活动发展到一定程度以后便形成具有一定体系与程序的选举制度。选举制度把选民分散的意志集中起来，形成合理的利益调整机制。所谓选举制度，是指关于选举国家代表机关代表与国家公职人员的原则、程序与具体方法的各项制度的总称。选举制度的具体内容由选举法规定。通常，选举制度的概念可分为广义与狭义两种。广义选举制度的概念包括代表机关代表的选举与特定公职人员的选举，选举主体的范围比较广泛。狭义选举制度的概念是指选民根据选举法的规定选举代表机关代表的制度。我国选举法调整的对象限于全国人大代表与地方人大代表的选举，系采用狭义选举制度概念。选举法具体规定了选区划分、选民登记、候选人提名、投票程序、选举诉讼等具体制度。

选举制度是民主政治发展的必然结果与标志。资产阶级革命胜利以后，随着代议政体的出现，选举制度作为合理地分配与组织国家权力的有效而民主的形式普遍得到世界各国的重视。在现代社会中，选举制度已成为组织与调整国家权力活动的基本形式。选举制度的性质决定于一个国家的国体，在不同的国家性质下，选举制度反映不同阶级的意志与利益，体现不同的权力分配要求。我国是实行人民民主专政的社会主义国家，选举制度产生与存在的目的是适应国体的要求，实现一切权力属于人民的宪法原则，为人民群众参与管理国家事务与社会事务提供广泛而有效的法律途径。我国选举制度体现了人民性、民主性与科学性：人民性是我国选举制度的本质特征，反映了人民民主专政国家性质；民主性是我国选举制度运行过程中遵循的基本原则与基本精神，有利于人民群众参与国家管理；科学性是指选举原则的确立与选举程序的运行中遵循选举的客观性与公正性，真正体现选民的自由意志。

二、中华人民共和国选举制度的历史演变与基本功能

（一）历史演变

中华人民共和国成立后，选举制度的建立与完善成为发展民主政治的重要形式和任务。1953 年中华人民共和国第一部选举法颁布了，对全国与地方人大代表的选举程序和原则作了具体的规定。以这部选举法为基础，我国在地方进行了普选，选举产生了全国和地方人大代表。1953 年选举法的基本特点是：体现选举权的普遍性原则，扩大了选民的范围；实行直接选举与间接选举并用原则，提高选举制度的民主性；根据当时的实际情况，采取无记名投票与举手表决并用原则等。1953 年选举法尽管存在一些不完善之处，但作为中华人民共和国第一部选举法，在发展民主政治、发挥人民群众政治参与的积极性方面发挥了重要作用。中华人民共和国的选举制度一方面吸收了中华人民共和国成立以前各革命根据地民主选举制度的合理经验，另一方面根据中国的国情吸收了苏联等其他社会主义国家选举制度的有益经验。在革命根据地与苏联经验的基础上建立起来的中华人民共和国选举制度，奠定了中华人民共和国政治体制的基本框架与体系。

根据 1953 年选举法，1953 年 3 月到 1954 年 8 月进行了中国历史上的第一次普选，全国进行直接选举的基层单位共 214 798 个，共有人口 571 434 511 人，登记选民 323 809 684

人，超过选举地区18周岁以上的人口总数的97%，实际参加投票的有278 093 100人，参选率为86%。[①] 但由于受“左”的思潮的影响，1958年以后直接选举工作实际上被中断，间接选举工作在“文化大革命”正式结束以前一直处于停止状态。

1979年7月1日，五届全国人大二次会议对1953年选举法进行了重大修改，反映了社会主义民主与法制建设的新要求，通过了《全国人民代表大会和地方各级人民代表大会选举法》。在选举制度方面的主要发展是：(1) 进一步扩大普选的范围，除依法被剥夺政治权利的人以外，凡年满18周岁的公民都有选举权与被选举权；(2) 扩大直接选举范围，将直接选举范围扩大到县；(3) 实行差额选举，将各级人大代表等额选举改为差额选举，规定候选人人数应多于应选人名额；(4) 调整划分选区的方法，将选区划分方法改为按居住状况、生产单位、事业单位与工作单位，便于选民参加选举；(5) 改变推荐代表候选人的方法，规定任何选民或单位有3人以上附议，都可推荐代表候选人；(6) 规定对代表的监督与罢免程序；(7) 规定可以采用各种形式宣传代表候选人；等等。根据新的选举法，到1981年年底全国县、乡两级进行换届选举。选举法的修改反映了我国民主政治发展的客观事实，推动了选举制度的民主化、科学化。

1982年宪法颁布、实施以后，根据国家政治生活的发展、变化，曾对选举法进行了3次修改。1982年12月10日，五届全国人大五次会议作出《关于修改〈中华人民共和国全国人民代表大会和地方各级人民代表大会选举法〉的若干规定的决议》，对1979年选举法进行了修改，其主要内容是：完善介绍代表候选人的程序，规定选举委员会应向选民介绍代表候选人的情况；对于少数民族每一代表所代表的人口数，作了进一步有利于民族平等的规定等。1983年3月5日，第五届全国人大常委会第二十六次会议根据各地进行县级以下直接选举的实践经验，通过了《关于县级以下人民代表大会代表直接选举的若干规定》，对县级以下人大代表的直接选举作了补充规定，进一步完善了选举权主体行使选举权的程序与条件。1986年12月2日第六届全国人大常委会第十八次会议对1979年选举法进行了修改与补充，完善了选举制度，主要表现是：(1) 确定省、自治区、直辖市、设区的市、自治州的人大常委会指导本行政区域内县级以下人大代表的选举工作，乡镇的选举委员会受县、不设区的市和市辖区的选举委员会的领导，确定了新的选举工作领导关系；(2) 规定少数民族每一代表所代表的人口数的新比例；(3) 确定比较灵活的选区划分原则，实行新的选民登记方法；等等。

经过对选举制度的几次调整，中国选举制度的民主性与科学性有了很大的提高，选举制度在国家政治体制的运作中发挥了越来越重要的作用。为了使选举制度更好地适应社会生活发展的实际需要，1995年2月28日第八届全国人大常委会第十二次会议对选举法进行了重大修改，主要内容有：(1) 进一步体现选举制度的平等性原则，将原来规定的省级人大与全国人大农村每一代表所代表的人口数5倍于、8倍于城市每一代表所代表的人口数一律改为4倍，进一步缩小了城乡之间的差别；(2) 具体规定了地方各级人大代表的名额，逐步提高妇女代表的比例；(3) 规定乡镇的选举委员会接受上一级人民代表大会常务委员会的领导；(4) 规定香港特别行政区和澳门特别行政区应选全国人大

---

① 参见张明树：《中华人民共和国政治制度概要》，374页，银川，宁夏人民出版社，1993。

代表的名额及产生方法由全国人大另行规定；（5）进一步完善了差额选举制度；（6）规定了代表当选与罢免代表的具体程序，强化选举制度的监督功能。

2004年10月27日，第十届全国人大常委会第十二次会议对选举法又进行了修改，其主要内容是：（1）直接选举增加预选程序。规定对正式代表候选人不能形成较为一致意见的，进行预选，根据预选时得票多少的顺序，确定正式代表候选人名单。（2）加大贿选处罚力度。（3）完善代表候选人与选民见面的程序，规定选举委员会可以组织代表候选人与选民见面，回答选民的问题。（4）原选区选民30人以上或50人以上联名可提出罢免代表要求。

2010年、2015年全国人大对选举法进行了较大的修改，其主要内容如下。（1）实行城乡平等选举权。全国人大代表名额，由全国人大常委会根据各省、自治区、直辖市的人口数，按照每一代表所代表的城乡人口数相同的原则，以及保证各地区、各民族、各方面都有适当数量代表的要求进行分配。对地方人大代表的选举也作了类似规定。1953年制定的选举法，对农村和城市每一代表所代表的人口数作了不同规定。根据我国现行相关法律，农村与城市每一代表所代表的人口数相同。（2）确保应有适量基层代表。选举法增加规定，进一步强调人大代表的广泛性，强调应有适量的基层代表。（3）增设"选举机构"专章规定。鉴于选举委员会在直接选举中的重要作用，选举法增设"选举机构"专章，对于选举委员会的产生和职责分别作出规定。不设区的市、市辖区、县、自治县的选举委员会的组成人员由本级人民代表大会常务委员会任命。乡、民族乡、镇的选举委员会的组成人员由不设区的市、市辖区、县、自治县的人民代表大会常务委员会任命。选举委员会履行下列职责：一是进行选民登记，审查选民资格，公布选民名单，受理对选民名单不同意见的申诉，并作出决定；二是划分选举本级人民代表大会代表的选区，分配各选区应选代表的名额；三是了解、核实并组织介绍代表候选人的情况，根据较多数选民的意见，确定和公布正式代表候选人名单；四是确定选举日期；五是确定选举结果是否有效，公布当选代表名单。（4）乡镇代表总名额上限增加。根据选举法原有规定，乡、民族乡、镇的人大代表总名额最多不超过130名，现行选举法明确乡镇"代表总名额不得超过一百六十名"。（5）禁止同时两地担任代表。选举法明确规定，公民不得同时担任两个互不隶属的行政区域的人大代表；同时，还明确规定，接受推荐的代表候选人应当向选举委员会或者大会主席团如实提供个人身份、简历等情况。（6）增强候选人"透明度"。现行选举法规定，选举委员会根据选民的要求，应当组织代表候选人与选民见面，介绍本人的情况，回答选民的问题。并且，当选代表名单由选举委员会或人民代表大会主席团予以公布。（7）保障选民和代表的选举权。选举法增加规定：全国和地方各级人大代表的选举，应当严格依照法定程序进行，并接受监督。任何组织或者个人都不得以任何方式干预选民或者代表自由行使选举权。（8）设立秘密写票处。选举法规定，选举时应当设有秘密写票处。同时，为了保障投票人自主行使选举权利，选举法增加规定：进一步规范投票站的设立和选举大会的召开，并加强对流动票箱的管理。

2020年全国人大常委会对选举法进行了修改，其主要内容如下：（1）增加了关于选举基本原则的规定。此即全国人民代表大会和地方各级人民代表大会代表的选举工作，坚持中国共产党的领导，坚持充分发扬民主，坚持严格依法办事。（2）修改县、乡两级人大代表的名额的规定。不设区的市、市辖区、县、自治县的代表名额基数为 140 名，每 5 000 人可以增加 1 名代表；人口超过 155 万的，代表总名额不得超过 450 名；人口不足 5 万的，代表总名额可以少于 140 名。乡、民族乡、镇的代表名额基数为 45 名，每 1 500 人可以增加 1 名代表；但是，代表总名额不得超过 160 名；人口不足 2 000 的，代表总名额可以少于 45 名。

在社会生活的发展与演变过程中，选举制度以其特殊的功能推动了中国社会的民主与法制建设的发展，并通过丰富的选举实践，形成了自我完善的内在机制。

（二）基本功能

选举制度是一个国家民主政治制度的基础与重要组成部分，直接反映了国家政治体制的性质与要求。2021 年 11 月，习近平总书记在参加北京市西城区人大代表选举投票时强调，“选举人大代表，是人民代表大会制度的基础，是人民当家作主的重要体现。要把民主选举、民主协商、民主决策、民主管理、民主监督各个环节贯通起来，不断发展全过程人民民主，更好保证人民当家作主”①。由此可见，中国选举制度是实现全过程人民民主的首要环节和坚实基础，其建立与运行的基本精神是：适应人民民主专政的国家性质，反映人民群众参与国家政治生活的要求，为人民群众广泛地行使民主权利提供程序与法律环境。这一基本精神具体通过以下功能得到体现。

1. 全面地体现人民民主专政的国家性质

选举权是人民当家作主的国家性质的直接体现，是人民参与国家管理的基本权利。选民依据宪法与选举法规定的程序，选举人民代表，由人民代表组成各级国家权力机关，并以人民代表大会为基础组成国家机关的有机体系。因此，国家机关的权威性与合法性首先取决于选举制度的民主程度。当然，选举制度功能有时表现为政权组织活动的程序与具体的操作规程，并不直接体现国家的阶级性质，但从整体运作的过程看，选举制度体现国家政权的性质，不具有纯粹的社会公共性。

2. 选举制度是建立与完善人民代表大会制度的基础和出发点

人民代表大会制度作为国家政权的组织形式，其成立与运作的基础是选民的选举行为。选民地位的法律化、选民积极性的发挥、选民与人民代表的监督关系等因素是人民代表大会制度的发展中不可忽视的内容。《宪法》规定，中华人民共和国的一切权力属于人民，人民行使国家权力的机关是全国人民代表大会和地方各级人民代表大会。全国人民代表大会和地方各级人民代表大会都由人民民主选举产生，对人民负责，受人民监督。这就从宪法体制上确立了选举制度的法律地位。从中国政治制度发展的基本特点看，选举制度的改革与完善是人民代表大会制度发展的基础性环节，体现了人民代表大会制度存在与发展的广泛的社会基础。人民代表大会广泛的代表性与社会基础是具体通过选举制度来实现的，它为政权的科学分配与运作提供了理论和程序基础。

3. 选举制度是公民参与政治生活的基本形式

在现代国家普遍实行的代议政体下，公民参与国家管理和政治生活的基本形式是选

---

① 《不断发展全过程人民民主 加强选举全过程监督》，载《人民日报》，2021-11-06。

举制度的具体运作，即选民选举的人民代表组成国家权力机关，并通过公务员与国家机关的具体活动实现其意志。选举制度已经成为世界各国普遍公认的分配和组织国家权力的形式，是集中反映社会主体意志的基本形式。以选民的自由意志为基础选举产生的国家机构的活动具有合法性与权威性，在其运作过程中建立广泛的社会基础。当然，选举制度本身并不必然表现为民主的价值体系，并不必然反映选民的自由意志，选举的社会效果有可能违背社会发展的规律，脱离选民的利益。所以，我们追求的选举制度是民主的选举制度，要以选民的自由意志为条件，体现社会公正原则。民主的选举制度能够从制度的层面保障选民自由的实现，赋予国家政权机关广泛的民意基础。这就是说，选举制度成为联结社会主体与公共政权机关之间合理关系的纽带，维护了社会稳定。

4. 选举制度是合理地调整国家权力与公民权利的基本形式

选举制度功能的发挥，一方面，为国家权力的合理组织与科学运作提供原则、具体程序；另一方面，有助于以权利监督国家机关与人民代表的活动，保证权力活动的合宪性。特别是在权力与权利之间发生冲突、矛盾时，选举制度以其特殊的功能提供预防与解决矛盾的途径，保证国家政治生活安定。选民行使的选举权、监督权与罢免权是有机统一的权利体系。选民不仅有权选举人民代表，而且有权行使监督与罢免权，以保证国家政权的人民性。

总之，在国家政治生活中，权力运作受宪法与法律的监督，遵循合宪性原则。选举权、监督权与罢免权作为三位一体的体制，在权力监督与反腐败中发挥着重要的作用。在防止权力异化、消除腐败的基本制度建设中，选举制度发挥着特殊、重要的作用：在通过选举活动挑选代表候选人的过程中，选民需要按照公正的标准参与选举，并以选举权为基础有效地行使监督权与罢免权。

第二节　选举制度的基本原则

在理解选举制度的基本结构与功能时，需要分析选举制度的基本精神与原则。选举制度的基本原则是贯穿在选举制度运作过程中的，反映选举制度基本价值和功能的原理与指导思想。

一、选举权的普遍性原则

我国宪法和选举法规定，除依照法律被剥夺政治权利的人外，凡年满 18 周岁的公民，不分民族、种族、性别、职业、家庭出身、宗教信仰、教育程度、财产状况、居住期限，都有选举权与被选举权。目前，我国选举权主体的范围是十分广泛的，绝大多数年满 18 周岁的公民享有选举权和被选举权；依法被限制选举权的人的范围是极其有限的。在理解选举权普遍性原则时应注意掌握以下三个问题。（1）精神病患者选举权的规定。精神病患者不能行使选举权的，经选举委员会确认，不列入选民名单。精神病患者是选举权的主体，但其由于患病失去行为能力时，不具备行使政治权利的实际能力，可暂不行使选举权。(2) 因危害国家安全罪或者其他严重刑事犯罪案件被羁押，正在接受侦查、起诉、审判的人，经人民检察院或者人民法院决定，在羁押期间停止行使选举权利。(3) 根据 1983 年 3 月 5 日第五届全国人大常委会第二十六次会议通过的《关于县级以下人民代表大会代表直接选举的若干规定》，下列人员准予行使选举权：被判处有期徒刑、拘役，管制而没有附加剥夺政治权利的；被羁押，正在受侦查、起诉、审判，人民检察院或者人民法院没有决定停止行使选举权利的；正在取保候审或者被监视居住的；正在受拘留处罚的。上述人员参加选举，由选举委员会和执行监禁、羁押、拘留的机关共同决定，可以在流动票箱投票，或者委托有选举权的亲属或其他选民代为投票。被判处拘役、受拘留处罚的人也可以在选举日回原选区参加选举。保护上述人员依法享有选举权具有重要的理论与实践意义：一方面，体现了我国选举权的普遍性原则，使依法享有选举权的人能够实际行使选举权；另一方面，扩大了社会主义民主的范围，有利于改造和教育犯人，发挥社会各方面的积极性。

根据《选举法》第 7 条的规定，旅居国外的中华人民共和国公民在县级以下人民代表大会代表选举期间在国内的，可以参加原籍地或者出国前居住地的选举。旅居国外的华侨同居住在国内的公民一样享有平等的选举权，但因他们居住在国外，具体行使选举权存在实际困难，为保障华侨的选举权，选举法根据华侨的实际情况，规定华侨在选举期间在国内时，可以参加出国前原籍地或居住地的县、乡两级选举。

二、选举权的平等性原则

选举权的平等性原则是法律面前人人平等原则在选举制度中的具体体现，反映了选举制度的民主性质。选举权平等的基本含义是：每一选民在一次选举中只能有一个投票权，不能同时参加两个或两个以上地方的选举；每一选民所投的票的价值与效力是一样的，不允许任何选民享有特权，禁止对选民投票行为的非法的限制与歧视。我国宪法规定的选举权的平等性并不是指绝对意义上的平等，它着眼于实际民主，从政治、经济与文化发展的实际水平与可能性出发不断提高选举权的平等程度。

1953 年选举法与 1979 年选举法对农村与城市每一代表所代表的人口数作了不同的规定，即县为 4∶1，省为 5∶1，全国为 8∶1。在当时的历史条件下这种规定是合理的，具有一定的现实基础。但客观条件发生变化以后，如仍维持原来的比例关系，显然不利于体现平等原则的价值。城市数量的增加与农民结构的变化，客观上要求适当调整原有的比例关系，缩小城乡之间的差别。1949 年，全国有城镇 136 个，城镇人口占全国人口数的 10.6%。到了 1993 年，全国城镇发展到 576 个，城镇人口数占到近 21%。[①] 如果继续维持原来的比例关系，有可能进一步造成选举权价值的不平等。

1995 年第八届全国人大常委会根据社会发展的实际需要，将原来的 8∶1、5∶1、4∶1 的比例一律改为 4∶1，体现了选举权价值向实质平等方向发展的客观要求。2010 年更进一步规定，城乡同比例选举。在理解选举权平等性原则时，需要正确理解对少数

① 参见乔晓阳：《关于选举法和地方组织法的主要修改内容》，载《中国法学》，1995 (5)。

民族选举权的特殊照顾问题，这种“照顾”基于中国是多民族国家的实际与实施民族区域自治法的需要，有利于形成平等、和谐的民族关系。这种“照顾”形式上似乎不符合选举权的平等性原则，但从本质上看，属于宪法上的合理差别。我国有 56 个民族，截至 2020 年 11 月，汉族人口占全国人口总数的 91.11%，55 个少数民族的人口仅占全国人口总数的 8.89%。如果不考虑中国人口构成的实际情况，绝对按选举权平等原则分配代表名额，则人口少的少数民族难以在各级人民代表大会中占有一席之地。

三、直接选举和间接选举并用原则

采用何种选举方式取决于一个国家的实际需要与具体条件。《选举法》规定：全国人民代表大会的代表，省、自治区、直辖市、设区的市、自治州的人民代表大会的代表，由下一级人民代表大会选举；不设区的市、市辖区、县、自治县、乡、民族乡、镇的人民代表大会的代表，由选民直接选举。直接选举与间接选举并用原则主要是根据国家的经济、政治与文化发展的实际情况确定的，具有现实的客观基础。在我国，县级政权是国家政权的基础，其活动直接与基层人民群众的生活有关，把直接选举的范围扩大到县级，有利于发展基层人民民主，发挥人民群众的积极性；有利于强化对政权活动的监督。随着社会的发展与进步，直接选举的范围将会不断得到扩大。

四、无记名投票原则

为了体现选举制度的民主性与科学性，选举法规定：全国和地方各级人民代表大会代表的选举，一律采用无记名投票的方法。选民如果是文盲或者因残疾不能写选票的，可以委托他信任的人代写。无记名投票方法有利于选民在不受任何干扰的情况下，按照自己的自由意志选举代表候选人。无记名投票，是指选民不署自己的姓名，亲自书写选票并将选票投入密封票箱的一种投票方法。根据这一原则，选民在选举时只需在正式代表候选人姓名下注明同意或不同意，也可另选他人或者弃权。无记名投票原则的实行是提高选举制度的民主性，尊重选民自由选择意志的重要保障。

第三节　选举的民主程序

一、选区划分

选区是以一定数量的人口为基础划分的区域，是选民选举产生人民代表的基本单位。根据选举法的规定，不设区的市、市辖区、县、自治县、乡、民族乡、镇的人民代表大会的代表名额分配到选区，按选区进行选举。选区可以按居住状况划分，也可以按生产单位、事业单位、工作单位划分。在划分选区时，一般按照每一选区选 1 名至 3 名代表划分。这种选区划分方法实际上是将中选区与小选区相结合的一种制度。为了切实保障选举权价值的平等，《选举法》第 26 条规定：本行政区域内各选区每一代表所代表的人口数应当大体相等。如果选区之间每一代表所代表的人口数的差距过大，有可能导致选民之间投票效力的不平等，不利于实现选举权的平等性原则。

根据选举法的基本精神，划分选区的基本原则是：(1) 便于选民参加选举活动，便于选举组织工作的进行。选举是选民参加国家政治生活的基本形式与行使选举权的基本形式，因此，选区的划分要充分考虑选民的实际情况，应从最大限度地维护选民利益的角度出发确定选区的大小与具体范围，既要考虑人口居住状况，也要考虑选民的分布、民族成分、历史传统等因素。选举工作是各个环节相结合的有机整体，选举的具体组织工作直接关系到选民积极性的发挥，因此，选区的划分，同时要考虑行政区域的划分、政权机关的设置、企事业单位的具体分布等情况。我国选举制度的民主性决定了选区划分的方法与原则不能考虑任何党派与特定团体的利益，更不允许利用选区划分追求与满足个人不正当的利益。(2) 便于选民了解代表候选人，便于代表联系选民。如前所述，选举制度是人民代表大会制度的基础，表明政治体制运行的程序正义。选举制度的基本价值是选民根据自己的自由意志选举人民代表与国家机关领导人，选民与代表候选人之间的相互了解是选举制度获得合法性的重要前提。由于我国选举制度下的人民代表实行非职业化，代表的活动不脱离居住地区、生产单位、事业单位或工作单位，这些地区或单位是选民了解代表候选人的基本场所。合理地划分选区，有利于选民在自己的工作或生活区域了解代表候选人，发挥其政治参与的积极性。如果选区之间人口数比例不协调，有可能侵犯选民的平等权。如广东省南海市第十二届人大代表选举，市机关之下的各选区均为城镇选区，但在每一代表所代表的人口数最少的选区，每一代表所代表的人口数不到 50 人，而在每一代表所代表的人口数最多的选区，每一代表所代表的人口数超过 2 000 人，两者之间的差距达 143 倍。① (3) 选区划分要充分考虑选民行使监督权和罢免权。根据选举法的规定，选民有权监督与罢免自己选出的代表。为了有效地行使这一权利，选民应在选区内及时了解代表是否模范地遵守宪法与法律、是否履行了其职权。合理的选区划分便于选民了解代表的活动，有效地行使监督权与罢免权。

二、选举机构

选举是一个有机联系的过程与体系，通过具体的选举机构来运行。按照一定原则组织起来的选举机构具体负责选举事务的管理工作。为了保证选举过程的民主性与科学性，选举机构的设置要体现民主、公正的原则，严格遵循法律规定的各项要求，以保证选民意志的实现。根据选举法的规定，我国的选举机构体系包括：全国人大常委会主持全国人民代表大会代表的选举；省、自治区、直辖市、设区的市、自治州的人大常委会主持本级人民代表大会代表的选举，并指导行政区域内县级以下人民代表大会的选举工作；不设区的市、市辖区、县、自治县设选举委员会，在本级人大常委会领导下主持本级人

① 参见谢蒲定：《划分选区的几个问题》，载《人大研究文萃》，第 2 卷，154 页，北京，中国法制出版社，2004。

民代表大会代表的选举；乡、民族乡、镇设立选举委员会，受不设区的市、市辖区、县、自治县的人大常委会的领导。选举委员会是组织和管理选举工作的机构，其组成人员由本级或上级人大常委会任命，其职责在选举法和1983年全国人大常委会《关于县级以下人民代表大会代表直接选举的若干规定》中得到规定。

三、选民登记

选民登记是选举工作的重要环节，是公民取得选民资格的基本程序。根据选举法的规定，选民登记按选区进行，它是依法对选民资格进行的法律认可。凡年满18周岁、未被剥夺政治权利的公民都应列入选民名单。根据选举法的规定，行使选举权的主体是选民，选民是指依照宪法和法律规定，享有选举权，并经过选民登记，领取选民证的公民。选民成为选举权主体应具备如下要件：（1）实质要件。实质要件分积极要件与消极要件：积极要件包括国籍要件与年龄要件。我国选举法规定的选举权主体必须是中国公民，行使选举权的年龄规定是年满18周岁。消极要件包括身体要件与具有政治权利，依法被剥夺政治权利的人不能行使选举权。（2）形式要件。除具备实质要件外，成为选民还必须经过选民登记。选民登记是国家依法对每个选民行使选举权的一种法律上的确认。

我国的选民登记采用一次性登记的方法，经登记确认的选民资格长期有效。每次选举前，主要是对上次登记以来的变更情况进行重新确认，具体包括：对于新满18周岁的、被剥夺政治权利期满后恢复政治权利的选民进行登记；上次登记后，迁出本选区的，列入新迁入选区的选民名单；对于死亡的和依法被剥夺政治权利的公民从选民名单上除名；对于因患精神病不能行使选举权的公民，经确认后不列入选民名单。选民名单是具有法律效力的文件。选民名单应在选举日20日以前公布，并发给选民证。对于公布的选民名单有不同意见的，选民可以在选民名单公布之日起5日内向选举委员会提出申诉。选举委员会对申诉意见，应在3日内作出处理决定。申诉人对处理决定不服时，可以在选举日5日以前向人民法院起诉，人民法院应在选举日以前作出判决，其判决为最后决定。

四、代表候选人的提名

在整个选举的过程中，代表候选人提名制度是保证选举制度民主性的重要环节。选举法对代表候选人提名过程中的各个环节作了具体的规定。

（一）代表候选人的产生

《选举法》规定：全国和地方各级人民代表大会的代表候选人，按选区或者选举单位提名产生。各政党、各人民团体，可以联合或单独推荐代表候选人。选民或者代表10人以上联名，也可以推荐代表候选人。县级以上各级人民代表大会在选举上一级人民代表大会代表时，代表候选人不限于各该级人民代表大会的代表。提名权主体的广泛性有助于扩大选举的社会基础，提高选举的社会效果。

（二）实行差额选举

实行差额选举是民主选举制度的重要保障。为了体现选举的民主性与公开性，选举法规定在代表候选人提名过程中实行差额选举原则：全国和地方各级人民代表大会代表候选人的人数，应多于应选代表的名额。由选民直接选举的代表候选人的人数，应多于应选代表名额的1/3至1倍；由县级以上的地方各级人民代表大会选举上一级人民代表大会代表候选人的人数，应多于应选代表名额的1/5至1/2。差额比例的确定有利于选民根据自己的自由意志选择自己满意的代表。

（三）正式代表候选人名单的确定

为了保证选举的顺利进行，选举法对于直接选举中正式代表候选人的确定程序作了具体规定：由选民直接选举的人民代表大会代表候选人由各选区选民和各政党、各人民团体提名推荐。选举委员会汇总后在选举日的15日以前公布，并在各该选区的选民小组反复酝酿、讨论、协商，根据较多数选民的意见，确定正式代表候选人名单，并在选举日的7日以前公布。但在实践中，直接选举中正式代表候选人的提名与决定程序模糊，在如何酝酿、如何确定较多数人的标准等方面存在容易"暗箱操作"的问题。为了解决这一问题，2015年修正的《选举法》明确规定，"对正式代表候选人不能形成较为一致意见的，进行预选，根据预选时得票多少的顺序，确定正式代表候选人名单"。在间接选举中，如果所提代表候选人的人数超过选举法规定的最高差额数，可以进行预选，根据预选时所得的票数确定正式代表候选人。实行预选制的意义在于：预选制是尊重选民意志的有效形式；预选制是实行差额选举的一种补充，有利于发挥选民的积极性；预选制的采用进一步规范了间接选举中正式代表候选人产生的程序。

（四）代表候选人的介绍形式

在代表候选人制度中建立完善的代表候选人介绍制度是发挥选民积极性的重要内容。为了保障选民民主权利的实现，选举法规定，推荐者应向选举委员会或者大会主席团介绍代表候选人的情况；在实行直接选举的地方，选举委员会可以组织代表候选人与选民见面，回答选民的问题，但选举日必须停止对代表候选人的介绍。

五、选举投票

选举投票是选举程序的重要环节，是选民行使选举权的集中体现。习近平总书记强调，要加强选举全过程监督，坚决查处选举中的不正之风，确保选举工作风清气正，确保选举结果人民满意。[①] 在选民直接选举人民代表大会代表时，各选区应该设立投票站或者召开选举大会进行投票，由选举委员会主持；间接选举的投票由该级人民代表大会主席团主持。投票结束以后，进入选举结果的确定程序，其内容包括：（1）确定选举是否

---

① 参见《不断发展全过程人民民主 加强选举全过程监督》，载《人民日报》，2021-11-06。

有效。在直接选举中，选区全体选民过半数参加投票的选举有效，每次选举所投的票数多于投票人数的无效，等于或者少于投票人数的有效。(2) 代表候选人当选的确定。在直接选举中，选区全体选民的过半数参加投票的选举有效，代表候选人获得参加投票的选民过半数选票即可当选。在间接选举时，代表候选人须获得全体代表的过半数选票才能当选。(3) 宣布选举结果。选举结果由选举委员会或者人民代表大会主席团根据选举法确定是否有效，并予以宣布。

六、代表辞职

根据选举法的规定，代表可以提出辞职。其具体程序是：全国人民代表大会代表，省、自治区、直辖市、设区的市、自治州的人民代表大会代表，可以向选举他的人民代表大会的常务委员会书面提出辞职。县级的人民代表大会代表可以向本级人民代表大会常务委员会书面提出辞职，乡级的人民代表大会代表可以向本级人民代表大会书面提出辞职。

七、对代表的罢免和补选

我国宪法和选举法规定，全国和地方各级人民代表大会的代表受选民与原选举单位的监督。选民和原选举单位有权监督与罢免代表是选举法的一项重要原则。

对于罢免代表的法律程序，选举法作了如下规定：对于县级的人民代表大会代表，原选区选民 50 人以上联名；对于乡级的人大代表，原选区选民 30 人以上联名，可以向县级的人民代表大会常务委员会书面提出罢免要求。县级以上的地方各级人民代表大会举行会议的时候，主席团或者 1/10 以上代表联名，可以提出对由该级人民代表大会选出的上一级人民代表大会代表的罢免案。在人民代表大会闭会期间，县级以上的地方各级人民代表大会常务委员会主任会议或者常务委员会 1/5 以上组成人员联名，可以向常务委员会提出对由该级人民代表大会选出的上一级人民代表大会代表的罢免案。

提出罢免案时，应当写明罢免理由，其内容包括被罢免者违法乱纪、不履行代表义务、代表工作不称职等事实情况及有关材料、涉及的法律条文等。原选区选民依法提出罢免案时，选民之间要进行认真的协商，提出具体的罢免理由。选民联名提出罢免案后，被提出罢免的代表有权在选民会议上提出申辩意见，或者书面提出申辩意见。县级以上的地方各级人民代表大会举行会议的时候，被提出罢免的代表有权在主席团会议和大会全体会议上提出申辩意见，或者书面提出申辩意见，由主席团印发会议。罢免案经会议审议后，由主席团提请全体会议表决。县级以上的地方各级人民代表大会常务委员会举行会议的时候，被提出罢免的代表有权在主任会议和常务委员会全体会议上提出申辩意见，或者书面提出申辩意见，由主任会议印发会议。罢免案经会议审议后，由主任会议提请全体会议表决。为了尊重被提出罢免者的合法权益，县级人民代表大会常务委员会应当将罢免要求和被提出罢免代表的书面申辩意见印发给原选区选民，以便选民讨论。

罢免代表采用无记名投票的表决方式。罢免县级和乡级的人民代表大会代表，须经原选区过半数的选民通过；罢免县级以上的地方各级人民代表大会选出的代表，须经各该级人民代表大会过半数的代表通过；在人民代表大会闭会期间，须经常务委员会组成人员的过半数通过。罢免的决议须报送上一级人民代表大会常务委员会备案、公告。

依法定程序通过的罢免决议产生法律效力。县级以上的各级人民代表大会常务委员会组成人员，县级以上各级人民代表大会专门委员会成员的代表职务被罢免的，其常务委员会组成人员或者专门委员会成员的职务相应撤销。乡、民族乡、镇的人民代表大会主席、副主席的代表职务被罢免的，其主席、副主席的职务相应撤销。

关于补选程序，选举法规定：代表在任期内，因故（如死亡、被罢免、调离或迁出本行政区域等）出缺的，由原选区或者原选举单位补选。县级以上的地方各级人民代表大会闭会期间，可以由本级人民代表大会常务委员会补选上一级人民代表大会代表。补选出缺的代表时，代表候选人的人数可以多于应选代表的名额，也可以同应选代表的名额相等。

参考法规、文件

1.《中国人民政治协商会议共同纲领》(1949 年)

2.《中华人民共和国宪法》(1954 年)

3.《中华人民共和国宪法》(1975 年)

4.《中华人民共和国宪法》(1978 年)

5.《关于修正〈中华人民共和国宪法〉若干规定的决议》(1979 年)

6.《中华人民共和国宪法》(1982 年)

7.《中华人民共和国宪法修正案》

8.《中华人民共和国全国人民代表大会及地方各级人民代表大会选举法》(1953 年，2020 年修正)

9.《全国人民代表大会常务委员会关于县级以下人民代表大会代表直接选举的若干规定》(1983 年)

10.《中华人民共和国全国人民代表大会和地方各级人民代表大会选举法》(1979 年)

11.《关于修改〈中华人民共和国全国人民代表大会和地方各级人民代表大会选举法〉的若干规定的决议》(1982 年)

12.《关于修改〈中华人民共和国全国人民代表大会和地方各级人民代表大会选举法〉的决定》(1986 年)

13.《关于修改〈中华人民共和国全国人民代表大会和地方各级人民代表大会选举法〉的决定》(1995 年)

14.《关于修改〈中华人民共和国全国人民代表大会和地方各级人民代表大会选举法〉的决定》(2004 年)

15.《关于修改〈中华人民共和国全国人民代表大会和地方各级人民代表大会选举法〉的决定》(2010 年)

16.《关于修改〈中华人民共和国地方各级人民代表大会和地方各级人民政府组织法〉、〈中华人民共和国全国人民代表大会和地方各级人民代表大会选举法〉、〈中华人民共和国全国人民代表大会和地方各级人民代表大会代表法〉的决定》(2015 年)

17.《中华人民共和国全国人民代表大会和地方各级人民代表大会代表法》(1992 年，2015 年修正)

18.《关于修改〈中华人民共和国全国人民代表大会和地方各级人民代表大会代表法〉的决定》(2010 年)

参考文献

(一) 著作

1. 许崇德主编．中国宪法．修订本．北京：中国人民大学出版社，1996.

2. 许崇德主编．中国宪法参考资料选编．北京：中国人民大学出版社，1990.

3. 韩大元，胡锦光主编．宪法教学参考书．北京：中国人民大学出版社，2003.

4.《宪法学》编写组．宪法学．2 版．北京：高等教育出版社，人民出版社，2020.

(二) 文章、报告、讲话、文件

1. 邓小平．关于中华人民共和国全国人民代表大会及地方各级人民代表大会选举法(草案) 的说明 (1953 年 2 月 11 日在中央人民政府委员会第二十二次会议上的报告).

2. 刘少奇．关于中华人民共和国宪法草案的报告//刘少奇选集：下卷．北京：人民出版社，1985.

3. 周恩来．关于人民政协的几个问题//周恩来统一战线文选．北京：人民出版社，1984.

4. 彭真．关于中华人民共和国宪法修改草案的报告//彭真文选 (1940—1990). 北京：人民出版社，1991.

5. 邓小平．改革的步子要加快//邓小平文选：第 3 卷．北京：人民出版社，1992.

6. 习近平．高举中国特色社会主义伟大旗帜 为全面建设社会主义现代化国家而团结奋斗：在中国共产党第二十次全国代表大会上的报告．北京：人民出版社，2022.

问题与思考

一、单项选择题 (每题只有一个正确答案)

1. 某选区共有选民 13 679 人，高先生是数位候选人之一。请问：根据现行宪法和选举法律，在下列何种情况下，高先生可以当选？(　　)

A. 参加投票的人数为 6 835 人，高获得选票 6 831 张

B. 参加投票的人数为 6 841 人，高获得选票 3 421 张

C. 参加投票的人数为 13 643 人，高获得选票 6 749 张

D. 参加投票的人数为 13 685 人，高获得选票 13 073 张

2. 某选区选举地方人民代表，代表名额 2 人，第一次投票结果，候选人按得票多少

排序为甲、乙、丙、丁，其中仅甲获得过半数选票。对此情况的下列处理意见哪一项符合法律的规定？（　　）

A. 宣布甲、乙当选

B. 宣布甲当选，同时以乙为候选人另行选举

C. 宣布甲当选，同时以乙、丙为候选人另行选举

D. 宣布无人当选，以甲、乙、丙为候选人另行选举

3. 在省级和全国人大代表的选举中，农村每一代表所代表的人口数是城市每一代表所代表的人口数的多少倍？（　　）

A. 1 倍　　B. 4 倍　　C. 5 倍　　D. 8 倍

4. 没有被附加剥夺政治权利的犯罪分子正在服刑期间是否具有选举权？（　　）

A. 自行停止选举权　　B. 没有选举权

C. 可以行使选举权　　D. 须经有关部门批准方可行使选举权

5. 我国县级以上地方各级人民代表大会实行间接选举的时候，应由谁主持？（　　）

A. 选举委员会主持选举　　B. 本级人大常委会主持选举

C. 本级人民代表大会主持选举　　D. 本级人民政府主持选举

6. 在直接选举地方人大代表的选举中，主持单位是（　　）。

A. 选举委员会　　B. 本级人民代表大会

C. 本级人大常委会　　D. 本级政府

7. 间接选举的，代表候选人人数应多于应选代表名额的多少？（　　）

A. 1/5 至 1/2　　B. 2 倍

C. 3 倍　　D. 4 倍

二、多项选择题（每题有两个以上正确答案）

1. 根据我国《宪法》和《选举法》的规定，下列哪些选项是正确的？（　　）

A. 全国人民代表大会常务委员会主持全国人民代表大会代表的选举工作

B. 县级以上地方各级人民代表大会常务委员会主持本级人民代表大会代表的选举工作

C. 乡、民族乡、镇设立选举委员会，主持本级人民代表大会代表的选举工作

D. 乡、民族乡、镇设立的选举委员会受不设区的市、市辖区、县、自治县的人民代表大会常务委员会的领导

2. 根据现行宪法和法律，下列选项中哪些人可以在选举日回其原选区参加投票？（　　）

A. 冯某，被判处拘役 6 个月，还差 1 个月期满

B. 马某，被刑事拘留 15 天，已执行 2 天

C. 王某，被收容教育 6 个月，已执行 2 个月

D. 汪某，被判有期徒刑 10 年，剥夺政治权利 3 年，已执行刑罚 5 年

3. 选民王某，35 岁，外出打工期间本村进行乡人民代表的选举。王因路途遥远和工作繁忙不能回村参加选举，于是打电话嘱咐 14 岁的儿子帮他投本村李叔 1 票。根据上述情形，下列哪些说法是正确的？（　　）

A. 王某仅以电话通知受托人的方式，尚不能发生有效的委托投票授权

B. 王某必须同时以电话通知受托人和村民委员会，才能发生有效的委托投票授权

C. 王某以电话委托他人投票，必须征得选举委员会的同意

D. 王某不能电话委托儿子投票，因为儿子还没有选举权

4. 我国选举法规定，由选民直接选举的人大代表候选人，由下列哪些方式提名推荐？（　　）

A. 选民 10 人以上联名推荐　　B. 各政党、各人民团体单独提名推荐

C. 人民代表 5 人以上联名推荐　　D. 各政党、各人民团体联合提名推荐

5. 根据宪法的规定，全国人大的组成，包括（　　）。

A. 省、自治区、直辖市选出的代表

B. 特别行政区选出的代表

C. 军队选出的代表

D. 各政党和人民团体推荐的代表

6. 在直接选举的地方，选区的划分按照下列选项中的哪些进行？（　　）

A. 生产单位、事业单位　　B. 工作单位

C. 居住状况　　D. 历史传统

7. 宪法规定，由选民直接选举人民代表大会代表的地方有（　　）。

A. 自治州　　B. 县、不设区的市、市辖区

C. 乡、民族乡　　D. 镇

8. 我国公民享有选举权的基本条件有（　　）。

A. 具有中国国籍

B. 年满 18 周岁

C. 未被依法剥夺政治权利

D. 没有被侦查、起诉、审判以及被判处刑罚

9. 下列关于现行选举法中代表候选人的规定的说法中，正确的有（　　）。

A. 选举委员会应当向选民介绍代表候选人的情况

B. 代表候选人的推荐者可以在选民小组会议上介绍所推荐的代表候选人的情况

C. 代表候选人的推荐者可以采用各种形式宣传代表候选人

D. 代表候选人的名额应多于应选代表的名额

10. 在县级以上人大举行会议时，可以提出对该级人大选出的上一级人大代表的罢免案的有（　　）。

A. 大会主席团

B. 人大常委会主任会议

C. 人大常委会 1/5 以上组成人员联名

D. 1/10 以上人大代表联名

三、简答题（回答要点，不需论述）

1. 简述罢免人大代表的程序和意义。

2. 选区划分应遵循哪些原则？

3. 简述我国选举制度的普遍性原则。

4. 试述选举制度与人民代表大会制度的关系。

四、论述题（概述有关原理，联系实际）

1. 如何理解选举制度的平等性原则？

2. 联系我国选举制度的实践，谈谈选举制度在保证人民当家作主方面的基本功能。

第七章

国家机构

教学目标

- 了解：我国国家机构的产生、发展历程和国家机构的组织活动原则
- 熟悉：我国中央和地方国家机关体系
- 掌握：国家机构的一般理论和宪法学关于国家机构的基本观点

教学要求

知识要点	能力要求	法律职业资格考试或公务员考试相关知识
国家机构的一般理论	(1) 理解国家机构的概念、特征； (2) 熟悉国家机构的组织和活动原则； (3) 了解国家机构的宪法地位	(1) 国家机构的概念、特征； (2) 国家机构的组织和活动原则； (3) 国家机构的宪法地位
我国国家机构的产生、发展历程和国家机构的组织活动原则	(1) 了解我国国家机构的建立和发展历程； (2) 理解我国国家机构的组织和活动原则	(1)《共同纲领》确立的国家机构； (2) 1954 年宪法确立的国家机构； (3) 1975 年宪法对国家机构的变动； (4) 1978 年宪法恢复和设立的国家机构； (5) 1982 年宪法对国家机构的健全和改革； (6) 我国国家机构的组织和活动原则
中央国家机构	掌握宪法、法律关于中央国家机构和监察委员会、人民法院、人民检察院的内容	(1) 全国人民代表大会的性质、地位、组成、任期和职权； (2) 全国人大常委会的性质、地位、组成、任期和职权； (3) 国家主席的产生、任期、职权和职位补缺； (4) 国务院的性质、地位、组成、职权、领导体制、会议制度和机构设置； (5) 中央军事委员会的性质、地位、组成、任期和职权； (6) 监察委员会的性质、地位、组成、任期和职权；

续表

知识要点	能力要求	法律职业资格考试或公务员考试相关知识
—	—	(7) 人民法院的性质、组成、体制，法官职务任免与人民法院的组织系统、审判工作原则和制度； (8) 人民检察院的性质、机构设置、人员任免与人民检察院的职权和工作原则
地方国家机构、民族自治地方的自治机关和基层群众性自治组织	(1) 了解地方国家机构一般原理； (2) 掌握宪法、有关法律关于地方各级人民代表大会及县级以上地方各级人大常委会、地方各级人民政府、民族自治地方的自治机关和基层群众性自治组织的内容	(1) 地方各级人民代表大会的性质、地位、组成、任期、职权； (2) 县级以上地方各级人大常委会的性质、地位、组成、任期和职权； (3) 地方各级人民政府的性质、地位、组成、领导体制、职权和地方各级人民政府的机构设置； (4) 民族自治地方的概念、类型，民族自治地方的自治机关的性质、地位、民族构成和自治权； (5) 村民委员会和居民委员会的性质、主要任务、组成，以及与基层政权的关系
特别行政区政权机关	了解特别行政区基本法关于特别行政区行政长官、政府、立法会和法院的内容	(1) 特别行政区行政长官的法律地位、产生、任期和职权； (2) 特别行政区政府的性质、职权和机构设置； (3) 特别行政区立法会的性质、组成、任期和职权； (4) 特别行政区法院的性质、设置和法官的产生

第一节　国家机构概述

一、国家机构概说

（一）国家机构的概念和特征

国家机构是宪法学和政治学中的重要范畴，是我国宪法和政治制度中常用的概念。在西方国家尤其是英美等国的论著和宪法中，较少使用“国家机构”一词，而较多使用“政府”（government）或“政府机关”（governmental organs）的用语。

关于国家机构的概念，一般认为，国家机构是为实现国家职能而建立起来的国家机关的总称。国家机构体现统治者的意志，反映国家性质，是实现国家职能、完成国家任务和保障公民基本权利的工具。

国家机构同国家机关的区别在于：前者是指全部国家机关的集合体，后者是指某一单个的国家机关。

按照马克思主义的国家学说，国家机构具有如下本质特征：(1) 国家机构具有鲜明的阶级性；(2) 国家机构行使国家权力，以国家名义进行活动；(3) 国家机构由统治阶级中最优秀或最积极的那部分成员组成，其全部费用由全社会负担；(4) 国家机构是一个严密的组织体系；(5) 国家机构是一个历史的范畴。我国的国家机构正是根据马克思主义的国家学说，同中国革命、建设和改革的具体实际相结合，从而形成了中国的国家机构体系。习近平总书记强调，“新中国成立后，我们党创造性地运用马克思主义国家学说，为建设社会主义国家制度进行了不懈努力”①。

各国的国家机构不仅具有相同的本质特征，在形式上也存在某种联系，有着某些相似性：(1) 现代的国家机构中，人民代表机关或代议机关是其重要组成部分。(2) 现代国家的行政机关起着非常重要的作用。(3) 政党对国家机构有着重要或举足轻重的影响。

（二）国家机构的组织和活动原则

随着社会的发展，产生了国家和国家机构，但早期的国家机构较为简单，随着国家的发展和社会政治、经济生活的日益复杂，国家机构也逐步完善。在 17 世纪，英国资产阶级为逐步取得和巩固议会的权力，根据洛克的分权学说逐步使立法权与行政权分立，形成分别执掌立法权与行政权的机关。在 18 世纪，法国启蒙思想家孟德斯鸠提出“三权鼎立”学说，主张将国家权力分为立法权、行政权和司法权，分别由不同的国家机关行使，而且这些不同的国家机关在行使国家权力的过程中，保持着一种互相制约和平衡的关系。美国独立后，依据“三权鼎立”原则设置政府机构，成为典型的实行“三权鼎立”制度的国家。此后，“三权鼎立”成为西方国家设置政府机构的基本宪法原则。

社会主义国家机构的组织和活动不实行西方国家的“三权鼎立”原则，它以民主集中制为原则，由人民选举的代表组成的人民代表机关是国家的最高权力机关，统一行使国家权力。国家的行政、监察、审判和检察机关都由国家的最高权力机关产生，并对它负责，受它监督。如中国实行人民代表大会制度，全国人民代表大会不仅是国家立法机关，而且是最高国家权力机关，各级人民代表大会与其他国家机关之间，不是各自分立、平等分权、相互制衡的关系，而是决定与执行（适用）、监督与被监督的关系。

在现代国家中，有的单一制国家在不同的地方领土单位组成各级政府，分别执行不同的职能；在联邦制国家则存在联邦政府和各联邦主体政府，除联邦政府外，各联邦主体内，还设有地方政府。有的欧洲国家，在中央与地方之间，还有地区政府。西方国家多实行地方自治，地方政府由中央通过立法设立，它们是地方自治机关，地方政府依法自主地管理本地方事务，同时办理中央政府交办的事务。中国是统一的多民族国家，在

① 习近平：《坚持、完善和发展中国特色社会主义国家制度与法律制度》，载《求是》，2019 (23)。

中央国家机构与地方国家机构的相互关系处理上，遵循在中央统一领导下，充分发挥地方主动性和积极性的原则。

（三）国家机构的职能

国家机构的职能是国家职能的具体化。从根本上说，国家机构的职能是实行政治统治，管理公共事务。国家机构的职能具体包括对内、对外两方面：对内，国家机构管理社会事务，维护社会秩序，提供公共服务，对社会经济生活进行调节或施加影响等；对外，发展与其他国家的政治、经济、文化等关系，运用武装力量保卫本国的主权和领土完整，防止外来侵略和干涉，维护国家的独立等。随着社会的发展，国家机构管理公共事务的职能有所扩大，国家机构履行职能也更体现尊重和保障人权的基本价值。

（四）国家机构的宪法地位

国家机构在宪法中具有十分重要的地位。从“宪法”一词的词源看，宪法本身就是“组织”、“结构”或“机构”的意思。从宪法的内容看，国家机构是宪法最主要的内容之一，任何国家的宪法都不例外。例如，美国 1787 年宪法共 7 个条文，在 7 个条文中都有国家机构方面的规定。又如，我国 1982 年宪法对国家机构作了详尽的规定。宪法除序言外共有 143 条，“国家机构”一章占 84 条。从宪法的功能看，宪法最主要的功能是规范国家权力，使国家机关按法定的原则、方式和程序行使权力，防止国家权力的滥用，保障公民的权利。

二、我国国家机构的建立和发展

习近平总书记在 2019 年召开的深化党和国家机构改革总结会议上强调：深化党和国家机构改革是对党和国家组织结构和管理体制的一次系统性、整体性重构。我们整体性推进中央和地方各级各类机构改革，重构性健全党的领导体系、政府治理体系、武装力量体系、群团工作体系，系统性增强党的领导力、政府执行力、武装力量战斗力、群团组织活力，适应新时代要求的党和国家机构职能体系主体框架初步建立，为完善和发展中国特色社会主义制度、推进国家治理体系和治理能力现代化提供了有力组织保障。要认真总结深化党和国家机构改革取得的重大成效和宝贵经验，巩固机构改革成果，继续完善党和国家机构职能体系，推进国家治理体系和治理能力现代化。

（一）《共同纲领》确立的国家机构

1949 年 9 月 29 日中国人民政治协商会议第一届全体会议通过的《共同纲领》，确定“在普选的全国人民代表大会召开以前，由中国人民政治协商会议的全体会议执行全国人民代表大会的职权，制定中华人民共和国中央人民政府组织法，选举中华人民共和国中央人民政府委员会，并付之以行使国家权力的职权”。根据《中央人民政府组织法》，中央人民政府委员会组织政务院，作为国家政务的最高执行机关；组织人民革命军事委员会，作为国家军事的最高统辖机关；组织最高人民法院和最高人民检察署，作为国家的最高审判机关和最高检察机关。

在地方，凡是初解放的地区，设军事管制委员会或地方人民政府。在条件成熟的时候，召开各界人民代表会议，在普选的地方各级人民代表大会召开之前，逐步代行地方各级人民代表大会的职权，并组成地方人民政府委员会。

在中央与省级之间，当时还设有大行政区人民政府委员会或军政委员会，作为各该大区所辖省（市）高一级的地方政权机关，同时又是中央人民政府政务院领导地方政府的代表机关。1952 年 11 月，大行政区人民政府或军政委员会一律改为行政委员会，只作为代表中央人民政府在各地区对地方政府进行领导与监督的机关。1954 年 6 月 19 日，中央决定撤销大区一级的行政机构。

（二）1954 年宪法规定的国家机构

根据 1954 年宪法和有关组织法的规定，我国国家机构的设置如下。（1）全国人民代表大会：是最高国家权力机关，也是行使国家立法权的唯一机关；其常设机关是全国人大常委会。（2）国家主席：根据全国人大及其常委会的决定行使职权，对外代表国家接受外国使节，并统辖全国武装力量，担任国防委员会主席。（3）国务院：中央人民政府，是最高国家权力机关的执行机关和最高国家行政机关。（4）地方各级人民代表大会和地方各级人民委员会：地方各级人民代表大会是地方国家权力机关；地方各级人民委员会即各级人民政府，是地方各级人民代表大会的执行机关和地方各级国家行政机关。（5）民族自治地方的自治机关：行使宪法规定的地方国家机关的职权，同时依照宪法和法律规定的权限行使自治权。（6）人民法院和人民检察院：最高人民法院、地方各级人民法院和专门人民法院行使审判权；最高人民检察院、地方各级人民检察院和专门人民检察院行使检察权。

（三）1975 年宪法对国家机构的变动

1975 年宪法，在国家机构的规定上，发生了以下主要变化：（1）取消了国家主席的建制；（2）把各级地方人民委员会改为“地方各级革命委员会”；（3）把乡改为政社合一的人民公社，即既是农村的基层政权组织，又是集体经济组织；（4）把省级人民委员会的派出机关——地区专员公署改为地方一级政权单位；（5）规定检察机关的职权由公安机关行使，实际上取消了检察机关；（6）取消了人民法院的一些重要的司法制度和原则；（7）合并或取消各级国家权力机关和行政机关的若干职权（包括民族自治地方自治机关的自治权在内）。除此之外，1975 年宪法还规定了“全国人民代表大会是在中国共产党领导下的最高国家权力机关”，“中国人民解放军和民兵是中国共产党领导的工农子弟兵，是各族人民的武装力量。中国共产党中央委员会主席统率全国武装力量”，等等。

（四）1978 年宪法恢复和设立的国家机构

1978 年宪法在国家机构方面出现了某些变化：（1）恢复了“全国人民代表大会是最高国家权力机关”的提法；（2）恢复了人民检察院的建制；（3）恢复了人民法院的一些审判制度；（4）恢复和充实了有关国家机关的若干职权。

1979 年 7 月 1 日，五届全国人大二次会议通过了《关于修正〈中华人民共和国宪法〉若干规定的决议》与《地方组织法》、《人民法院组织法》、《人民检察院组织法》等法律，对我国的国家机构作了进一步改善：(1) 在县和县以上的各级人民代表大会设立常务委员会，作为地方人大闭会期间的常设机关；(2) 将直接选举扩大到县级；(3) 将地方各级革命委员会改为地方各级人民政府；(4) 人民检察院的上下级关系由“监督”改为“领导”。

（五）1982 年宪法对国家机构的健全和改革

1982 年宪法进一步健全各级各类国家机关的组织和职权，也体现了国家机构改革的精神，主要有以下几个方面：(1) 加强了最高国家权力机关的组织和职权，如在全国人民代表大会设立专门委员会，由它们研究、审议和拟订有关议案；(2) 恢复国家主席的建制；(3) 实行国务院总理、各部部长和委员会主任负责制，减少副总理，设立国务委员，由正、副总理与国务委员、秘书长组成国务院常务会议；(4) 设立中央军事委员会；(5) 对最高国家领导人的任职期限作出明确规定，即不得超过两届，以废除领导职务的终身制；(6) 对国家权力机关、国家行政机关的职权作了更加明确和合理的规定与权限的划分，扩大了地方国家权力机关的职权，特别是充实了民族自治地方自治机关的自治权；(7) 地方各级人民政府实行省长、市长、州长、县长、区长、乡长、镇长负责制；(8) 规定人民法院和人民检察院依法独立行使职权，不受任何行政机关、社会团体和个人的干涉；(9) 在县级以上各级人民政府设立审计机关；(10) 改变农村人民公社的政社合一体制，恢复设置乡政权。

1982 年宪法以后的修正案对国家机构体系作了部分调整，进一步完善了国家机构。特别是 2018 年宪法修正案在国家机构部分增设了“监察委员会”，丰富和发展了我国的国家机构体系。

三、我国的国家机构体系及组织和活动原则

（一）我国的国家机构体系

我国的国家机构体系包括：(1) 全国人大及其常委会；(2) 国家主席；(3) 国务院；(4) 中央军事委员会；(5) 地方各级人民代表大会；(6) 地方各级人民政府；(7) 民族自治地方的自治机关；(8) 监察委员会；(9) 人民法院；(10) 人民检察院。（见图 7－1）

（二）我国国家机构的组织和活动原则

我国国家机构的组织和活动，除要坚持中国共产党的全面领导、民族平等等原则以外，还要坚持以下主要原则。

1. 民主集中制原则

一方面，国家机构建立在充分民主的基础上，国家机构对国家重大问题的立法和决定，对国家事务和社会、经济、文化事务的管理，必须符合广大人民的利益和要求；另

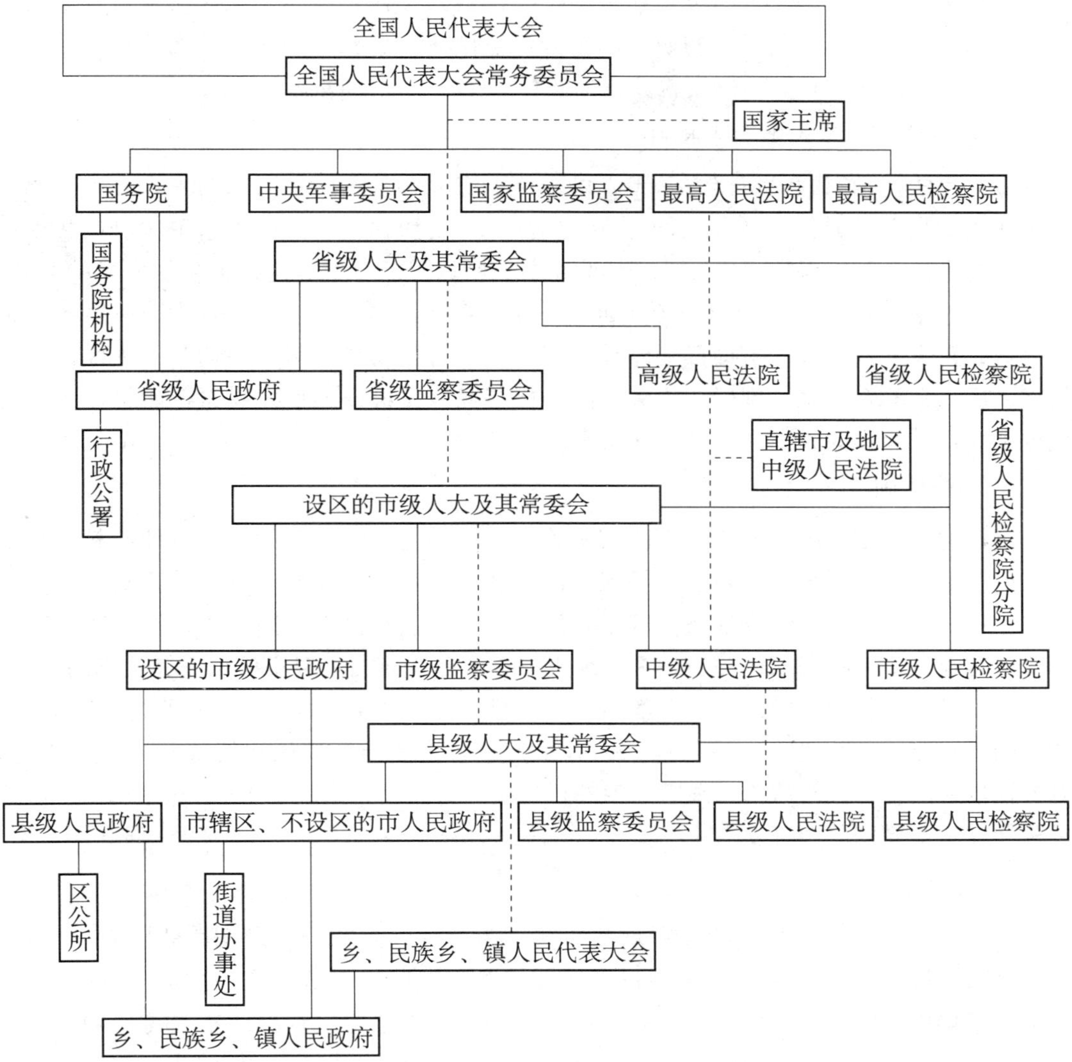

图 7-1　中国国家机构组织简图

说明：上图的实线表明是领导与被领导、监督与被监督关系；虚线表明是监督与被监督、指导与被指导关系；国家主席作为我国的国家元首，与其他国家机构的宪法地位不同。

一方面，国家机构又在民主基础上进行集中，统一行使国家权力，形成正确的国家意志。习近平总书记强调，“我们要按照宪法确立的民主集中制原则、国家政权体制和活动准则，实行人民代表大会统一行使国家权力，实行决策权、执行权、监督权既有合理分工又有相互协调，保证国家机关依照法定权限和程序行使职权、履行职责，保证国家机关统一有效组织各项事业”①。由此，国家机构的民主集中制原则具体表现在：（1）全国人民代表大会和地方各级人民代表大会都经民主选举产生，对人民负责，受人民监督；（2）国

① 习近平：《在首都各界纪念现行宪法公布施行 30 周年大会上的讲话》（2012 年 12 月 4 日），载《人民日报》，2012-12-05。

家行政机关、监察机关、审判机关和检察机关都由人民代表大会产生，对它负责，受它监督；（3）中央和地方国家机构职权的划分，遵循在中央统一领导下，充分发挥地方主动性和积极性的原则；（4）国家机关内部实行工作责任制原则。

2. 联系群众，为人民服务原则

根据宪法，国家的一切权力属于人民。从本质上看，人民是国家的主人，而国家机关工作人员是人民的公仆。因此，《宪法》规定："一切国家机关和国家工作人员必须依靠人民的支持，经常保持同人民的密切联系，倾听人民的意见和建议，接受人民的监督，努力为人民服务。"党的二十大报告也明确提出，"全党要坚持全心全意为人民服务的根本宗旨，树牢群众观点，贯彻群众路线，尊重人民首创精神，坚持一切为了人民、一切依靠人民，从群众中来、到群众中去，始终保持同人民群众的血肉联系，始终接受人民批评和监督，始终同人民同呼吸、共命运、心连心"①。

3. 法治原则

贯彻法治原则，就是要使一切国家机关严格按照宪法和法律的规定行使职权，防范国家机关及其工作人员滥用权力，并保证国家各项工作都依照宪法和法律进行。《宪法》规定：中华人民共和国实行依法治国，建设社会主义法治国家。国家维护社会主义法制的统一和尊严。一切国家机关……都必须遵守宪法和法律。一切违反宪法和法律的行为，必须予以追究。任何组织或者个人都不得有超越宪法和法律的特权。习近平总书记要求，要牢固树立宪法法律至上、法律面前人人平等、权由法定、权依法使等基本法治观念，对各种危害法治、破坏法治、践踏法治的行为要挺身而出、坚决斗争②，这些都是对国家机构严守法治原则的明确要求。

4. 权责统一原则

我国国家机构行使宪法和法律规定的对国家、社会、经济、文化事务的管理职权。同时，宪法规定，一切国家机关实行工作责任制。因此，国家机关履行对国家、社会、经济、文化事务的管理，应赋予其必要的法定职权；国家机关违法或不当行使职权，也应当承担相应的法律责任，权力和职责是统一的。习近平总书记提出，"我们要健全权力运行制约和监督体系，有权必有责，用权受监督，失职要问责，违法要追究，保证人民赋予的权力始终用来为人民谋利益"③。国家机关贯彻权责统一原则，做到有权必有责，有利于增强国家机关公务员的工作责任心，更好地为人民服务。

5. 精简和效率原则

根据宪法的规定，一切国家机关实行精简的原则，不断提高工作质量和工作效率。我国国家机构的本质是用权为民、为人民服务，不是官僚机构。对于那些层次过多、职

---

① 习近平：《高举中国特色社会主义伟大旗帜　为全面建设社会主义现代化国家而团结奋斗——在中国共产党第二十次全国代表大会上的报告》（2022年10月16日），70页，北京，人民出版社，2022。

② 参见《领导干部要做尊法学法守法用法的模范 带动全党全国共同全面推进依法治国》，载《人民日报》，2015-02-03。

③ 习近平：《在首都各界纪念现行宪法公布施行30周年大会上的讲话》（2012年12月4日），载《人民日报》，2012-12-05。

能交叉、机构臃肿、权责脱节和政出多门等问题，应该坚决反对。国家机构贯彻精简和效率原则，必须继续推进机构改革，完善国家机关的机构设置、职权划分和管理制度，优化人员结构，实现机构和编制的法定化；不断提高国家机关的服务质量和工作效能，反对官僚主义。

6. 尊重和保障人权原则

宪法的核心价值，是规范国家权力、保障基本人权。尊重和保障人权是党和国家的一贯方针，是一项重要的宪法原则，也是国家和国家机构的法定义务。习近平总书记强调，“党的十八大以来，我们坚持把尊重和保障人权作为治国理政的一项重要工作，推动我国人权事业取得历史性成就”①。国家机关贯彻尊重和保障人权原则，要求各级国家机关公务员树立正确的发展观、政绩观、权力观，担负起推动我国人权事业发展的历史责任，加强组织领导，主动担当作为，切实把国家人权行动计划落实好，维护人的尊严，满足人的需要，推动人的全面发展，保证人民依法享有广泛的权利和自由；还要通过各级国家机关的立法、执行、决策和监督等各项活动，落实“尊重和保障人权”的原则。

7. 权力监督和制约原则

宪法是国家构成法，因此宪法是授权法，但宪法本质上是控权法。习近平总书记明确指出，“任何国家机关及其工作人员的权力都要受到监督和制约”②。我国国家机构实行民主集中制，不搞“三权鼎立”，但科学配置国家权力，实行权力监督和制约十分必要。按照依法治国的要求，国家机构贯彻权力制约和监督原则的主要任务有二：一是要努力“推动宪法在全社会的贯彻实施，进一步研究制定监督宪法实施的措施”③；二是要建立、健全对行使国家权力的制约和监督机制，保证把人民赋予的权力真正用来为人民谋利益。

第二节　全国人民代表大会及其常务委员会

一、全国人民代表大会

（一）全国人民代表大会的性质和地位

《共同纲领》规定：国家最高政权机关为全国人民代表大会；全国人民代表大会闭会期间，中央人民政府为行使国家政权的最高机关。在普选的全国人民代表大会召开以前，由中国人民政治协商会议的全体会议执行全国人民代表大会的职权。1954 年宪法规定：“中华人民共和国全国人民代表大会是最高国家权力机关。”1975 年宪法改为：“全国人民代表大会是在中国共产党领导下的最高国家权力机关。”1978 年宪法和 1982 年宪法恢

① 习近平：《坚定不移走中国人权发展道路 更好推动我国人权事业发展》，载《求是》，2022（12）。

② 习近平：《在中央人大工作会议上的讲话》（2021 年 10 月 13 日），载《求是》，2022（5）。

③ 《中共中央政治局常务委员会召开会议　对进一步学习和贯彻实施宪法进行研究部署》，载《人民日报》，2004－03－19。

复了 1954 年宪法的提法，规定全国人民代表大会是最高国家权力机关，从而明确了全国人民代表大会的性质和在整个国家机构体系中的地位。2021 年 10 月，习近平总书记在中央人大工作会议上讲话强调，各级人大及其常委会要不断提高政治判断力、政治领悟力、政治执行力，全面加强自身建设，成为自觉坚持中国共产党领导的政治机关、保证人民当家作主的国家权力机关、全面担负宪法法律赋予的各项职责的工作机关、始终同人民群众保持密切联系的代表机关。[①]“四个机关”完整表述了人大及其常委会的政治属性、法定职责、工作特点，具有很强的针对性和指导性，为新时代加强人大自身建设指明了方向。

（1）全国人民代表大会作为全国人民的代表机关，具有广泛代表性。根据现行宪法，全国人民代表大会由省、自治区、直辖市、特别行政区和军队选出的代表组成。各少数民族都应当有适当名额的代表。宪法规定，国家的一切权力属于人民，而全国人民代表大会经民主选举产生，集中代表全国人民的根本利益和意志。这充分表明它是最高国家权力机关。2021 年 3 月，十三届全国人大四次会议对全国人大组织法和全国人大议事规则作出修改，将全国人大及其常委会坚持全过程民主写进法律，为更好践行全过程人民民主理念提供了更坚实的制度保障。

（2）全国人民代表大会代表全国人民统一行使最高的国家权力。根据现行宪法的规定，全国人民代表大会行使修改宪法、监督宪法的实施、制定和修改基本法律、组织其他中央国家机关、决定重大国家事项、罢免其他中央国家机关组成人员等职权，以及应当由最高国家权力机关行使的其他职权。全国人民代表大会作为最高国家权力的行使者，表明它是最高国家权力机关。

（3）全国人民代表大会是中国共产党领导的政治机关。2018 年宪法修正案将“中国共产党领导是中国特色社会主义最本质的特征”写入宪法，确认了中国共产党在国家机构中总揽全局、协调各方的核心地位，为中国共产党对人大工作实行全面领导提供了宪法依据。我国人民代表大会制度的一大优势，就是在中国共产党的领导下，人大统一行使国家权力，各国家机关是一个统一的整体，协调一致工作，既合理分工又密切合作，既充分发扬民主又有效进行集中。坚持中国共产党对人大工作的全面领导，从根本上克服了西方国家立法权、行政权、司法权分别由不同部门行使而形成的议而不决、决而不行、行而不实的问题，避免了相互掣肘、效率低下的弊端。

（4）全国人民代表大会在整个国家机构体系中居于最高地位。根据宪法的规定，全国人民代表大会居于其他中央国家机关之上，既不和它们平列，也不受它们制约；相反，其他中央国家机关都由全国人民代表大会产生，都要执行或适用它制定和修改的宪法、法律和通过的决议，并且受它监督、对它负责。这也表明全国人民代表大会是最高国家权力机关。

（二）全国人民代表大会的组成和任期

现行《宪法》第 59 条规定：全国人民代表大会由省、自治区、直辖市、特别行政区

---

① 参见习近平：《在中央人大工作会议上的讲话》（2021 年 10 月 13 日），载《求是》，2022（5）。

和军队选出的代表组成。各少数民族都应当有适当名额的代表。

根据现行宪法，全国人民代表大会每届任期 5 年。全国人民代表大会任期届满的 2 个月以前，全国人大常委会必须完成下届全国人民代表大会代表的选举。如果遇到不能进行选举的非常情况，经全国人大常委会以全体组成人员的 2/3 以上的多数通过，可以推迟选举，延长本届全国人民代表大会的任期。在非常情况结束后 1 年内，必须完成下届全国人民代表大会代表的选举。

（三）全国人民代表大会的职权

根据现行宪法，全国人民代表大会行使的职权，大致可分为六个方面。

（1）修改宪法和监督宪法实施的权力。宪法的修改，由全国人大常委会或 1/5 以上的全国人民代表大会代表提议，并由全国人民代表大会以全体代表的 2/3 以上的多数通过。全国人民代表大会曾于 1975 年、1978 年和 1982 年三次全面修改了宪法，并先后于 1988 年、1993 年、1999 年、2004 年和 2018 年五次对 1982 年宪法的若干条文进行了修改。为了维护宪法尊严，保障宪法实施，宪法还规定，全国人民代表大会行使监督宪法实施的职权。

（2）制定和修改基本法律的权力。根据现行宪法的规定，全国人民代表大会行使国家立法权，有权制定和修改刑事、民事、国家机构和其他的基本法律。习近平总书记强调，“全国人大及其常委会是国家立法机关，要在确保质量的前提下加快立法工作步伐，增强立法的系统性、整体性、协同性，使法律体系更加科学完备、统一权威。要加强重点领域、新兴领域、涉外领域立法，注重将社会主义核心价值观融入立法，健全国家治理急需、满足人民日益增长的美好生活需要必备的法律制度。要在条件成熟的立法领域继续开展法典编纂工作”①。

（3）对中央国家机关组成人员的选举、决定人选和罢免的权力。全国人民代表大会选举并有权罢免全国人大常委会组成人员；选举并有权罢免国家主席、副主席；根据国家主席的提名，决定国务院总理的人选；根据国务院总理的提名，决定副总理、国务委员、各部部长、各委员会主任、审计长和秘书长的人选，并有权罢免上述人员；选举中央军事委员会主席；根据中央军事委员会主席的提名，决定中央军事委员会其他组成人员的人选，并有权罢免上述人员；选举并有权罢免国家监察委员会主任；选举并有权罢免最高人民法院院长；选举并有权罢免最高人民检察院检察长。

（4）决定重大国家事项的权力。全国人民代表大会审查、批准国民经济和社会发展计划及计划执行情况的报告；审查、批准国家的预算和预算执行情况的报告；批准省、自治区和直辖市的建置；决定特别行政区的设立及制度；决定战争与和平的问题。

（5）对其他中央国家机关的监督权。习近平总书记强调，“人大要统筹运用法定监督方式，加强对法律法规实施情况的监督，确保各国家机关都在宪法法律范围内履行职责、开展工作”②。具体而言，全国人大常委会对全国人民代表大会负责并报告工作；全国人

① 习近平：《在中央人大工作会议上的讲话》（2021 年 10 月 13 日），载《求是》，2022（5）。
② 习近平：《在中央人大工作会议上的讲话》（2021 年 10 月 13 日），载《求是》，2022（5）。

民代表大会有权改变或撤销全国人大常委会不适当的决定[①]；国务院对全国人民代表大会负责并报告工作；中央军事委员会主席对全国人民代表大会负责；国家监察委员会对全国人大负责；最高人民法院和最高人民检察院对全国人民代表大会负责并报告工作。

（6）应当由最高国家权力机关行使的其他职权，如1992年4月3日七届全国人大五次会议通过《关于兴建长江三峡工程决议》。

（四）全国人民代表大会的会议制度和工作程序

《宪法》第61条和其他有关条款、全国人民代表大会组织法、全国人民代表大会议事规则和立法法，对全国人民代表大会的会议制度和工作程序作了具体的规定。

全国人民代表大会会议每年举行一次，由全国人大常委会召集。如果全国人大常委会认为必要，或有1/5以上的全国人民代表大会代表提议，可以临时召集全国人民代表大会会议。全国人大例会于每年第一季度举行，会议召开的日期由全国人大常委会决定并予以公布。遇有特殊情况，全国人大常委会可以决定适当提前或者推迟召开会议。

全国人大常委会在全国人大会议举行前，进行下列准备工作：（1）提出会议议程草案；（2）提出主席团和秘书长名单草案；（3）决定列席会议人员名单；（4）会议的其他准备事项。在会议举行的1个月前，将开会日期和建议会议讨论的主要事项通知代表，并将准备提请会议审议的法律草案发给代表；会议举行前，可以组织代表研读讨论有关法律草案，征求代表的意见，并通报会议拟讨论的主要事项的有关情况（临时召集的全国人大会议不适用这一规定）。

全国人大会议举行前，代表按照选举单位组成代表团。代表团全体会议推选代表团团长、副团长。团长召集并主持代表团全体会议。副团长协助团长工作。代表团可以分设若干代表小组。代表小组会议推选小组召集人。

全国人大会议举行前，代表按照选举单位组成代表团。代表团全体会议推选代表团团长、副团长。团长召集并主持代表团全体会议。副团长协助团长工作。代表团可以分设若干代表小组。代表小组会议推选小组召集人。同时，全国人大会议举行前，召开预备会议，选举主席团和秘书长，通过会议议程和关于会议其他准备事项的决定。预备会议由全国人大常委会主持。每届全国人大第一次会议的预备会议，由上届全国人大常委会主持。各代表团审议全国人大常委会提出的主席团和秘书长名单草案、会议议程草案以及关于会议的其他准备事项，提出意见。全国人大常委会委员长会议根据各代表团提出的意见，可以对主席团和秘书长名单草案、会议议程草案以及关于会议的其他准备事项提出调整意见，提请预备会议审议。

主席团主持全国人大会议。主席团推选常务主席若干人，推选主席团成员若干人分别担任每次大会全体会议的执行主席，并指定其中一人担任全体会议主持人。主席团处理下列事项：（1）根据会议议程决定会议日程；（2）决定会议期间代表提出议案的截止时间；（3）听取和审议关于议案处理意见的报告，决定会议期间提出的议案是否列入会

① 根据《立法法》第108条的规定，全国人民代表大会有权改变或撤销全国人大常委会制定的不适当的法律，有权撤销全国人大常委会批准的违背宪法和立法法规定的自治条例与单行条例。

议议程；（4）听取和审议秘书处及有关专门委员会关于各项议案和报告审议、审查情况的报告，决定是否将议案和决定草案、决议草案提请会议表决；（5）听取主席团常务主席关于国家机构组成人员人选名单的说明，提名由会议选举的国家机构组成人员的人选，依照法定程序确定正式候选人名单；（6）提出会议选举和决定任命的办法草案；（7）组织由会议选举或者决定任命的国家机构组成人员的宪法宣誓；（8）其他应当由主席团处理的事项。

全国人大会议设立秘书处。秘书处由秘书长和副秘书长若干人组成。副秘书长的人选由主席团决定。秘书处在秘书长领导下，办理主席团交付的事项，处理会议日常事务工作。副秘书长协助秘书长工作。

主席团常务主席召集并主持主席团会议。主席团第一次会议由全国人民代表大会常务委员会委员长召集并主持，会议推选主席团常务主席后，由主席团常务主席主持。

代表团审议议案和有关报告，由代表团全体会议、代表小组会议审议。以代表团名义提出的议案、质询案、罢免案，由代表团全体代表的过半数通过。

主席团常务主席可以召开代表团团长会议，就议案和有关报告的重大问题听取各代表团的审议意见，进行讨论，并将讨论的情况和意见向主席团报告。主席团常务主席可以就重大的专门性问题，召集代表团推选的有关代表进行讨论；国务院有关部门负责人参加会议，汇报情况，回答问题。会议讨论的情况和意见应当向主席团报告。主席团可以召开大会全体会议进行大会发言，就议案和有关报告发表意见。

全国人民代表大会代表应当出席会议；因病或者其他特殊原因不能出席的，应当向会议秘书处书面请假。秘书处应当向主席团报告代表出席会议的情况和缺席的原因。

国务院的组成人员，中央军事委员会的组成人员，国家监察委员会主任，最高人民法院院长和最高人民检察院检察长，列席全国人大会议；其他有关机关、团体的负责人，经全国人大常委会决定，可以列席全国人大会议。

全国人大会议公开举行。在必要的时候，可以举行秘密会议。举行秘密会议，经主席团征求各代表团的意见后，由有各代表团团长参加的主席团会议决定。

议案的提出和审议程序。主席团、全国人大常委会、全国人大各专门委员会、国务院、中央军事委员会、国家监察委员会、最高人民法院、最高人民检察院，可以向全国人大提出属于全国人大职权范围内的议案，由主席团决定列入会议议程。一个代表团或者 30 名以上的代表联名，可以向全国人大提出属于全国人大职权范围内的议案，由主席团决定是否列入会议议程，或者先交有关的专门委员会审议、提出是否列入会议议程的意见，再决定是否列入会议议程，并将主席团通过的关于议案处理意见的报告印发会议。专门委员会审议的时候，可以邀请提案人列席会议、发表意见。列入会议议程的议案，提案人应当向会议提出关于议案的说明。议案由各代表团进行审议，主席团可以并交有关的专门委员会进行审议、提出报告，由主席团审议决定提请大会全体会议表决。

列入会议议程的法律案，大会全体会议听取关于该法律案的说明后，由各代表团审议，并由宪法和法律委员会、有关的专门委员会审议。宪法和法律委员会根据各代表团和有关的专门委员会的审议意见，对法律案进行统一审议，向主席团提出审议结果报告和法律草案、有关法律问题的决定草案修改稿，对重要的不同意见应当在审议结果报告中予以说明，经主席团审议通过后，印发会议。修改稿经各代表团审议，由宪法和法律委员会根据各代表团的审议意见进行修改，提出表决稿，由主席团提请大会全体会议表决。向全国人大提出的法律案，在全国人大闭会期间，可以先向全国人大常委会提出，经全国人大常委会会议依照有关程序审议后，决定提请全国人大审议。

审议工作报告、审查国家计划和国家预算程序。全国人大每年举行会议的时候，全国人大常委会、国务院、最高人民法院、最高人民检察院向会议提出的工作报告，经各代表团审议后，会议可以作出相应的决议。

全国人大会议举行的45日前，国务院有关主管部门应当就上一年度国民经济和社会发展计划执行情况的主要内容与本年度国民经济和社会发展计划草案的初步方案，上一年度中央和地方预算执行情况的主要内容与本年度中央和地方预算草案的初步方案，向全国人民代表大会财政经济委员会和有关的专门委员会汇报，由财政经济委员会进行初步审查。财政经济委员会进行初步审查时，应当邀请全国人民代表大会代表参加。全国人大每年举行会议的时候，国务院应当向会议提出关于上一年度国民经济和社会发展计划执行情况与本年度国民经济和社会发展计划草案的报告、国民经济和社会发展计划草案，关于上一年度中央和地方预算执行情况与本年度中央和地方预算草案的报告、中央和地方预算草案，由各代表团进行审查，并由财政经济委员会和有关的专门委员会审查。

国家机构组成人员的选举程序。全国人大常委会委员长、副委员长、秘书长、委员的人选，中华人民共和国主席、副主席的人选，中央军事委员会主席的人选，国家监察委员会主任的人选，最高人民法院院长和最高人民检察院检察长的人选，由主席团提名，经各代表团酝酿协商后，再由主席团根据多数代表的意见，确定正式候选人名单。国务院总理和国务院其他组成人员的人选，中央军事委员会除主席以外的其他组成人员的人选，依照宪法的有关规定提名。各专门委员会主任委员、副主任委员和委员的人选，由主席团在代表中提名。

候选人的提名人应当向会议介绍候选人的基本情况，并对代表提出的问题作必要的说明。全国人民代表大会会议选举或者决定任命，采用无记名投票方式。得票数超过全体代表的半数的，始得当选或者通过。

全国人民代表大会选举或者决定任命的国家机构组成人员在依照法定程序产生后，公开进行宪法宣誓。宣誓仪式由主席团组织。我国《宪法》明确规定："国家工作人员就职时应当依照法律规定公开进行宪法宣誓。"我国实行宪法宣誓制度，目的就是彰显宪法权威，激励和教育国家工作人员忠于宪法、遵守宪法、维护宪法，加强宪法实施。自宪法宣誓制度实行以来，各地区、各部门、各方面认真贯彻落实法律规定，依法开展宪法宣誓活动已经成为尊重宪法、尊重人民主体地位的重要实践。习近平主席就职时依法进行宪法宣誓，为维护宪法权威、捍卫宪法尊严、保证宪法实施作出了表率，必将进一步增强广大国家工作人员依法履行职务的使命感和责任感，极大鼓舞全社会进一步坚定宪法自信、弘扬宪法精神、培育宪法信仰。

国家机构组成人员的辞职程序。在全国人大会议期间，全国人大常委会的组成人员，中华人民共和国主席、副主席，国务院的组成人员，中央军事委员会的组成人员，国家监察委员会主任，最高人民法院院长，最高人民检察院检察长，全国人大专门委员会成员提出辞职的，由主席团将其辞职请求交各代表团审议后，提请大会全体会议决定；大会闭会期间提出辞职的，由委员长会议将其辞职请求提请全国人大常委会审议决定。

全国人大常委会接受全国人大常委会委员长、副委员长、秘书长，中华人民共和国主席、副主席，国务院总理、副总理、国务委员，中央军事委员会主席，国家监察委员会主任，最高人民法院院长，最高人民检察院检察长辞职的，应当报请全国人大下次会议确认。

全国人大常委会接受全国人大常委会委员辞职的，应当向全国人大下次会议报告。

全国人大常委会组成人员、专门委员会成员，辞去全国人大代表职务的请求被接受的，其全国人大常委会组成人员、专门委员会成员的职务相应终止，由全国人大常委会予以公告。

国家机构组成人员的代理人选决定程序。全国人大闭会期间，国务院总理、中央军事委员会主席、国家监察委员会主任、最高人民法院院长、最高人民检察院检察长缺位的，全国人大常委会可以分别在国务院副总理、中央军事委员会副主席、国家监察委员会副主任、最高人民法院副院长、最高人民检察院副检察长中决定代理人选。

国家机构组成人员的罢免程序。主席团、三个以上的代表团或者 1/10 以上的代表，可以提出对全国人大常委会的组成人员，中华人民共和国主席、副主席，国务院的组成人员，中央军事委员会的组成人员，国家监察委员会主任，最高人民法院院长和最高人民检察院检察长的罢免案，由主席团交各代表团审议后，提请大会全体会议表决；或者由主席团提议，经大会全体会议决定，组织调查委员会，由全国人大下次会议根据调查委员会的报告审议决定。

罢免案应当写明罢免理由，并提供有关的材料。罢免案提请大会全体会议表决前，被提出罢免的人员有权在主席团会议和大会全体会议上提出申辩意见，或者书面提出申辩意见，由主席团印发会议。全国人大常委会组成人员、专门委员会成员的全国人大代表职务被原选举单位罢免的，其全国人大常委会组成人员、专门委员会成员的职务相应撤销，由主席团或者全国人大常委会予以公告。

询问和质询程序。各代表团审议议案和有关报告的时候，有关部门应当派负责人员到会，听取意见，回答代表提出的询问。各代表团全体会议审议政府工作报告，审查关于上一年度国民经济和社会发展计划执行情况与本年度国民经济和社会发展计划草案的报告、国民经济和社会发展计划草案，审查关于上一年度中央和地方预算执行情况与本年度中央和地方预算草案的报告、中央和地方预算草案，审议最高人民法院工作报告、最高人民检察院工作报告的时候，国务院以及国务院各部门负责人，最高人民法院、最高人民检察院负责人或者其委派的人员应当分别参加会议，听取意见，回答询问。主席团和专门委员会对议案和有关报告进行审议的时候，国务院或者有关机关负责人应当到会，听取意见，回答询问，并可以对议案或者有关报告作补充说明。

在全国人大会议期间，一个代表团或者 30 名以上的代表联名，可以书面提出对国务院以及国务院各部门、国家监察委员会、最高人民法院、最高人民检察院的质询案。质询案必须写明质询对象、质询的问题和内容。

质询案按照主席团的决定由受质询机关的负责人在主席团会议、有关的专门委员会会议或者有关的代表团会议上口头答复，或者由受质询机关书面答复。在主席团会议或者专门委员会会议上答复的，提质询案的代表团团长或者代表有权列席会议，发表意见。提质询案的代表或者代表团对答复质询不满意的，可以提出要求，经主席团决定，由受质询机关再作答复。

（五）全国人民代表大会各委员会

（1）专门委员会。全国人民代表大会设立专门委员会，受全国人民代表大会领导；在全国人民代表大会闭会期间，受全国人大常委会领导。第十四全国人民代表大会共设有民族委员会、宪法和法律委员会、监察和司法委员会、财政经济委员会、教育科学文化卫生委员会、外事委员会、华侨委员会、环境与资源保护委员会、农业与农村委员会、社会建设委员会10个专门委员会。各专门委员会在全国人大及其常委会领导下，研究、审议和拟订有关议案。

（2）关于特定问题的调查委员会。全国人民代表大会或全国人大常委会可以组织对特定问题的调查委员会，并且根据调查委员会的报告，作出相应的决议。（见图7-2）

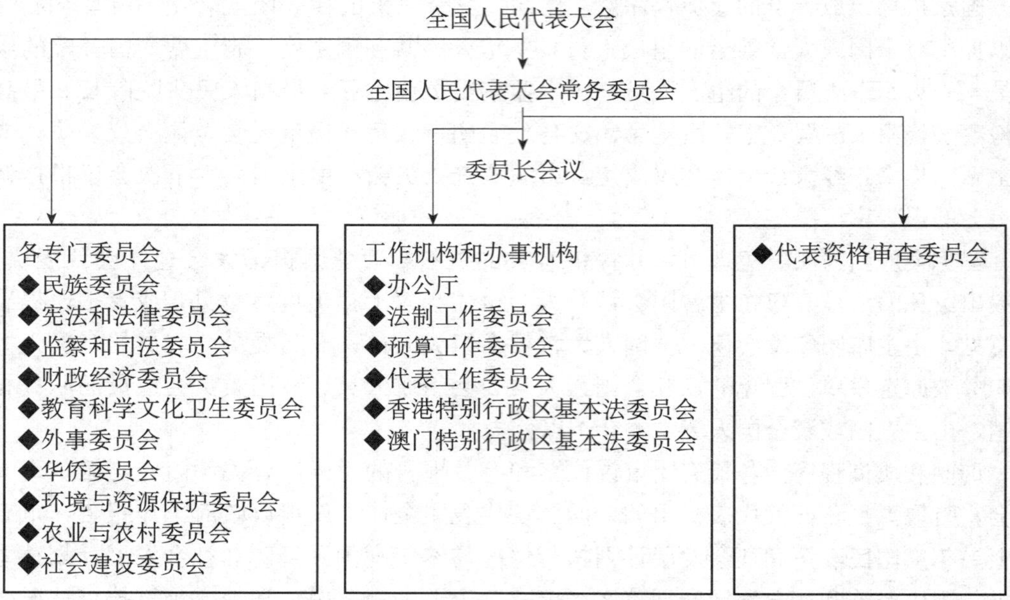

图7-2　全国人民代表大会及其常务委员会组织简图

（六）全国人民代表大会代表

（1）性质、地位和产生方式。全国人民代表大会代表（以下简称“全国人大代表”）是依照法律规定选举产生的最高国家权力机关组成人员。全国人大代表代表人民的利益和意志，依照宪法和法律赋予全国人民代表大会的各项职权，参加行使国家权力。

根据宪法规定，全国人大由省、自治区、直辖市、特别行政区和军队选出的代表组成。各少数民族都应当有适当名额的代表。全国人大代表的选举由全国人大常委会主持。依据选举法规定，全国人大代表由省、自治区、直辖市人大和人民解放军选举产生。香港特别行政区、澳门特别行政区应选全国人大代表的名额和代表产生办法，由全国人大另行规定。

（2）全国人大代表在全国人大会议期间的工作。其主要有：出席全国人大会议，依法行使代表的职权；审议列入大会议程的各项议案和报告；依法提出议案；依照宪法规定的程序提出修改宪法的议案；参加各项选举活动，即参加选举、参加决定人选和参加表决通过人选；联名书面提出质询案；提出罢免案；提议组织关于特定问题的调查委员会；参加表决；提出建议、批评和意见；等等。

（3）全国人大代表在全国人大闭会期间的活动。其主要有：组成代表小组；进行视察；提议临时召集全国人大会议；应邀列席全国人大常委会会议和全国人大各专门委员会会议，可以列席原选举单位的人民代表大会会议，并可以应邀列席原选举单位的人大常委会会议；与原选举单位和人民群众保持联系；参加关于特定问题的调查委员会；等等。

二、全国人大常委会

（一）全国人大常委会的性质和地位

全国人大常委会是全国人民代表大会的常设机关，对全国人民代表大会负责并报告工作。

（1）全国人大常委会是全国人民代表大会的一部分。全国人大常委会组成人员由全国人民代表大会从代表中选出；全国人大常委会与全国人民代表大会的每届任期相同。因此，可以说，全国人大常委会是全国人民代表大会的一部分。

（2）全国人大常委会是最高国家权力机关的常设机关。全国人民代表大会是最高国家权力机关，全国人大常委会是最高国家权力机关的常设机关，是经常行使最高国家权力的机关。宪法规定，国务院对全国人大及其常委会负责并报告工作；中央军事委员会主席、国家监察委员会、最高人民法院、最高人民检察院对全国人大及其常委会负责。当然，全国人大常委会对全国人民代表大会负责并报告工作。

（3）全国人大常委会也是行使国家立法权的机关。根据 1954 年宪法，全国人民代表大会是行使国家立法权的唯一机关，因此，其他任何国家机关包括全国人大常委会在内，不能行使国家立法权，但之后有所变化。[①] 根据 1982 年宪法和立法法的规定，全国人大常委会行使国家立法权，这也表明了全国人大常委会作为全国人民代表大会常设机关的性质。

（二）全国人大常委会的组成、任期和机构设置

全国人大常委会由委员长、副委员长若干人、秘书长、委员若干人组成，由全国人

---

① 1955 年 7 月 30 日第一届全国人大第二次会议通过《关于授权常务委员会制定单行法规的决议》，授权全国人大常委会依照宪法的精神、根据实际的需要，适时地制定部分性质的法律，即单行法规，称作“法令”。

民代表大会从代表中选出。常务委员会的组成人员不得担任国家行政机关、监察机关、审判机关和检察机关的职务；如果担任上述职务，必须向常务委员会辞去常务委员会的职务。

全国人大常委会每届任期同全国人民代表大会每届任期相同，它行使职权到下届全国人民代表大会选出新的常务委员会为止。委员长、副委员长连续任职不得超过两届。

全国人大常委会委员长主持全国人大常委会的工作，召集全国人大常委会会议。副委员长、秘书长协助委员长工作。委员长、副委员长、秘书长组成委员长会议，处理常务委员会的重要日常工作。

此外，常务委员会还设立办公厅、代表资格审查委员会、香港特别行政区基本法委员会、澳门特别行政区基本法委员会、法制工作委员会、预算工作委员会等机构。

（三）全国人大常委会的职权

根据宪法和有关法律规定，全国人大常委会的职权可以被归纳为以下七个方面。

(1) 解释宪法和监督宪法实施的权力。根据宪法规定，全国人大常委会有权解释宪法。为了维护宪法尊严，保障宪法实施，宪法还赋予全国人大常委会监督宪法实施的职权。

(2) 立法权。全国人大常委会也行使国家立法权，有权制定和修改除应当由全国人民代表大会制定的法律以外的其他法律；在全国人民代表大会闭会期间，对全国人民代表大会制定的法律进行部分补充和修改，但是不得同该法律的基本原则相抵触。

(3) 法律解释权。法律有以下情况之一的，由全国人大常委会解释：法律的规定需要进一步明确具体含义的；法律制定后出现新的情况，需要明确适用法律依据的。

(4) 监督权。宪法规定全国人大常委会监督国务院、中央军事委员会、国家监察委员会、最高人民法院、最高人民检察院的工作。根据立法法和各级人民代表大会常务委员会监督法，全国人大常委会监督“一府一委两院”的方式有：听取和审议国务院、国家监察委员会、最高人民法院和最高人民检察院的专项工作报告；审查和批准决算，听取和审议国民经济和社会发展计划、预算的执行情况报告，听取和审议审计工作报告；法律法规实施情况的检查；行政法规、地方性法规、自治条例和单行条例的审查；询问和质询；特定问题调查。

(5) 重大国家事项决定权。全国人大常委会在全国人民代表大会闭会期间，审查与批准国民经济和社会发展计划、国家预算在执行过程中所必须作的部分调整方案；决定同外国缔结的条约和重要协定的批准、废除；规定军人和外交人员的衔级制度与其他专门衔级制度；规定和决定授予国家的勋章与荣誉称号；决定特赦；在全国人民代表大会闭会期间，如果遇到国家遭受武装侵犯或必须履行国家间共同防止侵略的条约的情况，决定战争状态的宣布；决定全国总动员或局部动员；决定全国或个别省、自治区、直辖市进入紧急状态。

(6) 人事任免权。全国人大常委会在全国人民代表大会闭会期间，根据国务院总理的提名可以决定国务院其他组成员的任免；根据中央军事委员会主席的提名，决定中央军事委员会其他组成人员的人选；根据国家监察委员会主任的提名，任免国家监察委员会副主任、委员；根据最高人民法院院长的提请，任免最高人民法院副院长、审判员、审判委员会委员和军事法院院长；根据最高人民检察院检察长的提请，任免最高人民检察院副检察长、检察员、检察委员会委员和军事检察院检察长，并且批准省、自治区、直辖市人民检察院检察长的任免；决定驻外全权代表的任免。

（7）全国人民代表大会授予的其他职权。例如，2020 年全国人大授权全国人大常委会制定《香港特别行政区维护国家安全法》。

除上述职权外，全国人大常委会还主持全国人大代表的选举；召集全国人民代表大会会议；在全国人民代表大会闭会期间，领导各专门委员会的工作；等等。

（四）全国人大常委会的会议制度和主要工作程序

宪法有关条款、全国人民代表大会组织法、全国人民代表大会常务委员会议事规则、立法法和各级人民代表大会常务委员会监督法，对全国人大常委会的会议制度和主要工作程序作了规定。

全国人大常委会会议一般每两个月举行一次；有特殊需要的时候，可以临时召集会议。

全国人大常委会会议由委员长召集并主持，委员长可以委托副委员长主持会议。常务委员会会议必须有常务委员会全体组成人员的过半数出席，才能举行。常务委员会举行会议时，国务院、中央军事委员会、国家监察委员会、最高人民法院、最高人民检察院的负责人列席会议。不是常务委员会组成人员的全国人民代表大会各专门委员会主任委员、副主任委员、委员，常务委员会副秘书长、工作委员会主任、副主任，有关部门负责人列席会议；常务委员会举行会议的时候，各省、自治区、直辖市的人大常委会主任或副主任一人列席会议，并可邀请有关的全国人大代表列席会议。

议案的提出和审议程序：委员长会议、国务院、中央军事委员会、国家监察委员会、最高人民法院、最高人民检察院、全国人大各专门委员会、常务委员会组成人员 10 人以上联名，可以向常务委员会提出属于常务委员会职权范围内的议案。议案列入会议议程有三种情况：（1）委员长会议提出的议案，由常务委员会会议审议。（2）全国人大各专门委员会、国务院、中央军事委员会、国家监察委员会、最高人民法院、最高人民检察院提出的议案，由委员长会议决定提请常务委员会会议审议，或先交有关的专门委员会审议、提出报告，再决定提请常务委员会会议审议。（3）常务委员会组成人员 10 人以上联名提出的议案，由委员长会议决定提请常务委员会会议审议，或先交有关的专门委员会审议、提出报告，再决定是否提请常务委员会会议审议；不提请常务委员会会议审议的，应当向常务委员会会议报告或向提案人说明。根据立法法，列入常务委员会会议议程的法律案，一般应当经三次常务委员会会议审议后再交付表决。

听取和审议专项工作报告的程序：全国人大常委会每年选择若干关系改革发展稳定大局和群众切身利益、社会普遍关注的重大问题，有计划地安排听取和审议国务院、国家监察委员会、最高人民法院和最高人民检察院的专项工作报告；专项工作报告由国务院、国家监察委员会、最高人民法院或最高人民检察院的负责人向全国人大常委会报告，国务院也可委托有关部门负责人向全国人大常委会报告。常务委员会组成人员对专项工作报告的审议意见交由国务院、最高人民法院或最高人民检察院研究处理。

审查和批准决算，听取与审议国民经济和社会发展计划、预算的执行情况报告，听取和审议审计工作报告的程序：国家的国民经济和社会发展计划、预算经全国人民代表大会批准后，在执行过程中需要作部分调整的，国务院应将调整方案提请全国人大常委会审查和批准。常务委员会每年审查和批准决算的同时，听取和审议国务院提出的审计机关关于上一年度预算执行和其他财政收支的审计工作报告。常务委员会组成人员对国民经济和社会发展计划执行情况报告、预算执行情况报告和审计工作报告的审议意见交由国务院研究处理。

法律法规实施情况的检查程序：全国人大常委会每年选择若干关系改革发展稳定大局和群众切身利益、社会普遍关注的重大问题，有计划地对有关法律、法规实施情况组织执法检查。常务委员会执法检查工作由全国人大有关专门委员会或常务委员会有关工作机构具体组织实施。常务委员会组成人员对执法检查报告的审议意见连同执法检查报告，一并交由国务院、最高人民法院或最高人民检察院研究处理。

质询程序：在全国人大常务委员会会议期间，常务委员会组成人员 10 人以上联名，可以向常务委员会书面提出对国务院及国务院各部门、国家监察委员会、最高人民法院、最高人民检察院的质询案。

第三节　中华人民共和国主席

一、中华人民共和国主席的恢复设置

根据 1954 年宪法，全国人大常委会是全国人民代表大会的常设机关，中华人民共和国主席（以下简称“国家主席”）由全国人民代表大会选举。对此，刘少奇在《关于中华人民共和国宪法草案的报告》中指出：“适应我国的实际情况，并根据中华人民共和国成立以来建设最高国家权力机关的经验，我们的国家元首职权由全国人民代表大会所选出的全国人民代表大会常务委员会和中华人民共和国主席结合起来行使。我们的国家元首是集体的国家元首。”①

1975 年宪法取消国家主席职位。与此同时，1975 年宪法将原属于国家主席的对外方面的职权，如派遣和召回驻外全权代表，接受外国使节，批准和废除同外国缔结的条约等，转交给全国人大常委会。而原属国家主席的对内方面的大部分职权，如公布法律和法令、授勋、发布命令、宣布战争状态等，则被取消。至于原属国家主席的提名国务院总理人选的职权，由宪法规定为由中共中央委员会行使；原属国家主席的统率全国武装力量的职权，由宪法规定为由中共中央主席行使。

1978 年宪法仍未恢复国家主席的职位。在全国武装力量的统率权、国务院总理人选的提名权的归属方面，其承袭 1975 年宪法的规定，而将派遣和召回驻外全权代表、接受

① 刘少奇：《关于中华人民共和国宪法草案的报告》（1954 年 9 月 15 日在第一届全国人民代表大会第一次会议上），载许崇德主编：《中国宪法参考资料选编》，58 页，北京，中国人民大学出版社，1990。

外国使节、批准同外国缔结的条约的职权，改由全国人大常委会委员长行使。另外，其还恢复了公布法律和法令以及授予国家荣誉称号的职权，规定也由全国人大常委会委员长行使。

1982年宪法恢复设置国家主席和副主席职位。对此，彭真1982年4月22日在第五届全国人大常委会第二十三会议上所作的《关于中华人民共和国宪法修改草案的说明》和1982年11月26日在第五届全国人大第五次会议上所作的《关于中华人民共和国宪法修改草案的报告》中，指出："建国以来的实践证明，设立国家主席对健全国家体制是必要的，也比较符合我国各族人民的习惯和愿望。"① 1982年宪法恢复设置的国家主席是我国的国家元首。

二、国家主席的产生、任期、职权和职位的补缺

（一）国家主席的产生和任期

根据现行宪法的规定，国家主席、副主席由全国人民代表大会选举。有选举权和被选举权的年满45周岁的中华人民共和国公民可以被选举为国家主席、副主席。国家副主席协助主席工作。国家副主席受主席的委托，可以代行主席的部分职权。

国家主席、副主席每届任期同全国人民代表大会每届任期相同。国家主席、副主席行使职权到下届全国人民代表大会选出的主席、副主席就职为止。

（二）国家主席的职权

国家主席的职权主要有以下几个方面。

（1）公布法律，发布命令。法律在全国人民代表大会或全国人大常委会通过后，由国家主席公布施行。国家主席根据全国人大及其常委会的决定，发布特赦令、宣布进入紧急状态、发布动员令、宣布战争状态。

（2）任免权。国家主席向全国人民代表大会提名国务院总理的人选；根据全国人民代表大会决定的人选任免国务院总理、副总理、国务委员、各部部长、各委员会主任、审计长、秘书长；在全国人民代表大会闭会期间，根据国务院总理的提名和全国人大常委会决定的人选，任免部长、委员会主任、审计长、秘书长。

（3）外事权。国家主席代表中华人民共和国，进行国事活动，接受外国使节；根据全国人大常委会的决定，派遣和召回驻外全权代表，批准和废除同外国缔结的条约与重要协定。

（4）授予荣誉权。国家主席根据全国人大及其常委会的决定，授予国家的勋章和荣誉称号。

（三）国家主席职位的补缺

国家主席缺位的时候，由副主席继任主席的职位。国家副主席缺位的时候，由全国

① 彭真：《论新时期的社会主义民主与法制建设》，112、161页，北京，中央文献出版社，1989。

人民代表大会补选。

国家主席、副主席都缺位的时候，由全国人民代表大会补选；在补选以前，由全国人大常委会委员长暂时代理主席职位。

第四节　国务院

一、国务院的性质、地位、组成和任期

（一）国务院的性质和地位

中华人民共和国成立初期，根据1949年9月27日的中央人民政府组织法，由当时行使国家政权的最高机关中央人民政府委员会组织的政务院，是国家政务的最高执行机关。政务院对中央人民政府委员会负责，并报告工作。在中央人民政府委员会休会期间，对中央人民政府主席负责，并报告工作。1954年宪法取消政务院，设立国务院，并规定：国务院即中央人民政府，是最高国家权力机关的执行机关，是最高国家行政机关。现行宪法的规定与1954年宪法的规定完全一致，规定："中华人民共和国国务院，即中央人民政府，是最高国家权力机关的执行机关，是最高国家行政机关。""国务院对全国人民代表大会负责并报告工作；在全国人民代表大会闭会期间，对全国人民代表大会常务委员会负责并报告工作。"据此，明确了国务院的性质和国务院在国家机构体系中的地位。

（1）国务院即中央人民政府，是相对于地方各级人民政府而言的。作为一个统一的多民族国家，和联邦制国家中联邦与各联邦主体的关系不同，我国的国家整体与部分的关系是中央与地方的关系。在全国，中央人民政府只有一个，即国务院才是中央人民政府，它对外以中国政府名义进行活动，对内则同地方各级人民政府组成国家行政机关体系。

（2）国务院是最高国家权力机关的执行机关，即国务院是最高国家权力机关（全国人民代表大会及其常设机关全国人大常委会）的执行机关。作为最高国家权力机关的执行机关，国务院不能通过违反最高国家权力机关制定的法律、通过的决议来处理国家行政事务，也不能行使宪法和法律未作规定或授予的职权。

（3）国务院是最高国家行政机关，表明国务院除具有最高国家权力机关执行机关的性质以外，还具有行政机关的性质，以及国务院在国家行政机关体系中具有最高地位。

（二）国务院的组成和任期

根据现行宪法的规定，国务院由总理、副总理若干人、国务委员若干人、各部部长、各委员会主任、审计长、中国人民银行行长和秘书长组成。国务院总理的人选由国家主席提名，全国人民代表大会决定，国家主席任免；国务院副总理、国务委员、各部部长、各委员会主任、审计长、秘书长的人选，由国务院总理提名，全国人民代表大会决定，

国家主席任免；在全国人民代表大会闭会期间，根据国务院总理提名，全国人大常委会决定，国家主席可任免部长、委员会主任、审计长、秘书长。国务委员的职位相当于国务院副总理级，是国务院常务会议组成人员。根据1982年国务院组织法的规定，国务委员协助总理工作，按照分工负责分管领域工作；受总理委托，负责其他方面的工作或者专项任务；根据统一安排，代表国务院进行外事活动。国务院秘书长在总理的领导下，负责处理国务院的日常工作。

国务院每届任期与全国人民代表大会每届任期相同。总理、副总理、国务委员连续任职不得超过两届。

二、国务院的领导体制和职权

（一）国务院的领导体制

根据现行宪法、1982年国务院组织法（2024年修订）和2023年国务院工作规则的规定，国务院实行总理负责制，各部、各委员会实行部长、主任负责制。

总理负责制表现为：(1) 国务院总理的人选由国家主席提名，经全国人民代表大会决定，由国家主席任命。基于国家主席的特殊地位，国家主席的提名和任命程序意味着总理受命于国家组织政府，并承担总理国家行政事务的职责。(2) 国务院其他组成人员的人选，由总理提名，全国人民代表大会决定，在全国人民代表大会闭会期间，由全国人大常委会决定（副总理和国务委员除外），国家主席任命。(3) 总理领导国务院的工作，副总理、国务委员协助总理工作；国务委员受总理委托，负责其他方面的工作或专项任务，并且可以代表国务院进行外事活动。(4) 总理召集和主持国务院全体会议与国务院常务会议。(5) 国务院发布的决定、命令和行政法规，向全国人民代表大会或全国人大常委会提出的议案，任免人员，由总理签署。

部长、委员会主任负责制表现为：各部部长、各委员会主任领导本部门的工作，召集和主持部务会议或委员会会议、委务会议，签署上报国务院的重要请示、报告和下达的命令、指示；副部长、副主任协助部长、主任工作。

国务院实行总理负责制的同时，还实行一定形式的会议制度。根据国务院组织法和国务院工作规则，国务院会议分为国务院全体会议和国务院常务会议。

国务院全体会议由国务院全体成员，即总理、副总理、国务委员、各部部长、各委员会主任、中国人民银行行长、审计长、秘书长组成，由总理召集和主持。国务院全体会议的主要任务是：(1) 讨论决定政府工作报告、国民经济和社会发展规划等国务院工作中的重大事项；(2) 部署国务院的重要工作。国务院全体会议根据需要可安排有关部门、单位负责人列席会议。

国务院常务会议由总理、副总理、国务委员、秘书长组成，由总理召集和主持。国务院常务会议的主要任务是：(1) 讨论需提请党中央审议、决定的重要事项；(2) 讨论需提请国务院全体会议审议的重要事项；(3) 讨论法律草案、审议行政法规草案；(4) 讨论通过以国务院名义印发的重要规范性文件；(5) 其他需提请国务院常务会议讨论、决定、通报的重要事项。国务院常务会议一般每月召开 2～3 次，如有需要可随时召开。根据需要可安排有关部门、单位负责人列席会议。

（二）国务院的职权

根据现行宪法，国务院的职权包括宪法列举的 18 项职权以及全国人大及其常委会授予的其他职权。宪法列举规定的国务院职权可以分为以下几大类。

（1）行政法规或行政措施制定权。国务院有权根据宪法和法律，规定行政措施，制定行政法规，发布决定和命令。

（2）提出议案权。国务院有权向全国人民代表大会或全国人大常委会提出议案。

（3）全国性行政工作的组织领导权。国务院有权规定各部和各委员会的任务与职责，统一领导各部和各委员会的工作，并且领导不属于各部和各委员会的全国性的行政工作；统一领导全国地方各级国家行政机关的工作，规定中央和省、自治区、直辖市的国家行政机关的职权的具体划分；编制、执行国民经济和社会发展计划与国家预算；批准省、自治区、直辖市的区域划分，批准自治州、县、自治县、市的建置和区域划分；决定省、自治区、直辖市的范围内部分地区进入紧急状态；审定行政机构的编制，依照法律规定任免、培训、考核和奖惩行政人员。

（4）各行业、各部门行政工作的领导和管理权。国务院有权领导和管理经济、城乡建设、生态文明建设、教育、科学、文化、卫生、体育、计划生育、民政、公安、司法行政、对外事务、国防建设事业和民族事务等工作。

（5）正当和合法权益保护权。国务院保障少数民族的平等权利和民族自治地方的自治权利，保护华侨的正当的权利和利益，保护归侨与侨眷的合法的权利和利益。

（6）对其他行政机关的监督权。国务院有权改变或撤销各部、各委员会发布的不适当的命令、指示和规章，有权改变或撤销地方各级国家行政机关的不适当的决定和命令。

（7）全国人大及其常委会授予国务院的其他职权。如根据《立法法》第 12 条的规定，应当制定法律的事项尚未制定法律的，全国人大及其常委会有权作出决定，授权国务院可以根据实际需要，对其中的部分事项先制定行政法规，但是有关犯罪和刑罚、对公民政治权利的剥夺与限制人身自由的强制措施和处罚、司法制度等事项除外。

三、国务院的行政机构

（一）国务院行政机构的范围

对国务院行政机构的范围，宪法学界主要有两种表述：一种是将国务院行政机构分为国务院办公厅、组成部门、直属机构、办事机构、国务院组成部门管理的国家局、议事协调机构六类。其依据是《国务院行政机构设置和编制管理条例》的有关规定。另一种是将国务院行政机构分为办公厅、组成部门、直属机构和办事机构四类。其依据是宪法和国务院组织法的有关规定。

根据《国务院行政机构设置和编制管理条例》的有关规定，国务院行政机构分为六类，但实际上，国务院在以后的机构改革中还设立了直属特设机构等其他机构。

（二）国务院的机构设置

根据现行宪法和国务院组织法、1997 年《国务院行政机构设置和编制管理条例》、2018 年和 2023 年通过的《深化党和国家机构改革方案》的规定，经过国务院机构改革，国务院共设置以下行政机构。

1. 国务院办公厅

国务院办公厅是国务院依国务院组织法的规定设立的、协助国务院领导处理国务院日常工作的行政机构。国务院办公厅由秘书长领导，并设副秘书长若干人，协助秘书长工作。国务院秘书长受总理领导。

2. 国务院组成部门

国务院组成部门是依法分别履行国务院基本的行政管理职能的行政机构。包括：（1）各部：如外交部、国防部、教育部、科学技术部、公安部、国家安全部、民政部、司法部、财政部等。各部设部长 1 人、副部长 2 人至 4 人。（2）各委员会：如国家发展和改革委员会、国家卫生健康委员会等。各委员会设主任 1 人、副主任 2 人至 4 人、委员 5 人至 10 人。（3）中国人民银行：在国务院领导下，制定和执行货币政策，防范和化解金融风险，维护金融稳定。中国人民银行设行长 1 人、副行长若干人。（4）审计署：是在国务院总理领导下主管全国审计工作的行政机构。审计长是审计署的行政长官。根据宪法，审计署对国务院各部门和地方各级人民政府的财政收支，对国家的财政金融机构和企业事业组织的财务收支，进行审计监督。审计署在总理领导下，依照法律规定独立行使审计监督权，不受其他行政机关、社会团体和个人的干涉。

国务院组成部门的设立、撤销或合并由国务院机构编制管理机关提出方案，经国务院常务会议讨论通过后，由国务院总理提请全国人民代表大会决定；在全国人民代表大会闭会期间，提请全国人大常委会决定。

3. 国务院直属特设机构

此即国务院国有资产监督管理委员会，是根据国务院授权代表国务院对国家出资企业履行出资人职责的国务院国有资产监督管理机构。

4. 国务院直属机构

国务院直属机构是主管国务院某项专门业务、具有独立的行政管理职能的行政机构，如海关总署、国家税务总局、国家统计局等。每个机构设负责人 2 人至 5 人。

5. 国务院办事机构

国务院办事机构是协助国务院总理办理专门事项、不具有独立的行政管理职能的行政机构，如国务院研究室等。每个机构设负责人 2 人至 5 人。

6. 国务院组成部门管理的国家局

国务院组成部门管理的国家局是由国务院组成部门管理、主管特定业务的、行使行政管理职能的行政机构，如国家粮食和物资储备局、国家烟草专卖局、国家邮政局、国家外汇管理局等。

国务院直属机构、国务院办事机构、国务院组成部门管理的国家局的设立、撤销或合并由国务院机构编制管理机关提出方案，报国务院决定。

7. 国务院议事协调机构

国务院议事协调机构是承担跨国务院行政机构的重要业务工作的组织协调任务的行政机构。议事协调机构一般不设实体办事机构，议定事项由有关的行政机构按各自的职责负责办理，如全国爱国卫生运动委员会、全国绿化委员会、国务院学位委员会、国家减灾委员会、国家禁毒委员会等。国务院议事协调机构的设立、撤销或合并，由国务院机构编制管理机关提出方案，报国务院决定。

国务院办公厅、国务院组成部门、国务院直属机构、国务院办事机构，在职能分解基础上设立司、处两级内设机构；国务院组成部门管理的国家局根据工作需要可以设立司、处两级内设机构，也可以只设处级内设机构。

国务院还设有其他机构，如国务院新闻办公室、中央人民政府驻香港特别行政区联络办公室和中央人民政府驻澳门特别行政区联络办公室等。

第五节　中央军事委员会

一、中央军事委员会的设立

中国人民解放军是中国共产党缔造和领导的人民军队。中华人民共和国成立后，人民军队就成为国家的军队。中华人民共和国成立初期，《共同纲领》明确规定，“中华人民共和国建立统一的军队，即人民解放军和人民公安部队受中央人民政府人民革命军事委员会统率”。人民革命军事委员会统一管辖并指挥中国人民解放军和其他人民武装力量，由主席、副主席若干人、委员若干人组成，由中央人民政府委员会任免。

1954 年宪法规定：国家主席统率全国武装力量，担任国防委员会主席；全国人民代表大会根据国家主席的提名，决定国防委员会副主席和委员的人选，由国家主席任免。1954 年 9 月，中共中央政治局决定成立中国共产党中央军事委员会。

1975 年宪法和 1978 年宪法取消了国家主席和国防委员会的设置，规定由中国共产党中央委员会主席统率全国武装力量。

现行宪法总结中华人民共和国成立以来的历史经验，根据我国的实际情况和需要，设立中华人民共和国中央军事委员会领导全国武装力量，规定了军队在国家体制中的地位，这有利于国家机构的完整性，同时也有利于加强党对军队的领导和加强全国武装力量的建设。

根据 1997 年 3 月 14 日第八届全国人大第五次会议审议通过的《国防法》（2009 年修正、2020 年修订）第 21 条，中华人民共和国的武装力量受中国共产党领导。

二、中央军事委员会的性质、地位、组成和任期

（一）中央军事委员会的性质和地位

现行《宪法》第 93 条第 1 款规定："中华人民共和国中央军事委员会领导全国武装力量。"这一规定表明，中央军事委员会是国家最高军事指挥机关，领导全国武装力量。

根据国防法的规定，全国武装力量，由中国人民解放军现役部队和预备役部队、中国人民武装警察部队、民兵组成。(1) 中国人民解放军现役部队是国家的常备军，主要担负防卫作战任务，必要时可以依照法律规定协助维护社会秩序；(2) 预备役部队平时按照规定进行训练，必要时可以依照法律规定协助维护社会秩序，战时根据国家发布的动员令转为现役部队；(3) 中国人民武装警察部队由党中央、中央军事委员会集中统一领导，担负国家赋予的安全保卫任务，维护社会秩序；(4) 民兵在军事机关的指挥下，担负战备勤务、防卫作战任务，协助维护社会秩序。

现行《宪法》将"中央军事委员会"单列一节，规定中央军事委员会主席对全国人民代表大会和全国人大常委会负责。依照宪法，中央军事委员会在国家机构体系中处于从属于最高国家权力机关的地位。

（二）中央军事委员会的组成和任期

根据现行宪法有关规定，中央军事委员会由主席、副主席若干人、委员若干人组成。中央军事委员会主席由全国人民代表大会选举产生；中央军事委员会其他组成人员的人选，根据中央军事委员会主席的提名，由全国人民代表大会决定；在全国人民代表大会闭会期间，中央军事委员会其他组成人员的人选，根据中央军事委员会主席的提名，由全国人大常委会决定。全国人民代表大会有权罢免中央军事委员会主席和中央军事委员会其他组成人员。

中央军事委员会每届任期同全国人民代表大会每届任期相同。

三、中央军事委员会的职权和领导体制

（一）中央军事委员会的职权

现行《宪法》第 29 条第 1 款规定："中华人民共和国的武装力量属于人民。它的任务是巩固国防，抵抗侵略，保卫祖国，保卫人民的和平劳动，参加国家建设事业，努力为人民服务。"第 93 条第 1 款规定："中华人民共和国中央军事委员会领导全国武装力量。"

根据《国防法》第 15 条的规定，中央军事委员会行使下列职权：(1) 统一指挥全国武装力量；(2) 决定军事战略和武装力量的作战方针；(3) 领导和管理中国人民解放军、中国人民武装警察部队的建设，制定规划、计划并组织实施；(4) 向全国人民代表大会或者全国人大常委会提出议案；(5) 根据宪法和法律，制定军事法规，发布决定和命令；(6) 决定中国人民解放军、中国人民武装警察部队的体制和编制，规定中央军事委员会

机关部门、战区、军兵种和中国人民武装警察部队等单位的任务和职责；（7）依照法律、军事法规的规定，任免、培训、考核和奖惩武装力量成员；（8）决定武装力量的武器装备体制，制定武器装备发展规划、计划，协同国务院领导和管理国防科研生产；（9）会同国务院管理国防经费和国防资产；（10）领导和管理人民武装动员、预备役工作；（11）组织开展国际军事交流与合作；（12）法律规定的其他职权。

（二）中央军事委员会的领导体制

现行《宪法》第93条第3款规定："中央军事委员会实行主席负责制。"这一规定表明，中央军事委员会在组织形式上是一个集体组成的国家机关，但其领导体制是首长负责制，主要表现在：（1）中央军事委员会其他组成人员的人选，由中央军事委员会主席提名，全国人民代表大会决定；在全国人民代表大会闭会期间，由中央军事委员会主席提名，全国人民代表大会常务委员会决定。（2）中央军事委员会主席对全国人大及其常委会负责。（3）中央军事委员会领导全国武装力量，有关重大问题必须经中央军事委员会讨论决定，但中央军事委员会主席领导中央军事委员会的工作。

第六节　地方各级人民代表大会和地方各级人民政府

一、地方国家机构或地方政府的含义、地位和作用

（一）地方国家机构或地方政府的含义

根据现行《宪法》第3条的规定，中央和地方的国家机构职权的划分，遵循在中央的统一领导下，充分发挥地方的主动性、积极性的原则。在这里，使用了"地方的国家机构"的提法，可见，"地方的国家机构"是我国宪法中的法定用语。

在西方国家，对我们所称的"地方国家机构"多表述为"地方政府""地方议会""地方当局"等。如《剑桥百科全书》认为："地方政府是在宪法上从属于全国性政府、区域性政府或联邦制政府下的一整套政治机构，它有权在国家有限的领域范围内履行某种职能。"①《美国百科全书》"地方政府"词条作者认为："地方政府是某一全国性政府下的政治机构，或联邦制下某一地域性政府的机构。"②

在我国，根据宪法的规定和马克思主义的国家学说，用"地方国家机构"的表述更为合适，也更符合我国宪法的规定精神；但是在西方国家，用"地方政府"的表述更为合适。

在西方国家，一般认为，所谓地方政府，系指一个国家内部较小区域内设置的机构；在联邦国家，则仅指州（省、地区等）以下的县、市、镇政府，州（省、地区）本身不

---

① *Cambridge Encyclopedia*，London：Cambridge University Press，2000，p. 658.

② *Encyclopedia America*，volume 17，New York：Grolier，1997，p. 637.

是地方。地方政府一般包括地方议会及其执行机关。

至于中国地方政府，按照中国宪法的规定，地方政府专指地方行政机关，不包括其他国家机关。如《辞海》对地方政府的解释是："设置于地方各级行政区域内负责行政工作的国家机关。"①

（二）地方国家机构或地方政府的地位和作用

地方国家机构或地方政府是一国宪法体系的重要组成部分，具有重要的宪法或法律地位。

正如斯蒂芬·L. 埃尔金所言："关于立宪政府政治结构理论的重要组成部分，必须是关于地方政府制度的设计。"②

在我国，地方国家机构是整个国家机构的组成部分。《宪法》第 3 条确定了处理中央和地方的国家机构职权关系的原则。第 96 条规定："地方各级人民代表大会是地方国家权力机关。"第 105 条规定："地方各级人民政府是地方各级国家权力机关的执行机关，是地方各级国家行政机关。"这里，"地方国家机构""地方国家权力机关""地方国家行政机关"的表述，表明了各类地方国家机构的性质和宪法或法律地位。正如其名称所显示的那样，地方国家机构既是国家的，也具有地方属性；它既是国家机构体系的重要组成部分，负责执行或保证执行宪法、法律、行政法规和上级国家机关的决议、决定，办理上级国家机关交办的事务，同时也是地方单位，依法管理地方事务。民族自治地方的自治机关还享有自治权。

由于西方各国法律制度和政治制度不完全相同，因而其地方政府的宪法地位也不尽相同。

在英国，地方政府是由议会制定的法律创立的机构。除《地方政府法》以外，宪法没有对地方政府制度作专门的规定和保障。但是，英国签署并批准了《欧洲地方自治宪章》，因此，英国政府要遵循《欧洲地方自治宪章》规定的地方民主的基本原则。

根据 1787 年美国宪法，联邦政府对地方政府没有管辖权，但联邦宪法规定联邦应保证各州实行共和政体。在此前提下，各州有权制定自己的州宪法，有权选择和组织任何形式的政府。各州宪法明确规定了地方政府的产生、结构和职能以及民选官员的产生和职权，并授予地方政府专门的甚至在许多情况下是排他的管辖权，从而使地方政府受到州宪法的保障。

法国现行宪法第 72 条规定："共和国的领土单位为市镇、省、大区、具有特殊地位的地方领土单位和本宪法第七十四条规定的海外领地。其他领土单位均由法律建立。这些领土单位由选举产生的议会按照法律规定的条件自由地进行管理。""国家和政府在共和国地方领土单位的代表负责维护国家的利益、监督行政并使法律得到遵守。"这些规定为法国地方制度提供了宪法基础。

在日本，1946 年日本宪法对地方制度作了原则规定，确定地方公共团体的职权是管

---

① 夏征农主编：《辞海》，普及本，上卷，1503 页，上海，上海辞书出版社，1999。

② ［美］斯蒂芬·L. 埃尔金等编：《新宪政论》，165 页，北京，生活·读书·新知三联书店，1997。

理财产、处理事务和执行行政，并可以在法律范围内制定条例。日本国会根据宪法确定的原则制定了以《地方自治法》为首的一系列法律。

在俄罗斯，1993 年《俄罗斯联邦宪法》不仅确立了地方自治的基本原则，而且规定了地方自治的法律保障。《俄罗斯联邦宪法》第一章“国家宪政基础”规定了地方自治的原则和基础：(1) 人民直接地并通过国家权力机关和地方机关行使自己的权力。(2) 在俄罗斯联邦，承认并保障地方自治。地方自治在其权限范围内是独立的。地方自治机关不属于国家权力机关体系。《俄罗斯联邦宪法》第八章“地方自治机关”则规定了地方自治机关的基本制度。

除宪法和其他国内法的规定以外，地方制度也得到国际公约的承认和规范。《世界地方自治宣言》第 1 条“地方自治的宪法基础”，要求“地方自治原则应在本国宪法或有关国家政府结构的基本立法中得到承认”。《欧洲地方自治宪章》第 2 条“地方自治的宪法和法律基础”也要求，“地方自治原则应在本国立法中得到承认，且在宪法中得到实施”。

二、地方各级人民代表大会

（一）性质和地位

根据现行宪法和《地方组织法》的规定，省、自治区、直辖市、自治州、县、自治县、市、市辖区、乡、民族乡、镇设立人民代表大会。地方各级人民代表大会都是地方国家权力机关，本级的地方国家行政机关、监察机关、审判机关和检察机关都由它产生，在本行政区域内对它负责，受它监督。因此，地方各级人民代表大会在本行政区域内处于重要地位。

（二）组成和任期

地方各级人民代表大会由代表组成。省、自治区、直辖市、自治州、设区的市的人民代表大会代表由下一级的人民代表大会选举；县、自治县、不设区的市、市辖区、乡、民族乡、镇的人民代表大会代表由选民直接选举。地方各级人民代表大会代表名额和代表产生办法由选举法规定。

根据现行宪法的规定，地方各级人民代表大会每届任期 5 年。

（三）职权

现行《宪法》和《地方组织法》第 11 条对县级以上地方各级人民代表大会的职权作了规定：(1) 在本行政区域内，保证宪法、法律、行政法规和上级人民代表大会及其常务委员会决议的遵守和执行，保证国家计划和国家预算的执行。(2) 审查和批准本行政区域内的国民经济和社会发展规划纲要、计划和预算及其执行情况的报告，审查监督政府债务，监督本级人民政府对国有资产的管理。(3) 讨论、决定本行政区域内的政治、经济、教育、科学、文化、卫生、生态环境保护、自然资源、城乡建设、民政、社会保障、民族等工作的重大事项和项目。(4) 选举本级人民代表大会常务委员会的组成人员。

（5）选举省长、副省长，自治区主席、副主席，市长、副市长，州长、副州长，县长、副县长，区长、副区长。（6）选举本级监察委员会主任、人民法院院长和人民检察院检察长；选出的人民检察院检察长，须报经上一级人民检察院检察长提请该级人民代表大会常务委员会批准。（7）选举上一级人民代表大会代表。（8）听取和审议本级人民代表大会常务委员会的工作报告。（9）听取和审议本级人民政府和人民法院、人民检察院的工作报告。（10）改变或者撤销本级人民代表大会常务委员会的不适当的决议。（11）撤销本级人民政府的不适当的决定和命令。（12）保护社会主义的全民所有的财产和劳动群众集体所有的财产，保护公民私人所有的合法财产，维护社会秩序，保障公民的人身权利、民主权利和其他权利。（13）保护各种经济组织的合法权益。（14）铸牢中华民族共同体意识，促进各民族广泛交往交流交融，保障少数民族的合法权利和利益。（15）保障宪法和法律赋予妇女的男女平等、同工同酬和婚姻自由等各项权利。

设区的市、自治州的人民代表大会根据本行政区域的具体情况和实际需要，在不同宪法、法律、行政法规和本省、自治区的地方性法规相抵触的前提下，可以依照法律规定的权限制定地方性法规，报省、自治区的人民代表大会常务委员会批准后施行，并由省、自治区的人民代表大会常务委员会报全国人民代表大会常务委员会和国务院备案。省、自治区、直辖市以及设区的市、自治州的人民代表大会根据区域协调发展的需要，可以开展协同立法。

《地方组织法》对乡、民族乡、镇的人民代表大会的职权也作了列举性规定，共14项：（1）在本行政区域内，保证宪法、法律、行政法规和上级人民代表大会及其常务委员会决议的遵守和执行；（2）在职权范围内通过和发布决议；（3）根据国家计划，决定本行政区域内的经济、文化事业和公共事业的建设计划和项目；（4）审查和批准本行政区域内的预算和预算执行情况的报告，监督本级预算的执行，审查和批准本级预算的调整方案，审查和批准本级决算；（5）决定本行政区域内的民政工作的实施计划；（6）选举本级人民代表大会主席、副主席；（7）选举乡长、副乡长，镇长、副镇长；（8）听取和审议乡、民族乡、镇的人民政府的工作报告；（9）听取和审议乡、民族乡、镇的人民代表大会主席团的工作报告；（10）撤销乡、民族乡、镇的人民政府的不适当的决定和命令；（11）保护社会主义的全民所有的财产和劳动群众集体所有的财产，保护公民私人所有的合法财产，维护社会秩序，保障公民的人身权利、民主权利和其他权利；（12）保护各种经济组织的合法权益；（13）铸牢中华民族共同体意识，促进各民族广泛交往交流交融，保障少数民族的合法权利和利益；（14）保障宪法和法律赋予妇女的男女平等、同工同酬和婚姻自由等各项权利。

（四）专门委员会和调查委员会

省、自治区、直辖市、自治州、设区的市的人民代表大会根据需要，可以设法制委员会、财政经济委员会、教育科学文化卫生委员会、环境与资源保护委员会、社会建设委员会和其他需要设立的专门委员会；县、自治县、不设区的市、市辖区的人民代表大会根据需要，可以设法制委员会、财政经济委员会等专门委员会。各专门委员会受本级人民代表大会领导；在大会闭会期间，受本级人民代表大会常务委员会领导。

各专门委员会在本级人民代表大会及其常务委员会领导下，开展下列工作：（1）审议本级人民代表大会主席团或者常务委员会交付的议案；（2）向本级人民代表大会主席团或者常务委员会提出属于本级人民代表大会或者常务委员会职权范围内同本委员会有关的议案，组织起草有关议案草案；（3）承担本级人民代表大会常务委员会听取和审议专项工作报告、执法检查、专题询问等的具体组织实施工作；（4）按照本级人民代表大会常务委员会工作安排，听取本级人民政府工作部门和监察委员会、人民法院、人民检察院的专题汇报，提出建议；（5）对属于本级人民代表大会及其常务委员会职权范围内同本委员会有关的问题，进行调查研究，提出建议；（6）研究办理代表建议、批评和意见，负责有关建议、批评和意见的督促办理工作；（7）办理本级人民代表大会及其常务委员会交办的其他工作。

县级以上的地方各级人民代表大会可以组织关于特定问题的调查委员会。

三、县级以上地方各级人大常委会

（一）性质和地位

1979 年 7 月 1 日第五届全国人大第二次会议通过《关于修正〈中华人民共和国宪法〉若干规定的决议》，同意县和县以上的地方各级人民代表大会设立常务委员会，并明确县和县以上的地方各级人民代表大会常务委员会（以下简称“县级以上地方各级人大常委会”）是本级人民代表大会的常设机关，对本级人民代表大会负责并报告工作。1982 年宪法重新加以确认，从而明确了县级以上地方各级人大常委会的性质和地位。

（二）组成和任期

省、自治区、直辖市、自治州、设区的市的人大常委会由本级人民代表大会在代表中选举主任、副主任若干人、秘书长、委员若干人组成。县、自治县、不设区的市、市辖区的人大常委会由本级人民代表大会在代表中选举主任、副主任若干人和委员若干人组成。

常务委员会的组成人员不得担任国家行政机关、监察机关、审判机关和检察机关的职务；如果担任上述职务，必须向常务委员会辞去常务委员的职务。

县级以上的地方各级人大常委会每届任期同本级人民代表大会每届任期相同，为 5 年，它行使职权到下届本级人民代表大会选出新的常务委员会为止。

（三）职权

《地方组织法》第 50 条对县级以上地方各级人大常委会的职权作了规定：（1）在本行政区域内，保证宪法、法律、行政法规和上级人民代表大会及其常务委员会决议的遵守和执行。（2）领导或者主持本级人民代表大会代表的选举。（3）召集本级人民代表大会会议。（4）讨论、决定本行政区域内的政治、经济、教育、科学、文化、卫生、生态环境保护、自然资源、城乡建设、民政、社会保障、民族等工作的重大事项和项目。（5）根据本级人民政府的建议，审查和批准本行政区域内的国民经济和社会发展规划纲要、计划和本级预算的调整方案。(6) 监督本行政区域内的国民经济和社会发展规划纲要、计划和预算的执行，审查和批准本级决算，监督审计查出问题整改情况，审查监督政府债务。(7) 监督本级人民政府、监察委员会、人民法院和人民检察院的工作，听取和审议有关专项工作报告，组织执法检查，开展专题询问等；联系本级人民代表大会代表，受理人民群众对上述机关和国家工作人员的申诉和意见。(8) 监督本级人民政府对国有资产的管理，听取和审议本级人民政府关于国有资产管理情况的报告。(9) 听取和审议本级人民政府关于年度环境状况和环境保护目标完成情况的报告。(10) 听取和审议备案审查工作情况报告。(11) 撤销下一级人民代表大会及其常务委员会的不适当的决议。(12) 撤销本级人民政府的不适当的决定和命令。(13) 在本级人民代表大会闭会期间，决定副省长、自治区副主席、副市长、副州长、副县长、副区长的个别任免；在省长、自治区主席、市长、州长、县长、区长和监察委员会主任、人民法院院长、人民检察院检察长因故不能担任职务的时候，根据主任会议的提名，从本级人民政府、监察委员会、人民法院、人民检察院副职领导人员中决定代理的人选；决定代理检察长，须报上一级人民检察院和人民代表大会常务委员会备案。(14) 根据省长、自治区主席、市长、州长、县长、区长的提名，决定本级人民政府秘书长、厅长、局长、委员会主任、科长的任免，报上一级人民政府备案。(15) 根据监察委员会主任的提名，任免监察委员会副主任、委员。(16) 按照人民法院组织法和人民检察院组织法的规定，任免人民法院副院长、庭长、副庭长、审判委员会委员、审判员，任免人民检察院副检察长、检察委员会委员、检察员，批准任免下一级人民检察院检察长；省、自治区、直辖市的人民代表大会常务委员会根据主任会议的提名，决定在省、自治区内按地区设立的和在直辖市内设立的中级人民法院院长的任免，根据省、自治区、直辖市的人民检察院检察长的提名，决定人民检察院分院检察长的任免。(17) 在本级人民代表大会闭会期间，决定撤销个别副省长、自治区副主席、副市长、副州长、副县长、副区长的职务；决定撤销由它任命的本级人民政府其他组成人员和监察委员会副主任、委员，人民法院副院长、庭长、副庭长、审判委员会委员、审判员，人民检察院副检察长、检察委员会委员、检察员，中级人民法院院长，人民检察院分院检察长的职务。(18) 在本级人民代表大会闭会期间，补选上一级人民代表大会出缺的代表和罢免个别代表。

省、自治区、直辖市的人民代表大会常务委员会在本级人民代表大会闭会期间，根据本行政区域的具体情况和实际需要，在不同宪法、法律、行政法规相抵触的前提下，可以制定和颁布地方性法规，报全国人民代表大会常务委员会和国务院备案。

设区的市、自治州的人民代表大会常务委员会在本级人民代表大会闭会期间，根据本行政区域的具体情况和实际需要，在不同宪法、法律、行政法规和本省、自治区的地方性法规相抵触的前提下，可以依照法律规定的权限制定地方性法规，报省、自治区的人民代表大会常务委员会批准后施行，并由省、自治区的人民代表大会常务委员会报全国人民代表大会常务委员会和国务院备案。

省、自治区、直辖市以及设区的市、自治州的人民代表大会常务委员会根据区域协调发展的需要，可以开展协同立法。

四、地方各级人民政府

（一）性质和地位

根据现行宪法和《地方组织法》，省、自治区、直辖市、自治州、县、自治县、市、市辖区、乡、民族乡、镇分别设立人民政府。地方各级人民政府是地方各级人民代表大会的执行机关，是地方各级国家行政机关。

作为地方各级人民代表大会的执行机关，地方各级人民政府对本级人民代表大会负责并报告工作；县级以上的地方各级人民政府在本级人民代表大会闭会期间，对本级人民代表大会常务委员会负责并报告工作。

作为地方国家行政机关，地方各级人民政府对上一级国家行政机关负责并报告工作，接受和服从国务院的统一领导。

地方各级人民政府每届任期与本级人民代表大会每届任期相同，为5年。

（二）组成和领导体制

省、自治区、直辖市、自治州、设区的市的人民政府分别由省长、副省长，自治区主席、副主席，市长、副市长，州长、副州长和秘书长、厅长、局长、委员会主任等组成；县、自治县、不设区的市、市辖区的人民政府分别由县长、副县长，市长、副市长，区长、副区长和局长、科长等组成；乡、民族乡的人民政府设乡长、副乡长，民族乡的乡长由建立民族乡的少数民族公民担任；镇人民政府设镇长、副镇长。

地方各级人民政府分别实行省长、自治区主席、市长、州长、县长、市长、区长、乡长、镇长负责制，省长、自治区主席、市长、州长、县长、市长、区长、乡长、镇长分别主持地方各级人民政府的工作，召集和主持本级人民政府全体会议和常务会议。政府工作中的重大问题，须经政府常务会议或全体会议讨论决定。

（三）职权

《地方组织法》第73条对县级以上的地方各级人民政府的职权作了规定：(1）执行本级人民代表大会及其常务委员会的决议，以及上级国家行政机关的决定和命令，规定行政措施，发布决定和命令；(2）领导所属各工作部门和下级人民政府的工作；(3）改变或者撤销所属各工作部门的不适当的命令、指示和下级人民政府的不适当的决定、命令；(4）依照法律的规定任免、培训、考核和奖惩国家行政机关工作人员；(5）编制和执行国民经济和社会发展规划纲要、计划和预算，管理本行政区域内的经济、教育、科学、文化、卫生、体育、城乡建设等事业和生态环境保护、自然资源、财政、民政、社会保障、公安、民族事务、司法行政、人口与计划生育等行政工作；(6）保护社会主义的全民所有的财产和劳动群众集体所有的财产，保护公民私人所有的合法财产，维护社会秩序，保障公民的人身权利、民主权利和其他权利；(7）履行国有资产管理职责；(8）保护各种经济组织的合法权益；(9）铸牢中华民族共同体意识，促进各民族广泛交往交流交融，保障少数民族的合法权利和利益，保障少数民族保持或者改革自己的风俗习惯的自由，帮助本行政区域内的民族自治地方依照宪法和法律实行区域自治，帮助各少数民族发展政治、经济和文化的建设事业；（10）保障宪法和法律赋予妇女的男女平等、同工同酬和婚姻自由等各项权利；（11）办理上级国家行政机关交办的其他事项。

省、自治区、直辖市的人民政府可以根据法律、行政法规和本省、自治区、直辖市的地方性法规，制定规章，报国务院和本级人民代表大会常务委员会备案。设区的市、自治州的人民政府可以根据法律、行政法规和本省、自治区的地方性法规，依照法律规定的权限制定规章，报国务院和省、自治区的人民代表大会常务委员会、人民政府以及本级人民代表大会常务委员会备案。

《地方组织法》第76条对乡、民族乡、镇的人民政府的职权，也作了列举性的规定，共7项：（1）执行本级人民代表大会的决议和上级国家行政机关的决定和命令，发布决定和命令；（2）执行本行政区域内的经济和社会发展计划、预算，管理本行政区域内的经济、教育、科学、文化、卫生、体育等事业和生态环境保护、财政、民政、社会保障、公安、司法行政、人口与计划生育等行政工作；（3）保护社会主义的全民所有的财产和劳动群众集体所有的财产，保护公民私人所有的合法财产，维护社会秩序，保障公民的人身权利、民主权利和其他权利；（4）保护各种经济组织的合法权益；（5）铸牢中华民族共同体意识，促进各民族广泛交往交流交融，保障少数民族的合法权利和利益，保障少数民族保持或者改革自己的风俗习惯的自由；（6）保障宪法和法律赋予妇女的男女平等、同工同酬和婚姻自由等各项权利；（7）办理上级人民政府交办的其他事项。

（四）工作部门和派出机关

1. 工作部门

现行《宪法》对地方各级人民政府的机构设置未作规定，只提及“各工作部门”，并在第109条中要求“县级以上的地方各级人民政府设立审计机关”。

根据《地方组织法》第79条的规定，地方各级人民政府根据工作需要和优化协同高效以及精干的原则，设立必要的工作部门。这类工作部门在省一级一般分为组成部门和直属机构两类。在省和自治区，一般称厅、局、委员会，在直辖市称局、委员会。省级以下工作部门不再分为组成部门和直属机构，在自治州、县、自治县、市、市辖区称局、科。在乡、镇、民族乡，一般设综合办事机构。2003年地方机构改革后，在省级和设区的市级增设“直属特设机构”，即国有资产监督管理委员会。

关于地方各级人民政府的工作部门具体包括哪些部门或机构，法律没有规定，实践中可以分为组成部门和非组成部门。

地方各级人民政府组成部门的厅长、局长、委员会主任等正职人员，由县级以上地方各级本级人民代表大会常务委员会分别根据省长、自治区主席、市长、州长、县长、区长的提名，决定任命，是本级地方人民政府组成人员，参加地方各级人民政府全体会议；非组成部门，如直属特设机构、直属机构、部门管理机构等，其正职人员由本级人民政府任命，不属于本级地方人民政府组成人员，也不参加地方各级人民政府全体会议。

《地方组织法》第79条规定，省、自治区、直辖市的人民政府的厅、局、委员会等工作部门和自治州、县、自治县、市、市辖区的人民政府的局、科等工作部门的设立、增加、减少或者合并，按照规定程序报请批准，并报本级人民代表大会常务委员会备案。

现行宪法、《地方组织法》和审计法均规定，县级以上的地方各级人民政府设立审计机关。地方各级审计机关依照法律的规定独立行使审计监督权，对本级人民政府和上一级审计机关负责。这是唯一由宪法和法律规定必须设立的地方人民政府部门。

根据《地方组织法》第82条的规定，各厅、局、委员会、科分别设厅长、局长、主任、科长，在必要的时候可以设副职；办公厅、办公室设主任，必要时可设副主任；省、自治区、直辖市、自治州、设区的市的人民政府设秘书长1人、副秘书长若干人。

《地方组织法》第83条规定："省、自治区、直辖市的人民政府的各工作部门受人民政府统一领导，并且依照法律或者行政法规的规定受国务院主管部门的业务指导或者领导。自治州、县、自治县、市、市辖区的人民政府的各工作部门受人民政府统一领导，并且依照法律或者行政法规的规定受上级人民政府主管部门的业务指导或者领导。"

根据上述规定，地方各级人民政府的工作部门，根据其与上级人民政府主管部门的关系可分为两类：一类是受本级人民政府统一领导，并且受国务院或上级人民政府主管部门业务指导的工作部门。这类工作部门在地方人民政府工作部门中占大多数，如教育、民政等部门。另一类是受本级人民政府统一领导，并且受国务院或上级人民政府主管部门领导的工作部门。目前属于接受本级人民政府统一领导和国务院或上级人民政府主管部门双重领导的有公安、统计、烟草专卖、审计等。这类工作部门通常被称为"双重领导部门"。

此外，还有一类部门，它们在省一级与国务院主管部门是业务指导或领导关系，但在省以下是垂直领导关系，如税务、市场监管等部门实行省以下垂直领导。

2. 派出机关

《地方组织法》第85条规定，省、自治区的人民政府在必要的时候，经国务院批准，可以设立若干派出机关。县、自治县的人民政府在必要的时候，经省、自治区、直辖市的人民政府批准，可以设立若干区公所，作为它的派出机关。市辖区、不设区的市的人民政府，经上一级人民政府批准，可以设立若干街道办事处，作为它的派出机关。

第七节　民族自治地方的自治机关

一、民族自治地方

民族区域自治，是指在国家统一领导下，各少数民族聚居的地方实行区域自治，设立自治机关，行使自治权。民族区域自治是国家的一项基本的政治制度。实行民族区域自治，体现了国家充分尊重和保障各少数民族管理本民族内部事务权利的精神，体现了国家坚持实行各民族平等、团结和共同繁荣的原则。《中共中央关于党的百年奋斗重大成就和历史经验的决议》提出，"党坚持和完善民族区域自治制度，坚定不移走中国特色解决民族问题的正确道路，坚持把铸牢中华民族共同体意识作为党的民族工作主线，确立新时代党的治藏方略、治疆方略，巩固和发展平等团结互助和谐的社会主义民族关系，促进各民族共同团结奋斗、共同繁荣发展”①。

1984年的《民族区域自治法》以基本法律的形式规定了国家的民族区域自治政策，确立了处理民族自治地方和国家关系的基本准则，即“一方面，民族自治地方是中华人民共和国不可分离的部分，要维护国家的统一，保证中央人民政府的统一领导和国家政策和计划在各民族自治地方的贯彻执行；另一方面，又要保证民族自治地方自治机关充分行使自治权，照顾各民族自治地方的特点和需要，使自治地方有大于一般地方的自主权”②。

为了更好地贯彻实施民族区域自治制度，2001年全国人大常委会对《民族区域自治法》作了部分修改，主要是增加了关于民族自治地方实行国家统一的财政体制和对民族自治地方的财政支持，对民族自治地方投资和金融、教育文化等方面的支持，经济发达地区和民族自治地方的对口支持以及关于少数民族干部的配备等内容。③

根据民族区域自治制度，国家建立了民族自治地方具体落实民族区域自治。民族自治地方是各少数民族聚居并实行区域自治的行政区域，是实行民族区域自治的基础。民族自治地方按行政地位，分为自治区、自治州、自治县。

少数民族聚居的地方，根据当地民族关系、经济发展等条件，并参酌历史情况，可以建立以一个或几个少数民族聚居区为基础的自治地方。一般来说，民族自治地方大致分为三种类型：第一种是以一个少数民族聚居区为基础建立的自治地方，如西藏自治区等；第二种是以一个人口较多的少数民族聚居区为基础，并包括一个或几个人口较少的少数民族聚居区建立的自治地方，如新疆维吾尔自治区等；第三种是以两个或两个以上的少数民族聚居区为基础建立的自治地方，如贵州省黔东南苗族侗族自治州等。

二、民族自治地方的自治机关的性质、地位和民族构成

民族自治地方的自治机关是自治区、自治州、自治县的人民代表大会和人民政府，是国家的一级地方政权机关。民族自治地方的自治机关行使宪法规定的地方国家机关的职权，同时依照宪法、民族区域自治法和其他法律的规定行使自治权，根据本地方的实际情况贯彻执行国家的法律、政策；此外，在不违背宪法和法律的原则下，有权采取特殊政策和灵活措施。

民族自治地方的自治机关与其他地方国家机关一样，实行民主集中制的人民代表大会制。民族自治地方的人民政府实行自治区主席、自治州州长、自治县县长负责制。自治区主席、自治州州长、自治县县长分别主持本级人民政府的工作。民族自治地方的人

---

① 《中共中央关于党的百年奋斗重大成就和历史经验的决议》，40～41页，北京，人民出版社，2021。

② 阿沛·阿旺晋美：《关于〈中华人民共和国民族区域自治法（草案）〉的说明》，载全国人大常委会办公厅研究室编：《中华人民共和国人民代表大会资料汇编（1949—1990）》，284～285页，北京，中国民主法制出版社，1991。

③ 参见铁木尔·达瓦买提：《关于〈中华人民共和国民族区域自治法修正案（草案）〉的说明》，载《中华人民共和国民族区域自治法》，40～49页，北京，法律出版社，2001。

民政府对本级人民代表大会和上一级国家行政机关负责并报告工作，在本级人民代表大会闭会期间，对本级人大常委会负责并报告工作。各民族自治地方的人民政府都是国务院统一领导下的国家行政机关，都服从国务院。

依照宪法和法律的规定，民族自治地方的人大常委会中应当由实行区域自治的民族的公民担任主任或副主任；自治区主席、自治州州长、自治县县长由实行区域自治的民族的公民担任；自治区、自治州、自治县的人民政府的其他组成人员，应当合理配备实行区域自治的民族和其他少数民族的人员；民族自治地方的自治机关所属工作部门的干部中，应当合理配备实行区域自治的民族和其他少数民族的人员。民族自治地方的人民代表大会中，除实行区域自治的民族的代表外，其他居住在本行政区域内的民族也应当有适当名额的代表，它们之间的名额和比例，根据法律规定的原则，由省、自治区、直辖市人大常委会决定，并报全国人大常委会备案。

三、民族自治地方自治机关的自治权

根据现行宪法、民族区域自治法的规定，民族自治地方的自治机关的自治权可以概括为以下几个方面。

（一）制定自治条例和单行条例

民族自治地方的人民代表大会有权依照当地民族的政治、经济和文化的特点，制定自治条例和单行条例。自治区的自治条例和单行条例，报全国人大常委会批准后生效。自治州、自治县的自治条例和单行条例，报省、自治区、直辖市的人大常委会批准后生效，并报全国人大常委会和国务院备案。

（二）对上级国家机关的决议、决定、命令和指示的变通执行或停止执行

上级国家机关的决议、决定、命令和指示，如有不适合民族自治地方实际情况的，自治机关可以报经该上级国家机关批准，变通执行或停止执行。

（三）自主地管理地方财政

民族自治地方的财政是一级财政，是国家财政的组成部分。民族自治地方的自治机关有管理地方财政的自治权。凡是依照国家财政体制属于民族自治地方的财政收入，都应当由民族自治地方的自治机关自主地安排使用。

民族自治地方在全国统一的财政体制下，通过国家实行的规范的财政转移支付制度，享受上级财政的照顾。

民族自治地方的财政预算支出，按照国家规定，设机动资金，预备费在预算中所占比例高于一般地区的。

民族自治地方的自治机关在执行财政预算过程中，自行安排使用收入的超收和支出的结余资金。

民族自治地方的自治机关对本地方的各项开支标准、定员、定额，根据国家规定的

原则，结合本地方的实际情况，可以制定补充规定和具体办法。自治区的补充规定和具体办法，报国务院备案；自治州、自治县的补充规定和具体办法，报省、自治区、直辖市人民政府批准。

民族自治地方的自治机关在执行国家税法时，除应由国家统一审批的减免税收项目以外，对属于地方财政收入的某些需要从税收上加以照顾和鼓励的，可以实行减税或免税。自治州、自治县决定减税或免税，须报省、自治区、直辖市人民政府批准。

（四）自主地安排和管理地方经济建设事业

民族自治地方的自治机关在国家计划的指导下，根据本地方的特点和需要，制定经济建设的方针、政策和计划，自主地安排和管理地方性的经济建设事业。

民族自治地方的自治机关在坚持社会主义原则的前提下，根据法律规定和本地方经济发展的特点，合理调整生产关系和经济结构，努力发展社会主义市场经济。

民族自治地方的自治机关坚持公有制为主体、多种所有制经济共同发展的基本经济制度，鼓励发展非公有制经济。

民族自治地方的自治机关根据法律规定，确定本地方内草场与森林的所有权和使用权。

民族自治地方的自治机关保护、建设草原和森林，组织和鼓励植树种草。禁止任何组织或个人利用任何手段破坏草原和森林，严禁在草原和森林毁草毁林开垦耕地。

民族自治地方的自治机关依照法律规定管理和保护本地方的自然资源，根据法律规定和国家的统一规划，对可以由本地方开发的自然资源，优先合理开发利用。

民族自治地方的自治机关在国家计划的指导下，根据本地方的财力、物力和其他具体条件，自主地安排地方基本建设项目。

民族自治地方的自治机关自主地管理隶属于本地方的企业、事业。

民族自治地方依照国家规定，可以开展对外经济贸易活动，经国务院批准，可以开辟对外贸易口岸；与外国接壤的民族自治地方经国务院批准，可以开展边境贸易。民族自治地方在对外经济贸易活动中，享受国家的优惠政策。

民族自治地方根据本地方经济和社会发展的需要，可以依照法律规定设立地方商业银行和城乡信用合作组织。

（五）自主地管理教育、文化、科学技术、卫生、体育、计划生育和环境保护事业

民族自治地方的自治机关根据国家的教育方针，依照法律规定，决定本地方的教育规划，各级各类学校的设置、学制、办学形式、教学内容、教学用语和招生办法；自主地发展民族教育，扫除文盲，举办各类学校，普及九年制义务教育，采取多种形式发展普通高级中等教育和中等职业技术教育，根据条件和需要发展高等教育，培养各少数民族专业人才；为少数民族牧区和经济困难、居住分散的少数民族山区，设立以寄宿为主和助学金为主的公办民族小学和民族中学，保障就读学生完成义务教育阶段的学业，办学经费和助学金由当地财政解决，当地财政困难的，上级财政应当给予补助；招收少数民族学生为主的学校（班级）和其他教育机构，有条件的应当采用少数民族文字的课本，

并用少数民族语言讲课；根据情况从小学低年级或高年级起开设汉语文课程，推广全国通用的普通话和规范汉字；各级人民政府要在财政方面扶持少数民族文字的教材和出版物的编译、出版工作。

民族自治地方的自治机关自主地发展具有民族形式和民族特点的文学、艺术、新闻、出版、广播、电影、电视等民族文化事业，加大对文化事业的投入，加强文化设施建设，加快各项文化事业的发展；组织、支持有关单位和部门收集、整理、翻译和出版民族历史文化书籍，保护民族的名胜古迹、珍贵文物和其他重要历史文化遗产，继承和发展优秀的民族传统文化。

民族自治地方的自治机关自主地决定本地方的科学技术发展规划，普及科学技术知识。

民族自治地方的自治机关自主地决定本地方的医疗卫生事业的发展规划，发展现代医药和民族传统医药；加强对传染病、地方病的预防控制工作和妇幼卫生保健，改善医疗卫生条件。

民族自治地方的自治机关自主地发展体育事业，开展民族传统体育活动，增强各族人民的体质。

民族自治地方的自治机关积极开展和其他地方的教育、科学技术、文化艺术、卫生、体育等方面的交流。

民族自治地方的自治机关根据法律规定，制定管理流动人口的办法；民族自治地方实行计划生育和优生优育，提高各民族人口素质；民族自治地方的自治机关根据法律规定，结合本地方的实际情况，制定实行计划生育的办法。

民族自治地方的自治机关保护和改善生活环境与生态环境，防治污染和其他公害，实现人口、资源和环境的协调发展。

（六）组织本地方维护社会治安的公安部队

民族自治地方的自治机关依照国家的军事制度和当地的实际需要，经国务院批准，可以组织本地方维护社会治安的公安部队。

（七）使用当地通用的一种或几种语言文字

民族自治地方的自治机关在执行职务时，依照本民族自治地方自治条例的规定，使用当地通用的一种或几种语言文字；同时使用几种通用的语言文字执行职务的，可以以实行区域自治的民族的语言文字为主。

（八）培养和使用干部、专业人才和技术工人

民族自治地方的自治机关根据社会主义建设的需要，采取各种措施从当地民族中大量培养各级干部，各种科学技术、经营管理等专业人才和技术工人，充分发挥他们的积极作用，并且注意在少数民族妇女中培养各级干部和各种专业技术人才。

民族自治地方的自治机关录用工作人员时，对实行区域自治的民族和其他少数民族的人员应当给予适当的照顾。

民族自治地方的自治机关可以采取特殊措施，优待、鼓励各种专业人员参加自治地方各项建设工作。

民族自治地方的企业、事业单位依照国家规定招收人员时，优先招收少数民族人员，并且可以从农村和牧区少数民族人口中招收。

第八节 基层群众性自治组织

一、村民委员会

基层群众自治制度是我国宪法规定和保障的政治制度之一。基层群众性自治组织是实现城乡居民自我管理、自我教育、自我服务的基本形式。基层群众性自治组织包括居民委员会和村民委员会。按照宪法和法律规定，它们不属于地方国家机构，但为了体例编排的方便，本书将“基层群众性自治组织”也放在本章论述。

根据现行宪法和1998年村民委员会组织法（2018年修正），村民委员会是村民自我管理、自我教育、自我服务的基层群众性自治组织，实行民主选举、民主决策、民主管理、民主监督。

根据村民委员会组织法的规定，村民委员会与基层政权的关系为：（1）乡、民族乡、镇的人民政府对村民委员会的工作给予指导、支持和帮助，但不得干预依法属于村民自治范围内的事项；（2）村民委员会协助乡、民族乡、镇的人民政府开展工作。

根据现行宪法和村民委员会组织法的规定，村民委员会的主要任务是：（1）办理本村的公共事务和公益事业，调解民间纠纷，协助维护社会治安，向人民政府反映村民的意见、要求和提出建议；（2）支持和组织村民依法发展各种形式的合作经济与其他经济，承担本村生产的服务和协调工作，促进农村生产建设和社会主义市场经济的发展；（3）尊重集体经济组织依法独立进行经济活动的自主权，维护以家庭承包经营为基础、统分结合的双层经营体制，保障集体经济组织和村民、承包经营户、联户或合伙的合法的财产权、其他合法的权利和利益；（4）依法管理本村属于村民集体所有的土地和其他财产，教育村民合理利用自然资源，保护和改善生态环境；（5）宣传宪法、法律、法规和国家的政策，教育和推动村民履行法律规定的义务，爱护公共财产，维护村民的合法的权利和利益，发展文化教育，普及科技知识，促进村和村之间的团结、互助，开展多种形式的社会主义精神文明建设活动；（6）协助有关部门，对被依法剥夺政治权利的村民进行教育、帮助和监督；（7）多民族村民居住的村，村民委员会应教育和引导村民加强团结，互相尊重、互相帮助。

村民委员会根据村民居住状况、人口多少，按照便于群众自治的原则设立。村民委员会的设立、撤销、范围调整，由乡、民族乡、镇的人民政府提出，经村民会议讨论同意后，报县级人民政府批准。

村民委员会由主任、副主任和委员3人至7人组成，由村民直接选举产生。村民委员会每届任期5年，村民委员会成员可以连选连任。村民委员会成员不脱离生产，根据情况，可以给予适当补贴。村民委员会可以按照村民居住状况分设若干村民小组，小组长由村民小组会议推选。村民委员会根据需要设人民调解、治安保卫、公共卫生等委员会。人口少的村的村民委员会可以不设下属委员会，由村民委员会成员分工负责人民调解、治安保卫、公共卫生等工作。

村民会议由本村 18 周岁以上的村民组成。村民委员会向村民会议负责并报告工作。村民会议每年审议村民委员会的工作报告，并评议村民委员会成员的工作。村民会议由村民委员会召集，有 1/10 以上的村民提议，应当召集村民会议。本村 1/5 以上有选举权的村民联名，可以要求罢免村民委员会成员。罢免村民委员会成员须经有选举权的村民过半数通过。

涉及村民利益的下列事项，村民委员会必须提请村民会议讨论决定，方可办理：(1) 本村享受误工补贴的人员及补贴标准；(2) 从村集体经济所得收益的使用；(3) 本村公益事业的兴办和筹资筹劳方案及建设承包方案；(4) 土地承包经营方案；(5) 村集体经济项目的立项、承包方案；(6) 宅基地的使用方案；(7) 征地补偿费的使用、分配方案；(8) 以借贷、租赁或者其他方式处分村集体财产；(9) 村民会议认为应当由村民会议讨论决定的涉及村民利益的其他事项。

村民会议可以制定和修改村民自治章程、村规民约，并报乡、民族乡、镇的人民政府备案。村民自治章程、村规民约以及村民会议或村民代表讨论决定的事项不得与宪法、法律、法规和国家的政策相抵触，不得有侵犯村民人身自由、民主权利和合法财产权利的内容。人数较多或居住分散的村，可以推选产生村民代表，由村民委员会召集村民代表开会，讨论决定村民会议授权的事项。村民代表由村民按每 5 户至 15 户推选 1 人，或由各村民小组推选若干人。村民委员会实行村务公开制度。

根据《中国统计年鉴》(2020 年版) 截至 2019 年年底，全国设有 533 194 个村民委员会。

二、居民委员会

根据现行宪法和 1989 年城市居民委员会组织法（2018 年修正）的规定，居民委员会是居民自我管理、自我教育、自我服务的基层群众性自治组织。

根据城市居民委员会组织法的规定，居民委员会与基层政权的关系为：(1) 不设区的市、市辖区的人民政府或它的派出机关对居民委员会的工作给予指导、支持和帮助；(2) 居民委员会协助不设区的市、市辖区的人民政府或它的派出机关开展工作；(3) 市、市辖区的人民政府有关部门需要居民委员会或它的下属委员会协助进行的工作，应经市、市辖区的人民政府或它的派出机关同意并统一安排；(4) 市、市辖区的人民政府有关部门，可以对居民委员会有关的下属委员会进行业务指导。

根据现行宪法的规定，居民委员会的任务是办理本居住地区的公共事务和公益事业，调解民间纠纷，协助维护社会治安，并且向人民政府反映群众的意见、要求和提出建议。城市居民委员会组织法将居民委员会的任务具体列举为：(1) 宣传宪法、法律、法规和国家的政策，维护居民的合法权益，教育居民履行依法应尽的义务，爱护公共财产，开展多种形式的社会主义精神文明建设活动；（2）办理本居住地区居民的公共事务和公益事业；（3）调解民间纠纷；（4）协助维护社会治安；（5）协助人民政府或它的派出机关做好与居民利益有关的公共卫生、计划生育、优抚救济、青少年教育等项工作；（6）向人民政府或它的派出机关反映居民的意见、要求和提出建议。

居民委员会应当开展便民利民的社区服务活动，可以兴办有关的服务事业。居民委员会管理本居民委员会的财产，任何部门和单位不得侵犯居民委员会的财产所有权。多民族居住地区的居民委员会应当教育居民互相帮助、互相尊重，加强民族团结。此外，居民委员会应对编入居民小组的被依法剥夺政治权利的人进行监督和教育。

居民委员会根据居民居住状况，按照便于居民自治的原则，一般在 100 户至 700 户的范围内设立。居民委员会的设立、撤销、规模调整，由不设区的市、市辖区的人民政府决定。

居民委员会由主任、副主任和委员共 5 人至 9 人组成。多民族居住地区，居民委员会中应当有人数较少的民族的成员。居民委员会根据需要设人民调解、治安保卫、公共卫生等委员会。居民较少的居民委员会可以不设下属的委员会，由居民委员会成员分工负责有关工作。居民委员会可以分设若干居民小组，小组长由居民小组推选。

居民委员会主任、副主任和委员，由本居住地区全体有选举权的居民或由每户派代表选举产生；根据居民意见，也可以由每个居民小组选举代表 2 人至 3 人选举产生。居民委员会每届任期 5 年，其成员可以连选连任。

居民会议由 18 周岁以上的居民组成。居民委员会向居民会议负责并报告工作。居民会议由居民委员会召集和主持，有 1/5 以上的 18 周岁以上的居民、1/5 以上的户或 1/3 以上的居民小组提议，应当召集居民会议。涉及全体居民利益的重要问题，居民委员会必须提请居民会议讨论决定。居民会议有权撤换和补选居民委员会成员。

居民公约由居民会议讨论决定，报不设区的市、市辖区人民政府或它的派出机关备案，由居民委员会监督执行。居民应当遵守居民会议的决议和居民公约。居民公约的内容不得与宪法、法律、法规和国家的政策相抵触。

根据《中国统计年鉴》（2020 年版）截至 2019 年年底，全国设有居民委员会（社区居民委员会）109 711 个。

第九节　监察委员会

国家监察体制改革是事关全局的重大政治体制改革，目的是加强党对反腐败工作的集中统一领导。这不仅明确了改革的根本目的，而且揭示了改革的本质属性。党的领导是中国特色社会主义的最本质特征，也是中国特色社会主义制度的最大优势，必须旗帜鲜明地贯彻到反腐败斗争中去。组建国家监察机关，与党的纪律检查机关合署办公，将党的领导体现在国家监察工作和反腐败斗争的全过程和各方面，实现由原来侧重“结果领导”向“全过程领导”转变，实现党内监督和国家监察“一体两面”，确保我们党牢牢掌握反腐败工作领导权。深化监察体制改革、履行纪检监察职责，必须始终突出政治机关属性，最根本的是坚持党中央权威和集中统一领导。

党的十八大以来，党中央从全面从严治党出发，将国家监察体制改革纳入全面深化改革总体部署，积极推进改革及试点工作并取得重要阶段性成效。2018 年《宪法》修改，在第三章“国家机构”中专门增加“监察委员会”一节，并就国家监察委员会和地方各级监察委员会的性质、地位、名称、人员组成、任期任届、领导体制和工作机制等作出规定，为监察委员会建立组织体系、履行职能职责、运用相关权限、构建配合制约机制、强化自我监督等提供了根本依据，使国家监察体制改革于宪有据、监察法制定于宪有源，体现了全面深化改革和全面依法治国、全面从严治党的有机统一。

一、监察委员会的性质和地位

（一）监察委员会的性质

中华人民共和国设立国家监察委员会和地方各级监察委员会。中华人民共和国各级监察委员会是国家的监察机关。各级监察委员会是行使国家监察职能的专责机关，是依照宪法和监察法对所有行使公权力的公职人员（以下简称“公职人员”）进行监察，调查职务违法和职务犯罪，开展廉政建设和反腐败工作，维护宪法和法律的尊严的机关。

（二）监察委员会的地位和组成

中华人民共和国国家监察委员会是最高监察机关。省、自治区、直辖市、自治州、县、自治县、市、市辖区设立监察委员会。

国家监察委员会由全国人民代表大会产生，负责全国监察工作。国家监察委员会由主任、副主任若干人、委员若干人组成，主任由全国人民代表大会选举，副主任、委员由国家监察委员会主任提请全国人民代表大会常务委员会任免。国家监察委员会主任每届任期同全国人民代表大会每届任期相同，连续任职不得超过两届。国家监察委员会对全国人民代表大会及其常务委员会负责，并接受其监督。

地方各级监察委员会由本级人民代表大会产生，负责本行政区域内的监察工作。地方各级监察委员会由主任、副主任若干人、委员若干人组成，主任由本级人民代表大会选举，副主任、委员由监察委员会主任提请本级人民代表大会常务委员会任免。地方各级监察委员会主任每届任期同本级人民代表大会每届任期相同。地方各级监察委员会对本级人民代表大会及其常务委员会和上一级监察委员会负责，并接受其监督。

各级监察委员会可以向本级中国共产党机关、国家机关、法律法规授权或者委托管理公共事务的组织和单位以及所管辖的行政区域、国有企业等派驻或者派出监察机构、监察专员。监察机构、监察专员对派驻或者派出它的监察委员会负责。

派驻或者派出的监察机构、监察专员根据授权，按照管理权限依法对公职人员进行监督，提出监察建议，依法对公职人员进行调查、处置。

国家实行监察官制度，依法确定监察官的等级设置、任免、考评和晋升等制度。

国家监察委员会领导地方各级监察委员会的工作，上级监察委员会领导下级监察委员会的工作。

监察委员会依照法律规定独立行使监察权，不受行政机关、社会团体和个人的干涉。监察机关办理职务违法和职务犯罪案件，应当与审判机关、检察机关、行政执法机关互相配合，互相制约。

二、监察委员会的职责、监察范围和管辖

（一）监察委员会的职责

监察委员会依照监察法和有关法律规定履行监督、调查、处置职责。

（1）对公职人员开展廉政教育，对其依法履职、秉公用权、廉洁从政从业以及道德操守情况进行监督检查。

（2）对涉嫌贪污贿赂、滥用职权、玩忽职守、权力寻租、利益输送、徇私舞弊以及浪费国家资财等职务违法和职务犯罪进行调查。

（3）对违法的公职人员依法作出政务处分决定；对履行职责不力、失职失责的领导人员进行问责；对涉嫌职务犯罪的，将调查结果移送人民检察院依法审查、提起公诉；向监察对象所在单位提出监察建议。

（二）监察委员会的监察范围和管辖

监察机关有权对下列公职人员和有关人员进行监察：（1）中国共产党机关、人民代表大会及其常务委员会机关、人民政府、监察委员会、人民法院、人民检察院、中国人民政治协商会议各级委员会机关、民主党派机关和工商业联合会机关的公务员，以及参照《中华人民共和国公务员法》管理的人员；（2）法律、法规授权或者受国家机关依法委托管理公共事务的组织中从事公务的人员；（3）国有企业管理人员；（4）公办的教育、科研、文化、医疗卫生、体育等单位中从事管理的人员；（5）基层群众性自治组织中从事管理的人员；（6）其他依法履行公职的人员。

各级监察机关按照管理权限管辖本辖区内监察法规定的人员所涉监察事项。上级监察机关可以办理下一级监察机关管辖范围内的监察事项，必要时也可以办理所辖各级监察机关管辖范围内的监察事项。监察机关之间对监察事项的管辖有争议的，由其共同的上级监察机关确定。上级监察机关可以将其所管辖的监察事项指定下级监察机关管辖，也可以将下级监察机关有管辖权的监察事项指定给其他监察机关管辖。监察机关认为所管辖的监察事项重大、复杂，需要由上级监察机关管辖的，可以报请上级监察机关管辖。

三、监察委员会的监察权限

（一）监督、调查权

监察机关行使监督、调查职权，有权依法向有关单位和个人了解情况，收集、调取证据，有关单位和个人应当如实提供。监察机关及其工作人员对于在监督、调查过程中

知悉的国家秘密、商业秘密、个人隐私，应当保密。任何单位和个人不得伪造、隐匿或者毁灭证据。

（二）要求说明、陈述权

对于可能发生职务违法的监察对象，监察机关按照管理权限，可以直接或者委托有关机关、人员进行谈话或者要求说明情况。

在调查过程中，对于涉嫌职务违法的被调查人，监察机关可以要求其就涉嫌违法行为作出陈述，必要时向被调查人出具书面通知。对于涉嫌贪污贿赂、失职渎职等职务犯罪的被调查人，监察机关可以进行讯问，要求其如实供述涉嫌犯罪的情况。

（三）询问权

在调查过程中，监察机关可以询问证人等人员。

（四）留置权

被调查人涉嫌贪污贿赂、失职渎职等严重职务违法或者职务犯罪，监察机关已经掌握其部分违法犯罪事实及证据，仍有重要问题需要进一步调查，并有下列情形之一的，经监察机关依法审批，可以将其留置在特定场所：（1）涉及案情重大、复杂的；（2）可能逃跑、自杀的；（3）可能串供或者伪造、隐匿、毁灭证据的；（4）可能有其他妨碍调查行为的。对于涉嫌行贿犯罪或者共同职务犯罪的涉案人员，监察机关可以依照前述规定采取留置措施。留置场所的设置、管理和监督依照国家有关规定执行。

（五）查询、冻结权

监察机关调查涉嫌贪污贿赂、失职渎职等严重职务违法或者职务犯罪，根据工作需要，可以依照规定查询、冻结涉案单位和个人的存款、汇款、债券、股票、基金份额等财产。有关单位和个人应当配合。冻结的财产经查明与案件无关的，应当在查明后3日内解除冻结，予以退还。

（六）搜查权

监察机关可以对涉嫌职务犯罪的被调查人以及可能隐藏被调查人或者犯罪证据的人的身体、物品、住处和其他有关地方进行搜查。在搜查时，应当出示搜查证，并有被搜查人或者其家属等见证人在场。搜查女性身体，应当由女性工作人员进行。监察机关进行搜查时，可以根据工作需要提请公安机关配合，公安机关应当依法予以协助。

（七）调取、查封、扣押权

监察机关在调查过程中，可以调取、查封、扣押用以证明被调查人涉嫌违法犯罪的财物、文件和电子数据等信息。采取调取、查封、扣押措施，应当收集原物原件，会同持有人或者保管人、见证人，当面逐一拍照、登记、编号，开列清单，由在场人员当场核对、签名，并将清单副本交财物、文件的持有人或者保管人。

对于调取、查封、扣押的财物、文件，监察机关应当设立专用账户、专门场所，确定专门人员妥善保管，严格履行交接、调取手续，定期对账核实，不得毁损或者用于其他目的。对于价值不明物品应当及时鉴定，专门封存保管。

对于查封、扣押的财物、文件，经查明与案件无关的，应当在查明后 3 日内解除查封、扣押，予以退还。

（八）勘验检查、鉴定权

监察机关在调查过程中，可以直接或者指派、聘请具有专门知识、资格的人员在调查人员主持下进行勘验检查。勘验检查情况应当制作笔录，由参加勘验检查的人员和见证人签名或者盖章。

监察机关在调查过程中，对于案件中的专门性问题，可以指派、聘请有专门知识的人进行鉴定。鉴定人进行鉴定后，应当出具鉴定意见，并且签名。

（九）采取技术措施权

监察机关调查涉嫌重大贪污贿赂等职务犯罪，根据需要，经过严格的批准手续，可以采取技术调查措施，按照规定交有关机关执行。

批准决定应当明确采取技术调查措施的种类和适用对象，自签发之日起 3 个月以内有效。对于复杂、疑难案件，期限届满仍有必要继续采取技术调查措施的，经过批准，有效期可以延长，每次不得超过 3 个月。对于不需要继续采取技术调查措施的，应当及时解除。

（十）通缉和限制出境权

依法应当留置的被调查人如果在逃，监察机关可以决定在本行政区域内通缉，由公安机关发布通缉令，追捕归案。通缉范围超出本行政区域的，应当报请有权决定的上级监察机关决定。

监察机关为防止被调查人及相关人员逃匿境外，经省级以上监察机关批准，可以对被调查人及相关人员采取限制出境措施，由公安机关依法执行。对于不需要继续采取限制出境措施的，应当及时解除。

（十一）建议权

涉嫌职务犯罪的被调查人主动认罪认罚，有下列情形之一的，监察机关经领导人员集体研究，并报上一级监察机关批准，可以在移送人民检察院时提出从宽处罚的建议：(1) 自动投案，真诚悔罪悔过的；(2) 积极配合调查工作，如实供述监察机关还未掌握的违法犯罪行为的；(3) 积极退赃，减少损失的；(4) 具有重大立功表现或者案件涉及国家重大利益等情形的。

职务违法犯罪的涉案人员揭发有关被调查人职务违法犯罪行为，查证属实的，或者提供重要线索，有助于调查其他案件的，监察机关经领导人员集体研究，并报上一级监察机关批准，可以在移送人民检察院时提出从宽处罚的建议。

第十节　人民法院和人民检察院

一、人民法院

（一）人民法院的性质

《宪法》第128条和《人民法院组织法》第2条都规定：中华人民共和国人民法院是国家的审判机关。这一规定表明，人民法院作为国家的审判机关，在性质上不同于国家权力机关、国家行政机关、国家监察机关，也不同于国家检察机关，其是我国专门行使国家审判权的机关。审判权是指人民法院依照法律对刑事案件、民事案件、行政案件和其他案件进行审理并判决的权力，是国家权力的重要组成部分。人民法院行使审判权，表明它与其他国家机关的职能分工，人民法院是我国国家机构体系的重要组成部分。

在习近平法治思想科学指引下，近年来，审判体制改革成效卓著。(1) 改革权力配置和运行机制，提高司法公信力。实行“让审理者裁判、由裁判者负责”的办案责任制，大大强化了办案人员的责任。建立健全司法权制约监督机制，完善防止干预司法的制度，改革司法人员职业保障和人、财、物管理体制、制度，保障司法机关依法独立公正行使职权。(2) 进一步健全诉讼制度机制，在更高水平上实现公正与效率相统一。推进以审判为中心的刑事诉讼制度改革，开展民事诉讼繁简分流改革。根据不同案件类型，适用不同办案程序，大案精办、简案快办。建立检察公益诉讼制度。大力构建互联网司法新模式，将现代科技手段与司法活动深度融合。(3) 不断完善便民、利民改革举措，大力推动立案和执行诉讼程序体制机制改革，让立案难成为历史，基本解决执行难，司法公信力和司法效能显著提升，人民群众对审判程序和审判结果都更加满意。①

（二）人民法院的组成和体制

根据宪法和法律的规定，基层人民法院由院长一人、副院长和审判员若干人组成。中级人民法院、高级人民法院和最高人民法院由院长一人，副院长、庭长、副庭长和审判员若干人组成。

最高人民法院监督地方各级人民法院和专门人民法院的审判工作，上级人民法院监督下级人民法院的审判工作。最高人民法院对全国人大及其常委会负责，地方各级人民法院对产生它的国家权力机关负责。

（三）法官职务任免

最高人民法院院长由全国人民代表大会选举和罢免，副院长、审判委员会委员、庭长、副庭长和审判员由最高人民法院院长提请全国人大常委会任免。最高人民法院院长

① 参见罗冠男：《新时代司法体制改革成果丰硕》，载《人民日报》，2022-06-24。

每届任期同全国人民代表大会每届任期相同，连续任职不得超过两届。

地方各级人民法院院长由地方各级人民代表大会选举和罢免，副院长、审判委员会委员、庭长、副庭长和审判员由本院院长提请本级人大常委会任免。

根据地方组织法和法官法的规定，在省、自治区内按地区设立的和在直辖市内设立的中级人民法院院长，由省、自治区、直辖市人大常委会根据主任会议的提名决定任免，副院长、审判委员会委员、庭长、副庭长和审判员由高级人民法院院长提请省、自治区、直辖市的人大常委会任免。

在民族自治地方设立的地方各级人民法院院长，由民族自治地方各级人民代表大会选举和罢免，副院长、审判委员会委员、庭长、副庭长和审判员由本院院长提请本级人大常委会任免。

（四）人民法院的组织系统

根据人民法院组织法的规定，国家的审判权由下列人民法院行使。

1. 地方各级人民法院

（1）基层人民法院：包括县人民法院和市人民法院、自治县人民法院、市辖区人民法院。基层人民法院设刑事、民事、行政等审判庭，审判庭设庭长、副庭长。基层人民法院根据地区、人口和案件情况可以设立若干人民法庭，人民法庭是基层人民法院的组成部分，它的判决和裁定就是基层人民法院的判决和裁定。

基层人民法院审判第一审案件（但是法律另有规定的除外），并处理不需要开庭审判的民事纠纷和轻微的刑事案件；基层人民法院对它所受理的刑事、民事和行政案件，认为案情重大，应当由上级人民法院审判的，可以请求移送上级人民法院审判。

基层人民法院除审判案件外，办理下列事项：处理不需要开庭审判的民事纠纷和轻微的刑事案件；指导人民调解委员会的工作。

（2）中级人民法院：包括在省、自治区内按地区设立的中级人民法院，在直辖市内设立的中级人民法院，省、自治区辖市的中级人民法院，自治州中级人民法院。中级人民法院设刑事、民事、行政等审判庭，根据需要可以设其他审判庭。

中级人民法院审判下列案件：法律规定由它管辖的第一审案件，基层人民法院报请审判的第一审案件，上级人民法院指定管辖的第一审案件，对基层人民法院的判决或裁定上诉或抗诉的案件，按照审判监督程序提出的再审案件。

中级人民法院对它所受理的刑事、民事和行政案件，认为案情重大，应当由上级人民法院审判的，可以请求移送上级人民法院审判。

（3）高级人民法院：包括省高级人民法院、自治区高级人民法院、直辖市高级人民法院。高级人民法院设刑事、民事、行政等审判庭，根据需要可以设其他审判庭。

高级人民法院审判下列案件：法律规定由它管辖的第一审案件，下级人民法院报请审判的第一审案件，最高人民法院指定管辖的第一审案件，对下级人民法院的判决或裁定上诉或抗诉的案件，按照审判监督程序提出的再审案件。

高级人民法院除按照人民法院组织法和其他法律的规定审判上述案件外，还行使以下职权：1）根据《刑事诉讼法》第 247 条的规定，中级人民法院判处死刑的第一审案件，被告人不上诉的，应当由高级人民法院复核后，报请最高人民法院核准。高级人民法院不同意判处死刑的，可以提审或者发回重新审判。高级人民法院判处死刑的第一审案件被告人不上诉的，和判处死刑的第二审案件，都应当报请最高人民法院核准。《刑事诉讼法》第 248 条规定，中级人民法院判处死刑缓期 2 年执行的案件，由高级人民法院核准。2）根据 1984 年 11 月 14 日第六届全国人大常委会第八次会议通过的《关于在沿海港口城市设立海事法院的决定》，海事法院的审判工作受所在地的高级人民法院监督；对海事法院的判决或裁定上诉的案件，由海事法院所在地的高级人民法院管辖；等等。

2. 最高人民法院

最高人民法院是国家最高审判机关。目前，最高人民法院设有办公厅、政治部、立案庭、刑事审判第一庭、刑事审判第二庭、刑事审判第三庭、刑事审判第四庭、刑事审判第五庭、民事审判第一庭、民事审判第二庭、民事审判第三庭（知识产权审判庭）、民事审判第四庭、环境资源审判庭、行政审判庭、审判监督庭、赔偿委员会办公室、第一至第六巡回法庭、知识产权法庭、执行局和研究室等。

最高人民法院审判下列案件：法律规定由它管辖的和它认为应当由自己审判的第一审案件，对高级人民法院的判决或裁定上诉或抗诉的案件，按照全国人大常委会的规定提起的上诉、抗诉案件，按照审判监督程序提出的抗诉案件，高级人民法院报请核准的死刑案件。

最高人民法院除按照人民法院组织法和其他法律的规定审判上述案件外，还行使以下职权：（1）监督地方各级人民法院和专门人民法院的审判工作。（2）对于在审判过程中如何具体应用法律的问题，进行解释。（3）负责核准除由最高人民法院判决的死刑案件以外的死刑案件。（4）决定海事法院的设置或变更、撤销，并规定海事法院的审判机构和办事机构的设置。

3. 专门人民法院

专门人民法院包括军事法院和海事法院、金融法院、知识产权法院等。专门人民法院是我国审判机关体系的组成部分，但具有特殊性。它们不按行政区划设立，也不受理一般的刑事、民事和行政案件，而是受理专业性强或机密性的专门案件。（见图 7－3）

（五）人民法院的审判工作原则和制度

根据现行宪法和人民法院组织法，人民法院审判工作的原则和制度有以下几项。

1. 独立审判原则

人民法院依照法律规定独立行使审判权，不受行政机关、社会团体和个人的干涉。

2. 在适用法律上一律平等原则

人民法院审判案件，对于一切公民，不分民族、种族、性别、职业、社会出身、宗教信仰、教育程度、财产状况、居住期限，在适用法律上一律平等，不允许有任何特权。

3. 使用本民族语言文字进行诉讼原则

各民族公民都有用本民族语言文字进行诉讼的权利。人民法院对于不通晓当地通用

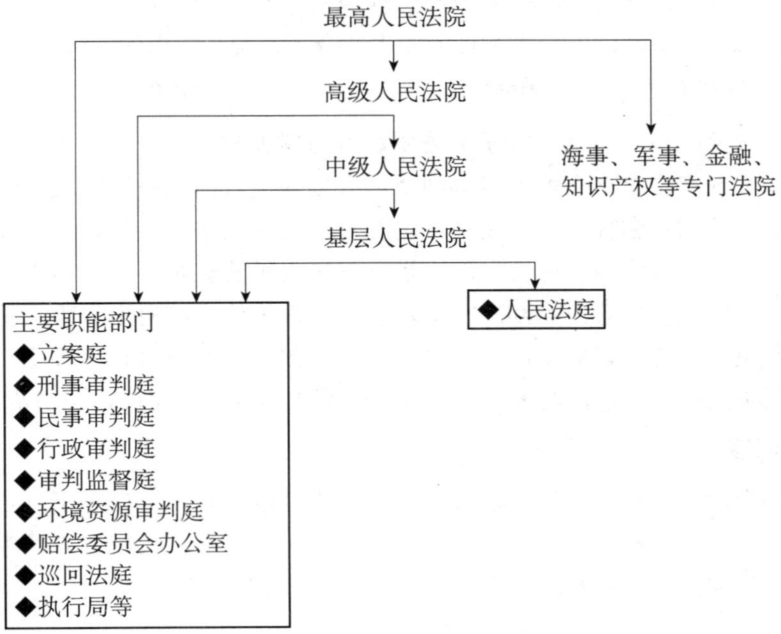

图 7-3　人民法院组织简图

的语言文字的当事人，应当为他们翻译。在少数民族聚居或多民族杂居的地区，人民法院应当用当地通用的语言进行审讯，用当地通用的文字发布判决、布告和其他文件。

4. 公开审判原则

人民法院审理案件，除涉及国家机密、个人隐私和未成年人犯罪案件外，一律公开进行。

5. 被告人有权获得辩护原则

被告人除自己进行辩护外，有权委托律师为他辩护，可以由人民团体或被告人所在单位推荐的或经人民法院许可的公民为他辩护，可以由被告人的近亲属、监护人为他辩护。人民法院认为必要时，可以指定辩护人为他辩护。

6. 合议制

人民法院审判案件，实行合议制。人民法院审判第一审案件，由审判员组成合议庭或由审判员和人民陪审员组成合议庭进行；简单的民事案件、轻微的刑事案件和法律另有规定的案件，可以由审判员一人独任审判。人民法院审判上诉和抗诉的案件，由审判员组成合议庭进行。合议庭由院长或庭长指定审判员一人担任审判长。院长或庭长参加审判案件时，自己担任审判长。

7. 两审终审制

人民法院审判案件，实行两审终审制。对于地方各级人民法院审判的第一审案件的判决和裁定，当事人可以按照法律规定的程序向上一级人民法院上诉，人民检察院可以按照法律规定的程序向上一级人民法院抗诉。地方各级人民法院审判的第一审案件的判决和裁定，如果在上诉期限内当事人不上诉、人民检察院不抗诉，就是发生法律效力的判决和裁定。中级人民法院、高级人民法院和最高人民法院审判的第二审案件的判决和裁定，最高人民法院审判的第一审案件的判决和裁定，都是终审的判决和裁定。

8. 审判监督制度

各级人民法院院长对本院已经发生法律效力的判决和裁定，如果发现在认定事实上或在适用法律上确有错误，必须提交审判委员会处理。最高人民法院对各级人民法院已经发生法律效力的判决和裁定，上级人民法院对下级人民法院已经发生法律效力的判决和裁定，如果发现确有错误，有权提审或指令下级人民法院再审。最高人民检察院对各级人民法院已经发生法律效力的判决和裁定，上级人民检察院对下级人民法院已经发生法律效力的判决和裁定，如果发现确有错误，有权按照审判监督程序提出抗诉。各级人民法院对于当事人提出的对已经发生法律效力的判决和裁定的申诉，应当认真负责处理。

9. 回避制度

当事人如果认为审判人员与本案有利害关系或其他关系不能公平审判，有权请求审判人员回避。审判人员是否应当回避，由本院院长决定。审判人员如果认为自己与本案有利害关系或其他关系，需要回避的，应当报告本院院长决定。

二、人民检察院

（一）人民检察院的性质

《宪法》第 134 条和《人民检察院组织法》第 2 条都规定：中华人民共和国人民检察院是国家的法律监督机关。这一规定表明，人民检察院在性质上不同于国家权力机关、国家行政机关、国家监察机关，也不同于国家审判机关，而是我国专门行使国家检察权的机关。人民检察院通过行使检察权，对各级国家机关及其工作人员和公民是否遵守法律、法规实行专门监督，以保障法律、法规的正确实施。人民检察院是我国国家机构体系的重要组成部分。

在习近平法治思想的科学指引下，近年来，检察体制改革成效突出，构建起“四大检察”（刑事检察、民事检察、行政检察、公益诉讼检察）、“十大业务”（普通刑事犯罪检察业务、重大刑事犯罪检察业务、职务犯罪检察业务、经济金融犯罪检察业务、刑事执行和司法人员职务犯罪检察业务、民事检察业务、行政检察业务、公益诉讼检察业务、未成年人检察业务、控告申诉检察业务）的法律监督新格局。

（二）人民检察院的机构设置和人员任免

1. 机构设置

根据宪法和人民检察院组织法的规定，我国设立最高人民检察院、地方各级人民检察院和军事检察院等专门人民检察院。

地方各级人民检察院分为：省、自治区、直辖市人民检察院；省、自治区、直辖市人民检察院分院，自治州和设区的市人民检察院；县、不设区的市、自治县和市辖区人民检察院。省一级人民检察院和县一级人民检察院，根据工作需要，经最高人民检察院和省级有关部门同意，并提请本级人大常委会批准，可以在工矿区、农垦区、林区等区域设置人民检察院，作为派出机构。

目前，专门人民检察院只有军事检察院。

各级人民检察院设检察长一人、副检察长和检察员若干人。检察长统一领导检察院的工作。各级人民检察院设立检察委员会。检察委员会实行民主集中制，在检察长的主持下，讨论决定重大案件和其他重大问题。如果检察长在重大问题上不同意多数人的决定，可以报请本级人大常委会决定。

根据人民检察院组织法的规定，最高人民检察院根据需要，设立若干检察厅和其他业务机构。目前，最高人民检察院设有办公厅、普通犯罪检察厅、重大犯罪检察厅、职务犯罪检察厅、经济犯罪检察厅、刑事执行检察厅、民事检察厅、行政检察厅、公益诉讼检察厅、未成年人检察厅及控告申诉检察厅等。

地方各级人民检察院可以分别设立相应的检察处、科和其他业务机构（见图 7－4）。

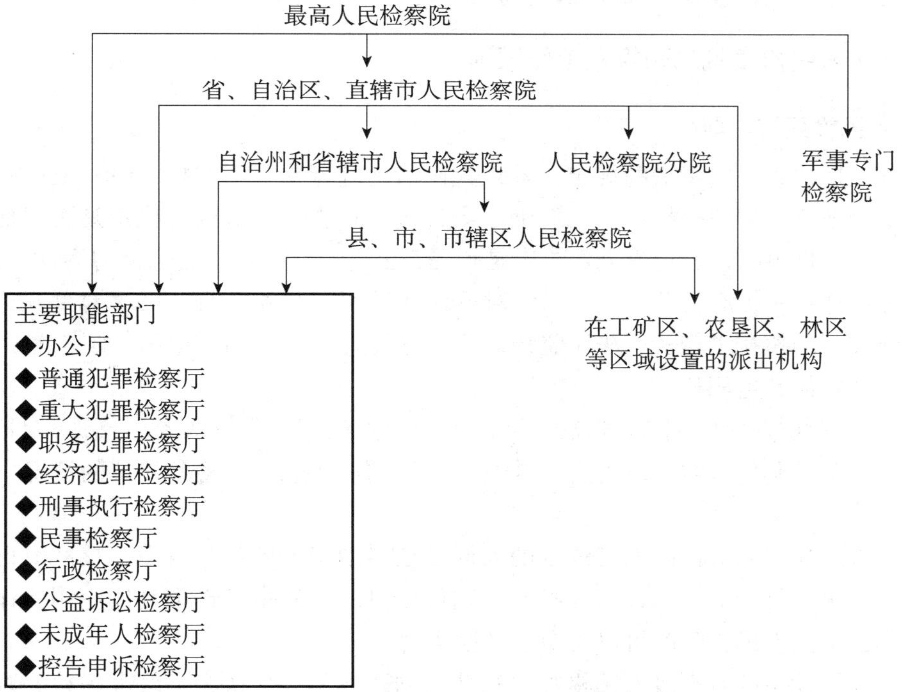

图 7－4　人民检察院组织简图

2. 人员任免

关于人民检察院的人员任免，根据宪法、人民检察院组织法和检察官法的规定，最高人民检察院检察长由全国人民代表大会选举和罢免，最高人民检察院副检察长、检察委员会委员和检察员由最高人民检察院检察长提请全国人大常委会任免。

地方各级人民检察院检察长由地方各级人民代表大会选举和罢免，副检察长、检察委员会委员和检察员由本院检察长提请本级人大常委会任免。

地方各级人民检察院检察长的任免，须报上一级人民检察院检察长提请该级人大常委会批准。

《检察官法》第18条规定，省、自治区、直辖市人民检察院分院检察长、副检察长、检察委员会委员和检察员，由省、自治区、直辖市人民检察院检察长提请本级人大常委会任免。省级人民检察院和设区的市级人民检察院依法设立作为派出机构的人民检察院的检察长、副检察长、检察委员会委员和检察员，由派出的人民检察院检察长提请本级人大常委会任免。新疆生产建设兵团各级人民检察院、专门人民检察院的检察长、副检察长、检察委员会委员和检察员，依照全国人大常委会的有关规定任免。

（三）人民检察院的领导体制

《宪法》规定，"最高人民检察院领导地方各级人民检察院和专门人民检察院的工作，上级人民检察院领导下级人民检察院的工作"；同时规定，"最高人民检察院对全国人民代表大会和全国人民代表大会常务委员会负责。地方各级人民检察院对产生它的国家权力机关和上级人民检察院负责"，从而明确了人民检察院的领导体制。

（四）人民检察院的职权和工作原则

1. 人民检察院的职权

根据人民检察院组织法的规定，各级人民检察院行使下列职权：（1）依照法律规定对有关刑事案件行使侦查权；（2）对刑事案件进行审查，批准或者决定是否逮捕犯罪嫌疑人；（3）对刑事案件进行审查，决定是否提起公诉，对决定提起公诉的案件支持公诉；（4）依照法律规定提起公益诉讼；（5）对诉讼活动实行法律监督；（6）对判决、裁定等生效法律文书的执行工作实行法律监督；（7）对监狱、看守所的执法活动实行法律监督；（8）法律规定的其他职权。

人民检察院行使法律监督职权，可以进行调查核实，并依法提出抗诉、纠正意见、检察建议。有关单位应当予以配合，并及时将采纳纠正意见、检察建议的情况书面回复人民检察院。

最高人民检察院对最高人民法院的死刑复核活动实行监督；对报请核准追诉的案件进行审查，决定是否追诉。最高人民检察院可以对属于检察工作中具体应用法律的问题进行解释。最高人民检察院可以发布指导性案例。

上级人民检察院对下级人民检察院行使下列职权：（1）认为下级人民检察院的决定错误的，指令下级人民检察院纠正，或者依法撤销、变更；（2）可以对下级人民检察院管辖的案件指定管辖；（3）可以办理下级人民检察院管辖的案件；（4）可以统一调用辖区的检察人员办理案件。

根据刑事诉讼法、监察法等有关法律规定，人民检察院行使职权的程序如下。

（1）人民检察院发现并且认为有犯罪行为时，应当依照法律程序交给监察机关或者公安机关进行侦查。侦查终结，人民检察院认为必须对犯罪嫌疑人追究刑事责任时，应当向人民法院提起公诉；认为不需要追究刑事责任时，应当将原案撤销。

（2）对于任何公民的逮捕，除人民法院决定的以外，必须经人民检察院批准。

（3）人民检察院对于监察机关、公安机关要求起诉的案件，应当进行审查，决定起诉或不起诉。对于主要犯罪事实不清、证据不足的，可以退回监察机关、公安机关补充侦查。人民检察院发现公安机关的侦查活动有违法情况时，应当通知公安机关予以纠正。

（4）人民检察院对监察机关、公安机关移送的案件所作的不批准逮捕的决定或不起诉的决定，监察机关、公安机关认为有错误时，可以要求人民检察院复议，并且可以要求上级人民检察院复核。上级人民检察院应当及时作出决定，通知下级人民检察院、监察机关和公安机关执行。

（5）人民检察院提起公诉的案件，由检察长或检察员以国家公诉人的身份出席法庭，支持公诉，并且监督审判活动是否合法。

（6）人民检察院提起公诉的案件，人民法院认为主要犯罪事实不清、证据不足，或有违法情况时，可以退回人民检察院补充侦查，或通知人民检察院予以纠正。

（7）地方各级人民检察院对于本级人民法院审判的第一审案件的判决和裁定，认为有错误时，应当按照上诉程序提出抗诉。最高人民检察院对于各级人民法院已经发生法律效力的判决和裁定，上级人民检察院对于下级人民法院已经发生法律效力的判决和裁定，如果发现确有错误，应当按照审判监督程序提出抗诉。按照审判监督程序审理的案件，人民检察院必须派人出席法庭。

（8）人民检察院发现刑事判决、裁定的执行有违法情况时，应当通知执行机关予以纠正。人民检察院发现监狱、看守所的活动有违法情况时，应当通知主管机关予以纠正。

2. 人民检察院的工作原则

（1）在适用法律上一律平等。各级人民检察院行使检察权，对于任何公民在适用法律上一律平等，不允许有任何特权。

（2）依法独立行使检察权。人民检察院依照法律规定独立行使检察权，不受其他行政机关、团体和个人的干涉。

（3）实事求是，群众路线，不轻信口供。人民检察院在工作中必须坚持实事求是，贯彻执行群众路线，倾听群众意见，接受群众监督，调查研究，重证据不轻信口供，严禁刑讯逼供，正确区分和处理敌我矛盾和人民内部矛盾。各级人民检察院的工作人员必须忠实于事实真相，忠实于法律，忠实于社会主义事业，全心全意地为人民服务。

（4）使用本民族语言文字进行诉讼。各民族公民都有用本民族语言文字进行诉讼的权利。人民检察院对于不通晓当地通用的语言文字的当事人，应当为他们翻译。在少数民族聚居或多民族杂居的地区，人民检察院应当用当地通用的语言进行讯问，起诉书、布告和其他文件应当根据实际需要使用当地通用的一种或几种文字。

第十一节　特别行政区政权机关

党的十九届六中全会强调，党的十八大以来，“在坚持‘一国两制’和推进祖国统一上，党中央采取一系列标本兼治的举措，坚定落实‘爱国者治港’、‘爱国者治澳’，推动香港局势实现由乱到治的重大转折，为推进依法治港治澳、促进‘一国两制’实践行稳致远打下了坚实基础”①。2021年1月27日，习近平总书记在北京以视频连线方式听取香港特别行政区行政长官林郑月娥的述职报告时讲话指出，“只有做到‘爱国者治港’，中央对特别行政区的全面管治权才能得到有效落实，宪法和基本法确立的宪制秩序才能得到有效维护，各种深层次问题才能得到有效解决，香港才能实现长治久安，并为实现中华民族伟大复兴作出应有的贡献”②。2019年12月20日，习近平总书记在庆祝澳门回归祖国20周年大会暨澳门特别行政区第五届政府就职典礼上的讲话强调，“特别行政区政府和社会各界高度重视弘扬爱国传统，坚决落实以爱国者为主体的‘澳人治澳’，特别行政区政权机关均以爱国者为主组成，爱国爱澳力量日益发展壮大，爱国爱澳核心价值在澳门社会居于主导地位”③。由此可见，“爱国者治港”和“爱国者治澳”是特别行政区政权机关组织和行使职权的基本原则与前提条件。

一、特别行政区行政长官

根据香港和澳门特别行政区基本法的规定，特别行政区行政长官具有双重法律地位：既是特别行政区的首长，代表特别行政区，又是特别行政区行政机关的首长。行政长官依照基本法的规定对中央人民政府和特别行政区负责。

两个特别行政区的行政长官分别由年满40周岁，在香港通常居住连续满20年并在外国无居留权的香港特别行政区永久性居民中的中国公民担任，或在澳门通常居住连续满20年的澳门特别行政区永久性居民中的中国公民担任，在当地通过选举或协商产生，由中央人民政府任命。行政长官任期5年，连选可连任一次。

特别行政区行政长官拥有广泛的职权。根据两个特别行政区基本法，香港特别行政区行政长官行使的职权与澳门特别行政区行政长官行使的职权大致相同，职权范围的些微差别主要是由两个特别行政区的现行体制和不同实际情况决定的。

两个特别行政区行政长官的主要职权基本相同。行政长官行使的职权主要有：(1) 领导特别行政区政府。(2) 负责执行基本法和依照基本法适用于特别行政区的其他法律。(3) 签署立法会通过的法案，公布法律；签署立法会通过的财政预算案，将财政预算、决算报中央人民政府备案。(4) 决定政府政策和发布行政命令。(5) 提名并报请中央人民政府任命司局级官员并可建议中央人民政府免除上述官员职务。(6) 委任行政会议的成员或行政会委员。(7) 依照法定程序任免各级法院法官。(8) 依照法定程序任免公职人员。(9) 执行中央人民政府就基本法规定的有关事务发出的指令。(10) 代表特别行政区政府处理中央授权的对外事务和其他事务。(11) 批准向立法会提出有关财政收入或支出的动议。(12) 根据安全或重大公共利益的考虑，决定政府官员或其他负责政府公务的人员是否向立法会或其属下的委员会作证和提供证据。(13) 赦免或减轻刑事罪犯的刑罚。(14) 处理请愿、申诉事项。

---

① 《中共十九届六中全会在京举行》，载《人民日报》，2021-11-12。

② 《习近平听取林郑月娥述职报告》，载《人民日报》，2021-01-28。

③ 习近平：《在庆祝澳门回归祖国二十周年大会暨澳门特别行政区第五届政府就职典礼上的讲话》（2019年12月20日），5～6页，北京，人民出版社，2019。

除上述14项职权外，澳门特别行政区行政长官还行使下列职权：(1) 制定行政法规并颁布执行；(2) 委任部分立法会议员；(3) 依照法定程序任免各级法院院长、检察官；(4) 依照法定程序提名并报请中央人民政府任命检察长，建议中央人民政府免除检察长的职务；(5) 依法颁授澳门特别行政区奖章和荣誉称号。

此外，两个特别行政区都设行政会议（行政会）协助行政长官决策，并设立廉政公署和审计署，独立工作，对行政长官负责。

二、特别行政区行政机关

特别行政区政府是特别行政区的行政机关，其首长是特别行政区行政长官。香港特别行政区政府设政务司、财务司、律政司和各局、处、署，澳门特别行政区政府设司、局、厅、处。

特别行政区主要官员的任职资格是：必须是在香港通常居住连续满15年并在外国无居留权的香港特别行政区永久性居民中的中国居民，或者必须是在澳门通常居住连续满15年的澳门特别行政区永久性居民中的中国公民。澳门特别行政区基本法规定，主要官员就任时应向特别行政区终审法院院长申报财产，记录在案。

特别行政区政府行使下列职权：(1) 制定并执行政策；(2) 管理各项行政事务；(3) 办理基本法规定的中央人民政府授权的对外事务；(4) 编制并提出财政预算、决算，拟定并提出法案、议案、附属法规，澳门特别行政区政府还有权草拟行政法规；(5) 委派官员列席立法会或立法会议（听取意见）并（或）代表政府发言。

特别行政区政府必须遵守法律，对特别行政区立法会负责；执行立法会通过并已生效的法律；定期向立法会作施政报告；答复立法会议员的质询。香港特别行政区政府征税和公共开支须经过立法会批准。

三、特别行政区立法机关

特别行政区立法会是特别行政区的立法机关。香港特别行政区立法会由在外国无居留权的香港特别行政区永久性居民中的中国公民组成，但非中国籍的香港特别行政区永久性居民和在外国有居留权的香港特别行政区永久性居民也可以当选为香港特别行政区立法会议员，其所占比例不得超过立法会全体议员的20%。澳门特别行政区立法会由澳门特别行政区永久性居民组成。

香港特别行政区立法会由选举产生，澳门特别行政区立法会多数议员由选举产生。香港特别行政区立法会除第一届任期为两年外，每届任期4年；澳门特别行政区立法会除第一届另有规定外，每届任期4年。

香港特别行政区立法会主席由立法会议员互选产生，由年满40周岁，在香港通常居住连续满20年并在外国无居留权的香港特别行政区永久性居民中的中国公民担任；澳门特别行政区立法会设立主席、副主席各一人，由在澳门通常居住连续满15年的澳门特别行政区永久性居民中的中国公民担任，由立法会议员互选产生。

立法会主席主持会议，决定议程（政府提出的议案须优先列入议程）、开会时间，在休会期间可召开特别会议，应行政长官的要求召开紧急会议，并行使立法会议事规则所规定的其他职权。

香港特别行政区立法会行使下列职权：根据基本法规定并依照法定程序制定、修改和废除法律；根据政府的提案，审核、通过财政预算；批准税收和公共开支；听取行政长官的施政报告并进行辩论；对政府的工作提出质询；就任何有关公共利益问题进行辩论；同意终审法院法官和高等法院首席法官的任免；接受香港居民申诉并作出处理；如立法会全体议员的 1/4 联合动议，指控行政长官有严重违法或渎职行为而不辞职，经立法会通过进行调查，立法会可委托终审法院首席法官负责组成独立的调查委员会并担任主席，调查委员会负责进行调查，并向立法会提出报告，如该调查委员会认为有足够证据构成上述指控，立法会以全体议员 2/3 多数通过，可提出弹劾案，报请中央人民政府决定。在行使上述各项职权时，如有需要，可传召有关人士出席作证和提供证据。

澳门特别行政区立法会行使下列职权：依照基本法规定和法定程序制定、修改、暂停实施和废除法律；审核、通过政府提出的财政预算案；审议政府提出的预算执行情况报告；根据政府提案决定税收，批准由政府承担的债务；听取行政长官的施政报告并进行辩论；就公共利益问题进行辩论；接受澳门居民申诉并作出处理；如立法会全体议员 1/3 联合动议，指控行政长官有严重违法或渎职行为而不辞职，经立法会通过决议，可委托终审法院院长负责组成独立的调查委员会进行调查，调查委员会如认为有足够证据构成上述指控，立法会以全体议员 2/3 多数通过，可提出弹劾案，报请中央人民政府决定；在行使上述各项职权时，如有需要，可传召和要求有关人士作证和提供证据。立法会议员有权依照基本法规定和法定程序提出议案，有权依照法定程序对政府的工作提出质询。

四、特别行政区司法机关

香港特别行政区各级法院是香港特别行政区的司法机关，行使香港特别行政区的审判权。香港特别行政区设立终审法院、高等法院、区域法院、裁判署法庭和其他专门法庭。高等法院设上诉法庭和原讼法庭。香港特别行政区法院的法官，根据当地法官和法律界及其他方面知名人士组成的独立委员会推荐，由行政长官任命。香港特别行政区终审法院和高等法院的首席法官，应由在外国无居留权的香港特别行政区永久性居民中的中国公民担任。

香港特别行政区的终审权属于香港特别行政区终审法院。香港特别行政区法院依照《基本法》第 18 条所规定的适用于香港特别行政区的法律（主要是基本法，不抵触基本法的香港原有法律包括普通法、衡平法、条例、附属立法和习惯法，特别行政区立法机关制定的法律和列于基本法附件三的在香港特别行政区实施的全国性法律）审判案件，其他普通法适用地区的司法判例可作参考。香港特别行政区法院独立进行审判，不受任何干涉，司法人员履行审判职责的行为不受法律追究。

澳门特别行政区法院行使审判权。澳门特别行政区设立初级法院、中级法院和终审法院。澳门特别行政区初级法院可根据需要设立若干专门法庭。澳门特别行政区设立行政法院，管辖行政诉讼和税务诉讼。澳门特别行政区各级法院的法官，根据当地法官、律师和知名人士组成的独立委员会的推荐，由行政长官任命。澳门特别行政区各级法院的院长由行政长官从法官中选任，终审法院院长由澳门特别行政区永久性居民中的中国公民担任。澳门特别行政区终审权属于澳门特别行政区终审法院。澳门特别行政区法院独立进行审判，只服从法律，不受任何干涉。

澳门特别行政区检察院独立行使法律赋予的检察职能，不受任何干涉。澳门特别行政区检察长由澳门特别行政区永久性居民中的中国公民担任，由行政长官提名，报中央人民政府任命。检察官经检察长提名，由行政长官任命。

香港和澳门两地的法律分别属于英美法系和大陆法系，这使司法机关的设置略有不同，如澳门特别行政区司法机关包括检察院，而香港特别行政区的司法机关中没有检察院，其主管刑事检察工作的律政司属于行政机关。

此外，香港特别行政区可设立非政权性的区域组织，接受香港特别行政区政府就有关地区管理和其他事务的咨询，或负责提供文化、康乐、环境卫生等服务。澳门特别行政区可设立非政权性的市政机构，受政府委托为居民提供文化、康乐、环境卫生等方面的服务，并就有关上述事务向澳门特别行政区政府提供咨询意见。

参考法规、文件

1.《中国人民政治协商会议共同纲领》(1949 年)

2.《中华人民共和国中央人民政府组织法》(1949 年)

3.《中华人民共和国宪法》(1954 年)

4.《中华人民共和国宪法》(1975 年)

5.《中华人民共和国宪法》(1978 年)

6.《中华人民共和国宪法》(1982 年)

7.《中华人民共和国宪法修正案》

8.《中华人民共和国全国人民代表大会组织法》(1982 年)

9.《中华人民共和国全国人民代表大会议事规则》(1989 年，2021 年修正)

10.《中华人民共和国全国人民代表大会常务委员会议事规则》(2009 年，2022 年修正)

11.《中华人民共和国各级人民代表大会常务委员会监督法》(2006 年)

12.《中华人民共和国国务院组织法》(1982 年，2024 年修订)

13.《国务院行政机构设置和编制管理条例》(1997 年)

14.《国务院工作规则》(2023 年)

15.《中华人民共和国国防法》(1997 年，2009 年修正，2020 年修订)

16.《中华人民共和国地方各级人民代表大会和地方各级人民委员会组织法》(1954 年)

17.《中华人民共和国地方各级人民代表大会和地方各级人民政府组织法》(1979 年，2002 年修正)

18.《地方各级人民政府机构设置和编制管理条例》(2007 年)
19.《中华人民共和国民族区域自治法》(1984 年)
20.《关于修改〈中华人民共和国民族区域自治法〉的决定》(2001 年)
21.《中华人民共和国村民委员会组织法》(1998 年，2018 年修正)
22.《中华人民共和国城市居民委员会组织法》(1989 年，2018 年修正)
23.《中华人民共和国香港特别行政区基本法》(1990 年)
24.《中华人民共和国澳门特别行政区基本法》(1993 年)
25.《中华人民共和国监察法》(2018 年)
26.《中华人民共和国人民法院组织法》(1954 年)
27.《中华人民共和国人民法院组织法》(1979 年，2018 年修订)
28.《中华人民共和国人民检察院组织法》(1954 年)
29.《中华人民共和国人民检察院组织法》(1979 年，2018 年修订)
30.《美利坚合众国宪法》(1787 年)
31.《法兰西第五共和国宪法》(1958 年)
32.(法国)《关于共和国地方分权化的组织法》(2003 年第 276 号宪法性法律)
33.《德意志联邦共和国基本法》(1949 年)
34.《日本国宪法》(1946 年)
35.《俄罗斯联邦宪法》(1993 年)
36.《欧洲地方自治宪章》(1985 年)

参考文献

(一) 著作

1. 吴家麟，许崇德，肖蔚云主编．宪法学．北京：群众出版社，1983.
2. 许崇德主编．中国宪法．修订本．北京：中国人民大学出版社，1996.
3. 张翔主编．宪法学核心知识点精解．北京：中国人民大学出版社，2024.
4. 任进．比较地方政府与制度．北京：北京大学出版社，2008.
5. 朱光磊．当代中国政府过程．天津：天津人民出版社，2008.
6.《宪法学》编写组．宪法学．2 版．北京：高等教育出版社，人民出版社，2020.

(二) 文章、报告、讲话、文件

1. 毛泽东．关于中华人民共和国宪法草案//毛泽东文集：第 6 卷．北京：人民出版社，1999.

2. 刘少奇．关于中华人民共和国宪法草案的报告//刘少奇选集：下卷．北京：人民出版社，1985.

3. 董必武．中华人民共和国中央人民政府组织法的草拟经过及其基本内容//董必武选集．北京：人民出版社，1985.

4. 周恩来．关于人民政协的几个问题//周恩来统一战线文选．北京：人民出版社，1984.

5. 彭真．关于中华人民共和国宪法修改草案的报告//彭真文选（1940—1990）．北京：人民出版社，1991.

6. 深化党和国家机构改革方案．北京：人民出版社，2018.

问题与思考

一、单项选择题（每题只有一个正确答案）

1. 下列机构中，有权依法制定地方政府规章的是（　　）。（国家公务员考试）

A. 某直辖市人民代表大会

B. 某自治区人民代表大会常务委员会

C. 某省人民政府所在地的市人民政府

D. 某省人民政府的工作部门

2. 我国有权制定行政法规的主体，限于（　　）。（国家公务员考试）

A. 国务院

B. 国务院和省级人民政府

C. 国务院及国务院各部、各委员会

D. 国务院和省级人民政府及较大的市的人民政府

3. 根据我国有关法律的规定，下列哪一行为是不合法的？（　　）（国家公务员考试）

A. 国务院某部门制定规章设定行政许可

B. 某乡人民代表大会选举产生乡长、副乡长

C. 国务院发布《关于加强市县政府依法行政的决定》

D. 全国人民代表大会常务委员会批准2008年中央预算调整方案

4. 根据我国宪法和有关法律的规定，下列构成不符合宪法或违法的行为是（　　）。（国家公务员考试）

A. 国家主席代表中华人民共和国接受外国使节

B. 某自治州人民代表大会常务委员会制定本自治州的《自治条例》

C. 国务院某部发布《关于认真学习贯彻〈行政机关公务员处分条例〉的通知》

D. 国务院根据全国人民代表大会常务委员会的授权决定，对储蓄存款利息所得减征个人所得税

5. 下列人员中，通常由县级以上地方各级人民代表大会选举产生的是（　　）。（国家公务员考试）

A. 局长、厅长、委员会主任

B. 副局长、副厅长、委员会副主任

C. 人民法院副院长、人民检察院副检察长

D. 副省长、副市长、副州长、副县长、副区长

6. 根据我国现行宪法规定，担任下列哪一职务的人员，应由国家主席根据全国人大和全国人大常委会的决定予以任免？（　　）

A. 国家副主席　　　　B. 国家军事委员会副主席

C. 最高人民法院副院长　　　　　　　　D. 国务院副总理

7. 根据我国宪法的规定，关于决定特赦，下列哪一选项是正确的？（　　）

A. 中华人民共和国国家主席决定特赦

B. 全国人民代表大会常务委员会决定特赦

C. 全国人民代表大会决定特赦

D. 决定特赦是我国最高行政机关的专有职权

8. 全国人大常委会是全国人大的常设机关，根据宪法的规定，全国人大常委会行使多项职权，但下列哪一职权不由全国人大常委会行使？（　　）

A. 解释宪法，监督宪法的实施

B. 批准省、自治区、直辖市的建置

C. 废除同外国缔结的条约和重要协定

D. 审批国民经济和社会发展计划以及国家预算部分调整方案

9. 根据村民委员会组织法的规定，有关村规民约的下列哪一选项是正确的？（　　）

A. 村民委员会有权制定村规民约，报乡、民族乡、镇的人民政府批准生效

B. 村民会议有权制定村规民约，报乡、民族乡、镇的人民代表大会备案

C. 村规民约由村民会议制定，报乡、民族乡、镇的人民政府备案

D. 村规民约由村民委员会制定，报乡、民族乡、镇的人民政府备案

10. 根据我国宪法和法律，下列选项哪一个是正确的？（　　）

A. 县级以上各级人大选举本级人民法院院长，须报上级人民法院院长提请该级人大常委会批准

B. 县级以上各级人大罢免本级人民检察院检察长，须报上级人民检察院检察长提请该级人大常委会批准

C. 县级以上各级人大罢免本级人民政府行政首长，须报上级人民政府行政首长提请该级人大常委会批准

D. 县级以上各级人大选举本级人民政府行政首长，须报上级党委批准

11. 香港特别行政区的下列哪一项职务可由特别行政区非永久性居民担任？（　　）

A. 行政长官　　　　　　　　B. 政府主要官员

C. 立法会议员　　　　　　　D. 法院法官

12. 根据宪法规定，关于全国人大的专门委员会，下列哪一选项是正确的？（　　）

A. 各专门委员会在其职权范围内所作决议，具有全国人大及其常委会所作决定的效力

B. 各专门委员会的主任委员、副主任委员由全国人大及其常委会任命

C. 关于特定问题的调查委员会的任期与全国人大及其常委会的任期相同

D. 全国人大及其常委会领导专门委员会的工作

13. 黄某系全国人大代表，因正常履行职务受到诬陷，被某市公安机关刑事拘留。根据我国宪法和法律，下列何种表述是正确的？（　　）

A. 该公安机关无权拘留黄某，除非得到全国人大会议主席团的许可

B. 该公安机关无权拘留黄某，除非得到全国人大常委会的许可

C. 该公安机关有权拘留黄某，但须立即向全国人大会议主席团或者全国人大常委会报告

D. 该公安机关有权拘留黄某，但须立即向最高人民检察院报告

14. 根据宪法的规定，关于宪法文本的内容，下列哪一选项是正确的？(　　)

A. 宪法明确规定了宪法与国际条约的关系

B. 宪法明确规定了宪法的制定、修改制度

C. 作为宪法的附则，宪法修正案是我国宪法的组成部分

D. 宪法规定了居民委员会、村民委员会的性质和产生，两者同基层政权的相互关系由法律规定

15. 关于省内按地区设立的中级人民法院院长、副院长的任免，下列哪一表述是正确的？(　　)

A. 中级人民法院院长由省高级人民法院任免

B. 中级人民法院院长由省人民代表大会选举

C. 中级人民法院副院长由省人民代表大会常务委员会任免

D. 中级人民法院副院长由省高级人民法院任免

二、多项选择题（每题有两个以上正确答案）

1. 全国人大常委会的职权之一是监督国家机关的工作。根据宪法和法律，下列有关全国人大常委会行使监督权的表述中哪些是正确的？(　　)

A. 全国人大常委会组成人员10人以上联名有权提出对国务院的质询案

B. 全国人大常委会组成人员10人以上联名无权提出对中央军事委员会的质询案

C. 全国人大常委会组成人员10人以上联名有权提出对最高人民法院的质询案

D. 全国人大常委会组成人员10人以上联名无权提出对国家主席的质询案

2. 根据我国宪法和有关法律的规定，我国县级人民代表大会或人民政府可以设立哪些机构？(　　)

A. 专门委员会　　B. 特定问题的调查委员会

C. 审计机关　　D. 区公所

3. 根据我国宪法的规定，关于动员和紧急状态的决定权，下列哪些选项是正确的？(　　)

A. 全国人民代表大会常务委员会有权决定全国总动员

B. 全国人民代表大会常务委员会有权决定全国进入紧急状态

C. 国务院有权决定个别省、自治区、直辖市进入紧急状态

D. 国务院有权决定局部动员

4. 根据我国立法法的规定，下列哪些主体既可以向全国人民代表大会，也可以向全国人民代表大会常务委员会提出法律案？(　　)

A. 国务院

B. 中央军事委员会

C. 全国人民代表大会各专门委员会

D. 三十名以上全国人民代表大会代表联名

5. 根据我国宪法和法律的规定，下列选项中某市市长的哪些意见是错误的？（　　）

A. 某县为了大力发展科技，请市政府选派一名博士来挂职担任科技副县长。有人提出，副县长应通过人大选举。市长答复：县长需要通过选举产生，而副县长可以由上级委派

B. 某县刚被确定为民族自治县，市长指示：根据《民族区域自治法》的规定，县人民法院的院长和县人民检察院的检察长应当更换为自治民族的公民

C. 某县地域宽广，为了便于经济建设和行政管理，县政府请示市政府：拟设立五个区公所，分别管辖所属的三十余个乡镇。市长答复：此事经县人大通过即可

D. 市长指示：为了提高村民委员会整体素质，市里抽调一批应届高校毕业生担任村民委员会主任或副主任

6. 根据宪法和法律，下列有关国家机构职权的表述中哪些是错误的？（　　）

A. 全国人民代表大会无权决定设立国务院各部、各委员会

B. 国务院有权决定自治州的设立

C. 自治区人民代表大会常务委员会有权决定民族乡的设立

D. 全国人民代表大会常务委员会有权决定大赦

三、简答题（回答要点，不需论述）

1. 简述国家机构在宪法中的地位。
2. 根据我国宪法，国家主席行使哪些职权？
3. 我国中央军事委员会的性质与职权是怎样的？
4. 国务院的行政机构主要有哪些？
5. 根据我国法律规定，地方各级人大及其常委会行使哪些职权？
6. 如何理解地方各级人民政府的性质和地位？
7. 简述我国民族自治地方自治机关的自治权。
8. 简述监察委员会的性质和地位。
9. 简述人民法院的组织体系。
10. 简述人民检察院的组织体系与领导体制。

四、论述题（概述有关原理，联系实际）

试论我国国家机构的民主集中制原则。

附录

【问题与思考】 参考答案

第一章　宪法总论

一、单项选择题

1. B　2. A　3. C　4. C　5. B　6. B　7. C　8. C　9. C　10. D　11. D

二、多项选择题

1. AB　2. ACD　3. ABC　4. ABC　5. ABC　6. ABD　7. ABD　8. ABCD　9. AB

三、简答题（略）

四、论述题（略）

五、案例分析题

1. C　2. C　3. ABCD　4. ABCD

第二章　宪法的产生与发展

一、单项选择题

1. C　2. A　3. D　4. A　5. D　6. B　7. A

二、多项选择题

1. AC　2. BCD　3. CD　4. ABCD　5. AD　6. ABD　7. ABC

三、简答题（略）

四、论述题（略）

五、案例分析题（略）

第三章　国家性质

一、单项选择题

1. B　2. C　3. A　4. C　5. C　6. C　7. D　8. A

二、多项选择题

1. ABCD　2. AC　3. ABC　4. ABCD　5. AD　6. AB　7. ABC　8. ACD

三、简答题（略）

四、论述题（略）

第四章　国家形式

一、单项选择题

1. D　2. B　3. D　4. D　5. A　6. C

二、多项选择题

1. ABD　2. ABC　3. ABCD　4. AD　5. ABC　6. CD

三、简答题（略）

四、论述题（略）

第五章　公民的基本权利和义务

一、单项选择题

1. C　2. C　3. D　4. C　5. A　6. B　7. C　8. C

二、多项选择题

1. ABD　2. ABD　3. BCD　4. ABD　5. ABD　6. AC　7. ABCD　8. AB

三、简答题（略）

四、论述题（略）

第六章　选举制度

一、单项选择题

1. B　2. C　3. B　4. C　5. B　6. A　7. A

二、多项选择题

1. ABCD　2. AC　3. AD　4. ABD　5. ABC　6. ABC　7. BCD　8. ABC　9. ABD
10. AD

三、简答题（略）

四、论述题（略）

第七章　国家机构

一、单项选择题

1. C　2. A　3. A　4. B　5. D　6. D　7. B　8. B　9. C　10. B　11. D　12. D　13. C
14. D　15. C

二、多项选择题

1. ABCD　2. BCD　3. AB　4. ABC　5. ABCD　6. ACD

三、简答题（略）

四、论述题（略）

图书在版编目（CIP）数据

宪法 / 许崇德，胡锦光主编．-- 9 版．-- 北京：中国人民大学出版社，2024．8．--（新编 21 世纪法学系列教材 / 曾宪义，王利明总主编）．-- ISBN 978-7-300-33273-4

Ⅰ．D921

中国国家版本馆 CIP 数据核字第 20240YU060 号

普通高等教育“十一五”国家级规划教材
教育部全国普通高等学校优秀教材（一等奖）
新编 21 世纪法学系列教材
总主编　曾宪义　王利明

宪法（第九版）

主编　许崇德　胡锦光

Xianfa

出版发行	中国人民大学出版社		
社　　址	北京中关村大街 31 号	**邮政编码**	100080
电　　话	010－62511242（总编室）		010－62511770（质管部）
	010－82501766（邮购部）		010－62514148（门市部）
	010－62515195（发行公司）		010－62515275（盗版举报）
网　　址	http://www.crup.com.cn		
经　　销	新华书店		
印　　刷	北京七色印务有限公司	**版　　次**	1999 年 10 月第 1 版
开　　本	787 mm×1092 mm　1/16		2024 年 8 月第 9 版
印　　张	19.75 插页 1	**印　　次**	2024 年 12 月第 2 次印刷
字　　数	449 000	**定　　价**	58.00 元

《　　　　　　　　》※任课教师调查问卷

为了能更好地为您提供优秀的教材及良好的服务，也为了进一步提高我社法学教材出版的质量，希望您能协助我们完成本次小问卷，完成后您可以在我社网站中选择与您教学相关的1本教材作为今后的备选教材，我们会及时为您邮寄送达！如果您不方便邮寄，也可以申请加入我社的**法学教师QQ群：436438859（申请时请注明法学教师）**，然后下载本问卷填写，并发往我们指定的邮箱（cruplaw@163.com）。

邮寄地址：北京市海淀区中关村大街59号中国人民大学出版社1202室收

邮　　编：100080

再次感谢您在百忙中抽出时间为我们填写这份调查问卷，您的举手之劳，将使我们获益匪浅！

基本信息及联系方式：※

姓名：__________ 性别：__________ 课程：________________

任教学校：____________________ 院系（所）：________________

邮寄地址：____________________ 邮编：________________

电话（办公）：__________ 手机：__________ 电子邮件：__________

调查问卷：※

1. 您认为图书的哪类特性对您使用教材最有影响力？（　　）（可多选，按重要性排序）

   A. 各级规划教材、获奖教材　　B. 知名作者教材

   C. 完善的配套资源　　D. 自编教材

   E. 行政命令

2. 在教材配套资源中，您最需要哪些？（　　）（可多选，按重要性排序）

   A. 电子教案　　B. 教学案例

   C. 教学视频　　D. 配套习题、模拟试卷

3. 您对于本书的评价如何？（　　）

   A. 该书目前仍符合教学要求，表现不错将继续采用。

   B. 该书的配套资源需要改进，才会继续使用。

   C. 该书需要在内容或实例更新再版后才能满足我的教学，才会继续使用。

   D. 该书与同类教材差距很大，不准备继续采用了。

4. 从您的教学出发，谈谈对本书的改进建议：____________________

____

____

选题征集：如果您有好的选题或出版需求，欢迎您联系我们：

联系人：黄　强　联系电话：010-62515955

索取样书：书名：______________________________

书号：__________________________________

备注：※为必填项。